Stephan Goertz (Hg.)

„Wer bin ich, ihn zu verurteilen?"

KATHOLIZISMUS IM UMBRUCH

Herausgegeben von
Stephan Goertz und Magnus Striet

Band 3
„Wer bin ich, ihn zu verurteilen?"

„Wer bin ich, ihn zu verurteilen?"

Homosexualität und katholische Kirche

Herausgegeben von
Stephan Goertz

FREIBURG · BASEL · WIEN

© Verlag Herder GmbH, Freiburg im Breisgau 2015
Alle Rechte vorbehalten
www.herder.de
Umschlaggestaltung: Verlag Herder
Satz: Barbara Herrmann, Freiburg im Breisgau
Herstellung: CPI books GmbH, Leck
Printed in Germany

ISBN 978-3-451-33273-9

Inhalt

Einleitung: „Wer bin ich, ihn zu verurteilen?"
Kontext und Themen der Beiträge 7

I. Exegetische Vergewisserung

Kennt und verurteilt das Alte Testament Homosexualität? 19
Thomas Hieke

Paulus und die Gleichgeschlechtlichkeit
Plädoyer für einen vernünftigen Umgang mit der Schrift . . 53
Michael Theobald

II. Human- und sozialwissenschaftliche Einblicke

Eine Normvariante menschlicher Beziehungsfähigkeit
Homosexualität aus Sicht der Sexualmedizin 91
Hartmut A. G. Bosinski

Homosexualität zwischen Akzeptanz und Diskriminierung
Eine sozialwissenschaftliche Perspektive 131
Melanie Caroline Steffens und Claudia Niedlich

III. Theologisch-ethische Auseinandersetzung

Schöpfungsglaube und Homosexualitätskonzepte 161
Magnus Striet

Zwischen „himmelschreiender Sünde" und „Geschenk der
Liebe". Konzepte und Bewertungen von Homosexualität in
der Moraltheologie und im römischen Lehramt 175
Stephan Goertz

Inhalt

Sexuelle Orientierung und personale Komplementarität
Moraltheologische Reflexionen über „wahrhaft menschliche" Sexualität 237
Todd A. Salzman und Michael G. Lawler

Die christliche Artikulation gleichgeschlechtlicher
Sexualität. Theologische Diskurse und hegemoniale
Konstellationen 279
Michael Brinkschröder

IV. Sozialethische Herausforderungen

Sexualität und Gewissensfreiheit
Gleichgeschlechtliche Liebe, Lebenspartnerschaft und
Humanökologie 325
Josef Römelt

Zu den rechtlichen Regulierungen gleichgeschlechtlicher
Partnerschaften in Europa. Einige Überlegungen aus
ethischer und theologischer Sicht 351
Alberto Bondolfi

Gleichgeschlechtliche Elternschaft
Theologisch-ethische Anmerkungen zu einer kontrovers
geführten Debatte 369
Gerhard Marschütz

V. Ausblick: Homosexualität und die Familiensynode 2014/2015

Neue Offenheit oder alte Ängste?
Homosexualität und gleichgeschlechtliche Partnerschaften
als Thema der Familiensynode 413
Michael Brinkschröder

Verzeichnis der Autorinnen und Autoren 445

Einleitung: „Wer bin ich, ihn zu verurteilen?"
Kontext und Themen der Beiträge

Gleichgeschlechtliche Sexualität ist in der Lehre und Praxis der katholischen Kirche noch immer ein Grund für Ausgrenzungen. Homosexuelles Verhalten und homosexuelle Partnerschaften finden in lehramtlichen Dokumenten keine moralische Akzeptanz. Weil es keinerlei Analogie zur Ehe zwischen Mann und Frau gebe, wird ein Segen für homosexuelle Paare weiterhin abgelehnt. Die anhaltende negative Sichtweise auf Homosexualität führt dazu, dass die katholische Kirche von vielen Homosexuellen nicht als ein Ort erfahren wird, an dem sie sich in ihrer sexuellen Orientierung angenommen und in ihrer Identität anerkannt fühlen dürfen. Zwar wendet sich die Kirche ausdrücklich gegen die Diskriminierung Homosexueller, weil dies ihre Würde als Person verletze. Zugleich spricht sie ihnen jedoch grundsätzlich ab, verantwortlich, partnerschaftlich und liebevoll ihre Sexualität leben zu können. In diesem Zwiespalt befindet sich die kirchliche Lehre seit nahezu drei Jahrzehnten, seitdem sich die römische Glaubenskongregation 1986 erstmals ausführlicher mit der Frage der Homosexualität befasst hat.

Zeitgleich hat in den liberalen Gesellschaften des Westens die Idee der Universalität unveräußerlicher Menschenrechte zu einem historisch einzigartigen Prozess der Emanzipation sexueller Minderheiten und der Demokratisierung von Beziehungsformen geführt. Alltägliche Diskriminierungen sind zwar weiterhin verbreitet, verlieren aber kulturell mehr und mehr an Legitimation. Umso schroffer erscheint daher die katholische Bewertung von Homosexualität als Relikt einer Sexualmoral, die an der Oberfläche sexueller Vollzüge klebt und darüber den

Beziehungsaspekt von Sexualität aus den Augen verliert. Im Kern hängt die Abwertung und Ausgrenzung von Homosexualität an der Überzeugung, gleichgeschlechtliche Sexualität bewege sich außerhalb der von Gott gewollten Naturordnung. Da sich die homosexuelle Orientierung auf etwas moralisch zu Verurteilendes beziehe, bleibe sie ein Problem. In diesem Denken kann das gleichgeschlechtliche Begehren nicht als moralisch neutrale menschliche Gegebenheit akzeptiert werden.

So überrascht es nicht, dass die Beurteilung von Homosexualität und homosexuellen Partnerschaften innerkirchlich zu einer Zerreißprobe geworden ist. Für die einen ist deren negative Bewertung eine notwendige Konsequenz der kirchlichen Lehre, für die anderen eine christlich empörende, weil diskriminierende Ausgrenzung. Universalkirchlich scheint das Thema Homosexualität zudem die Ortskirchen auseinander zu treiben. Wobei sich die gesamte Debatte in dem Moment ändert, wo die Betroffenen zu Wort kommen und sicher sein können, aufgrund ihrer sexuellen Orientierung nicht verfolgt, verachtet oder ausgegrenzt zu werden. Auch in Afrika oder in vielen Ländern Osteuropas sind Homosexuelle mit ungerechten Strukturen konfrontiert und kämpfen um ihre Emanzipation. Wir sollten an erster Stelle auf ihre Erfahrungen hören und uns nicht vorschnell zufrieden geben mit der Auskunft, Homosexualität sei mit bestimmten Kulturen oder religiösen Traditionen unvereinbar.[1] Nicht Tradition als Tradition ist uns heilig, sondern die menschliche Person.

---

[1] Vgl. etwa Makau Mutua, Sexual orientation and human rights: putting homophobia on trial, in: Sylvia Tamale (Hg.), African Sexualities. A Reader, Cape Town u. a. 2011, 452–462; oder die ebd. 182 abgedruckte „African LGBTI declaration" vom 18.04.2010 (Nairobi/Kenia).

Der vorliegende Band möchte einen Schritt über die Benennung von Homosexualität als innerkatholisches Reizthema hinaus wagen. Dies kann nur gelingen, wenn die negative Bewertung von Homosexualität humanwissenschaftlich aufgeklärt sowie theologisch offen zur Diskussion gestellt wird. Dieses Projekt einer kritischen Analyse fällt in eine Zeit intensiver binnenkatholischer Debatten um Ehe und Familie, und damit auch um die Sexualmoral und die Frage nicht-ehelicher Partnerschaften. Nach Jahrzehnten des Stillstands hat Papst Franziskus mit wenigen Sätzen Hoffnung auf eine neue katholische Haltung gegenüber Homosexuellen genährt. Ich erlaube mir, eine Passage aus seinem Interview mit Antonio Spadaro zu zitieren:

> „In Buenos Aires habe ich Briefe von homosexuellen Personen erhalten, die ‚sozial verwundet' sind, denn sie fühlen sich immer von der Kirche verurteilt. Aber das will die Kirche nicht. Auf dem Rückflug von Rio de Janeiro habe ich gesagt, wenn eine homosexuelle Person guten Willen hat und Gott sucht, dann bin ich keiner, der sie verurteilt. Damit habe ich gesagt, was im Katechismus steht. [...] Gott hat uns in der Schöpfung frei gemacht: Es darf keine spirituelle Einmischung in das persönliche Leben geben."[2]

Deutet sich hier eine Lerngeschichte an? Ein Wechsel von der „Logik der Ausgrenzung" hin zur „Logik der Eingliederung", von der Franziskus eindringlich in einer Predigt am 15. Februar

---

[2] Antonio Spadaro, Das Interview mit Papst Franziskus, hg. von Andreas R. Batlogg, Freiburg i. Br. 2013, 49f. Die wörtliche Formulierung des Papstes auf dem Rückflug aus Brasilien am 28. Juli 2013 lautet: „Wenn einer Gay ist und den Herrn sucht und guten Willen hat – wer bin dann ich, ihn zu verurteilen (*ma chi sono io per giudicarla*)?", online: https://w2.vatican.va/content/francesco/de/speeches/2013/july/documents/papa-francesco_20130728_gmg-conferenza-stampa.html [Stand 12.05.2015].

2015 gesprochen hat?³ Auch im Homosexuellen, der unter seiner Ausgrenzung leidet, so darf man den Papst wohl verstehen, begegnet uns Christus. Darum wird der Umgang mit ihm zum Erweis unserer Glaubwürdigkeit in der Verkündigung des Evangeliums.

Zugleich, und das macht die Bewertung schwierig, verweist der Papst als „Sohn der Kirche"⁴ wiederholt auf den Katechismus. Man würde ihm und seinen Bemerkungen zur Frische des Glaubens und zur Kreativität der Liebe aber sicher unrecht tun, wenn man daraus folgerte, er wolle keine Veränderungen bewirken. Die sozialen Verwundungen der Homosexuellen sind real. Gewalt hat viele Gesichter. Sie kann auch symbolisch sein, indem Homosexuellen etwa abgesprochen wird, ihre Sexualität auf eine menschliche Weise leben zu können. Die „Logik der Ausgrenzung" würde also nicht wirklich durchbrochen werden, wenn homosexuelles Verhalten der kirchlichen Morallehre weiterhin als Sünde gilt. Der Wille zur „Logik der Eingliederung" sollte stärker sein als der Wille zum Festhalten an überkommenen Geboten. Ob die katholische Kirche diesen Schritt in der Weiterentwicklung ihrer Morallehre gehen wird, ist derzeit nicht absehbar. Es gibt ganz unterschiedliche Signale.

Bei allem Dissens in der ethischen Bewertung von Homosexualität gibt es aber möglicherweise einen Konsens über die Prinzipien, die uns zu einer theologisch und ethisch begründeten Position führen können. Ich möchte die folgenden nennen und dabei zugleich die Beiträge des Buches vorstellen.

---

³ Eucharistiefeier mit den neuen Kardinälen, Predigt von Papst Franziskus, Vatikanische Basilika, 15. Februar 2015, online: https://w2.vatican.va/content/francesco/de/homilies/2015/documents/papa-francesco_20150215_omelia-nuovi-cardinali.html [Stand 12.05.2015].
⁴ Antonio Spadaro, Das Interview mit Papst Franziskus, 51.

(1) Die Bibel als die „Seele der ganzen Theologie" (*Optatam totius* 16) soll nach dem Wunsch der Konzilsväter vor allem in der Moraltheologie ihren rechten Stellenwert besitzen. Dies ist keineswegs als Aufruf zu einer naiven, biblizistischen Begründung unserer Ethik zu begreifen. Wohl aber als der Versuch, unsere Morallehre biblisch zu fundieren. Die für die Verurteilung von Homosexualität vielfach herangezogenen alt- und neutestamentlichen Bibelstellen sind daher exegetisch zu durchleuchten (Beiträge von *Thomas Hieke* und *Michael Theobald*). Gerade die hohe theologische Wertschätzung der Schrift verlangt von uns, mit hermeneutischer Sorgfalt an die Texte heranzugehen. So zeigt sich, dass die biblischen Autoren zwar unter ihrem jeweiligen Blickwinkel und in Auseinandersetzung mit ihrem kulturellen und religiösen Umfeld bestimmte gleichgeschlechtliche sexuelle Handlungen verurteilen, davon aber keineswegs generell Homosexualität im heutigen Verständnis betroffen ist. Die exegetische Dekonstruktion der Vorstellung, die Bibel verurteile unmissverständlich Homosexualität, wirkt befreiend auf das theologische Nachdenken über den Umgang mit sexuellen Minderheiten. Die Analyse der Reinheitsvorstellungen des Buches Levitikus, der Geschichte von Sodom sowie des Römerbriefes macht deutlich, dass die teils drastischen biblischen Verdammungen keine ausreichende Grundlage für eine heutige Bewertung von Homosexualität bilden können. Diese Erkenntnis ist nicht grundsätzlich neu[5], wird aber bis heute oftmals ignoriert.

(2) Bei jeder theologischen und ethischen Beurteilung erwartet die katholische Kirche von uns, die irdischen, von Gott geschaf-

---

[5] Vgl. etwa schon Herman van de Spijker, Die gleichgeschlechtliche Zuneigung. Homotropie: Homosexualität, Homoerotik, Homophilie – und die katholische Moraltheologie, Freiburg i. Br. 1968, 63–96; oder Martti Nissinen, Homoeroticism in the Biblical World: A Historical Perspective, Minneapolis 1998.

fenen Wirklichkeiten in ihrem Eigenstand, „ihrer eigenen Wahrheit" und „eigenen Gutheit" verstehen zu wollen (*Gaudium et spes* 36). Die „legitime Autonomie der Wissenschaften" (ebd.) ist zu respektieren. Dies gilt auch für das Verstehen dessen, was seit beinahe 150 Jahren als Homosexualität bezeichnet wird. Daher kommen in diesem Band sexualmedizinische und sozialwissenschaftliche Stimmen zu Wort. Sie zeigen zum einen (Beitrag *Hartmut Bosinski*), dass Homosexualität als eine Variante menschlicher Beziehungsfähigkeit zu begreifen ist und zum anderen (Beitrag *Melanie Steffens* und *Claudia Niedlich*), dass die gesellschaftliche Bewertung sich noch immer zwischen Diskriminierung und Akzeptanz bewegt. Religiöse Überzeugungen spielen dabei eine nicht zu vernachlässigende Rolle.

(3) In der Auseinandersetzung um die moraltheologische Bewertung von Homosexualität tauchen theologische Grundsatzfragen auf. Denn nach wie vor wird behauptet, Homosexualität widerspreche nicht nur biblischen Weisungen, sondern auch der Schöpfungsordnung und damit dem Willen und Gesetz Gottes. Zudem sei nur die Ehe zwischen Mann und Frau etwas Heiliges. Wie aber erkennen und bestimmen wir den Willen Gottes? Was meinen wir theologisch, wenn wir im Kontext von Partnerschaft von einem Sakrament sprechen? Was würde für das Thema der Homosexualität aus einer Theologie folgen, die von Gottes und des Menschen Freiheit aus denkt (Beitrag von *Magnus Striet*)?

(4) Für das kirchliche Lehramt gilt, dass es „nicht über dem Wort Gottes" steht, „sondern ihm dient, indem es nichts lehrt, als was überliefert ist" (*Dei verbum* 10). Als theologische Mitte des Wortes Gottes darf Gottes Selbstoffenbarung gelten, in der er, wie das Konzil schreibt, „aus überströmender Liebe die Menschen (anspricht) wie Freunde" (DV 2). Weil wir freie Wesen sind, hat Gott sich uns selbst mitteilen können. Diese Entschie-

denheit zur Freiheit und Liebe gilt es zu überliefern. Die Glaubwürdigkeit der Kirche hängt folglich daran, ob sie diese Botschaft bezeugt. Lehramtliche Dokumente stehen unter dem Anspruch, das befreiende und erlösende Wort Gottes zu überliefern. Rezipieren die Gläubigen aus freier Einsicht ein solches lehramtliche Zeugnis, dann gewinnt es eine besondere theologische Verbindlichkeit. Vielen lehramtlichen Dokumenten, die sich zur Frage der Homosexualität äußern, fehlt offenbar diese freie Glaubensrezeption aus Einsicht. Es wird der Vermutung nachgegangen, dass dies mit der selektiven Aufnahme moraltheologischer Denkformen und damit verbunden der mangelnden argumentativen Überzeugungskraft der Dokumente zu tun haben könnte (Beitrag *Stephan Goertz*). Das Ressentiment gegenüber der gleichgeschlechtlichen Liebe ist heute zum theologischen Ärgernis geworden.[6]

(5) Das Konzil hat in seiner Pastoralkonstitution als grundlegendes Prinzip für die Sexualmoral formuliert, dass die Sexualität auf „wahrhaft humane Weise" (*Gaudium et spes* 49) gelebt werden soll. Doch was meint dieses Prinzip? Und gilt es nur zwischen Mann und Frau? Kann nicht auch homosexuelles Verhalten als ein Verhalten verstanden werden, in dem sich die Partner in Liebe gegenseitig ergänzen und auf gerechte Weise miteinander umgehen (Beitrag von *Todd A. Salzman* und *Michael G. Lawler*)?

(6) Die Tradition der Kirche versteht sich als lebendige Überlieferung des Wortes Gottes in je neue Gegenwarten hinein. Dabei

---

[6] Vgl. dazu auch Stephan Goertz, Eine Form des Liebens. Für einen Perspektivwechsel in der Beurteilung der Homosexualität, in: HerKorr Spezial 2 (2014), Leibfeindliches Christentum? Auf der Suche nach einer neuen Sexualmoral, 44–49.

Einleitung: „Wer bin ich, ihn zu verurteilen?"

„wächst das Verständnis der überlieferten Dinge und Worte durch das Nachsinnen und Studium der Gläubigen" (*Dei verbum* 8). *Die Tradition* ist also nicht einfach mit *den Traditionen* identisch. Sie ist vielmehr deren kritischer Maßstab, da sie selbst an das Wort Gottes zurückgebunden ist. Wenn sich nun zeigen sollte, dass sich in der Tradition Deutungen entwickelt und Praktiken etabliert haben, die zur Ausgrenzung oder gar Verfolgung von Homosexuellen – in der Vergangenheit: Sodomiten – geführt haben, dann wären diese Traditionen für uns heute nicht mehr unbesehen als normativ zu betrachten (erster Beitrag *Michael Brinkschröder*). Moralische Geltung erwächst folglich nicht unvermittelt aus Traditionen. Nur das Gute sollte tradiert werden. In vielen Beiträgen dieses Bandes wird mit einem theologisch reflexiven Begriff von Tradition gearbeitet.

(7) Im Hintergrund der offenen theologischen Debatte um Homosexualität steht die Überzeugung, dass der christliche Glaube dem Menschen ein freies und vernünftig begründetes Handeln zutraut. Denn „nur frei kann der Mensch sich zum Guten hinwenden. Und diese Freiheit schätzen unsere Zeitgenossen hoch und erstreben sie leidenschaftlich. Zu Recht" (*Gaudium et spes* 17). Wer die Zustimmung zu moralischen Forderungen vom katholischen Bekenntnis abhängig macht, der traut diesen Forderungen eine freie Anerkennung schon nicht mehr zu. Mit einer inzwischen klassischen Formulierung von Franz Böckle:

> „Es gibt Mysterien des Glaubens, es kann aber keine mysterienhaften sittlichen Handlungsnormen geben, deren inhaltliche Forderung im Hinblick auf das zwischenmenschliche Handeln nicht positiv *einsehbar* und *eindeutig bestimmbar* wäre. Dieser formale Unterschied zwischen

Einleitung: "Wer bin ich, ihn zu verurteilen?"

Glaubenssätzen und sittlichen Normsätzen ist von fundamentaler Bedeutung."[7]

Neben den exegetischen, humanwissenschaftlichen, theologischen und ethischen Überlegungen zum Status des gleichgeschlechtlichen sexuellen Begehrens und Verhaltens sollen verschiedene kontroverse Einzelfragen nicht zu kurz kommen, die die kirchliche und gesellschaftliche Öffentlichkeit in verschiedenen Ländern bewegen. In welchem Verhältnis stehen gleichgeschlechtliche Partnerschaften zur Ehe zwischen Mann und Frau? Welche Bedeutung kommt dem Prinzip der Gewissensfreiheit und einer recht verstandenen "Humanökologie" in diesem Kontext zu (Beitrag *Josef Römelt*)? Welche Rechtsform ist für gleichgeschlechtliche Beziehungen die angemessene, um Homosexuelle nicht zu diskriminieren und der Besonderheit ihrer Partnerschaft Rechnung zu tragen? Welche Rolle spielen dabei unterschiedliche nationale Rechtskulturen (Beitrag *Alberto Bondolfi*)? Zu Disputen führt schließlich regelmäßig die Frage, wie gleichgeschlechtliche Elternschaft zu beurteilen ist. Stellt sie eine Bedrohung für das Kindeswohl dar? Welche ethisch relevanten Erkenntnisse gibt es zu dieser Frage (Beitrag *Gerhard Marschütz*)?

Am Ende wird nochmals die Frage aufgegriffen, ob wir uns in einer Phase der Weiterentwicklung der Lehre befinden. Dazu sind die bisher im Kontext der Bischofssynode zu Ehe und Familie (2014/2015) veröffentlichten Texte einer genauen Lektüre zu unterziehen (zweiter Beitrag *Michael Brinkschröder*). Waren die positiven und wertschätzenden Aussagen über Homosexualität in der Zwischenrelatio[8] der außerordentlichen Synode im

---

[7] Franz Böckle, Fundamentalmoral, München 1977, 293.
[8] "Homosexuelle Menschen besitzen Gaben und Qualitäten, die sie der Christengemeinschaft schenken können: Können wir diese Menschen aufnehmen, indem wir ihnen einen Raum der Brüderlichkeit in unseren Gemeinschaften zusichern? Oft möchten sie einer Kirche begegnen, die sie bei sich aufnimmt.

Herbst 2014 nur eine kleine Episode oder ein großer Einschnitt? Eine Antwort auf diese Frage wird wohl erst die Entwicklung der nächsten Jahre liefern.

Der vorliegende Band wäre nicht zustande gekommen ohne die Bereitschaft aller Autorinnen und Autoren, sich freimütig dem innerkatholisch nach wie vor ungeklärten Thema Homosexualität zu stellen. Ihnen gilt daher mein besonderer Dank. Dem Herder-Verlag und seinem Lektor Dr. Stephan Weber danke ich für das nicht nachlassende Interesse an diesem Projekt. In Mainz habe ich mich ein weiteres Mal verlassen können auf die erprobte Sorgfalt der Mitarbeiterinnen Sarah Christ, Tanja Jäger, Sarah Krumbiegel, Verena Weiß und Caroline Witting.

Stephan Goertz
Mainz, 1. Juni 2015

Sind unsere Gemeinschaften in der Lage, dies zu tun und ihre sexuelle Ausrichtung zu akzeptieren und zu bewerten, ohne die katholische Familien- und Ehelehre zu gefährden?" („Relatio post disceptationem" von Kardinal Peter Erdö, in: Die pastoralen Herausforderungen der Familie im Kontext der Evangelisierung. Texte zur Bischofssynode 2014 und Dokumente der Deutschen Bischofskonferenz, hg. vom Sekretariat der Deutschen Bischofskonferenz, Arbeitshilfen Nr. 273, Bonn 2014, 117–140, 137 [Nr. 50]). In der (inoffiziellen) englischen Übersetzung, die vom Presseamt des Heiligen Stuhls am 13.10.2014 veröffentlicht wurde (B0751), hieß es: „accepting and valuing their sexual orientation." Die letztlich diskriminierende Redeweise von homosexueller „Neigung" oder „Tendenz" ist damit durchbrochen worden.

I.
Exegetische Vergewisserung

Kennt und verurteilt das Alte Testament Homosexualität?

Thomas Hieke

> *Und bei einem Mann sollst du nicht liegen,*
> *wie man bei einer Frau liegt.*
> *Es wäre ein Gräuel.* (Lev 18,22)

1. Einführung

Kennt und verurteilt das Alte Testament Homosexualität? Die beiden Teile der Frage sind mit „Nein" zu beantworten. Das überrascht, insbesondere im Blick auf den vorangestellten Vers Lev 18,22. Ist hier nicht alles klar und die kategorische Ablehnung homosexueller Praktiken deutlich formuliert? Wissenschaft hat jedoch die Aufgabe, genauer hinzuschauen und vermeintliche Selbstverständlichkeiten auf den Prüfstand zu stellen. Die angebliche Gewissheit, die Heilige Schrift, näherhin die Bibel Israels bzw. das Alte Testament[1], verurteile gleichgeschlechtliche sexuelle Handlungen in jeglicher Hinsicht, prägt auch die aktuelle Lehre der römisch-katholischen Kirche über die Homosexualität, wie sie sich etwa im Katechismus (s. u.) artikuliert. Die gleiche römisch-katholische Kirche fordert in der Dogmatischen Konstitution des Zweiten Vatikanischen Konzils über die göttliche Offenbarung (*Dei Verbum*, 1965) die Bibelwissenschaft dazu auf, „sorgfältig [zu] erforschen, was die heili-

---

[1] Der Begriff „Altes Testament" impliziert bereits die christliche Rezeption der Bibel Israels als ersten Teil der christlichen Bibel. Dennoch ist auch im Christentum das „Alte Testament" als ureigene Botschaft zu lesen, es hat „ein Eigenwort mit Eigenwert". Erich Zenger, Heilige Schrift der Juden und Christen, in: Erich Zenger u. a., Einleitung in das Alte Testament, hg. von Christian Frevel, Stuttgart [8]2012, 20.

gen Schriftsteller wirklich zu sagen beabsichtigten und was Gott mit ihren Worten kundtun wollte" (DV 12). Diesem Auftrag möchte ich im Folgenden nachkommen. Dazu ist es zunächst erforderlich, einige Voraussetzungen und Begrifflichkeiten zu klären. Sodann ist ein Blick in das altorientalische Umfeld der Heiligen Schrift Israels, die von den Christen als „Altes Testament" übernommen wird, lohnend. Auf dieser Basis und vor ihrem geschichtlichen Hintergrund und den sozialen Rahmenbedingungen ihrer Zeit sind die „rechtlichen" Bestimmungen im Buch Levitikus sowie einige Erzähltexte zu analysieren. Die Ergebnisse provozieren die Frage, ob der Umgang mit der Heiligen Schrift in Katechismus-Werken der römisch-katholischen Kirche angemessen ist. In einem Fazit will sich der Bibelwissenschaftler einer Stellungnahme zur Problematik nicht entziehen.

Vorweg sind noch hermeneutische Klärungen notwendig: Über das Thema Homosexualität kann man nicht „neutral" schreiben, selbst wenn man sich um wissenschaftliche Distanz bemüht.[2] Die folgenden Ausführungen wollen nicht mit wissenschaftlichem Mäntelchen eine „hidden agenda" transportieren, daher möchte ich meinen Standpunkt vorweg klarstellen: Ich halte jedwede Ächtung oder Geringschätzung von Homosexualität und homosexuellen Personen für menschenverachtend und einen Verstoß gegen grundlegende Menschenrechte und die Menschenwürde. Vermeintlich religiös motivierte Feldzüge gegen homosexuelle Menschen und ihre Ausdrucksformen geschlechtlicher Liebe sind Ausdruck einer dumpfen Homophobie, die durch angebliche christliche, jüdische oder muslimische Traditionen nur kaschiert wird. Es geht mir darum zu zeigen, dass die Hebräische Bibel bzw. das Alte Testament *nicht* für eine homophobe Agenda herangezogen werden kann und darf. Damit ist die zweite hermeneutische Problematik angesprochen: Eine unmittelbare „Applikation" der biblischen Texte auf heutige Fragen der Sexualmoral ist nicht möglich.

---

[2] Das zeigt die gesamte Studie von James E. Harding, The Love of David and Jonathan. Ideology, Text, Reception (Bible World), Sheffield 2013, in überzeugender Weise an der David-Jonatan-Geschichte und ihrer Interpretation auf; vgl. auch Martti Nissinen, Homoeroticism in the Biblical World: A Historical Perspective, Minneapolis 1998, 6.

Wird dies dennoch gemacht, so steckt dahinter meist die Absicht, vorgefasste, in der Regel homophobe Ansichten mit aus dem literarischen und sozialgeschichtlichen Kontext gelösten „Sätzen" aus der „Heiligen Schrift" zu untermauern. Dieser Prozess ist hochgradig selektiv: „Wörtlich genommen" werden nur Texte, die eben auf die voreingestellte Weltsicht passen; andere Passagen werden ignoriert. Dagegen nimmt die hier angewandte Schrifthermeneutik das Alte Testament als Heilige Schrift insofern ernst, als der Blick immer auf den Gesamtzusammenhang und die geschichtliche Einbettung gerichtet wird. Inwieweit sich daraus Impulse für heutige sexualethische Debatten ergeben, ist ein weiterer Vorgang, der nur interdisziplinär angegangen werden kann.

2. Voraussetzungen und Begriffsklärungen

Die Auffassung von dem, was Homosexualität wirklich ist, hat durch die Erkenntnisse der Human- und Sozialwissenschaften in den letzten Jahrzehnten ganz erhebliche Veränderungen erfahren. Dies gilt es in zweierlei Hinsicht zu berücksichtigen: Zum einen ist die erhebliche Zeitverzögerung zu beachten, mit der wissenschaftliche Einsichten in das allgemeine Bewusstsein breiterer Bevölkerungsschichten eindringen und dort zu Änderungen bei Mentalitäten und moralischen Einstellungen führen – hier ist nicht in Jahren, sondern in Generationen zu rechnen. Zum anderen kann eine veraltete, nach wissenschaftlichen Standards nicht mehr haltbare Auffassung von einem bestimmten Phänomen nicht als Argumentationsbasis für das Festhalten an moralisch-ethischen Normen herangezogen werden. Die moralische Beurteilung und ethische Normierung menschlicher Sexualität ist somit untrennbar mit dem verknüpft, was diese menschliche Sexualität auszeichnet. Wird diese Verknüpfung entkoppelt, dann kann es dazu kommen, dass eine Institution oder eine Gesellschaft etwas zu regeln versucht, was es nur in ihrer Vorstellung, nicht aber in Wirklichkeit gibt – die aufgestellten Regeln verlieren zwangsläufig ihre Relevanz, schlimmstenfalls verliert die normierende Gemeinschaft ihre Glaubwürdigkeit.

Damit dies im Folgenden nicht geschieht, sondern mit dem Begriff Homosexualität auch das bezeichnet wird, was nach aktuellem Stand der Human- und Sozialwissenschaften dahintersteht, muss kurz festgehalten werden: Homosexualität ist weder eine (psychische) Krankheit, die u. U. therapierbar wäre, noch eine freiwillig gewählte Abweichung von einem eigentlich heterosexuellen Verhalten. Die gleichgeschlechtliche sexuelle Ausrichtung wird im Laufe der Persönlichkeitsentwicklung vom Individuum entdeckt und bedarf wie jede andere sexuelle Ausrichtung auch der Integration in ein stimmiges Lebenskonzept (Identität).³ Sexualität ist dabei nie auf den bloßen genitalen Akt zu reduzieren, sondern ist als vieldimensionales Phänomen zu verstehen, das einerseits mit der Gemeinschaft vernetzt ist, in der das Individuum lebt (soziale Dimensionen), und das andererseits mit der Persönlichkeit (dem Charakter) der/des Einzelnen als ganzer verbunden ist (psychische Dimensionen). Zur Homosexualität im heutigen Verständnis gehören somit – wie ganz selbstverständlich bei Heterosexualität auch – Fragen der Partnerschaft, der Verantwortung für den/die Andere/n und für die größere Gemeinschaft (Familie, Gruppe, Gesellschaft), der Verlässlichkeit, der Emotionalität, der Rücksichtnahme und vieles mehr. Werden diese Aspekte ausgeblendet bzw. wird der Begriff „Homosexualität" auf den bloßen gleichgeschlechtlichen Akt (unter Männern) reduziert, soll im Folgenden diese einseitige Sicht von „Homosexualität" bewusst in Anführungszeichen gesetzt werden – besser wäre es, hier gar nicht von „Homosexualität" zu sprechen, sondern von genitalem Analverkehr unter Männern, für den es viele Gründe geben kann.⁴

3. „Homosexualität" im antiken Umfeld Israels

Im Sinne dieser Begriffsklärung kannte die Antike weder dem Begriff noch der Sache nach Homosexualität als Sexualität und Identität integrierendes Persönlichkeitskonzept. Das Verständnis von Sexualität hat sich überhaupt stark gewandelt.⁵ Dazu

---

³ Vgl. dazu z. B. Nissinen, Homoeroticism, 10, sowie seine Ausführungen im 1. Kapitel.
⁴ Nissinen schlägt vor, das Wort „homoeroticism" als breiteren Begriff für gleichgeschlechtliche Praktiken aus welchen Gründen auch immer zu verwenden; darunter können dann auch die in den antiken Texten beschriebenen Phänomene gefasst werden, für die der engere Begriff Homosexualität, der an das heutige Verständnis davon gebunden ist, in der Regel nicht verwendet werden kann, vgl. Nissinen, Homoeroticism, 17.
⁵ Vgl. dazu grundsätzlich Nissinen, Homoeroticism, 35; ferner Stefan Scholz, Art. Homosexualität (NT), in: Das wissenschaftliche Bibellexikon im Internet (www.wibilex.de), September 2012, Punkt 3.4.4. Ein Aspekt davon ist auch, dass weibliche Homosexualität so gut wie keine Rolle spielt. Warum dies so ist, wird aus den folgenden Ausführungen deutlich: Bei weiblicher Homosexualität geht es weder um Penetration noch um Über- bzw. Unterlegenheit, weder um „Ehre" oder „Schande" noch um Aktivität und kriegerische Kraft. Damit

gehört, dass in der Antike das Öffentliche und das Private nicht so stark getrennt waren wie heute, mithin auch sexuelle Akte stärker nach ihrer sozialen Dimension und weniger nach der Handlung an sich beurteilt wurden.[6] Somit wird auch der gleichgeschlechtliche genitale Analverkehr zwischen Männern („Penetration") so gut wie nie als Ausdruck einer Liebesbeziehung gesehen, sondern stets als (bisweilen mit expliziter Gewalt verbundene) Machtdemonstration des „überlegenen" penetrierenden Mannes gegenüber dem „unterlegenen", die geschlechterstereotype Rolle der Frau einnehmenden penetrierten Mannes. Dazu seien einige Beispiele genannt.[7]

3.1 Alter Orient

Aus dem *hethitischen Kulturkreis* (2. Jahrtausend v. Chr.) ist die Anzahl in Frage kommender Belege sehr gering. Aus den zahlreichen hethitischen Ritualvorschriften im Keilschriftarchiv von Ḫattusa könnten allenfalls zwei in Betracht gezogen werden.

---

entfallen für Frauen die wenigen Kontexte, in denen überhaupt von gleichgeschlechtlichen Akten unter Männern gesprochen wird. Hierzu auch Nissinen, Homoeroticism, 43, über die Bibel Israels: „The Holiness Code never mentions women's homoeroticism, nor does the Hebrew Bible anywhere."

[6] So stand etwa bei Regelungen zu verschiedengeschlechtlichen Beziehungen die Frage im Vordergrund, ob das potentiell entstehende Kind in „geordneten" Verhältnissen aufwachsen kann und Anspruch auf einen Erbteil hat oder ob durch das Kind das soziale Gefüge der Gesellschaft in Schieflage gerät. Ferner geht es um finanzielle und eigentumsrechtliche Fragen sowie um „Ehre" und „Schande" (also das gesellschaftliche Ansehen) des Mannes bzw. der Familie insgesamt. Das lässt sich beispielsweise an den biblischen Inzestverboten in Lev 18 und Lev 20 zeigen, vgl. Thomas Hieke, Levitikus 16–27 (HThKAT), Freiburg i. Br. 2014, 653–654.

[7] Die Zahl der Belege ist im Vergleich zu dem, was man sonst an Quellen aus der Antike hat, sehr gering. Für wertvolle Anregungen im Bereich der altorientalischen Literatur danke ich ganz herzlich meiner Kollegin Doris Prechel, Mainz.

(1) Anniwiyani, Autorin zweier Riten auf einer Tafel (CTH 393), beschreibt, wie sie das Ritual der Schutzgottheit ᵈLAMMA aufführt. Vermutlich wurde dieses Ritual dann ausgeübt, wenn ein Mann den passiven Part in einer homoerotischen sexuellen Begegnung „erlitten" hatte. Damit sollte die „Männlichkeit" des penetrierten Mannes wieder hergestellt und die Fruchtbarkeit (insbesondere das Zeugen von männlichem Nachwuchs) sichergestellt werden. Wenn die Interpretation des Ritus so richtig ist, dann ist männlicher Analverkehr kein homosexueller Akt im heutigen Verständnis, sondern ein Vorgang mit dem Ziel, den penetrierten Mann als „unterlegen" zu demütigen. Wenn die Gemeinschaft, in der er lebt, davon erfährt, ist eine Satisfaktionsleistung mittels des genannten Rituals nötig, um den ursprünglichen sozialen Status des Mannes wieder herzustellen und die Gemeinschaft von diesem „Angriff" zu reinigen.[8] Generell verurteilten die Hethiter zwar Inzest und Zoophilie (sexueller Verkehr mit Tieren) deutlich, äußerten sich aber zu gleichgeschlechtlichem („homosexuellem") Verkehr nicht in Rechtstexten. Vermutlich wurde letzterer nicht als „normales Verhalten" toleriert, doch ein Verstoß wurde als nicht so gravierend eingestuft, so dass man kein Verbot formulierte, sondern „nur" einen Reinigungsritus (für den penetrierten Mann) etablierte.[9] Das Problem an der Passivität des penetrierten Mannes ist dabei, dass er ein Verhalten pflegt, das seiner sozialen Rolle als aktiver Krieger zuwiderläuft: Er handelt nicht als Kämpfer, sondern wie eine Frau, die im Krieg zu Hause bleibt, während der penetrierende Mann aktiv ist und genau das tut, was man von einem Krieger erwartet. Es geht also nicht um Sexualmoral, sondern um einen sozialen Rollenkonflikt.

(2) Nach neuerer Ansicht geht das Ritual der Paskuwatti (CTH 406), das bisher als Ritual zur Überwindung von sexueller Impotenz gedeutet wurde, in eine ähnliche Richtung: Das Ritual ziele demnach auf eine Art „Heilung" der passiven homosexuellen Neigung des „Patienten". Der Vorgang, durch männliche Penetration in die Rolle zu treten, die nach der kulturellen Tradition den Frauen zugeschrieben wird, muss rückgängig gemacht werden, damit der Betroffene wieder als aktiv-aggressiver, dominanter Mann gelten kann.[10] Wieder geht es nicht um partnerschaftliche Sexualität, sondern um ein soziales Rollenverhalten, das einem Mann

---

[8] Vgl. Ilan Peled, Expelling the Demon of Effeminacy: Anniwiyani's Ritual and the Question of Homosexuality in Hittite Thought, in: Journal of Ancient Near Eastern Religions 10.1 (2010) 69–81, 76.
[9] Vgl. ebd. 77.
[10] Vgl. Jared L. Miller, Paskuwatti's Ritual: Remedy for Impotence or Antidote

nicht zugestanden wird bzw. das als defizitär und krankhaft angesehen wird. Dem „Patienten fehlt etwas": Fortpflanzungserfolg und sexuelles Verlangen nach dem anderen (weiblichen) Geschlecht – von dieser „Krankheit" soll das Ritual ihn heilen. Neben der „gestörten" sozialen Rollenverteilung liegt ein weiterer Hauptgrund dafür, warum homosexuelles Sexualverhalten tabuisiert wird und „geheilt" werden muss, darin, dass es keine Nachkommenschaft hervorbringt.[11] Es bleibt zu beachten, dass die eben beschriebene Deutung des Ritualtextes nur ein Vorschlag ist und eine größere Gewissheit über die genaue Bedeutung und die gesellschaftlichen Hintergründe der beschriebenen Handlungen nicht erreicht werden kann.

In der *mesopotamischen Literatur* wird der Beziehung zwischen Gilgamesch und Enkidu größere Aufmerksamkeit gewidmet. Es ist in der Forschung umstritten, ob es sich hier um eine „homosexuelle" Beziehung handelt oder um das Idealbild einer intensiven „Männerfreundschaft".[12] Insgesamt scheint aber „Homosexualität" kein wirkliches Thema oder Problem in Me-

---

to Homosexuality?, in: Journal of Ancient Near Eastern Religions 10.1 (2010) 83–89, 85.
[11] Vgl. ebd. 87.
[12] Zur Diskussion vgl. Jerrold S. Cooper, Buddies in Babylonia: Gilgamesh, Enkidu, and Mesopotamian Homosexuality, in: Abusch, Tzvi (Hg.), Riches Hidden in Secret Places: Ancient Near Eastern Studies in Memory of Thorkild Jacobsen, Winona Lake 2002, 73–85; ferner vgl. Nissinen, Homoeroticism, 20–24. In seiner kritischen Ausgabe des babylonischen Gilgamesch-Epos deutet A. R. George die entsprechenden Zeilen 96–99 auf Tafel XII der akkadischen Version im Sinne der Erinnerung an einen Freude bringenden Analverkehr zwischen Gilgamesch und Enkidu und nimmt damit eine „homosexuelle" Beziehung zwischen beiden an (s. auch die Erläuterungen S. 529 und 903; Tafel XII ist ein Anhang an das Epos aus elf Tafeln und besteht aus der akkadischen Übersetzung des sumerischen Textes „Bilgames und die Unterwelt"). Da beide „Helden" im Narrativ des Epos jedoch auch explizit sexuelle Beziehungen zu Frauen haben (insbesondere Enkidu, der erst durch die sexuelle Begegnung mit der Prostituierten Šamhat vom wilden Tier zum Menschen wird), ist der genitale Lustgenuss der beiden Freunde nur eine erzählerische Facette ihrer engen Freundschaftsbeziehung. Vgl. Andrew R. George, The Babylonian Gilgamesh Epic: Introduction, Critical Edition and Cuneiform Texts, Oxford 2003; vgl. auch Nissinen, Homoeroticism, 24.

sopotamien gewesen zu sein.¹³ Unter den mesopotamischen Omen-Texten aus dem 1. Jahrtausend v. Chr., *šumma ālu* genannt, finden sich auf den Tafeln 103 und 104 Omina, die sich mit menschlicher Sexualität befassen. Im Vordersatz (Protasis) beschreiben sie jeweils ein bestimmtes Verhalten, im Nachsatz (Apodosis) ein folgendes Ergehen. Dabei geht es nicht um Vorschriften für den Geschlechtsverkehr, sondern um eine „Naturbeobachtung" (in Analogie etwa zu einer Leberschau), aus der man Hinweise auf die Zukunft erhoffte. Ein Beispiel aus der männlichen Sexualität lautet: „Wenn ein Mann im Traum ejakuliert und mit seinem Samen bespritzt ist – dieser Mann wird Reichtümer finden und finanziell erfolgreich sein"¹⁴. Ganz ungewöhnlich erscheint im gleichen Zusammenhang folgendes Omen: „Wenn ein Mann analen Geschlechtsverkehr mit einem ihm Gleichgestellten hat – dieser Mann wird zum Vornehmsten unter seinen Brüdern und Gefährten".¹⁵ Die Paradoxität ist typisch für die Omina: Der, der den Gleichgestellten *von hinten* penetriert, wird in der sozialen Ordnung *nach vorne* gestellt. Gleichgeschlechtlicher Verkehr unter Männern auf der gleichen sozialen Ebene wird als Zeichen besonderer Durchsetzungskraft gesehen.¹⁶ Dabei sind die Omina keine Handlungsanweisungen:

---

¹³ Vgl. Cooper, Buddies in Babylonia, 82; zu den Belegen s. auch Jean Bottéro/Herbert Petschow, Art. Homosexualität, in: Reallexikon der Assyriologie und Vorderasiatischen Archäologie 4 (1972–1975) 459–468.
¹⁴ Aus der englischen Übersetzung von A. K. Guinan ins Deutsche übertragen, vgl. Ann Kessler Guinan, Erotomancy: Scripting the Erotic, in: Simo Parpola/Robert M. Whiting (Hg.), Sex and Gender in the Ancient Near East. Proceedings of the 47th Rencontre Assyriologique Internationale, Helsinki, July 2–6, 2001, Helsinki: The Neo-Assyrian Text Corpus Project, 2002, 185–201, 188; ferner Nissinen, Homoeroticism, 27f.
¹⁵ Vgl. Guinan, Erotomancy, 189.
¹⁶ Vgl. Cooper, Buddies in Babylonia, 82, mit Verweis auf S. 74 in dem älteren Aufsatz von Thorkild Jacobsen, How Did Gilgamesh Oppress Uruk?, in: Acta Orientalia 8 (1930) 62–74.

Die Magie „funktioniert" nur, solange die Betreffenden nicht um den Zusammenhang wissen. Sobald das eigene Verhalten darauf ausgelegt wird, das als positiv geschilderte Ergehen zu erreichen, wirkt der Text nicht mehr als Omen (ein weiteres Paradoxon). Wichtiger als die positiven Auskünfte sind die mit dem negativen Ergehen verbundenen apotropäischen Rituale, die durch einfache Handlungen das angekündigte Übel abwenden wollen.

In den Mittelassyrischen Gesetzen gibt es zwei Vorschriften (MAL A 19 und MAL A 20), die sich mit gleichgeschlechtlichem Verkehr unter (gleichgestellten!) Männern befassen, jedoch geht es in 19 um eine falsche Anschuldigung (ein Partner wird fälschlich als „Prostituierter" beschimpft), in 20 um Vergewaltigung.[17] „Homosexualität" als solche wird nicht verurteilt, allerdings ist dies auch in der Forschung nicht unumstritten.[18] Das Problem besteht hier wohl ebenso wie im griechischen Denken dieser Zeit darin, dass nur eine bestimmte Art des gleichgeschlechtlichen Verkehrs unter Männern inkriminiert wird: Während aktiver „homosexueller" Analverkehr mit männlichen Prostituierten oder Sklaven kein Problem darstellte, ächtete die Gesellschaft den Fall, wenn ein Mann einen ihm gleichgestellten Bürger gegen dessen Einverständnis (!) aktiv anal penetrierte und damit bewusst einen Akt der Demütigung setzte.[19] Damit wird das komplexe soziale Gefüge der Gesellschaft in ihren wechselseitigen Beziehungen gefährdet. Wer diesen Akt wiederum passiv ohne Widerstand an sich geschehen ließ, gab damit seine Bürgerrechte auf.[20]

---

[17] Vgl. u. a. Nissinen, Homoeroticism, 25.
[18] Vgl. Cooper, Buddies in Babylonia, 83.
[19] S. dazu auch Nissinen, Homoercticism, 26–27 mit weiteren Belegbeispielen für die anale Penetration als Gewaltakt zur Demütigung Unterlegener.
[20] Vgl. Cooper, Buddies in Babylonia, 84 mit Verweis auf Kenneth Dover, Greek Homosexuality, London 1978, 103 (dt.: Homosexualität in der grie-

Auch wenn sich die Verhältnisse in Assyrien und Griechenland stark unterschieden, ist die Einstellung zu homosexuellen Akten durchaus vergleichbar: Es ist beschämend, von einem gleichgestellten Mann penetriert zu werden, und es ist ein Akt des Angriffs, einen Mitbürger zu penetrieren. Dazu passt auch das oben zitierte Omen: Wer einen gleichgestellten Mann penetriert, erweist sich als durchsetzungsfähig, weil er andere demütigen kann und niemand sich ihm entgegenstellt.[21]

3.2 Altes Ägypten

Im *pharaonischen Ägypten*[22] bezeugen nur wenige ausschließlich textliche Quellen sexuelle Handlungen von gleichgeschlechtlichen Paaren (Männern). Die meisten Zeugnisse sind mit dem Mythos von Horus und Seth verknüpft. Die beiden Götter streiten um die Thronnachfolge: Nachdem Seth seinen Bruder Osiris getötet hatte, beansprucht er ebenso wie Horus, der Sohn des Osiris, dessen Thron. Eine Begebenheit, auf die in altägyptischen Texten religiösen Inhalts angespielt wird, ist der sexuelle Akt zwischen den Göttern, mit dem Seth über Horus triumphieren will.

Die ausführlichste Ausgestaltung dieser Episode hat sich im *Papyrus Chester Beatty I* (ca. 1140 v. Chr.) erhalten, in dem beschrieben wird, wie Seth den noch jugendlichen Horus penetriert und dies anschließend dem „Großen Götterkollegium" anzeigt. Die Reaktion der Götter verdeutlicht, wie sie das Geschehen werten: Sie geraten in „gewaltige Unruhe" und speien vor Horus aus.[23] Eine wichtige Rolle spielt in dieser Geschichte der Samen, der – wie an

---

chischen Antike, München: Beck, 1983); vgl. ferner Nissinen, Homoeroticism, 57–69; vgl. Scholz, Art. Homosexualität (NT), Punkt 3.2.
[21] Vgl. Cooper, Buddies in Babylonia, 85.
[22] Der Abschnitt über das Alte Ägypten wurde von der Ägyptologin Dr. Andrea Klug, Mainz, verfasst.
[23] Friedrich Junge, Die Erzählung vom Streit der Götter Horus und Seth um die Herrschaft, in: Texte aus der Umwelt des Alten Testaments (TUAT), Bd. 3, Lieferung 5, Gütersloh 1995, 930–950, 944f.

anderen Stellen beschrieben – ein Gift ist, das man nicht im Körper haben möchte.[24] Horus kann den Samen des Seth auffangen, bevor er in seinen Körper eintritt, ohne dass Seth dies bemerkt. Zusätzlich gelingt es Isis, Lattich mit dem Samen ihres Sohnes Horus zu versetzen. Die Pflanze wird von Seth gegessen. Da der Samen des Horus in Anwesenheit des Götterkollegiums auf Rufen des Gottes Thot aus dem Körper des Seth herauskommt, kann Horus auf diese Weise nachweisen, dass in Wirklichkeit Seth der Unterlegene ist.[25] Obwohl Horus als Sieger aus diesem Ereignis hervorgeht, ist er als Penetrierter durch die Erniedrigung beschmutzt (vgl. oben den hethitischen Reinigungsritus). Sowohl seine Hand, mit der er den Samen des Seth aufgefangen hat, als auch sein Glied bedürfen der Reinigung: Als Horus seiner Mutter Isis mit den Worten „komm, dass Du siehst, was Seth mir angetan hat" den aufgefangenen Samen des Seth entgegenstreckt, schreit sie auf, schneidet ihm seine beschmutzte Hand ab, wirft sie ins Wasser, lässt ihm eine neue wachsen und reinigt sein Glied mit „wohltuendem Öl".

Ein älterer, fragmentarischer Text (*Papyrus Kahun VI*; um 1800 v. Chr.) gibt ebenfalls wieder, wie Horus mit seiner Mutter die Pläne des Seth durchkreuzt.[26] Aufgrund des schlechten Erhaltungszustandes lassen sich die Umstände der Szenerie nur erahnen. Scheinbar aus sexueller Lust macht Seth dem Horus Komplimente über seine „schönen Pobacken" und „breiten Schenkel", vielleicht mit dem Ziel, das jüngere Gegenüber durch Zuweisung weiblicher Attribute abzuwerten. Vor dem Hintergrund der satirisch ausgefalteten Geschichte des Papyrus Chester Beatty I wirken diese Aussagen für heutige Ohren wie blanke Ironie, ebenso wie der Ausspruch des Seth, dass der Akt für ihn „süßer war als der Himmel hoch ist". Vor der Ausführung der Tat meldet Horus seiner Mutter Isis den Annäherungsversuch des Seth. Isis gibt ihm drei Ratschläge: 1) sich von Seth fernzuhalten; 2) wenn dies nicht gelänge, ihm zu sagen, er sei dem Seth körperlich unterlegen und es wäre schmerzhaft für ihn; 3) beim dann doch nicht zu verhindernden Akt seine Finger zwischen seine Pobacken zu

---

[24] Vgl. Wolfhart Westendorf, Art. Homosexualität, in: Lexikon der Ägyptologie, Bd. 2, Wiesbaden 1977, 1272.
[25] Vgl. Junge, Streit der Götter, 945.
[26] Vgl. Frank Röpke, Überlegungen zum „Sitz im Leben" der Kahuner Homosexuellen Episode zwischen Horus und Seth (pKahun VI.12 = pUniversity College London 32158, rto.), in: Hubert Roeder (Hg.), Das Erzählen in frühen Hochkulturen I. Der Fall Ägypten, München 2009, 239–290, 249f. 288–290; Vgl. Richard B. Parkinson, ‚Homosexual' Desire and Middle Kingdom Literature, in: The Journal of Egyptian Archaeology 81 (1995) 57–76, 70f.

stecken – wohl wiederum um den Samen aufzufangen. Die restlichen Passagen, die u. a. Samen und Phallus erwähnen, sind kaum verständlich. Offensichtlich ist hier von einem weiteren Annäherungsversuch des Seth die Rede, so dass der Text inhaltlich von der Version des jüngeren Papyrus Chester Beatty I abweicht.[27] Die genannten Zeugnisse deuten eine Einseitigkeit des Geschlechtsaktes an. Dies steht im Widerspruch zu dem frühesten Beleg aus den *Pyramidentexten* (PT 1036; ca. 2300 v. Chr.), in dem von einer Wechselseitigkeit die Rede ist: „Seth kreischt (nun) wegen seiner Hoden, nachdem Horus seinen Samen eingeflößt hat in den After des Seth, nachdem Seth seinen Samen eingeflößt hat in den After des Horus".[28] Doch auch hier ist wiederum die Überlegenheit das Entscheidende, mit dem Unterschied, dass es eine abwechselnde ist.

Die angeführten Hauptvertreter der Belege des geschlechtlichen Aktes zwischen den Göttern Horus und Seth lassen – trotz der gebotenen Skizzenhaftigkeit der Behandlung – erkennen, dass diese wie die altorientalischen Belege nichts mit gleichgeschlechtlicher Liebe zu tun haben, sondern es darum geht, dass einer der Beteiligten durch Penetration seine Überlegenheit gegenüber dem anderen beweist. Jedwede Wertung, die innerhalb der in den verschiedenen Textzeugnissen offensichtlich unterschiedlich gestalteten Episode angedeutet wird, kann immer

---

[27] Vgl. Röpke, Überlegungen, 249f. Ebenfalls auf den Horus-und-Seth-Mythos verweist eine Stelle im *Papyrus Kairo JE 52000* (ca. 1290 v. Chr.), die davon spricht, dass der Samen des Seth mittels eines Spruches den Bauch des Horus wieder verlassen soll, vgl. ebd. 260f. Vor dem Hintergrund dieses Beleges und unter Berücksichtigung der Textreste, die vor der „Homosexuellenepisode" auf dem Papyrus Kahun stehen, gelangt Röpke zu einer Neuinterpretation des Kahuner Textes als „magisch"-therapeutisches Schriftstück, das eine Infektion im Bauchraum („Gift im Bauch") mit der mythologischen Geschichte von Horus und Seth („Samen im Bauch") in Verbindung bringt, vgl. ebd. 267.
[28] Vereinfacht nach Röpke, Überlegungen, 262. Röpke glaubt, dass die wechselseitige Penetrierung in dem Pyramidentextspruch noch keinen Bezug zu den seines Erachtens erst später eingeführten Thronstreitigkeiten zwischen Horus und Seth hat, sondern erklärt sich die Reziprozität als „königsideologischen Dualismus" im Rahmen eines Schutzspruchs vor Schlangenbissen, vgl. ebd. 263f.; vgl. Parkinson, ‚Homosexual' Desire, 65.

nur textimmanent und damit kontextbezogen betrachtet und darf nicht als generelle Haltung fehlinterpretiert werden.[29] Vordergründig um gleichgeschlechtliche Liebe scheint es in einem sehr fragmentarisch erhaltenen Text zu gehen, der der Gattung der Literatur zuzuordnen ist. Im *Papyrus Chassinat I* (um 700 v. Chr.) wird berichtet, dass ein König namens Neferkare dabei beobachtet wird, wie er sich Nacht für Nacht aus dem Palast schleicht, um vier Stunden im Haus seines Generals Sasenet zuzubringen, wo er mit diesem das trieb, „wonach ihm verlangte".[30] Da diese Phrase – durch andere Parallelen gesichert – eine Umschreibung für Geschlechtsverkehr ist, scheint der Tatbestand eindeutig. Weil der Text aber an dieser Stelle abbricht, fehlen explizite Hinweise auf die näheren Umstände, den Ausgang und die Bewertung des Geschehens. Die Heimlichkeit der Tat und die vorhandenen Gerüchte darüber könnten ihre Verurteilung nahelegen und den Willen dokumentieren, mit dieser Geschichte den König zu diffamieren.[31] Andererseits gibt es überzeugende Argumente dafür, dass es sich bei dieser Episode um eine Parodie auf die sich Nacht für Nacht wiederholende Vereinigung des Sonnengottes Re (= König) mit dem Totengott Osiris (= General) in der Unterwelt handelt,[32] was diese Interpretation wieder relativiert.

---

[29] Auch wenn durch die Reaktion des Götterkollegiums im Papyrus Chester Beatty I die passive Haltung des Horus verurteilt wird, ist daraus nicht automatisch abzuleiten, dass der Akt selbst und der aktive Part der Verbindung generell als „wertfrei" beurteilt werden, vgl. Westendorf, Art. Homosexualität, 1272.

[30] Frank Kammerzell, Von der Affäre um König Nafirku'ri'a und seinen General, in: Texte aus der Umwelt des Alten Testaments (TUAT), Bd. 3, Lieferung 5, Gütersloh 1995, 965–969, 968f.

[31] Vgl. auch Parkinson, ‚Homosexual' Desire, 72–73; Westendorf, Art. Homosexualität, 1273.

[32] Vgl. Jacobus van Dijk, The Nocturnal Wanderings of King Neferkarēᶜ, in: Hommages à Jean Leclant Vol. 4 (Bibliothèque d'Étude 104/4), Kairo 1994, 387–393.

Bei den religiösen Texten ist zunächst der Beleg aus dem sog. *Negativen Sündenbekenntnis des ägyptischen Totenbuchs* (um 1500 v. Chr.) zu nennen. Innerhalb der vor dem Totengericht abzulegenden Erklärung über vom Verstorbenen nicht begangene schlechte Taten findet sich der Satz: „Ich habe keinen Buhlknaben (?) (*nkk*) penetriert (*nk*)" (TB 125b).[33] Somit entsprach eine solche Tat offensichtlich nicht dem offiziellen Ideal und damit nicht dem altägyptischen Prinzip der Maat (Weltordnung).[34] In den *Sargtexten* (Spruch 635; CT VI, 258f–g; um 2000 v. Chr.) erscheint die Passage: „(der Gott) Atum hat keine Gewalt über NN (= Name des Verstorbenen). NN penetriert (*nk*) seinen After (ʿ*r.t*)."[35] Die schwer zu interpretierende Aussage lässt sich zumindest dahingehend verstehen, dass es hier wieder um Macht geht, die eine Person über eine andere ausübt.

Aus dem Bereich der lehrhaften Literatur ist die Stelle in der 32. Maxime der *Lehre des Ptahhotep* (um 2000 v. Chr) heranzuziehen. Neuere Übersetzungen für die umstrittene Phrase *jmj=k nk ḥm.t ẖrd*[36] bezweifeln die oft zu lesende Interpretation als grundsätzliche Ablehnung einer homosexuellen Beziehung. In Wirklichkeit werde dazu aufgefordert, nicht gegen den Willen einer anderen Person mit dieser in sexuellen Kontakt zu treten: „Du sollst nicht einer Frau (oder) einem Kind beischlafen, (wenn) du den Widerstand gegen die Samen-

---

[33] Vgl. Parkinson, ‚Homosexual' Desire, 61–62. Die ebenfalls im Negativen Sündenbekenntnis enthaltene und immer wieder zitierte Phrase „Ich habe keine *ḥm.t ṯ3y* penetriert (*nk*)" wird man eher mit „die Frau eines Mannes (= verheiratete Frau)" statt mit „weibischem Mann" übersetzen müssen, vgl. Rainer Hannig, Großes Handwörterbuch Ägyptisch-Deutsch (Marburger Edition), Mainz ⁴2006, 1016f.

[34] Vgl. Parkinson, ‚Homosexual' Desire, 62.

[35] Vgl. ebd. 64.

[36] Vgl. z. B.: „May you not have sex with a woman-boy", Parkinson, ‚Homosexual' Desire, 68.

flüssigkeit (wörtl.: Wasser) auf seiner (bzw. ihrer) Stirn erkannt hast".³⁷ Ein Beleg für die Klage gegen einen Mann, der wohl einen anderen Mann „geschändet" (ẖᶜ) hat, ist im *Papyrus Turin 1887* (verso 3,4; ca. 1140 v. Chr.) erhalten.³⁸ Aber altägyptische Rechtstexte, die sich mit dem Thema „Homosexualität" beschäftigen, sind nicht überliefert, ebenso wenig wie Quellen zur weiblichen „Homosexualität". Auch die immer wieder angeführten angeblichen bildlichen Belege sind überzeugender anders zu erklären.³⁹

Die wenigen existierenden – und hier durch ihre Hauptzeugen stellvertretend untersuchten – Quellen⁴⁰, die zum Thema der altägyptischen Homosexualität diskutiert werden, haben ebenso wenig etwas mit Homosexualität im heutigen Sinne zu tun wie die altorientalischen. Sie sind Zeugnis gleichgeschlechtlichen Sexualverkehrs unter Männern (Götter wie

---

³⁷ Peter Dils, Die Lehre des Ptahhotep, in: Thesaurus Linguae Aegyptiae (http://aaew.bbaw.de/tla/index.html; Oktober 2014). Dieser Version ist vielleicht der Vorzug zu geben gegenüber dem ursprünglichen Vorschlag „mit einer Frau oder einem Knaben", vgl. Frank Kammerzell/María Isabel Toro Rueda, Nicht der Homosexuelle ist pervers. Die Zweiunddreißigste Maxime der Lehre des Ptahhotep, in: Lingua Aegyptia 22 (2003) 63–78, 74.

³⁸ Vgl. Parkinson, ‚Homosexual' Desire, 66; vgl. Günter Vittmann, Hieratic Texts, in: Bezalel Porten, The Elephantine Papyri in English. Three Millennia of Cross-cultural Continuity and Change (Documenta et Monumenta Orientis Antiqui 22), Atlanta ²2011, 63–78, 56.

³⁹ Wie z. B. die ungewöhnlichen Darstellungen von Nianchchnum und Chnumhotep (ca. 2400 v. Chr.), die in ihrem gemeinsamen Grab in Saqqara trotz bezeugter Ehefrauen in enger Umarmung abgebildet werden, was wohl eher dem Umstand zu schulden ist, dass sie vermutlich Zwillinge waren, vgl. Parkinson, ‚Homosexual' Desire, 62; vgl. auch ders., Little Gay History. Desire and Diversity Across the World, London 2013, 39.

⁴⁰ Zur Diskussion weiterer Belege vgl. Parkinson, ‚Homosexual' Desire; vgl. Alessia Amenta, Some Reflections on the ‚Homosexual' Intercourse Between Horus and Seth, in: Göttinger Miszellen 199 (2004) 7–21; vgl. Beate Schukraft, Homosexualität im Alten Ägypten, in: Studien zur altägyptischen Kultur 36 (2007) 297–331.

Menschen), wohl ausschließlich mit dem Ziel der Unterdrückung des unterlegenen Partners. Generelle Wertungen gleichgeschlechtlicher Beziehungen sind hieraus nicht abzuleiten.

4. Die Vorschriften im Buch Levitikus

Homosexualität ist auch in der Hebräischen Bibel als Dokument aus der Antike kein explizites Konzept.[41] „Homosexualität" im Sinne gleichgeschlechtlichen Analverkehrs wird nur an zwei Stellen im gleichen Kontext des Buches Levitikus angesprochen. Die Vorschriften in den Kapiteln 18 und 20 des Buches Levitikus behandeln kein umfassendes Konzept der sexuellen Ausrichtung von Menschen und reflektieren keine ausgefeilte Sexualmoral. Vielmehr nehmen sie unter bestimmten geschichtlichen, sozialen und kulturellen Verhältnissen einzelne Akte in den Blick, die abgelehnt und geächtet werden. Teilweise werden sie mit Sanktionen versehen, deren Bedeutung und Durchführbarkeit möglicherweise bewusst im Dunkeln bleiben. Nähere Begründungen werden nicht explizit gegeben, sind aber aus der Anordnung der Bestimmungen und damit aus dem Kontext zu erschließen.[42]

Der zu Beginn zitierte Vers Lev 18,22 scheint mit wünschenswerter Klarheit „homosexuelle" Akte unter Männern zu verbieten[43]: „Und bei einem Mann sollst du nicht liegen, wie

---

[41] Die Quellenlage ist sehr spärlich und erlaubt kaum Rückschlüsse auf das Phänomen gleichgeschlechtlichen Sexualverhaltens im alten Israel, vgl. Nissinen, Homoeroticism, 37.
[42] Zu Einzelheiten vgl. die Kommentierung in Hieke, Levitikus, 645–697, 770–813.
[43] Zum Folgenden vgl. die Kommentierung bei Hieke, Levitikus, 688–690, mit weiteren Belegen aus der Sekundärliteratur. Die Formulierung von Lev 18,22 ist in klarer Weise als gleichgeschlechtlicher Analverkehr unter Männern zu verstehen, wobei einer der Partner die „unterlegene" (im doppelten Wortsinne!) Rolle der „Frau" einnimmt, d. h. auch diese Ausdrucksweise folgt den „klassi-

man bei einer Frau liegt. Es wäre ein Gräuel." Diese vermeintlich kategorische Ablehnung wäre vor dem oben skizzierten altorientalischen Hintergrund außergewöhnlich und neu, und sie funktioniert auch nur durch das Herauslösen des Satzes aus seinem Kontext. Eine solche Vernachlässigung des literarischen Zusammenhangs, in dem das „Verbot" überliefert wird, ist aber sowohl aus allgemeinen bibelhermeneutischen Grundsätzen heraus nicht möglich (s. o.), als auch für das angemessene literarische Verstehen des Textes abträglich. Es ist gerade der Kontext, der den Schlüssel für das Verstehen und damit die Geltungsbreite des Verbots von Lev 18,22 bereitstellt. Im Vers davor (Lev 18,21) geht es um das Verbot, einen von den eigenen Nachkommen „für den Molech hinübergehen zu lassen". Die rätselhafte Wendung wurde und wird immer wieder als Verbot kultischer Kinderopfer gelesen. Dem Kontext und der sozialgeschichtlichen Situation der Nachexilszeit (Perserherrschaft in Juda/Jerusalem) als Entstehungshorizont des Textes angemessener erscheint eine Alternative: Das „Molech"-Verbot ist eine Chiffre für das Verbot, eigene Kinder für die fremde Besatzungsmacht (den persischen König, hebräisch *mælæk*[44]) zur Verfügung zu stellen. Damit wird von den priesterlichen Verfassern des Levitikus-Textes eine Form der lukrativen Kollaboration mit den Besatzern verboten, die aus Sicht der Autoren den Verlust eines jungen Mitglieds der eigenen Religionsgemeinschaft zur Folge hatte: Wer sein Kind „für den Moloch hinübergehen ließ", also den persischen Beamten zur Verfügung

---

schen" Gender-Rollenstereotypen: „active masculine and passive feminine gender roles", s. Nissinen, Homoeroticism, 44. Mit Nissinen, ebd. ist festzuhalten: „it was the act that was condemned, not same-sex desire, the existence of which is not even acknowledged".
[44] Das hebräische Wort für „König" hat die gleichen Konsonanten wie „Molech", „Moloch".

stellte, gab es preis, so dass es die fremde Religion lernte und annahm und damit für die eigene Gruppe verloren war.[45] Im Vers nach Lev 18,22 geht es um das Verbot des Geschlechtsverkehrs mit Tieren, und zwar sowohl für Männer als auch für Frauen (Lev 18,23). Ob dahinter die Angst vor gefährlichen Mischungen oder Dämonen stand, sei dahingestellt. Liest man die drei Verse Lev 18,21–23 im Kontext, so ist der gemeinsame Nenner klar: Die Verse zielen darauf ab, den Verlust von Nachkommenschaft für die eigene Religionsgemeinschaft zu verhindern, sei es durch Kinderopfer (weniger wahrscheinlich) oder durch Übergabe von Kindern an die fremde Besatzungsmacht (wahrscheinlicher), sei es durch (ausschließlich) gleichgeschlechtlichen Analverkehr unter Männern, sei es durch (ausschließlichen) Geschlechtsverkehr mit Tieren. Hinzu kommt noch im gleichen Sinne das Verbot, mit einer menstruierenden Frau Geschlechtsverkehr zu haben (Lev 18,19); auch hier kommt es nicht zur Fortpflanzung. Ziel der Verbote ist eine Stärkung der eigenen Gemeinschaft durch möglichst große Nachkommenschaft. Für die sehr kleine Gemeinschaft der JHWH-Gläubigen in Jerusalem und der persischen Provinz Yehud war dies in der geschichtlichen Epoche, in der diese Texte entstanden sind, eine Überlebensfrage. Für jemanden, der sich der Reproduktion entzog und keine Nachkommen zeugte und großzog, war da kein Platz. Im Gesamtkontext des Kapitels sowie in der speziellen sozialgeschichtlichen Situation zur Entstehungszeit ergaben diese Verse einen plausiblen Sinn. Da die Bibel hier weniger am persönlichen Glück des Einzelnen oder an individuellen

---

[45] Vgl. dazu Hieke, Levitikus, 679–688; vgl. ferner ders., Das Verbot der Übergabe von Nachkommen an den „Molech" in Lev 18 und 20. Ein neuer Deutungsversuch, in: Die Welt des Orients 41 (2011) 147–167. Schließt man sich dieser Deutung an, so sind auch die etwas zweifelhaften Annahmen von Nissinen, Homoeroticism, 39–41, über einen kulttheologischen Hintergrund des Verbots gleichgeschlechtlicher Praktiken hinfällig.

Vorlieben interessiert war, sondern an der Stabilität des Gemeinwesens, spricht sie in einer als komplex erfahrenen Welt klare Verbote aus. Weder sollen durch eine ungeordnete sexuelle Betätigung zwischen Männern Spannungen aufkommen, noch soll die männliche Sexualität unfruchtbar sein. Mit den heutigen Lebensverhältnissen hat das alles wenig zu tun. Eine unmittelbare Übertragung im wörtlichen Sinne ist nicht möglich. Damit ist auch eine kategorische Ächtung homosexueller Praktiken oder gar Orientierungen mit diesem Bibelvers (und seinem Pendant in Lev 20,13, s. u.) nicht möglich.[46]

Blickt man in Lev 18,22 auf die Fortsetzung, so wird der gleichgeschlechtliche Analverkehr als „Gräuel" bezeichnet. Damit werden innerbiblisch (Deuteronomium, Sprichwörter) die Verehrung fremder Götter, Magie, der Gebrauch falscher Gewichte und ähnliche soziale und kultische Vergehen verurteilt. Das Argument läuft so: Das inkriminierte Verhalten gefällt Gott nicht und löst Gottes Zorn aus – eine derartige Provokation Gottes unterlässt man besser. Es ist also keine menschliche Gerichtsinstanz oder ein Sittenwächter auf den Plan gerufen, vielmehr handelt es sich um eine religiöse Ächtung eines Verhaltens und es wird Gott überlassen, wie er seinen Zorn am Betreffenden umsetzt. Allein diese Nuance des Textes macht deutlich, dass man *mit der Bibel* keinesfalls eine strafrechtliche Verfolgung von Homosexuellen rechtfertigen könnte.[47]

---

[46] Vgl. Hieke, Levitikus, 690. Die Auffassung von Markus Zehnder, Art. Homosexualität (AT), in: Das wissenschaftliche Bibellexikon im Internet, Punkt 3.5., die Levitikusverse würden „alle möglichen sexuellen Akte, auch solche, die nach moderner Definition in gegenseitiger Liebe von gleichberechtigten, zustimmenden Partnern ausgeführt werden" betreffen, ist nur haltbar, wenn man völlig von ihrem literarischen Kontext absieht. Eine solche Isolierung von Versen ist jedoch in bibelhermeneutischer Hinsicht problematisch.

[47] In der langen Geschichte der strafrechtlichen Ahndung homosexuellen Verhaltens war die Bibel auch fast nie ein juristisches Argument. Die Begründun-

Wendet man sich aber dem Kapitel Lev 20 zu, so werden dort fast alle Verbote aus Lev 18 – die meisten davon betreffen inzestuöse sexuelle Verbindungen – mit Strafen verbunden. Lev 20,13 greift Lev 18,22 auf: „Und ein Mann, der bei einem Mann liegt, wie man bei einer Frau liegt – ein Gräuel haben die beiden begangen. Sie werden gewiss getötet werden. Ihr Blut ist auf ihnen." Die Annahme einer angeblichen „Todesstrafe" geht auf eine problematische Fehlübersetzung zurück: Die Wendung „sie werden gewiss getötet werden" darf nicht einfach mit einer „Todesstrafe" gleichgesetzt werden.[48] Von der Begrifflichkeit in Lev 18,22 („Gräuel") her ist eher an eine Gottesstrafe zu denken, nicht an eine menschliche Gerichtsbarkeit. Eine detaillierte Untersuchung der hebräischen Wendung *mot yumat*, die mit „er wird gewiss getötet werden" zu übersetzen ist (und auch im Plural vorkommt), hat ergeben, dass für alle ihre Belege nie von einer Todesstrafe im heutigen Sinn ausgegangen werden kann. Liegt der Fall einer Tötung eines Menschen durch einen Menschen vor (Totschlag oder Mord), so greift das Rechtsinstitut der Blutrache: Der nächste Verwandte des Erschlagenen oder Ermordeten muss den Totschläger oder Mörder töten. Er bleibt dann selbst straffrei, da das Blut des getöteten Täters auf diesem selbst liegt (und keine Sühne mehr erfordert), während das vergossene Blut des Opfers gesühnt ist. In allen anderen Fällen drückt die Wendung keine strafrechtliche Bestimmung aus, sondern ist auf der Ebene der Paränese, der dringenden Ermahnung, angesiedelt.[49] Hinter dem Passiv

---

gen liefen über andere Wege, z. B. das Naturrecht, das Gemeinwohl, die „öffentliche Meinung" oder das „gesunde Volksempfinden".
[48] Vgl. die Details zu den folgenden Ausführungen bei Thomas Hieke, Das Alte Testament und die Todesstrafe, in: Biblica 85 (2004) 349–374. Der Begriff „death penalty" bei Nissinen, Homoeroticism, 37, ist insofern sehr unglücklich gewählt.
[49] So auch ausdrücklich Nissinen, Homoeroticism, 37: „In no way can the

steckt dann keine menschliche Instanz, sondern Gott selbst *(passivum divinum)*. Im Sinne einer Gottesstrafe wird Gott selbst den oder die Täter zur Rechenschaft ziehen und für dessen oder deren Tod sorgen – wodurch auch immer. Auch im Fall von Lev 20,13 handelt es sich um eine solche dringende Mahnung, nicht um eine Strafrechtsbestimmung. Das in Lev 18,22 als „Gräuel" (Missfallen Gottes) geächtete Verhalten wird in Lev 20,13 unter die Gottesstrafe gestellt und so mit der größtmöglichen Dringlichkeit (wie übrigens viele andere Tatbestände auch) als absolut zu vermeiden präsentiert. Es kommt wieder auf die Hermeneutik an: Auch wenn wir (bis) heute viele Inzest-Bestimmungen aus Lev 18 und Lev 20 teilen und in unserer Kultur ähnlich sehen, heißt das nicht, dass man die Verse ohne jede hermeneutische Vermittlung „wörtlich" nehmen könnte. Eine solche sorgfältige Auslegung ist bei jedem Bibelvers nötig, nur ist es bei den Hautkrankheiten von Lev 13 oder bei den Tieropfern von Lev 1–7 einsichtiger, dass diese Texte nicht „wörtlich" zu verstehen sind. Zur angemessenen Hermeneutik ist auch an die Lebensumstände zur Entstehungszeit der Texte zu denken: Eine kleine, unter Fremdherrschaft stehende und in ihrer Identität gefährdete religiöse Gemeinschaft, die dringend auf Nachkommen angewiesen war, ringt unter der Anleitung ihrer Priestertheologen um die rechte Lebensweise, um Stabilität und Ordnung. Die Lebensumstände sind heute völlig andere, es kann heute nicht mehr um „Nachkommen um jeden Preis" gehen – und dennoch sind Stabilität, Verlässlichkeit, Ordnung, Treue und Verantwortung bleibende Werte. So kann eine gelungene Transformation des biblischen Verbots, die das Gotteswort im Menschenwort nicht „wörtlich", aber

---

[Holiness] code be likened to civil or criminal law in the modern sense of the word. It might instead be compared to a catechism that teaches Israelites, especially adult males, God's will and, accordingly, the rules for just behavior."

ernst nimmt⁵⁰, aussehen: Das oberste Ziel der Vorschriften in Lev 18–20 (und in der Tora überhaupt) ist das gelingende Leben in Gemeinschaft (s. den Schlüsselvers Lev 18,5) – jede Form menschlicher sexueller Betätigung hat darauf Rücksicht zu nehmen. Was dient dem Zusammenhalt, dem Frieden, dem Glück der Einzelnen und der Gemeinschaft? Sicher nicht die homophobe Terrorisierung einer Minderheit, die in ihrer spezifischen sexuellen Ausprägung einem aufoktroyierten Verhaltenskodex nicht folgen kann. Gottes Gebot ist kein toter Buchstabe, der immer und überall unter verschiedenen Lebensumständen in der immer gleichen Weise „gilt", sondern das Wort des lebendigen Gottes, das aus dem gleichen Text zu unterschiedlichen Zeiten spricht und zum wahren Leben führen will. Unter diesem Grundsatz rufen Lev 18,22 und Lev 20,13 zu einer verantworteten Sexualität unter Berücksichtigung ihrer sozialen Dimension und der größeren Lebensgemeinschaft auf – nicht aber zu einem rigiden Verbot jedweden homosexuellen Verhaltens.

Um die Levitikus-Stellen noch einmal unter der Titelfrage „Kennt und verurteilt das Alte Testament Homosexualität?" zu reflektieren, ist vom Text ausgehend festzuhalten: Hier ist nicht von Homosexualität im heutigen Verständnis die Rede, sondern nur von gleichgeschlechtlichem Analverkehr mit Samenerguss, und das in einem Kontext, der vom Grundsatz beherrscht ist, dass die Gemeinschaft Nachkommen braucht. Die Hebräische Bibel (oder: das „Alte Testament", wenn der christliche Blickwinkel akzentuiert werden soll) kennt also wie die gesamte Antike nicht das heutige Konzept von Homosexualität und behandelt nicht die Frage sexueller Identität oder Orientierung. Damit ver-

---

⁵⁰ Vgl. das bekannte Zitat von Pinchas Lapide: „Es gibt im Grunde nur zwei Arten des Umgangs mit der Bibel: man kann sie wörtlich nehmen oder man nimmt sie ernst. Beides zusammen verträgt sich nur schlecht", ders., Ist die Bibel richtig übersetzt?, Gütersloh ²1987, 12.

urteilt das Alte Testament auch nicht die Homosexualität. Was verurteilt wird, sind Formen sexuellen Verhaltens, die die eigene Lustbefriedigung über das Wohl der Gemeinschaft stellen bzw. die soziale Dimension der menschlichen Sexualität geringschätzen. In diesem Sinne ist da manches für eine heutige Sexualmoral aus der Bibel zu lernen.[51]

5. Narrative Passagen in der Hebräischen Bibel

Es gibt vier erzählende Passagen in der Hebräischen Bibel, die in der Auslegungsgeschichte massiv mit gleichgeschlechtlicher Sexualität unter Männern in Verbindung gebracht werden. Soviel vorab: Mit Homosexualität im heutigen Sinne haben sie alle nichts zu tun.

Lange Zeit wurde „Homosexualität", näherhin der Analverkehr unter Männern, mit dem Begriff „Sodomie" belegt[52]. Dies geschah in Anlehnung an die in Gen 19 erzählte Geschichte: Der in der Stadt *Sodom* als „Fremder" lebende Lot hat die zwei „Boten" (Engel), die von Gott geschickt wurden, um ihn vor der Vernichtung der Stadt zu warnen, in sein Haus aufgenommen. Am Abend fordern die Männer von Sodom Lot auf, seine Gäste herauszugeben, um „mit ihnen zu verkehren" (Gen 19,5; Einheitsübersetzung). Im hebräischen Text steht das Verb *YD'*, „erkennen", das auch Geschlechtsverkehr bedeuten

---

[51] Vgl. auch Erin Dufault-Hunter, Art. Sexual Ethics, in: Dictionary of Scripture and Ethics, Grand Rapids, Michigan 2011, 723–728, 726f.
[52] Heute steht der Begriff umgangssprachlich nur noch für sexuelle Handlungen mit Tieren (Zoophilie). Die Verbindung von „homosexuellen" Handlungen mit der „Sünde von Sodom" hat, wie sich zeigen lässt, keinen Anhaltspunkt am Bibeltext, hat aber dennoch dazu geführt, dass über viele Jahrhunderte die Sündhaftigkeit der Homosexualität behauptet wurde und Homosexuelle entsprechend verfolgt wurden, vgl. Nissinen, Homoeroticism, 45–46.

kann (die Ausdrucksweise im griechischen Text der Septuaginta ist analog). Darum geht es jedoch den Männern von Sodom nicht in erster Linie, denn als Lot die Ungeheuerlichkeit begeht, anstelle der Gäste seine noch jungfräulichen Töchter als Sexualobjekte anzubieten, macht das die Meute noch aggressiver: Die Männer wollen sich nun gewaltsam Zugang zu den Gästen Lots verschaffen, die Töchter interessieren sie nicht. Will man nicht die Absurdität annehmen, dass alle Männer Sodoms homosexuell gewesen seien, dann ist das eigentliche Ziel nicht der Genuss gleichgeschlechtlichen Sexualverkehrs, sondern die gewaltsame Demütigung des Fremden Lot samt seinen verdächtigen Gästen. Ganz im Sinne der oben skizzierten altorientalischen Parallelen ist die anale Penetration Mittel zum Zweck der Erniedrigung; das Thema ist nicht Lustgewinn und Befriedigung des Sexualtriebs, sondern gewaltsame Unterdrückung von Fremden.[53] Die Sünde der Männer von Sodom ist nicht ihre vermeintliche Homosexualität, sondern ihr Versuch des gewaltsamen Bruches des Gastrechts und der Unterdrückung von anderen. Die übernatürlichen Kräfte der Engel verhindern das Schlimmste.

Auch in der frühen Rezeption der Geschichte geht es nicht um Homosexualität. „Sodom" steht vielmehr für ein sündiges Verhalten im Allgemeinen (z. B. Ausnutzung der Armen, Gewalt etc., z. B. Ez 16,49).[54] Josephus dagegen bringt vor seinem hellenistischen Hintergrund das Begehren der Männer von Sodom in die Nähe von Päderastie: „Als nun die Sodomiter sahen, dass so schöne Jünglinge bei Lot einkehrten, wollten sie ihnen sogleich Schande und Gewalt antun" (Antiquitates 1,200).[55] In Contra Apionem 2,199 sieht Josephus den gleichgeschlechtlichen Sexualverkehr unter Män-

---

[53] Zehnder, Art. Homosexualität (AT), Punkt 4.1., bestätigt diese Sicht, gibt aber noch zu bedenken, dass das Element der sexuellen Begierde als „sekundäres Element" hinzutreten müsse, damit die Vergewaltigung funktioniere.
[54] Vgl. Nissinen, Homoeroticism, 46–47.
[55] Übersetzung: H. Clementz; vgl. auch Nissinen, Homoeroticism, 93, der darauf hinweist, dass Josephus bei der Nacherzählung der Parallelgeschichte in Ri 19 den „homosexuellen" Angriff der Benjaminiten bezeichnenderweise übergeht.

nern als ein Laster der anderen Völker an, mit dem das jüdische Volk nichts zu tun habe, vielmehr stehe darauf die Todessanktion. Den gleichgeschlechtlichen Analverkehr unter Männern sieht Josephus als *para physin* („gegen die Natur") an (Contra Apionem 2,273). Auch Philo[56] zählt zu den Lastern der Sodomiter den gleichgeschlechtlichen Verkehr unter Männern, die Verweiblichung und den Verfall an das Schwelgen im Luxus. Damit stellen sich Josephus und Philo auch gegen die in ihrer hellenistischen und römischen Umwelt akzeptierte Päderastie.[57] Vor allem bei Philo geht es aber nicht um die vernünftige Entscheidung von Erwachsenen über ihre sexuelle Orientierung oder Präferenz, sondern stets um die (meist auch durch alkoholische Getränke wie den Wein beim Symposium geförderte) zügellose Sucht der Leidenschaft nach sexueller Befriedigung, also um den völligen Kontrollverlust. Philo zeigt keinerlei Anzeichen dafür, dass er darüber nachdenkt, dass Menschen in nüchternem Realitätssinn eine gleichgeschlechtliche sexuelle Orientierung aufweisen. Er geht wie alle jüdischen Autoren seiner Zeit davon aus, dass es zwei Geschlechter gibt (Gen 1,27) und jede Abweichung von heterosexuellen Praktiken eine bewusste Verleugnung und Pervertierung dieser „Realität" sei.[58]

In der gleichen Weise wie die Sodomiter verfahren „nichtsnutzige Männer" (Zürcher Bibel), „übles Gesindel" (Einheitsübersetzung) in der benjaminitischen Stadt *Gibea* (Ri 19,22): Sie fordern, dass ein Gast zu ihnen herausgebracht wird, damit sie ihn „erkennen" können. Wieder ist die sexuelle Komponente von „erkennen" gemeint, und es geht wieder nicht um Homosexualität: Die Männer wollen den Gast (und damit auch seinen Gastgeber) durch Analpenetration erniedrigen. Diesmal gibt der Gast seine Nebenfrau heraus und die Meute ist damit zufrieden, sie die ganze Nacht zu vergewaltigen. Das überlebt die Frau nicht. Der Erzähltext verurteilt diese grauenvolle Schandtat der Benjaminiten aufs Äußerste (Ri 19,30) und in ihrer

---

[56] Vgl. Nissinen, Homoeroticism, 94–95; vgl. William R. G. Loader, Making Sense of Sex. Attitudes Towards Sexuality in Early Jewish and Christian Literature, Grand Rapids, Michigan 2013, 134.
[57] Vgl. Loader, Making Sense, 132–140, mit weiteren Beispielen aus der frühjüdischen und frühchristlichen Literatur.
[58] Vgl. ebd. 135; Josephus sieht das ganz ähnlich.

Folge kommt es zu einem blutigen Bürgerkrieg (Ri 20–21). Die Erzählkonstellation ist etwas anders als in Gen 19, aber für das Thema Homosexualität ist aus beiden Narrativen nichts zu erheben, was über die schon skizzierte altorientalisch-antike Sichtweise hinausgeht.[59]

Bisweilen wird in der Begebenheit zwischen *Ham und seinem Vater Noach* (Gen 9,20–27) eine „homosexuelle" Komponente gesehen. Doch das ist abwegig: Ham sieht, wie sein Vater Noach nach dem Genuss des ersten Weines betrunken und nackt vor seinem Zelt liegt. Statt ihn zu bedecken, erzählt Ham die Sache seinen Brüdern, die ihn dann mit abgewandtem Gesicht verhüllen. Der „Frevel Hams" besteht bei genauer Lektüre des Textes und der Berücksichtigung seines Kontextes nicht in irgendwelchen sexuellen Handlungen Hams,[60] sondern darin, dass „Ham den für den Zusammenhalt der Gesellschaft notwendigen Respekt des Jüngeren gegenüber dem Älteren nicht erbracht hat"[61].

---

[59] Vgl. auch Nissinen, Homoeroticism, 49–52; ähnlich Jeffrey S. Siker, Art. Homosexuality, in: Dictionary of Scripture and Ethics (2011) 371–374, 371: „Certainly, homosexual rape is condemned, but it seems quite a step to condemn all forms of homosexual expression on the basis of this passage about sexual violence. […] [M]any ethicists and biblical scholars do not view Gen. 19 as having probative value for the debate over homosexuality in the modern world."

[60] Gegen die Vermutung von Nissinen, Homoeroticism, 52. Nissinen nimmt an, Ham habe durch einen gleichgeschlechtlichen Akt seinen Vater erniedrigen wollen (in Analogie etwa zum altägyptischen Mythos von Horus und Seth). John Sietze Bergsma/Scott Walker Hahn, Noah's Nakedness and the Curse on Canaan, in: Journal of Biblical Literature 124/1 (2005) 25–40, 39f., sehen dagegen aufgrund bestimmter Phrasen in der Geschichte einen heterosexuellen Inzest zwischen Ham und seiner Mutter, Noachs Frau, aus dem Kanaan hervorgeht, der schließlich auch von Noach verflucht wird. Es ist fraglich, ob der Text diese Deutungen wirklich erlaubt. In jedem Fall geht es *nicht* um eine homosexuelle Orientierung Hams.

[61] Thomas Hieke, Die Genealogien der Genesis (HBS 39), Freiburg i. Br. 2003, 95.

Damit bleiben noch *David und Jonatan*, die beiden Jugendfreunde (1 Sam 18–20; 2 Sam 1,26). Die dazu geschriebene Literatur füllt vermutlich schon ganze Bücherregale.[62] Auf der Suche nach positiven Äußerungen der Bibel zu homoerotischen Beziehungen hat man gern auf die Freundschaft zwischen David und Jonatan verwiesen, insbesondere auf den Satz in Davids Klage um Saul und Jonatan in 2 Sam 1,16: „Weh ist mir um dich, mein Bruder Jonatan. Du warst mir sehr lieb. Wunderbarer war deine Liebe für mich als die Liebe der Frauen" (Einheitsübersetzung). In diesem Klagegedicht wird in poetischer Weise die tiefe Freundschaft zwischen David und dem Saul-Sohn Jonatan ausgedrückt, wie sie auch schon in 1 Sam 18,1–4 vorgestellt wurde:

> „Nach dem Gespräch Davids mit Saul schloss Jonatan David in sein Herz. Und Jonatan liebte David wie sein eigenes Leben. ²Saul behielt David von jenem Tag an bei sich und ließ ihn nicht mehr in das Haus seines Vaters zurückkehren. ³Jonatan schloss mit David einen Bund, weil er ihn wie sein eigenes Leben liebte. ⁴Er zog den Mantel, den er anhatte, aus und gab ihn David, ebenso seine Rüstung, sein Schwert, seinen Bogen und seinen Gürtel" (Einheitsübersetzung).

Es sind Zeichen der Zuneigung und Freundschaft, aber auch der politischen Symbolik, die hier gesetzt werden, und die Wendung „Jonatan liebte David wie sein eigenes Leben" verwirklicht sich im weiteren Erzählverlauf wörtlich: Als Jonatans Vater Saul David zu hassen und zu verfolgen beginnt, hält Jonatan unter Gefahr für sein eigenes Leben an seiner Freundschaft zu David

---

[62] Vgl. die neueste Studie von Harding, Love, passim, v. a. 51–121, in der die verschiedenen Vorschläge aus den vergangenen Jahrzehnten dargelegt und in ihrer jeweiligen ideologischen Positionierung kritisch analysiert werden; vgl. auch die Literaturauswahl bei Zehnder, Art. Homosexualität (AT).

fest, warnt ihn vor den Plänen seines Vaters und unterstützt David, wo und wie immer er kann.[63] In einer dramatischen Abschiedsszene weinen beide über ihre bedrängende Situation und küssen sich (1 Sam 20,41).[64] Saul selbst hat kurz zuvor seinem Sohn Jonatan vorgeworfen, „den Sohn Isais" (David) „erwählt" zu haben – zu seiner eigenen Schande und zur Schande des Schoßes seiner Mutter (1 Sam 20,30). Möglicherweise will der Erzähler mit dem Ausbruch Sauls andeuten, dass die große Nähe und Freundschaft zwischen David und Jonatan das für Männerfreundschaften Übliche überschritt – wie David auch in anderen Bereichen Grenzen und Konventionen überschritt und sich in vielen Dingen als außergewöhnlich hervortat. Es ist somit zuzugeben, dass die Jonatan-David-Erzählung dieser Männerbeziehung ein ganz besonderes Gewicht geben will und sie einreiht in die vielen „ungewöhnlichen" Dinge, die David getan und geleistet hat. Gerade deshalb aber ist es eher unwahrscheinlich, dass die Erzählung wirklich an eine homosexuelle Beziehung denkt. Bei David müsste man ohnehin von einer „Bisexualität" im heutigen Sinne ausgehen, denn dass David viele (vielleicht zu viele) Frauen in seinem Leben hatte, wird mehr als deutlich. Die Beziehung zur Frau des Urija (Batseba) wird Davids Karriere entscheidend beeinträchtigen. Von Jonatan aber ist kein zu Davids Äußerung im Klagegebet (2 Sam 1,16) vergleichbares Statement überliefert und es gibt von Seiten Jonatans keinen Hinweis auf eine homosexuelle Betätigung: „Noth-

---

[63] Die Rede von Liebe und Bund kann, wie Zehnder, Art. Homosexualität (AT), Punkt 5.3. zeigt, in der David-Jonatan-Geschichte und ihrem Kontext eine „theologische und politische Färbung" haben. Auch „ganz Israel und Juda liebte" David, 1 Sam 18,16.
[64] Das Küssen als solches ist kein Hinweis auf eine homoerotische Beziehung, möglicherweise geht es in Analogie zu 1 Sam 10,1 um die Einsetzung des künftigen Königs, vgl. Zehnder, Art. Homosexualität (AT), Punkt 5.2; vgl. Harding, Love, 107.

ing indicates that David and Jonathan slept together ‚as one sleeps with a woman'"[65]. Dass David die Liebe Jonatans lieber war als Frauenliebe, kann viele Gründe haben, kaum aber sexuelle, denn es ist nicht erkennbar, dass David mit Frauen weniger sexuelle Freude gehabt hätte. Vielleicht ist es die „wunderbare" Gleichberechtigung in der Beziehung zu Jonatan, die keinen „aktiven" und „passiven" Part kennt (anders als in den klassischen Gender-Stereotypen der Mann-Frau-Beziehung, wobei übrigens die „Unterlegenheit" der Frau in Gen 3,16 als Strafe und Daseinsminderung, nicht aber als ursprünglicher Wille des Schöpfers gedeutet wird). Vielleicht will die Erzählung andeuten, dass es im Alltag doch noch ein wenig „Paradies" gibt, zum Beispiel eben in der wunderbaren Freundschaft von David und Jonatan. Dass dennoch immer wieder Leser (und Leserinnen?) eine homosexuelle Beziehung zwischen beiden sehen wollen, liegt in der Offenheit des Textes,[66] der die Phantasie der Rezipierenden nicht allzu sehr beschränkt.[67] Die je unterschiedliche Leseweise und Interpretation der David-Jonatan-Beziehung ist ein Teil jenes Prozesses, in dem die moderne Konzep-

---

[65] Nissinen, Homoeroticism, 55. Auch Josephus erwähnt in seiner Nacherzählung der David-Jonatan-Beziehung keine sexuelle Komponente (Antiquitates 6, 206.241.275–276; 7, 5.111), vgl. Loader, Making Sense, 135–136.
[66] Vgl. dazu die ausführlichen Darlegungen bei Harding, Love, 122–273.
[67] Die David-Jonatan-Episode kann als Erzählung nicht herangezogen werden, darin eine „biblische Legitimation" von homoerotischen und homosexuellen Praktiken und damit gleichsam eine Aufhebung von Lev 18,22; 20,13 zu sehen. Es wäre eine verfehlte Hermeneutik, die Texte so gegeneinander auszuspielen. Gleichwohl ist das Interesse mancher Ausleger greifbar, in der erzählten Beziehung eine homosexuelle zu sehen, um dies letztlich als „biblischen Beleg" für die Billigung homosexueller Praktiken heranzuziehen, vgl. die Zusammenfassung bei Harding, Love, 403, ferner z. B. 100. So werden biblische Texte als vermeintliches „Beweismaterial" für eigene Interessen missbraucht. Die gleiche Art von Missbrauch von Texten findet aber statt, wenn man Lev 18,22 und 20,13 aus dem Kontext und der Sozialgeschichte löst und als „absolute Wahrheiten" für eine rigide Sexualmoral auswertet.

tion von Homosexualität selbst entstand. Es ist heutzutage geradezu unmöglich, die Texte, die von der Liebe zwischen David und Jonatan sprechen, nicht auch mit einem wenigstens vagen Eindruck einer homoerotischen oder eben auch homosexuellen Beziehung zu lesen.[68]

6. Zum Umgang mit den alttestamentlichen Passagen in aktuellen Katechismen

Die behandelten biblischen Passagen werden in Stellungnahmen der römisch-katholischen Kirche zum Thema Homosexualität herangezogen. Am Beispiel des Katechismus der Katholischen Kirche (KKK, auch Weltkatechismus genannt, 1992/2003) und des Katholischen Erwachsenenkatechismus der Deutschen Bischofskonferenz (KEK-DBK, 1995) sei dieser Umgang mit den alttestamentlichen Stellen exemplarisch überprüft.

Der KKK behandelt Homosexualität unter dem „Sechsten Gebot" und der Überschrift „Berufung zur Keuschheit" in den Nummern 2357 bis 2359 sowie 2396 (Kurztext). Im Kurztext Nr. 2396 werden „homosexuelle Praktiken" genauso wie Masturbation, Unzucht [außerehelicher Geschlechtsverkehr, T. H.] und Pornographie als „Sünden, die schwer gegen die Keuschheit verstoßen" bezeichnet. Differenzierter geht Nr. 2357 heran: Hier werden die wechselhaften Formen des Auftretens der Homosexualität wahrgenommen und ihre psychische Entstehung als „noch weitgehend ungeklärt" hingestellt. Dann kommt das Schriftargument: „Gestützt auf die Heilige Schrift, die sie als schlimme Abirrung bezeichnet [Vgl. Gen 19,1–29; Röm 1,24–27; 1 Kor 6,10; 1 Tim 1,10.], hat die kirchliche Überlieferung stets erklärt, ‚daß die homosexuellen Handlungen in

---

[68] Vgl. Harding, Love, 403–404.

sich nicht in Ordnung sind' (CDF, Erkl. ‚Persona humana' 8)"[69]. Die angeführte Stelle, Gen 19,1–29, behandelt jedoch, wie oben gezeigt wurde, nicht die Homosexualität, sondern den Versuch der Sodomiter, die fremden Gäste Lots durch Analpenetration zu demütigen und so ihre Überlegenheit durch eine sexuelle Vergewaltigung zu demonstrieren. Dass ein solches Vorgehen abzulehnen ist, steht außer Frage. Die Bibelstelle eignet sich jedoch nicht, um daraus abzuleiten, die Heilige Schrift würde Homosexualität als „schlimme Abirrung" bezeichnen. Diese Behauptung des KKK ist also falsch; das Alte Testament kennt die moderne Konzeption von Homosexualität nicht. Die für die Argumentation des KKK eher einschlägigen Torapassagen Lev 18,22 und 20,13 werden nicht erwähnt. Auch aus ihnen könnte, wie oben gezeigt wurde, keine Verurteilung der Homosexualität im heutigen Sinne abgeleitet werden. Das weitere Argument der Ablehnung homosexueller Praktiken im KKK basiert auf einer naturrechtlichen Argumentation. Nr. 2358 fordert dazu auf, homosexuell veranlagte Menschen keinesfalls „ungerecht zurückzusetzen", was im gleichen Absatz faktisch geschieht, wenn ihre Neigung als „objektiv ungeordnet" hingestellt wird. Der Aufruf an die homosexuellen Menschen selbst in Nr. 2359, sich als zur Keuschheit gerufen zu wissen und daher sich sexuell völlig zu enthalten, hat keinen Anhalt in der Bibel.

Der KEK-DBK behandelt Homosexualität etwas ausführlicher (S. 385–387). Verschiedene Formen von Homosexualität werden differenziert beschrieben. Es wird als wissenschaftlich umstritten dargestellt, ob der homosexuell Veranlagte seine Neigung ändern oder therapiert werden könne. In schöpfungstheo-

---

[69] Gemeint ist die Erklärung „Persona Humana" zu Fragen der Sexualethik der Kongregation für die Glaubenslehre von 1975. Über die im KKK und KEK-DBK zitierten neutestamentlichen Passagen kann im Rahmen dieses Beitrags nicht gehandelt werden.

Thomas Hieke

logischer Argumentation wird die Homosexualität als defizitärer Zustand beschrieben, sodann behauptet, dass die Homosexualität in biblischer Zeit streng verurteilt wurde (S. 386 unten). Diese Aussage ist unzutreffend, da das (auch im KEK-DBK skizzierte) differenzierte moderne Konzept von Homosexualität „in biblischer Zeit" so gar nicht wahrgenommen wurde. Auf S. 387 findet sich dann folgende Aussage: „In Israel wurden Menschen, die homosexuelle Handlungen – aus welchen Gründen auch immer – vollzogen, nach geltendem Recht sogar aus dem Volk ausgestoßen (vgl. Lev 18,22; 20,13)". Dieser Satz ist in mehrerlei Hinsicht falsch. Die Wendung „nach geltendem Recht" unterstellt, die Bestimmungen des Heiligkeitsgesetzes (Lev 17–26) wären strafrechtliche Normen in Analogie zu einem heutigen Strafgesetzbuch. Das ist unzutreffend, vielmehr zeigt sich wiederholt und durchgängig, dass die entsprechenden Passagen im Buch Levitikus als Paränese, als eindringliche Warnung im Sinne ermahnender Predigt, zu verstehen und so auch entstanden sind. Ferner ist die „Sanktion" in Lev 18,22 mit dem Begriff „Gräuel" bezeichnet – damit deuten die priesterlichen Verfasser an, dass das Missfallen Gottes ausgelöst wird, wenn in der spezifischen sozialgeschichtlichen Situation der kleinen jüdischen Gemeinschaft in Jerusalem und der persischen Provinz Yehud sich ein Mann der Pflicht zur Zeugung von Nachkommen dauerhaft durch gleichgeschlechtlichen Verkehr entzieht. Vom Ausschluss aus dem Volk ist nicht die Rede, auch nicht in Lev 20,13. Dort ist die Sanktion „sie werden gewiss getötet werden" erwähnt, wobei dies – wie oben gezeigt – als Gottesstrafe zu verstehen ist: Gott wird aufgrund seines Missfallens für den Tod der Betroffenen (wie auch immer) sorgen. Erneut ist nicht von irgendwelchen Sanktionen durch menschliche Instanzen die Rede. Der zitierte Satz aus dem KEK-DBK verrät eine nur oberflächliche Lektüre des biblischen Textes, aus dem das gewünschte Argument eben gerade nicht entnommen werden kann. Im weiteren Verlauf fordert der KEK-DBK wie der KKK dazu auf, homosexuell veranlagten Menschen ohne Diffamierung und in Achtung ihrer Personwürde zu begegnen. Die Betroffenen werden zu einem verantworteten Umgang mit ihrer Sexualität aufgefordert; vom Gebot der sexuellen Enthaltsamkeit wie im KKK ist nicht die Rede, auch wenn aus dem KKK Nr. 2358 die Rede vom „Kreuzesopfer" zitiert wird.

Den untersuchten kirchlichen Stellungnahmen mangelt es erheblich an bibelhermeneutischem und bibeltheologischem Tiefgang; die alttestamentlichen Bibelstellen werden aus dem Kontext gerissen, in ihrem Eigenwort und Eigenwert nicht wahrgenommen und nur als Versatzstücke verwendet.[70] Für die rigoristische Setzung der Normen, deren argumentative Herleitung auch sonst eher fragwürdig erscheint, tragen sie nichts aus.

7. Fazit und Stellungnahme

Kennt und verurteilt das Alte Testament Homosexualität? Die doppelte Verneinung der Frage am Beginn hat sich in der wissenschaftlichen Überprüfung der Texte bestätigt. Für die gesamte Antike gilt, dass (1) das heutige differenzierte Konzept von Homosexualität als vieldimensionales Phänomen und integriertem Bestandteil einer Persönlichkeit so nicht bekannt war und (2) das Thema bei weitem nicht den Stellenwert hatte, den es in der heutigen Kultur hat. Auch die Hebräische Bibel, in christlicher Rezeption das Alte Testament, kennt Homosexualität im heutigen Sinne nicht. Nur an wenigen Stellen fin-

---

[70] Mit Recht fragt Siker, Art. Homosexuality, 372: „Are modern people of faith to pick and choose among the various Levitical prohibitions and punishments? If so, on what basis?"

den sich überhaupt Ansatzpunkte für die Debatte. Die Torastellen Lev 18,22 und 20,13 beziehen sich auf eine spezifische sozialgeschichtliche Situation und richten sich in ihrem Kontext auf die drängende Notwendigkeit der Zeugung von Nachkommenschaft. Ohne diese literarischen und sozialen Kontexte hängen die Bestimmungen in der Luft und dürfen daher aus literarischen und theologischen Gründen nicht isoliert betrachtet werden. Die Erzähltexte von den Sodomitern (Gen 19) und der „Schandtat von Gibea" (Ri 19) thematisieren nicht Homosexualität, sondern die Ausübung männlicher Gewalt gegenüber unterlegenen Fremden unter Missachtung des Gastrechts. Analpenetration als Zeichen der Demütigung findet sich auch in Belegen aus der Umwelt Israels. In der Geschichte von Noach und seinem Sohn Ham (Gen 9,20–27) geht es um den mangelnden Respekt des Jüngeren vor dem Älteren; die Annahme (homo)sexueller Handlungen ist für das Verstehen des Textes nicht nötig. Die Erzählpassagen von David und Jonatan schließlich sind sehr offen gehalten und dienen daher oft als Projektionsfläche für den Wunsch, eine homoerotische oder homosexuelle Beziehung von Männern auch in der Bibel zu finden. Der Text selbst zwingt keinesfalls dazu, die Freundschaft auch im sexuellen Bereich anzusiedeln, ist jedoch offen dafür.[71]

Damit kann ich als Bibelwissenschaftler festhalten: Eine Ablehnung von Homosexualität im heutigen Verständnis findet im Alten Testament kein Argument. Die Verurteilung homosexuell veranlagter Menschen zur Enthaltsamkeit lässt sich aus dem Alten Testament nicht ableiten. Die gesellschaftliche Diskriminierung oder gar staatlich-strafrechtliche Verfolgung solcher Menschen ist – das stellen auch die herangezogenen Katechismen der römisch-katholischen Kirche klar – unbarmherzig und ein Verbrechen gegen die Menschenwürde.

---

[71] Vgl. Harding, Love, 228.

Paulus und die Gleichgeschlechtlichkeit
Plädoyer für einen vernünftigen Umgang mit der Schrift

Michael Theobald

Bei Gesprächen über die Frage, ob und wie die christlichen Kirchen gleichgeschlechtlichen Partnerschaften eine echte *Heimat* werden könnten, wird regelmäßig der Einwand laut: „Aber in der Schrift steht doch ...!" Und dann endet oft genug die Bereitschaft zur Verständigung. Bei „weltbildlichen" Aussagen wie etwa der Frage, wie die Schöpfungserzählungen sich zu naturwissenschaftlichen Theorien der Weltentstehung verhalten, dürfte ein biblizistischer Umgang mit der Schrift längst obsolet sein; aus dem Fall Galilei hat man gelernt. Bei ethisch-anthropologischen Streitfragen wie der hier vorliegenden aber greifen die andernorts mühsam eingeübten Umgangsweisen mit der Schrift immer noch nicht. Doch auch sie erfordern es, die kulturgeschichtliche Prägung der einschlägigen Texte wahrzunehmen und genau hinzusehen, *was* sie verhandeln und was *nicht*. So machte Wolfgang Stegemann[1] schon vor Jahren darauf aufmerksam, dass Paulus von einem ganz anderen System kultureller Werte her argumentiert, als wir es in den modernen Gesellschaften des Westens gewohnt sind, weshalb auch die Sichtweisen auf Sexualität hier und dort völlig verschieden sind. Der Verdacht liegt nahe, dass Paulus unsere Probleme gar nicht kennt, weil der heutige anthropologische Wissensstand ein ganz anderer ist als der seine, und er uns deshalb auch gar nicht weiterhelfen kann. So ist damit zu rechnen, dass die Schrift uns nach ihrer sorgfältigen Lektüre wieder entlässt und uns zumu-

---

[1] Wolfgang Stegemann, Homosexualität – ein modernes Konzept, in: ZNT 2 (1998) 61–68.

tet, ethische Perspektiven im Licht des Glaubens – damit freilich doch wieder aus der Schrift und ihrem Fundus an Gotteserfahrungen – im Gespräch mit den Humanwissenschaften *eigenverantwortlich* zu entwerfen und sie im pastoralen Alltag der Kirche auch zu erproben und zu bewahrheiten.

Insgesamt sind es nur wenige Texte der Heiligen Schrift, die zur Diskussion stehen. Von „lesbischer Liebe" ist nirgends – weder im Alten noch im Neuen Testament – die Rede, was auch mit der hier vorherrschenden androzentrischen Perspektive zu tun hat[2]. Im Neuen Testament findet gleichgeschlechtliche Praxis nur im paulinischen Schrifttum Erwähnung[3], in 1 Kor 6,9f. und Röm 1,26f. sowie einmal im pseudo-paulinischen Corpus Pastorale, in 1 Tim 1,9f. Von diesen drei Texten ist der aus dem Römerbrief gewiss der bedeutendste, weshalb wir uns im Folgenden – nach einem Blick auf die beiden anderen – vor allem ihm zuwenden wollen. Mit einigen eher grundsätzlichen Vorbemerkungen zu den kultur- und mentalitätsgeschichtlichen Unterschieden zwischen der Welt des Neuen Testaments und heute setzen wir ein.

---

[2] Zum Alten Testament vgl. den Beitrag von Thomas Hieke in diesem Band.
[3] William Loader, Making Sense of Sex. Attitudes towards Sexuality in Early Jewish and Christian Literature, Grand Rapids/Michigan 2013, 138, verweist noch auf Mk 9,42, „the only other probable reference to same-sex relations", allerdings „limited to pederasty, where it makes best sense of the severe warning issued by Jesus against causing little ones to stumble, a common metaphor for sexual failing. In this case the issue is abuse of children and, while not explicitly mentioning sexual abuse, most likely has it in mind" (mit Verweis auch auf Mk 9,43–48); vgl. ders., The New Testament on Sexuality, Grand Rapids 2012, 334; siehe aber das Urteil von Rudolf Pesch, Das Markusevangelium, II. Teil. Kommentar zu Kap. 8,27–16,20 (HThK.NT II/2), Freiburg 1977, 114 Anm. 3, der aufgrund einer sorgfältigen Exegese des Markustextes die Deutung der Sprüche als Warnung vor geschlechtlicher Sünde (Homosexualität, Onanie) für abwegig hält.

1. Die neutestamentlichen Texte – Zeugen einer anderen Welt

Wie Stegemann in der eingangs erwähnten Studie feststellt, ist Sexualität, so wie sie uns in den vielfältigen Weisen ihrer Wahrnehmung heute begegnet, „ein kulturelles Konstrukt moderner westlicher Gesellschaften"[4], ein *abgrenzbares, eigenständiges* „Konzept" im größeren Kontext humanwissenschaftlicher Anthropologie. Leitend sei „die Vorstellung von einem eigenen Bereich personaler menschlicher Identität, der durch sexuelle Begierden, Lusterfahrungen und Akte definiert ist. Und von hierher wird es möglich, jeden einzelnen Menschen mit einer individuellen sexuellen ‚Orientierung' zu behaften, die ihn oder sie zu homosexuellen oder heterosexuellen oder bisexuellen Typen macht"[5].

Diese moderne „Invention der Sexualität als eines abtrennbaren Bereichs menschlicher Identität" äußere sich z. B. darin, „dass wir sexuelle Identität von Geschlechtszugehörigkeit unterscheiden, Arten sexueller Vorlieben von Graden von Männlichkeit oder Weiblichkeit abkoppeln". Auch mache es dieses Konzept erst möglich, dass Sexualität „Gegenstand physiologischer und psychologischer Analysen bzw. Therapien sein kann"[6].

Diese Darstellung wird durch den sprachgeschichtlichen Befund gestützt. „Die Begriffe homosexuell bzw. Homosexualität sind erstmals nachweisbar in zwei in Leipzig anonym publizierten Pamphleten aus dem Jahre 1869 und wohl durch ihre Aufnahme in der zweiten Auflage des Buches von Krafft-Ebbing (Psychopathia sexualis, 1887) bekannter geworden"[7]. Sie sind

---

[4] Stegemann, Homosexualität, 62.
[5] Ebd. 61.
[6] Ebd. 62.
[7] Ebd. 61 (nach David M. Halperin, One Hundred Years of Homosexuality, New York 1990). Autor dieser beiden Flugschriften war der österreichisch-ungarische Schriftsteller Karl Maria Kertbeny (1824–1882).

erst seit der Zeit in Gebrauch, da Sexualität als *eigene* Sphäre individueller, privater Existenz wahrgenommen wird, und entsprechen dieser anthropologischen Wahrnehmung. Wenn die griechische Sprache und damit auch das hellenistische Judentum über keine Termini verfügt, die dem aus einem griechischen und lateinischen Bestandteil gebildeten Kunstwort „Homosexualität" entsprechen[8], so ist allein das schon Warnung genug, nicht die moderne Wahrnehmung von Sexualität in die antiken Texte zurückzuprojizieren. Das gilt auch für die paulinischen Texte.

„Eine der Erkenntnisse, die M. Foucault auf den Begriff gebracht hat" – so Stegemann weiter –, „besteht darin, dass es in den antiken Gesellschaften keinen autonomen, abgrenzbaren Bereich von ‚Sexualität' gegeben hat. Sexuelle Begierde und Lust waren untrennbar verbunden mit den Macht- und Herrschaftsbeziehungen, die die damaligen Gesellschaften prägten"[9]. Im klassischen Athen etwa waren „sexuelle Rollen [...] isomorph mit Status- und Geschlechtsrollen; ‚Männlichkeit' verbindet die kongruenten Funktionen von Penetration, Aktivität, Dominanz und sozialem Vorrang, während ‚Weiblichkeit' bedeutet, penetriert zu werden, Passivität, Unterwerfung und soziale Unterordnung"[10]. „Freie Männer standen als aktive Sexualpartner auf der einen Seite, Frauen, SklavInnen und Knaben als passive auf der anderen". Daraus folgt: „Normierend für

---

[8] Karl Hoheisel, Art. Homosexualität, in: RAC 16 (1994) 289–364, 299: „Die griech. u. lat. Wörter, die Homosexuelles bezeichnen, assoziieren oder nach dem Kontext unterstellen, sind sehr zahlreich", etwa παιδεραστία, παιδοφιλεῖν, παιδοπίπης, καταπύγων, εὐρύπρωκτος, später μαλακός, ἀνδρόγυνος, πασχητιῶν/pathicus etc.; dort auch ein Überblick zu den antiken Quellen insgesamt.
[9] Ebd. 62; vgl. Michel Foucault, Sexualität und Wahrheit, 3 Bde. Frankfurt a. M. 1983/1986.
[10] Stegemann, Homosexualität, 62 (nach Halperin, Hundred Years, 130).

die Sexualpraxis war nicht das Problem von Hetero- bzw. Homosexualität. Der freie griechische Mann konnte Frauen, Sklaven (männlich und weiblich) sowie Knaben penetrieren, nicht aber einen anderen freien griechischen Mann. Diese Partnerwahl war verpönt, weil der andere Mann die passive, untergeordnete, weibliche Rolle hätte übernehmen müssen"[11].

Was für die griechische Kultur gilt – die Sicht der Sexualität als Teil eines übergeordneten Diskurses und Systems von Institutionen –, gilt analog auch für die biblische und frühjüdische Tradition, für die neben Reinheitsvorstellungen vor allem die Schöpfungserzählungen den normierenden Rahmen bereitstellen[12]. Wenn Lev 18,22 und 20,13 es untersagen, dass „ein Mann einen anderen Mann als Frau ‚gebraucht' und damit die Grenzen zwischen den Geschlechtern überschreitet"[13], die in

---

[11] Ebd. 62.
[12] Vgl. Loader, Sense, 9–31 („In the Beginning"). 75–104 („Sacred Space"). Der Autor hat sich in den letzten Jahren umfassend mit der Problematik befasst, woraus insgesamt 5 Monographien erwuchsen, von denen sein kleines Werk *Making Sense of Sex* eine Zusammenschau bietet; genannt seien hier lediglich zwei: William Loader, Philo, Josephus, and the Testaments on Sexuality: Attitudes towards Sexuality in the Writings of Philo, Josephus, and the Testaments of the Twelve Patriarchs, Grand Rapids 2011; ders., New Testament.
[13] So die Paraphrase der beiden Bestimmungen durch Stegemann, Homosexualität, 65; ihre Wirkungsgeschichte (insbesondere die von Lev 20,13) ist katastrophal (was schon mit ihrer Rezeption bei Philo beginnt [s. unten Anm. 16]); Erhard S. Gerstenberger, Das dritte Buch Mose. Leviticus (ATD 6), Göttingen 1993, 271: „Sexuelle Handlungen zwischen Gleichgeschlechtlichen sind in der westlichen Rechtstradition z. T. bis heute Straftatbestände. Die biblische Verdammung der Homosexualität hat in der Kirchengeschichte zu einer gnadenlosen Verfolgung oder Ächtung der gleichgeschlechtlich Veranlagten oder Geneigten geführt". Dabei ist exegetisch bis heute umstritten, wogegen sich die Weisungen im Buch *Levitikus* genau richten: (1) gegen Formen von männlicher *Kultprostitution,* so etwa Walter Kornfeld, Leviticus (NEB 6), Würzburg ²1986, 71f.; (2) gegen *bestimmte* homosexuelle Praktiken, so Stegemann, Homosexualität, 63, unter Bezug auf Saul M. Olyan, „And with a Male You Shall Not Lie the Lying Down of a Woman": On the Meaning and Significance of Leviticus 18:22 and 20:13, in: Journal of the History of Sexuality 4 (1994) 179ff.: „Leviticus 18,22 und 20,13 verbieten

Michael Theobald

der Schöpfung grundgelegt sind, dann ist das Verbot nach Ausweis des Kontextes wohl der „drängende[n] Notwendigkeit der Zeugung von Nachkommenschaft" geschuldet[14], verrät mit der Art seiner Formulierung aber auch, wo das Problem für die gängige soziale Rollenkonstruktion liegt: in der „Feminisierung" eines Mannes dadurch, dass ein anderer mit ihm „wie mit einer Frau liegt" (Lev 18,22; 20,13). Von hierher wird auch erklärbar, „dass dieses Verbot in der Tora nur für Männer – nicht für Frauen – gilt"[15].

---

offensichtlich ausschließlich Geschlechtsverkehr (Penetration), während sie andere mögliche sexuelle Akte zwischen Männern ignorieren." „Das Problem ist also, dass ein Mann einen anderen Mann als Frau ‚gebraucht' und damit die Grenzen zwischen den Geschlechtern überschreitet, nämlich die in der Schöpfung gesetzten Unterschiede zwischen Mann und Frau (Gen 1,27)"; (3) gegen männliche „homosexuelle" Praxis *ganz allgemein*: so Gerstenberger, Lev, 232.271f., der dahin tendiert, dass „die totale Ächtung der männlichen Homosexualität eine Späterscheinung, d. h. ein Charakterzug der frühjüdischen Gemeinde" sei. „Wo die eigentlichen Wurzeln dieser brutalen Ablehnung der Homosexualität liegen, ist unerfindlich. Vermutlich sind, wie bei vielen Tabu-Vorschriften, Dämonenängste im Spiel", die freilich „seit Jahrhunderten als überwunden gelten und endlich auch in der Kirche von unverkrampften, menschenfreundlichen Einstellungen abgelöst werden"; ähnlich auch Thomas Hieke, Levitikus. Zweiter Teilband: 16–27 (HThK.AT), Freiburg 2014, 688 („Dieses kategorische Verbot ist in der Bibel wie in der antiken Welt singulär"), der freilich eine limitierte Deutung, der zufolge „gleichgeschlechtliche Beziehungen eines Mannes nur zu bestimmten Männern seiner Verwandtschaft verboten" seien, „eben in Analogie zu den [in Lev 18] genannten Frauen (also zu Vater, Sohn, Bruder, Enkel, Stiefsohn)", nicht ausschließen möchte (ebd. 689). „Homosexuelle Beziehungen zu anderen Männern wären dann erlaubt".

[14] Thomas Hieke in diesem Bd.; ders., Lev II, 688: Die eigentlichen Wurzeln der biblischen Ablehnung liegen zwar im Dunkel, „gleichwohl führt der Gesamttext zu einem roten Faden. Der Kontext macht deutlich, dass der Schlüssel zum Verstehen das Hervorbringen von Nachkommenschaft ist. Zum einen geht es in Lev 18 darum, inzestuöse und illegitime Nachkommenschaft zu vermeiden […], zum anderen darum, Sexualpraktiken zu unterbinden, die zu keiner Nachkommenschaft führen; die soziale Dimension und Funktion der Sexualität wird hieran erneut deutlich".

[15] Stegemann, Homosexualität, 63; Hieke, Lev II, 689: „Homosexuelles Verhal-

Ein Blick auf die Texte des *Philo von Alexandrien*, der das Tora-Verbot aufgreift, weiter begründet und auf Päderastie ausweitet, zeigt, wie wichtig für die jüdische Perspektive beide Aspekte sind: das Gebot der Zeugung von Nachkommenschaft (vgl. Gen 1,28) *und* die Unterscheidung der Geschlechter im Sinne der Schöpfungserzählung, welche eine „Feminisierung" des Mannes ausschließe. Wer dagegen verstößt – und das betrifft sowohl den aktiven als auch den (in Philos Terminologie) „weibischen Mann (ὁ ἀνδρόγυνος)" –, hat ihm zufolge die Todesstrafe verdient, wofür er sich auf Lev 20,13c beruft[16]. Um gleichgeschlechtliche Handlungen zwischen Frauen geht es dem Text nicht[17], wie in der frühjüdischen Überlieferung davon

---

ten von Frauen war wohl bekannt, wird aber nicht thematisiert und wurde wohl, da kein Same fließt und es nicht um den gesellschaftlichen Status von Männern geht, nicht als Problem angesehen".

[16] Vgl. Philo, Spec. Leg. III 37–42, 38f.: „Gegen diese Menschen muss man schonungslos vorgehen nach der Vorschrift des Gesetzes, dass man den ‚*weibischen Mann*' (τὸν ἀνδρόγυνον), der das Gepräge der Natur (τὸ φύσεως νόμισμα) verfälscht, unbedenklich töten und keinen Tag, ja keine Stunde am Leben lassen soll, da er sich, seinem Hause, seinem Vaterlande und dem ganzen Menschengeschlecht zur Schande gereicht. Und *der Knabenschänder* (ὁ παιδεραστής) soll wissen, dass ihn die gleiche Strafe trifft, weil er widernatürlicher Lust (τὴν παρὰ φύσιν ἡδονήν) nachgeht und an seinem Teile auf die Verödung und Entvölkerung der Städte hinarbeitet, wenn er seinen Samen zu Grunde richtet […]"; vgl. auch Spec. Leg. I 325; Quaest Gen II 49; Abr. 135f.; Vit. Cont. 59–62 etc.; ebenso Josephus (s. unten Anm. 47); vgl. Hoheisel, Art. Homosexualität, 334f. Was Lev 20,13c betrifft, so urteilt hier die jüngere Exegese anders: „Die Qualifikation als ‚Gräuel' kennzeichnet den Akt als etwas, das Gottes Missbehagen und Zorn auslöst und daher tunlichst zu unterlassen sei. Schon diese Begrifflichkeit deutet den stark paränetischen Charakter der Texte an, und daher ist es nur schlüssig, auch in dem sanktionierenden *mot*-Satz keine durch menschliche Gerichte zu verhängende und auszuführende ‚Todesstrafe' zu sehen, sondern eine Warnung vor einer wie auch immer aussehenden Gottesstrafe", Hieke, Lev II, 797, unter Berufung auf Adrian Schenker.

[17] Anders Loader, Sense, 134: „He (sc. Philo) reads the prohibitions in Lev 18:22 and 20:13 as targeting both pederasty and adult consensual sex, both male and female". Letzteres scheint er aus Virt. 20–21 herauszulesen, wo

überhaupt nur ausnahmsweise die Rede ist, so einmal in dem unter dem Namen des *Phokylides* überlieferten „Lehrgedicht" eines unbekannten hellenistischen Juden Alexandriens[18]. Ähnliches gilt für die griechisch-hellenistische Tradition[19]. Für die Deutung von Röm 1,26 ist dieser Befund nicht unerheblich. Zur frühjüdischen Weise der Aufnahme von Lev 18,22; 20,13 gehört auch der reflexhafte Abgrenzungsgestus gegenüber heidnischer Lebensart[20], der sexuelle Verfehlungen – wie die „Vertauschung des Geschlechts" (Weish 14,26) – als Symptom und Folge von Idolatrie und Götzenverehrung begreift. An-

es aber nur um Männer und Frauen geht, die sich nicht „im Anschluss an die Natur" (19) kleiden. Ausführlich zu Philo s. Loader, Philo, 2–258.

[18] Vgl. Pseudo-Phokylides 190–192: „Weiche nicht ab von naturgemäßem Lager zu sittenwidriger Wollust – nicht einmal bei Tieren findet Beischlaf unter Männlichen Beifall. *Auch sollen Frauen nicht das Beilager von Männern nachahmen*", Nikolaus Walter, Pseudepigraphische jüdisch-hellenistische Dichtung (JSHRZ 4/3), Gütersloh 1983, 173–276, 213. Eine „Abfassung des Lehrgedichts in Alexandrien" liegt nahe, wobei „man an die Zeit zwischen [frühestens] 100 v. Chr. und [spätestens] etwa 100 n. Chr. wird denken müssen. Als terminus ante quem ist das Erlöschen des offen hellenistischen Judentums in Alexandrien bald nach 100 […] anzusehen", Walter, ebd. 193. – Weitere Belege aus der späteren rabbinischen Überlieferung bietet Pieter W. van der Horst, The Sentences of Pseudo-Phocylides. With Introduction and Commentary (SVTP 4), Leiden 1978, 239f.

[19] Vgl. aber Platon, Leg. 636c, wo es in der Rede des Atheners heißt: „[…] So muss man doch bedenken, dass dem weiblichen und männlichen Geschlecht (τῇ θηλείᾳ καὶ τῇ τῶν ἀρρένων φύσει), wenn sie sich *zu gemeinsamer Zeugung* (εἰς κοινωνίαν … τῇ γεννήσεως) vereinen, die damit verbundene Lust offensichtlich *gemäß der Natur* (κατὰ φύσιν) zugeteilt worden ist, während die Vereinigung *von Männern mit Männern* (ἀρρένων δὲ πρὸς ἄρρενας) und *von Frauen mit Frauen* (θηλειῶν πρὸς θηλείᾳ) wider die Natur (παρὰ φύσιν) ist, und dass diese Frechheit zu den allerersten Vergehen gehört wegen der Unbeherrschtheit gegenüber der Lust." Außerdem unten Anm. 55.

[20] Programmatisch bereits in Lev 18,1–5: „[…] (3) Ihr sollt nicht tun, was man in Ägypten tut, wo ihr gewohnt habt; ihr sollt nicht tun, was man in Kanaan tut, wohin ich euch führe. Ihre Bräuche sollt ihr nicht befolgen. (4) Meine Vorschriften sollt ihr einhalten, und meine Satzungen sollt ihr beachten und befolgen. Ich bin der Herr, euer Gott […]"."

schauungsmaterial hierfür bieten etwa das *Buch der Weisheit*[21] oder die *Testamente der Zwölf Patriarchen*: „Denn ein Verderben ist der Seele die Hurerei. Sie trennt von Gott und führt zu den Götzen" (TestRub 4,6; vgl. TestSim 5,3; TestJud 23,2 etc.)[22]. „The nexus between perverted understandings of God and perverted sexual behaviour, present in Wisdom, inspired the same connection made by Paul in Romans 1"[23]. Auch hier zeigt sich, wie treffend die eingangs gemachte Feststellung ist, dass nämlich Sexualität in der Antike noch nicht als eigenständiger anthropologischer Bereich, sondern immer im Kontext übergreifender Diskurse wahrgenommen wird, seien es nun Machtdiskurse, Konstruktionen von Herrschaft und Abhängigkeit oder – wie bei Paulus und im hellenistischen Judentum – auch Diskurse der Abgrenzung der wahren Religion Israels von paganer Götzenverehrung.

---

[21] Vgl. Weish 14,12: „Mit dem Gedanken an Götzenbildern beginnt der Abfall, und ihre Erfindung führt zur Sittenverderbnis"; 14,26f.: „es herrscht Umkehrung der Werte, undankbare Vergesslichkeit, Befleckung der Seelen, *Vertauschung des Geschlechts* (γενέσεως ἐναλλαγή), Zerrüttung der Ehen, Ehebruch und Zügellosigkeit. Die Verehrung der namenlosen Götzenbilder ist aller Übel Anfang, Ursache und Höhepunkt".

[22] TestLevi 17,11 bietet einen Lasterkatalog nach der Art, wie wir sie auch aus dem Neuen Testament kennen: „In der siebenten Woche werden Priester kommen als Götzendiener, Streitsüchtige, Habsüchtige, Übermütige, Gesetzlose, *Lüstlinge, Knabenschänder, Viehschänder*" (Übersetzung Jürgen Becker: JSHRZ III 59). Zum Thema Gleichgeschlechtlichkeit in den Text XII Patr, insbesondere in TestNaph, vgl. Hoheisel, Art. Homosexualität 333f.; Loader, Philo, 415–419; vgl. auch Matthias Konradt, „Fliehet die Unzucht!" (TestRub 5,5). Sexualethische Perspektiven in den Testamenten der zwölf Patriarchen, in: ders./Esther Schläpfer (Hg.), Anthropologie und Ethik im Frühjudentum und im Neuen Testament. Wechselseitige Wahrnehmungen. Internationales Symposium in Verbindung mit dem Projekt CJHNT 17.–20. Mai 2012, Heidelberg (WUNT 322), Tübingen 2014, 249–282; zu den frühjüdischen Texten siehe auch Martin Stowasser, Homosexualität und Bibel. Exegetische und hermeneutische Überlegungen zu einem schwierigen Thema, in: NTS 43 (1997) 503–526.

[23] Loader, Sense, 133.

2. Wo das Herz des Paulus *nicht* schlägt – der Apostel auf traditionellen Pfaden

Wer nach der Mitte der paulinischen Ethik fragt, stößt in den ethischen Weisungen und Diskursen des Apostels unweigerlich auf das Liebesgebot: „*Die Liebe wirkt dem Nächsten nichts Schlechtes. Erfüllung der Tora ist also die Liebe*" (Röm 13,10). „In Christus Jesus gilt weder Beschneidung noch Unbeschnittenheit, sondern der Glaube, *der durch die Liebe wirksam wird*" (Gal 5,6). Hier schlägt das Herz des Apostels! Und wenn er sich für Werte offen zeigt, wie in Phil 4,9: „*Was immer wahrhaft, edel, recht, was lauter liebenswert, ansprechend ist, was Tugend heißt und lobenswert ist, darauf seid bedacht!*", so zielt er in alldem doch nur die Bewahrheitung und Konkretisierung der Agape an. Nun ist sein Ethos gewiss mentalitätsmäßig und kulturell jüdisch-hellenistisch geprägt[24], was auch seine Äußerungen zu „gleichgeschlechtlichen" Praktiken bestätigen. Aber diese Prägung steht unter dem Vorzeichen der Agape, auch wenn das seine Weisungen, Regeln und paränetischen Ausführungen, die in der Regel situativ bedingt sind, oft genug nicht explizit machen.

Bei den drei zu besprechenden Texten zeigt sich jene Vorprägung schon an der traditionellen Sprachform der Lasterkataloge, in deren Rahmen das Thema jeweils erscheint (1 Kor 6,9f.; 1 Tim 1,9f.; vgl. auch Röm 1,28–32). Das mindert nicht ihre Bedeutung für die Verfasser, zeigt aber, dass sie sich hier auf konventionellen Bahnen bewegen. Im Diskurs Röm 1,18–32 begegnet das Thema zudem an *nachgeordneter* Stelle, insofern es dazu dient, eine übergeordnete These im Blick auf die zeitgenössische pagane Kultur, wie sie jüdischerseits wahrgenommen

---

[24] Vgl. zuletzt die Beiträge in dem in Anm. 22 genannten Sammelband von Konradt/Schläpfer (Hg.), Anthropologie und Ethik im Frühjudentum und im Neuen Testament.

wird, zu veranschaulichen. Schon diese argumentativ nachrangige und perspektivisch begrenzte Funktion des Themas ist für einen hermeneutisch reflektierten Umgang mit dem Text von größter Bedeutung.

2.1 Wer Gottes Reich nicht erben wird. Beobachtungen zum Lasterkatalog 1 Kor 6,9f.

1 Kor 6,9f. bietet einen traditionellen Lasterkatalog, der von der Rede vom „Erben des Gottesreichs" gerahmt wird (1 Kor 6,9b/10e). Auch diese Rede hat Paulus nicht „erfunden", sondern als Redeschema übernommen (vgl. auch 1 Kor 15,50; Eph 5,5; Jak 2,5 sowie Mk 10,17 etc.). So wenig der Terminus βασιλεία τοῦ θεοῦ für ihn typisch ist, so sehr bewegt er sich auch mit dem Katalog auf traditionellen Bahnen. Er schließt mit ihm die Behandlung eines konkreten Vorfalls in Korinth ab, den er in 1 Kor 6,1 folgendermaßen auf den Punkt bringt: „Jemand von euch, der einen Rechtsstreit mit dem anderen hat, bringt es fertig, vor den *Ungerechten* zu prozessieren und nicht vor den *Heiligen*?!" (1 Kor 6,1). „Recht und Rechtsverzicht in der christlichen Gemeinde" ist das Thema[25]. Am Ende, in 1 Kor 6,11, versichert er seinen Adressaten, sie seien doch „*geheiligt*, ja *gerechtfertigt* worden im Namen des Herrn Jesus Christus [...]". Unter Vorgabe dieser Leitkategorien – „*Gerechtfertigte*" versus „*Ungerechte*" konkretisiert der Katalog, welche ethischen Folgen ihr neuer Status vor Gott hat. Samt seiner Rahmung lautet er:

9 a Oder wisst ihr nicht,
   b *dass Ungerechte Gottes Reich nicht erben werden?*
   c Täuscht euch nicht!

---

[25] Andreas Lindemann, Der erste Korintherbrief (HNT 9/1), Tübingen 2000, 133; vgl. auch Michael Theobald, Vom Werden des Rechts in der Kirche. Beobachtungen zur Sprachform von Weisungen im Corpus Pastorale und bei Paulus, in: ZNW 106 (2015) 65–95.

Michael Theobald

d	Weder sexuell Zügellose noch Götzenanbeter
e	noch Ehebrecher
	noch *Weichlinge* (μαλακοί) *noch mit Männlichen Schlafende* (ἀρσενοκοῖται)
10 a	noch Diebe, noch Habgierige,
b	nicht Trunkenbolde,
c	nicht Lästerer,
d	nicht Spitzbuben
e	*werden das Reich Gottes erben.*
11 a	Und das waren einige von euch!

„Ungerechte werden Gottes Reich nicht erben!" Um zu veranschaulichen, was „Ungerechtigkeit (ἀδικία)" konkret heißt, bietet der Katalog zehn Beispiele – Laster, die „durchgängig auch nach hell.-römischen Moralvorstellungen als verwerflich gelten"[26].
Umstritten ist die Übersetzung der hier interessierenden Phrase V. 9d: μαλακοὶ οὔτε ἀρσενοκοῖται. Während μαλακός in der Profangräzität oft und in recht unterschiedlicher Bedeutung vorkommt[27], ist ἀρσενοκοίτης vor Paulus nicht belegt. Es handelt sich um einen Neologismus im Anschluss an Lev 20,13[LXX]: „Und wer schläft mit einem Mann (ἄρσενος) den Beischlaf (wie) mit einer Frau (κοίτην γυναικός), Abscheuliches haben beide getan" (die identische Terminologie in Lev 18,22). In der Profangräzität begegnet der Ausdruck erst in

---

[26] Lindemann, 1 Kor, 140: „einschließlich des Bereichs der Homoerotik" (mit Verweis auf Hans Herter, Art. Effeminatus, in: RAC 4, 620–642); es gebe auch „kritische Aussagen […] in der griech. Literatur" zu homosexuellen Praktiken, wofür Lindemann, ebd., auf die Anthologia Graeca IX 686 verweist: „Der Wanderer, der nach Thessaloniki kommt, liest auf einer Torinschrift, es handle sich um eine gut regierte Stadt, βάρβαρον οὐ τρομέεις, οὐκ ἄρρενας ἀρρενοκοίτας, ,brauchst nicht Barbaren zu fürchten noch Männer, die Männern sich gatten' (Übers. Beckby)". Vgl. auch unten Anm. 53.
[27] Siehe oben Anm. 8.

der Kaiserzeit[28]. Bezeichnet μαλακός die passive Rolle bei homoerotischen Praktiken, so ἀρσενοκοίτης die aktive. Unklar ist indes, ob lediglich Päderastie (Knabenliebe) gemeint ist[29] oder eine derartige Einschränkung nicht angebracht ist. Dass der Neologismus die Weisungen Lev 18,22 par. 20,13 zu seinem Hintergrund hat, spricht zugunsten der zweiten Annahme[30]. Beachtlich ist der Abschluss der Sequenz mit V. 11a, der zeigt, dass Paulus hier „auf das Verhalten (schaut), nicht auf die etwa zu Grunde liegende Veranlagung. Denn sonst könnte er nicht sagen: ‚Solches seid ihr gewesen'"[31].

---

[28] Vgl. Wolfgang Schrage, Der erste Brief an die Korinther (1 Kor 1,1–6,11) (EKK VII/1), Zürich 1991, 430–432.

[29] Jacob Kremer, Der erste Brief an die Korinther (RNT), Regensburg 1997, 116: Die beiden Begriffe μαλακοί und ἀρσενοκοῖται „bezeichnen nach den meisten Auslegern diejenigen Männer – Frauen werden in diesem Zusammenhang niemals erwähnt –, die passiv (einladend) oder aktiv gleichgeschlechtlichen Verkehr üben. Die verbreitete Übersetzung von μαλακοί und ἀρσενοκοῖται mit ‚Lustknaben' und ‚Knabenschänder' geht mit Recht von der Annahme aus, dass es sich ‚bloß' um Vergehen mit Jugendlichen (Päderastie, die in der heidnischen Umwelt sehr verbreitete und oft als Ideal gepriesene Knabenliebe) handle. (Nur Röm 1,27 [vgl. Lev 18,22; 20,13] spricht hingegen unmissverständlich von ‚Männern mit Männern']"; Lindemann, 1 Kor, 133: „noch Weichlinge noch Knabenschänder". Tatsächlich war Päderastie in der Antike die dominierende Form homosexueller Kontakte, vgl. Robin Scroggs, The New Testament and Homosexuality. Contextual Background for Contemporary Debate, Philadelphia 1983, 29–62.

[30] Dieter Zeller, Der erste Brief an die Korinther (KEK 5), Göttingen 2010, 217: „Versuche, die paulinischen Aussagen auf Prostitution oder Päderastie einzuschränken, scheitern an der generellen, bei ἀρσενοκοῖται am AT orientierten Ausdrucksweise, die in der Parallele Röm 1,26f. auch auf gleichgeschlechtlichen Verkehr unter Frauen ausgedehnt wird". Dem ersten Teil dieser Feststellung ist zuzustimmen, dem zweiten nicht (siehe unten zu Röm 1,26f.); Loader, New Testament, 331: „certainly not limited to the latter (= pederasty)"; vgl. auch William L. Petersen, Can ARSENOKOITAI be translated by ‚Homosexuals'? (1 Cor 6.9; 1 Tim 1.10), in: VigChr 40 (1986) 187–191.

[31] Zeller, 1 Kor, 218; er fährt fort: „Er (sc. Paulus) wird so den komplexen biologischen, psychologischen und gesellschaftlichen Bedingungen der Homosexualität nicht gerecht"; Kremer, 1 Kor, 116: „Die verbreitete Bezeichnung

2.2 Tora für die Gesetzlosen. Beobachtungen zum Lasterkatalog 1 Tim 1,9f.

1 Kor 6,9f. benachbart ist 1 Tim 1,9f., wo der Terminus ἀρσενοκοίτης gleichfalls im Rahmen eines traditionellen Lasterkatalogs mit insgesamt 14 Lastern bzw. verkehrten Grundhaltungen begegnet. Wie die Parallelspalte der nachfolgenden Synopse veranschaulicht, spricht einiges dafür, dass Ps-Paulus die Laster, die teils paarweise, teils einzeln auftreten, nach dem Dekalog angeordnet hat. Für den Bezug von V. 9f–10c auf seine zweite Tafel ist das unstrittig, nicht für den von V. 9c–e auf die erste Tafel. „[D]irekte terminologische Anklänge an den Dekalog" liegen weder dort noch hier vor[32]. Geht es im weiteren Kontext um den rechten Gebrauch der Tora (vgl. V. 8c) – eine Frage, über die unser Autor im Streit mit seinen Gegnern liegt (vgl. 1 Tim 1,3–7 unmittelbar vor unserem Abschnitt) –, so zeigt V. 9f., dass er der Tora eine Ordnungsfunktion für das sittliche Leben in Orientierung am Dekalog zuschreibt. Dass er den Dekalog „als normative Fixierung des göttlichen Gesetzes" versteht, ist dem Text allerdings nicht zu entnehmen[33].

‚Homosexuelle' ist an unserer Stelle jedenfalls ungeeignet, zumal dieser Begriff nach moderner Auffassung nicht bloß Täter (sic!), sondern auch dazu Veranlangte (sic!) umfasst".
[32] Jürgen Roloff, Der erste Brief an Timotheus (EKK XV), Zürich 1988, 75f.: „Lasterreihungen, die den Geboten der zweiten Dekalogtafel folgten, waren im Judentum weit verbreitet".
[33] Ebd. 75f.: „Gegen diese Annahme [sc. dass der Text auch auf die 1. Dekalogtafel und damit auf diesen *insgesamt* Bezug nimmt] spricht neben dem Umstand, dass weder jüdisch-hellenistische noch ntl. Kataloge die erste Dekalogtafel aufnehmen, die Beobachtung, dass sich im NT nirgends ein Ansatz für eine Einführung des Dekalogs als normative Größe in die Paränese findet. Es kommt nur zu einer Rezeption von Dekaloggeboten ‚im Kontext zentraler theologischer Aussagen' [H. Hübner], nicht jedoch um des Dekalogs selbst willen. So scheinen auch hier die Dekaloggebote kaum mehr als eine nur heuristische

		1 Tim 1,8–11	Bezüge zum Dekalog
8	a	Wir wissen aber,	
	b	dass *das Gesetz* gut ist,	
	c	wenn man sinngemäß mit ihm umgeht,	
9	a	darum wissend,	
	b	dass *das Gesetz* nicht für den Gerechten gegeben ist,	
	c	vielmehr für Gesetzlose und Aufrührer,	Frevel
	d	für Gottlose und Sünder,	gg. den Bereich des
	e	Frevler und Gemeine,	Göttlichen (1. Tafel?)
	f	Vater- und Muttermörder,	5. Gebot (2. Tafel)
	g	Totschläger,	6. Gebot (2. Tafel)
10	a	Unzüchtige, *mit Männlichen Schlafende* (ἀρσενοκοῖται),	7. Gebot (2. Tafel)
	b	Menschenhändler	8. Gebot (2. Tafel)
	c	Lügner, Meineidige –	9. Gebot (2. Tafel)
	d	und was sonst noch der gesunden Lehre widerstreitet	
11	a	nach dem *Evangelium* der Herrlichkeit des seligen Gottes,	
	b	mit dem ich betraut worden bin.	

Die schon bei 1 Kor 6,9 virulent gewordene Frage der Übersetzung stellt sich auch bei 1 Tim 1,10a. Wieder fällt auf, dass die gängigen deutschen Übersetzungen den Terminus durchweg mit „Knabenschänder" wiedergeben[34]. Dagegen spricht der schon zu 1 Kor 6,9 notierte Bezug des Neologismus ἀρσενοκοίτης auf Lev 18,22; 20,13, der hier auch deshalb nahe liegt, weil der Terminus in einem Lasterkatalog begegnet, der unter dem Vorzeichen der Tora steht. Beachtlich ist zudem, dass der Autor Lev 18,22; 20,3 indirekt mit dem 7. Gebot des Dekalogs verbindet und damit der Weisung der „Heiligkeitstora" einen hohen Stellenwert verleiht.

Funktion zu haben. Sie sind noch nicht als die Summe des bleibenden Gesetzes Gottes verstanden".
[34] So Luther, Elberfelder, EÜ; ebenso Roloff, 1 Tim, 60. Anders Philip H. Towner, The Letters to Timothy and Titus (NICNT), Michigan 2006, 122: „for those practicing homosexuality"; ebd. 127f. (unter Bezug v. a. auf Lev 18,22; 20,13).

Andererseits ist unter hermeneutischem Gesichtpunkt zu bedenken, dass in der Tradition des Paulus auch hier in 1 Tim das „*Gesetz*" in Beziehung zum „*Evangelium*" (V. 11) gebracht wird. Wie Jürgen Roloff ausführt,

„haben die Past das paulinische Erbe insofern festzuhalten gesucht, als sie mit Paulus die grundsätzliche Freiheit der Glaubenden vom Gesetz proklamierten. [...] Ihre Antwort auf die unabweisbare Frage, wo denn bei einer Ablehnung der Heilsfunktion des Gesetzes dessen Ordnungsfunktion für die Christen seinen Platz habe, ist, dass die aus dem Evangelium kommende gesunde Lehre diese Ordnungsfunktion wahrnehme. Doch dies geschieht nicht auf die dem Gesetz eigene Weise von Zwang und Drohung, sondern indem das Evangelium für die Glaubenden eine neue Möglichkeit heilvollen, gemeinschaftsgemäßen Lebens schafft, nämlich *die Liebe*. Das Evangelium weist in die bestehenden Ordnungen von Welt und Gesellschaft ein, nicht indem es droht, und noch weniger indem es ein verdienstliches Leistungsprinzip aufrichtet, sondern indem es schenkt und ermöglicht"[35].

Diese Ausführungen basieren auf 1 Tim 1,5, wo Ps-Paulus unmittelbar vor unserer Passage programmatisch zum Gesetz erklärt: „*Das Ziel der Weisung* (τῆς παραγγελίας) *ist aber Liebe aus reinem Herzen, aus gutem Gewissen und aus ungeheucheltem Glauben*".

Diese eher allgemeinen hermeneutischen Überlegungen sind für den Umgang mit dem Lasterkatalog nicht unwichtig. Hat die Tora bzw. der Dekalog eher abwehrenden, negativen Charakter – „das Gesetz ist *nicht* für den Gerechten gegeben, vielmehr für *Gesetzlose* [...]" (V. 9b.c) –, so herrscht auf der po-

---

[35] Roloff, 1 Tim, 81 (Hervorhebung M. T.).

sitiven Seite *die Liebe* als Heilsmacht. Sie ist das Fundamentalprinzip, welches das sittliche Handeln des Gerechten bestimmt. Diesem Prinzip haben sich die einzelnen Normen unterzuordnen, an ihm sind sie zu messen.

2.3 „Gegen die Natur". Zur Argumentation von Röm 1,26f.

Bei Röm 1,26f., der in unserem Zusammenhang neben Lev 18,22; 20,3 wichtigsten Passage, kommt es entscheidend auf den Kontext an, in dem sie steht, weshalb wir uns auch ihm zuerst zuwenden müssen[36].
Auffällig ist schon, dass Paulus das Thema nicht im paränetischen, d. h. sittlich-mahnenden Teil seines Briefes (Röm 12ff.) anspricht, sondern im argumentativen Eingangsteil. Ein „pastorales Problem" scheint gleichgeschlechtliche Praxis bei seinen Briefadressaten nicht gewesen zu sein. Und in der Argumentation von Röm 1,16f./18–31 rangiert das Thema in der Logik auch nur ganz unten. Sehen wir uns deshalb die *Struktur dieser Argumentation* näher an.
Die Verse Röm 1,26f. gehören zu einer Art prophetischer Gerichtsrede, in der Paulus die *Schuldverfallenheit* der Menschheit aufdeckt, in Röm 1,18–32 die der „Heiden"[37], in Röm 2 die

---

[36] Zu kaum einer Passage des Röm sind so viele Studien in den letzten Jahren erschienen wie gerade zu Röm 1,26f.; vgl. Michael Theobald, Der Römerbrief (EdF 294), Darmstadt 2000, 142–145: Exkurs „Das Argument ‚contra naturam' und die Homosexualität (1,26f.). Zur ethischen Normativität der Schöpfungsordnung" (mit Lit.), sowie zuletzt die Liste bei Michael Wolter, Der Brief an die Römer (Teilband 1: Röm 1–8) (EKK VI/1), Neukirchen-Vluyn 2014, 133f., außerdem Loader, New Testament 293–326.

[37] In Röm 1,18, der „Überschrift" der ganzen Argumentation von 1,19–3,20, vermeidet aber Paulus das Wort „Heiden", um stattdessen *grundsätzlich* von den „Menschen" zu sprechen. Das ist einerseits der Funktion des Verses als „Überschrift" geschuldet, andererseits ist es rhetorisch geschickt, weil diese Rede, die eigenartig distanziert in der dritten Person von den Verfehlungen der

Michael Theobald

seiner eigenen Stammesgenossen, der Juden. Warum legt Paulus Wert auf den Nachweis der *Schuldverfallenheit* aller Menschen? Die Antwort ergibt sich aus dem Hauptthema des Schreibens, das die Leitthese Röm 1,16f. formuliert: Allein das Evangelium von Jesus Christus vermag den Menschen – Juden wie Heiden – Rettung aus dem Unheil der Welt zu erwirken, sprich: Rechtfertigung und Leben. Das aber bedeutet, dass *alle* Menschen – nach Paulus gerade auch die Juden – in die Unheilszusammenhänge dieser Welt verstrickt sind bzw. – wie es gegen Ende der prophetischen Gerichtsrede in Röm 3,9 heißt – „alle unter der Sünde stehen". Was Sünde (ἡ ἁμαρτία) ist, sagt Paulus in der Überschrift zur ganzen Gerichtsrede Röm 1,18, nämlich *„Gottlosigkeit und Ungerechtigkeit"*: das Nein zum Gott-Sein-Gottes, damit aber auch zu seinem Gerechtigkeit im menschlichen Zusammenleben erheischenden Willen. Solch zweifach bestimmtes Handeln – den Schöpfer *wie* den Mitmenschen negierend – steht schon immer unter Gottes Zorn, sprich: unter seinem drohenden Gerichtshandeln, so die These Röm 1,18. Sie expliziert Paulus im Anschluss. Zum einen erklärt er, das Nein zum Schöpfer sei *schuldhaft,* was er damit begründet, dass die Menschen ihn an seinen Werken doch immer schon hätten erkennen können (Röm 1,19f.)[38]. Zum anderen zeigt er auf, wie aus

---

Menschen und deren gerechten Folgen handelt, auf einen *jüdisch* denkenden Gesprächspartner zielt. Er kann den Ausführungen in 1,18–32 nur beipflichten, da Paulus die Situation der Menschheit entsprechend seiner eigenen religiösen Herkunft ganz aus jüdischer Perspektive als hoffnungslose Situation der *Anderen, d. h.* der Heiden, darstellt. Dass er damit etwas im Schilde führt, wird der aufmerksame Hörer bereits daran erkennen, dass er in 2,1 den Spieß umkehrt und *den* bei seiner eigenen Schuld behaftet, der seiner Gerichtsrede schon Beifall gezollt hat, womit er sich schon selbst das Urteil gesprochen hat. Im Gegensatz zur jüdischen Apokalyptik weigert sich Paulus, eine Scheidung der Menschheit in Fromme und Gottlose vorzunehmen: „es gibt *keinen,* der gerecht ist, auch *nicht einen",* erklärt er Röm 3,10 unter Aufnahme von Koh^{LXX} 7,20.
[38] In der Zusammenfassung dieses Arguments in V. 21a–c: „Darum: obwohl sie

diesem schuldhaften Nein zum Schöpfer die Strafe folgt, die, kurz gesagt, darin besteht, dass er die Menschen den Untiefen ihres Herzens „ausliefert", sie „preisgibt" (Röm 1,24.26.28), so dass die Strafe die Gestalt neuer Vergehen gegen seinen Willen annimmt. Dreimal deckt Paulus diesen Zusammenhang von Schuld und Strafe unter großem rhetorischen Einsatz auf (Röm 1,21–24//25–27//28–31)[39]. Die Beschreibung der Schuld wird dabei immer kürzer, die der Strafe immer länger. Es entsteht der Eindruck eines Kreislaufs der Sünde, in den die Menschen „unentschuldbar" (Röm 1,20), aber auch *unentrinnbar* verwickelt sind. Hier interessiert allein die zweite Beschreibung V. 25–27. Sie lautet:

25 a Sie (sc. die Menschen) *vertauschten* die Wahrheit Gottes mit der Lüge
　　b huldigen und beten die Schöpfung anstelle des Schöpfers an
　　c – der ist gepriesen bis in Ewigkeit. Amen.
26 a *Deshalb* (διὰ τοῦτο) hat Gott *sie* [s.c. die Menschen] entehrenden Leidenschaften preisgegeben.
　　b *Denn* (γάρ) ebenso wie *ihre Weiblichen* den *natürlichen* Gebrauch (τὴν φυσικὴν χρῆσιν) mit einem solchen *gegen die Natur* (παρὰ φύσιν) *vertauschten*,
27 a genauso (ὁμοίως) gaben auch *die Männlichen* den *natürlichen* Gebrauch der Weiblichkeit (τὴν φυσικὴν χρῆσιν τῆς θηλείας) auf
　　b und entbrannten in ihrem Verlangen nacheinander;
　　c *Männliche* mit *Männlichen* (ἄρσενς ἐν ἄρσεσιν) bringen Schande hervor
　　d und erhalten den gebührenden Lohn für ihre Verirrung an sich selbst.

Sprech- und Denkweise des Textes sind stereotyp. Dass die Menschen „die Wahrheit Gottes mit der Lüge vertauschen und die

---

Gott kennen gelernt haben, haben sie (ihn) nicht als Gott verherrlicht oder (ihm) gedankt (ηὐχαρίστησαν)" (vgl. V. 25), lässt er auch anklingen, was die *Grundsünde* des Menschen ist: ein „Sich-nicht-dem-Schöpfer-*Verdanken*-Wollen".
[39] Vgl. das Schema mit den Angaben der jeweils parallelen Formulierungen bei Wolter, Röm I, 135.

Schöpfung anstelle des Schöpfers anbeten" – so der voranstehende V. 25a.b, den die Berakha: „*der ist gepriesen bis in Ewigkeit*" noch rhetorisch unterstreicht –, zielt auf heidnischen Götzendienst als Anbetung der Schöpfung (vgl. schon Röm 1,23). Reproduziert wird das geläufige jüdische Vorurteil von heidnischer Verkommenheit. Gottsucher der griechischen Tradition wie Sokrates und Platon – um nur diese zu nennen – bleiben außen vor, ohne dass dies irgendwie zum Problem würde.

Stereotyp ist auch die in V. 26f. folgende Darstellung der *Strafe* Gottes: die Verkehrung der Sexualität als Folge von Götzendienst[40], wobei auch sprachlich zwischen der „*Vertauschung*" des „natürlichen Gebrauchs" von Sexualität durch einen solchen „gegen die Natur"[41] und der vorgängigen „*Vertauschung*" des Schöpfers durch seine Geschöpfe eine Entsprechung hergestellt wird[42].

Für die Logik der Argumentation und den Stellenwert der Passage ist wichtig, dass Paulus in V. 26a wieder eine Art *Zwischenüberschrift* formuliert, die er anschließend in V. 26b–27 – angezeigt von einem begründenden γάρ – erläutert: „Deshalb hat Gott sie [s.c. die Menschen] entehrenden Leidenschaften preisgegeben". So pauschal bereits diese Überschrift klingt, so pauschal ist auch ihre Erläuterung, denn es gilt ja wohl nicht von allen Heiden, dass „*ihre* Weiblichen den *natürlichen* Gebrauch (τὴν φυσικὴν χρῆσιν) mit einem solchen *gegen die Natur* (παρὰ φύσιν) vertauschten" (V. 26c), und ebenso „*die* Männlichen den *natürlichen* Gebrauch der Weiblichkeit (τὴν φυσικὴν χρῆσιν τῆς θηλείας) aufgeben". Bemerkenswert ist

---
[40] Vgl. oben Anm. 21 und 22.
[41] Vgl. TestNaph 3,4: „damit ihr nicht werdet wie Sodom, das die Ordnung seiner Natur *veränderte/vertauschte*" (ἐνήλλαξεν τάξιν φύσεως αὐτῆς). „Ordnung" (τάξις) ist Leitwort im TestNaphtali: vgl. 2,8.9; 3,2.4; 8,9.10.
[42] Hinter der Entsprechung von Tat und Strafe steht der jüdische Grundsatz adäquater Vergeltung gemäß dem „Tun-Ergehen-Zusammenhang".

die Terminologie. Wenn Paulus hier die substantivierten Adjektive αἱ θήλειαι („die Weiblichen") und οἱ ἄρσενες („die Männlichen") und nicht die gewöhnlichen Substantive αἱ γυναῖκες („die Frauen") und οἱ ἄνδρες („die Männer") benutzt, dann signalisiert er damit, dass es ihm um „die biologische Geschlechtsidentität (‚sex')" geht und „die soziale (‚gender')" in den Hintergrund tritt. „Auch wo außerhalb des Neuen Testaments die sexuelle Praxis von Männern und Frauen im Blick auf ihre Übereinstimmung mit oder Abweichung von der ‚Natur' verhandelt wird, finden in der Regel diese Adjektive Verwendung"[43]. Schon dies zeigt, wie fern hier die moderne Frage nach Homosexualität als Faktor *personaler* Identität liegt. Umstritten ist der Sinn der ersten Erläuterung zu den „Weiblichen", V. 26b. Wie ist sie zu verstehen?

Dass Paulus lesbische Verhältnisse im Blick habe – so die gängige Deutung[44] –, kann schon deswegen nicht überzeugen, weil das Frühjudentum sie kaum einer Erwähnung für wert erachtet und auch das Alte Testament sie nirgends thematisiert[45]. Die Schwäche dieser Deutung besteht vor allem darin, dass sie V. 26b nach dem Muster des nachstehenden V. 27 deutet, in V. 26b aber eine V. 27c *(„Männliche mit Männlichen")* entsprechende Formulierung *(„die Weiblichen mit den Weiblichen")* gerade fehlt. Was meint also Paulus hier mit „natürlich" bzw. „gegen die Natur"? Sind lesbische Beziehungen nicht im Blick, dann scheint von den angebotenen Deutungen die am plausibelsten zu sein, nach der Frauen den natürlichen Gebrauch ihrer Sexualität mit einem „gegen die Natur" dort vertauschen, wo sie heterosexuellen, aber nicht-koitalen Geschlechtsverkehr

---

[43] Wolter, Röm I, 149 (mit Belegen).
[44] Zeller, 1 Kor, 217; zuletzt Loader, Sense, 137f.; und Robert Jewett, Romans. A Commentary (Hermeneia), Minneapolis 2007, 176.
[45] Vgl. oben Anm. 15 und 18, aber auch 19.

zum Zweck der Empfängnisverhütung praktizieren[46]. Der natürliche Gebrauch ihrer Sexualität bestimmt sich dann von der jüdischen Überzeugung her (die sich teils mit griechisch-hellenistischen Vorstellungen deckt[47]), *dass die „Natur" der geschlechtlichen Vereinigung in der Zeugung neuen Lebens besteht* – in Orientierung an Gen 1,28: „Seid fruchtbar und mehrt euch!"[48] Dafür spricht zum einen, dass Röm 1,18–32 auch sonst an der Schöpfungsordnung Maß nimmt[49], zum anderen die schon erwähnte spezifische Terminologie „*die Weiblichen*" und

---

[46] So auch James E. Miller, The Practices of Romans 1,26: Homosexual or Heterosexual?, in: NT 37 (1995) 1–11; Roy Bowen Ward, Why Unnatural? The Tradition behind Romans 1:26–27, in: HThR 90 (1997) 263–284.

[47] Vgl. Ward, Tradition, 269–277 (zu Philo und Ps-Phokylides); vgl. auch Josephus, Contra Apionem 2,199: „Wie lauten die Bestimmungen über die Ehe? Das Gesetz erkennt nur *den naturgemäßen* (κατὰ φύσιν) *Verkehr* mit der Frau an, *und zwar zum Zweck der Kinderzeugung* (εἰ μέλλοι τέκνων ἕνεκα γίνεσθαι); den Beischlaf aber unter Männern (τὴν δὲ πρὸς ἄρρενας ἀρρένων) verdammt es, und wenn jemand so verfährt, wird er mit dem Tod bestraft"; vgl. auch 2,273–275.

[48] Ward, Tradition, 264–267, verweist darauf, dass die κατὰ (παρὰ) φύσιν - Terminologie vom Schöpfungsmythos des *Timaios* her zu füllen sei. „Femaleness is defined by procreation in which the female of the species is the passive receptor of the male seed. The active/passive dichotomy, representing male citizens and women respectively, was already the cultural norm in Plato's time, yet he did offer an innovative rationale for this dichotomy and gave it normative value *in the order of creation* as κατὰ φύσιν" (267: Hervorh. von mir). Vgl. auch oben Anm. 19, außerdem z. B. Platon, Leg. 836c, wo er den Verkehr des männlichen Geschlechts untereinander als „nicht naturgemäß" bezeichnet (τὸ μὴ φύσει τοῦτο εἶναι).

[49] Vgl. V. 19f.23.25f. Stowasser, Homosexualität, 518: „Für die Formulierung von Röm 1,23 steht großteils die Schöpfungsordnung von Gen 1,26–7 Pate, die jedenfalls in Gen 1,28 mit dem Auftrag zur Vermehrung abgerundet wird. Auch in Röm 1,25 ist das Thema Schöpfung präsent; mit der Bezeichnung des Fehlverhaltens als παρὰ τὸν κτίσαντα wird sogar eine sprachliche Annäherung an jenes von 1,26 geschaffen: παρὰ φύσιν ..."; ebenso Loader, New Testament, 313–315. Zu erinnern ist auch an das Verständnis von Lev 18,22 und 20,13 vom Leitgedanken der Fortpflanzung her: vgl. oben Anm. 14.

„*die Männlichen*", die einseitig das Geschlechtliche betont und den Akzent auf Fortpflanzung und Gebären legt[50].
Zu dieser Deutung von V. 26b fügt sich gut der anschließende V. 27, der nicht grundlos durch ein ὁμοίως (= genauso) angeschlossen wird. Denn „genauso" wie „die Weiblichen" beim beschriebenen „Gebrauch" ihrer Sexualität gegen den ausschließlich in der Fortpflanzung liegenden Sinn von Sexualität verstoßen[51], so tun dies auch „die Männlichen", wenn sie sich gleichgeschlechtlichen Praktiken zuwenden.

Die Orientierung am traditionellen Ehezweck der Fortpflanzung verbindet also die beiden Aussagen zu den Frauen und Männern. Beides sind pauschale Urteile, und während die zu den Frauen jeder Konkretion entbehrt, hat die zu den Männern mit den Gegebenheiten in der nichtjüdischen Umwelt

> „wenig bis gar nichts zu tun [...]. Weder haben ‚die' – d. h. alle – Männer den ‚normalen' heterosexuellen Geschlechtsverkehr aufgegeben, noch schlossen heterosexuelle und homosexuelle Beziehungen einander aus. Auch dass Paulus in V. 27b–c die zwischenmännliche sexuelle Praxis als eine

---

[50] Vgl. Gen 1,27; 5,2 LXX; Mk 10,6 = Mt 19,4; Gal 3,28. Dieselbe Begrifflichkeit auch bei Platon (vgl. Ward, Tradition, 264–267: „θῆλυ differs from γυνή inasmuch as the former denotes one who bears and nurses offspring, whether human or animal, while γυνή refers to any human woman". – Klaus Haacker, Der Brief des Paulus an die Römer (ThHK 6), Leipzig 1999, wertet den Befund, dass eine Verurteilung lesbischer Beziehungen in der jüdischen Literatur erstmals bei Ps-Phokylides belegt ist (s. oben Anm. 18), dahingehend aus, dass „die allgemein gehaltene Formulierung in V. 26 nur sehr schwer als eine Anspielung auf eine als bekannt und anerkannt vorausgesetzte Tradition erklärbar" sei. „Ich verstehe sie darum als Aufnahme der Warnung vor Geschlechtsverkehr mit *Tieren,* die in Lev 18,23 unmittelbar auf die Verurteilung des Verkehrs zwischen Männern folgt und dort ausdrücklich Frauen einbezieht." Doch warum spielt dann Paulus auf Lev 18,23.24 in umgekehrter Reihenfolge an? Auch ist die von Haacker hier aufgemachte Auslegungs*alternative* zu eng.
[51] Das gilt zwar auch für einen Verkehr von „Weiblichen" mit „Weiblichen", doch thematisiert ihn Paulus in V. 26b nicht (s. o.).

Beziehung darstellt, die durch reziproke Egalität gekennzeichnet ist [sie entbrennen *gegenseitig*; *Männer mit Männern*], entspricht in dieser Pauschalität ebenfalls nicht der Realität, denn wie jede sexuelle Beziehung basierte auch sie auf der Unterscheidung zwischen aktiver und passiver Rolle und bildete dadurch soziale Hierarchien ab"[52].

Was nach Lev 18,22 und 20,13 zum jüdischen Moralkodex gehört – das Verbot gleichgeschlechtlicher Beziehungen zwischen Männern –, erklärt Paulus hier zu einem Verhalten, das für die Heidenvölker typisch sei[53]. Er setzt dieses antipagane jüdische Stereotyp hier ein, um die von ihm behauptete Verstrickung *aller* Menschen, konkret der „*Heiden*", in das auf der Welt lastende Unheil zu *veranschaulichen* – sozusagen auf der untersten Stufe seiner Argumentation und unter rhetorischer Ausnutzung des vonseiten seiner Leser zu erwartenden Einverständnisses in das reproduzierte Klischee. Beides verbietet, Röm 1,26f. in die Mitte seiner Ethik zu rücken.

---

[52] Wolter, Röm I, 152; bei V. 26b enthält Wolter sich jeder weitergehenden Deutung: „Paulus sagt lediglich, *dass* es Frauen gibt, die den ‚natürlichen' Sexualverkehr durch den ‚widernatürlichen' ersetzen – was sie tun, lässt er offen".
[53] Im Brief des Aristeas heißt es etwa: „*Die meisten Menschen* beflecken sich durch Geschlechtsverkehr, wobei sie großes Unrecht begehen [...]. Sie verkehren nämlich nicht nur mit Männern, sondern beflecken auch Mütter und Töchter. Wir aber halten uns fern davon" (EpArist 152). Angemerkt sei mit Roloff, dass gleichgeschlechtliche Liebe in der griechischen Welt „trotz ihrer Verbreitung keineswegs allgemein moralisch anerkannt" war: Roloff, 1 Tim, 77, mit Verweis auf Hans Licht, Die Homoerotik in der griechischen Literatur, Abhandlungen aus dem Gebiet der Sexualforschung III/3, Bonn 1921.

3. Sind die paulinischen Äußerungen, insbesondere Röm 1,26f., für die heutige Diskussion überhaupt noch tauglich? – Zur Reformbedürftigkeit des Katechismus der Katholischen Kirche

Der Katechismus der Katholischen Kirche von 1993 (überarbeitet 2003) bejaht die gestellte Frage bekanntlich, wenn er sich für die Lehre, „dass die homosexuellen *Handlungen* in sich nicht in Ordnung" seien und „gegen *das natürliche Gesetz*" verstießen, weil „die Weitergabe des Lebens [...] beim Geschlechtsakt ausgeschlossen" bliebe (Nr. 2357), auf Paulus, konkret auf Röm 1,26f., beruft. Zieht er in der entsprechenden Anmerkung zum Text auch noch Gen 19 mit heran, transportiert er die moralische Disqualifizierung „homosexueller Handlungen" als *Sodomie* unbesehen weiter[54]. Was Röm 1,26f. betrifft, so benutzt er die Verse unbesehen für die *eigene* Naturrechtslehre unter Abblendung ihres Kontextes und unter Missachtung ihres rhetorischen Charakters. Gegen einen solchen

---

[54] Damit stellt sich der Katechismus in eine lange, bis in die Antike zurückreichende Tradition, vgl. Hoheisel, Art. Homosexualität, 329f. u .ö. Noch deutlicher ist das „Schreiben" der Kongregation für die Glaubenslehre „an die Bischöfe der Katholischen Kirche über die Seelsorge für homosexuelle Personen" von 1986 (= SKG 1986) in seiner Nr. 6: „die der Sünde [seit dem Sündenfall] zuzuschreibende Entartung [setzt sich] fort in der Geschichte von den Männern von Sodom (vgl. Gen 19,1–11). Das moralische Urteil, das hier gegen homosexuelle Beziehungen gefällt wird, kann keinem Zweifel unterliegen". – Das „Schreiben" gibt Rechenschaft über die zugrunde liegende *Hermeneutik*. Es räumt in seiner Nr. 5 zwar ein, „dass die biblische Literatur den verschiedenen Epochen, in denen sie geschrieben wurde, einen guten Teil ihrer unterschiedlichen Denk- und Ausdrucksmuster verdankt (vgl. *Dei Verbum*, Nr. 12)", setzt dem aber die „klare innere Einheit [der aus Altem und Neuem Testament bestehenden Schrift] hinsichtlich der Frage des homosexuellen Verhaltens" entgegen als „solides Fundament eines beständigen biblischen Zeugnisses", auf dem die bis heute ungebrochene Tradition der Kirche „gründet". „Die Heiligen Schriften [können aber] nicht in ihrem eigentlichen Sinne verstanden [...] werden, wenn sie in einer der lebendigen Tradition der Kirche widersprechenden Weise ausgelegt werden".

Michael Theobald

Schriftgebrauch sind vor allem drei Argumente namhaft zu machen:

(1) Für Paulus haben gleichgeschlechtliche Praktiken die Qualität *entschlusshafter* Abkehr vom „natürlichen Umgang mit Frauen", weshalb er sie auch als Sünde begreift – unbeschadet des übergeordneten Gedankens, dass sich in solchem Tun die Strafe Gottes vollzieht. In der griechischen Tradition werden zwar vereinzelt auch Stimmen laut, die um die Möglichkeit von auf *Veranlagung* beruhender gleichgeschlechtlicher Praxis wissen[55], beim Juden Paulus tritt ein solcher Gedanke aber nicht einmal von ferne in seinen Gesichtskreis[56].

---

[55] Aristoteles etwa spricht von der Päderastie als einem Verhalten, „zu dem die Neigung den einen *von Natur* (φύσει) anhaftet, den anderen, etwa solchen, die von Jugend auf missbraucht worden sind, *infolge von Gewohnheit* (ἐξ ἔθους)": Nikomachische Ethik 7,6, 1148b. Vgl. auch Platon, Symp. 191d–193d: „Jeder von uns ist also ein Stück von einem Menschen, da wir ja zerschnitten, wie die Schollen, aus einem zwei geworden sind. Also sucht nun immer jedes sein anderes Stück (191d). [...] Welche Weiber aber Abschnitte eines Weibes sind, die kümmern sich nicht viel um die Männer, sondern sind mehr den Weibern zugewendet [...]; die aber Schnitte eines Mannes (ἄρρενος) sind, suchen das Männliche (τὰ ἄρρενα) auf, und so lange sie noch Knaben sind, lieben sie als Schnittstücke des Mannes die Männer, und bei Männern zu liegen und sich mit ihnen zu umschlingen ergötzt sie, und dies sind die trefflichsten unter den Knaben und heranwachsenden Jünglingen, weil sie die männlichsten sind von Natur (φύσει). Einige nennen sie zwar schamlos, aber mit Unrecht. Denn nicht aus Schamlosigkeit tun sie dies, sondern weil sie mit Mut und Kühnheit und Mannhaftigkeit das ihnen Ähnliche lieben. Davon ist ein großer Beweis, dass, wenn sie vollkommen ausgebildet sind, solche Männer vorzüglich für die Angelegenheiten des Staates gedeihen. Sind sie aber mannbar geworden, so werden sie Knabenliebe haben; zur Ehe aber und Kindererzeugung haben sie von Natur (φύσει) keine Lust, sondern nur durch das Gesetz (ὑπὸ τοῦ νόμου) werden sie dazu genötigt, ihnen selbst wäre es genug, untereinander zu leben unverehelicht (191e–192b)". Vgl. Hoheisel, Art. Homosexualität, 310f.; dazu auch Zeller, 1 Kor, 218 Anm. 140.

[56] Anders Haacker, Röm, 54, der feststellt: „Weithin übersehen wird [...], dass Paulus durch das Vorzeichen des παρέδωκεν αὐτούς auf eine unwiderstehliche, *schicksalshafte* homosexuelle Neigung anspielt, die von ihm theologisch gedeu-

Gibt es aber nach den heutigen Humanwissenschaften dauerhafte gleichgeschlechtliche Orientierungen oder Veranlagungen aufgrund welcher Faktoren auch immer, fallen die paulinischen Texte für eine ernsthafte theologische Anthropologie, die sich im Gespräch mit den Humanwissenschaften befindet, als Argumentationsinstanz aus. Mit Stegemann und anderen gilt, dass eine Lektüre der biblischen Texte am hermeneutischen Leitfaden dessen, was wir heute unter „Homosexualität" verstehen, anachronistisch ist[57].

---

tet wird, während andere antike Quellen das Phänomen astrologisch erklären. Man kann also das hermeneutische Problem der einschlägigen biblischen Texte nicht mit der Behauptung lösen, dass die Antike das Phänomen ‚konstitutioneller' homoerotischer Neigungen noch nicht gekannt habe". Dagegen ist aber zu sagen, dass die genannte Formel in Röm 1 die Verantwortung des Menschen für seine Taten keineswegs außer Kraft setzen will. Andernfalls wäre ja auch die Argumentationskraft der Rede, die die Leser bei ihren Taten behaften will, dahin (vgl. oben bei Anm. 38).

[57] Siehe oben unter Punkt 1. Genau eine solche *anachronistische* Lektüre zeichnen die Dokumente der Katholischen Kirche aus. – Wesentlich weiter als der Katechismus ist das differenzierte Dokument „Mit Spannungen leben. Eine Orientierungshilfe des Rates der Evangelischen Kirche in Deutschland zum Thema ‚Homosexualität' (vom 26.2.1996)". Betreffs des biblischen Befundes (Abschnitt 2) erklärt diese „Orientierungshilfe" *einerseits:* „Die These, an keiner Stelle sei in der Bibel von anlagebedingter, vor-willentlicher Homosexualität (ausdrücklich) die Rede, trifft zwar zu, sagt aber nichts darüber aus, ob und inwiefern eine solche Sicht der Homosexualität die jeweiligen biblischen Aussagen modifizieren oder korrigieren würde" (unter 2.3). Doch kann es hier überhaupt noch um Modifikation oder Korrektur gehen, nicht vielmehr um eine *Verabschiedung* der betreffenden biblischen Passagen? *Andererseits* gelangt das Dokument nach Würdigung z. B. auch des jesuanischen Ethos zu der folgenden Einschätzung der Problematik, die freilich auch noch gebrochen wirkt: „[…] vom Gesamtzeugnis der Bibel her (muss) gesagt werden, dass für die Gestaltung einer homosexuellen (wie jeder anderen zwischenmenschlichen) Beziehung entscheidend ist, ob sie in Liebe zu Gott und Menschen gelebt wird, und d. h. auch: ob sie die Bereitschaft zur Annahme der Lasten einer Beziehung einschließt. Die Spannung zwischen dem biblischen Widerspruch gegen homosexuelle Praxis als solche und der Bejahung ihrer ethischen Gestaltung gemäß dem Willen Gottes verschwindet dadurch nicht, kann aber von daher verstan-

(2) Paulus spricht von seiner jüdischen Tradition her nur von gleichgeschlechtlichen *Praktiken*[58], als Ausdruck *personaler Identität* vermag er sie nicht zu begreifen. Heute geht es aber in vielfältiger Weise um die eigene Würde und das eigene Recht gleichgeschlechtlicher *Partnerschaften*[59], woraus die Konsequenz nur lauten kann: Paulus fällt heute für uns als Gesprächspartner schlicht aus – jedenfalls, was Röm 1,26f. betrifft.

(3) Paulus orientiert sich in Röm 1 als jüdisch denkender Theologie zwar an der Schöpfungsordnung, aber die exegetische Analyse zeigt auch, dass seine Entgegensetzung von „natürlich" und „widernatürlich" zugleich Bestandteil einer „rhetorischen Strategie" ist, „die lediglich darauf abzielt, Verhaltensweisen zu diskreditieren, die der (eigenen) kulturellen Konvention widersprechen"[60]. Allerdings geht seine schöpfungstheologische Ein-

---

den und ausgehalten werden". Offenkundig wirkt sich hier das Sola-Scriptura-Prinzip als hinderlich aus.

[58] Vgl. oben bei Anm. 43.

[59] Wenn der Katechismus der Katholischen Kirche feststellt, dass „homosexuelle Menschen […] zur Keuschheit gerufen sind" (Nr. 2359), zeigt er seine Unfähigkeit, von einer ganzheitlichen Personalität her zu denken. Das zeigt auch der folgende entlarvende Satz zu den „homosexuellen Handlungen": „Sie entspringen nicht einer wahren affektiven und geschlechtlichen Ergänzungsbedürftigkeit" (Nr. 2357). Wichtiger als ein Eingehen auf die nach Antworten aus dem Glauben verlangenden Lebensumstände gleichgeschlechtlicher Menschen ist dem Katechismus die interne Besorgtheit um die *Unveränderlichkeit* kirchlicher Morallehre, weshalb er auch betont, die „kirchliche Überlieferung (habe) *stets* erklärt, ‚dass die homosexuellen Handlungen in sich nicht in Ordnung sind'" (Nr. 2357). Dieser durchweg kirchliche Dokumente bestimmende Topos von der sich stets gleichbleibenden kirchlichen Lehre könnte uns heute zum Fallstrick werden.

[60] Wolter, Röm I, 153; ebd.: „Als ‚natürlich' galt schon immer das, was die Mehrheit tut, während die Abweichung von der Regel als ‚widernatürlich' abgewertet wurde. Einer solchen Argumentation geht es immer nur darum, Menschen zu marginalisieren, die von der gesellschaftlich vorherrschenden Norm abweichen. Was Menschen als ‚natürliches' und als ‚widernatürliches' Handeln

ordnung der Thematik nicht einfach in Rhetorik auf, weshalb eine theologische Hermeneutik gefragt ist. Was die katholische Lehre als unverrückbare „Naturgesetzlichkeit" bezeichnet, muss in einer geschichtlich denkenden theologischen Anthropologie neu durchdacht werden[61]. Sexualität ist immer auch ein gesellschaftliches Konstrukt[62]. Die Frage lautet deshalb, ob die theologische Anthropologie im Gespräch mit den Humanwissenschaften nicht dahin kommen muss, homo- und heterosexuelle Veranlagungen als *Varianten der Sexualität als Schöpfungsgabe* zu denken, eben als Zeichen der Vielfalt der guten Schöpfung Gottes. Hierfür bedarf es aber eines Ansatzes, der die *Person* mit ih-

---

bezeichnen, ist darum in Wahrheit nichts anderes als eine kulturelle Konstruktion". Weil zudem „die sexuelle Praxis von Menschen [...] stets eingebettet [ist] in kulturell vermittelte und gelernte Wahrnehmungs- und Verhaltensmuster", ist es auch von daher „unmöglich, zwischen einem ‚natürlichen' und einem ‚widernatürlichen' Umgang mit der menschlichen Sexualität zu unterscheiden".

[61] SKG 1986 (Anm. 54) entzieht dem aber den Boden, wenn es von einer naturgesetzlich interpretierten Schöpfungslehre ausgeht: „Die Schöpfungstheologie, wie sie im Buch *Genesis* vorliegt, bietet für das angemessene Verstehen der durch die Homosexualität aufgeworfenen Probleme den grundlegenden Gesichtspunkt. In seiner unendlichen Weisheit und in seiner allmächtigen Liebe ruft Gott alles ins Dasein, als Ausdruck seiner Güte. Er erschafft den Menschen als Mann und Frau nach seinem Abbild und Gleichnis. Deshalb sind die Menschen Gottes Geschöpfe und dazu berufen, in ihrer geschlechtlichen Bezogenheit aufeinander die innere Einheit des Schöpfers widerzuspiegeln. Sie tun dies in einzigartiger Weise in ihrer Mitwirkung mit ihm bei der Weitergabe des Lebens, und zwar im Akt des gegenseitigen Sich-Schenkens in der Ehe" (Nr. 6). Der hieraus abgeleitete, auch für die anderen derzeit strittigen moraltheologischen Fragen entscheidende Satz lautet deshalb: „Einzig und allein in der Ehe kann der Gebrauch der Geschlechtskraft moralisch gut sein" (Nr. 7). Daraus folgt: „Deshalb handelt eine Person, die sich homosexuell verhält, unmoralisch". Das Gleiche gilt für eine eingegangene zweite Ehe, die bei sakramental geschlossener ersten Ehe nach dieser Logik auch nur als außerehelicher und deshalb unmoralischer „Gebrauch der Geschlechtskraft" qualifiziert werden kann. Beide Felder hängen zusammen und rufen gemeinsam nach einer Weiterentwicklung der kirchlichen Lehre.

[62] Siehe oben Abschnitt 1.

ren Gegebenheiten und Möglichkeiten in die Mitte des theologischen Diskurses stellt.

Kann Paulus also als Autor von Röm 1,26f. (und 1 Kor 6,9) aufgrund der drei genannten Gründe heute kein maßgebender Gesprächspartner mehr für uns sein, so bietet er andernorts durchaus wichtige Impulse, die uns bei unserer Frage nach *theologischen* Gründen für eine wirkliche *Beheimatung* schwuler und lesbischer Menschen in der Kirche weiterhelfen. Wir sind vor allem an Gal 3,28 verwiesen, einen Text, dem wir abschließend unsere Aufmerksamkeit schenken müssen.

4. Die Bedeutung von Gal 3,28 für eine kirchliche *Beheimatung* unterschiedlicher personaler Identitäten und Orientierungen

Röm 1,26f. steht nach unseren Ausführungen nun gewiss nicht in der Mitte des Evangeliums, wohl aber Gal 3,28, eine Maxime, die für die paulinische Ekklesiologie von allergrößter Bedeutung ist. Das belegt nicht nur ihr hoher Stellenwert für die Gesamtargumentation des Galaterbriefs, sondern auch ihre Wiederaufnahme in 1 Kor 12,13 und Kol 3,11. Möglicherweise hat Paulus sie nicht selbst gebildet, sondern – zusammen mit anderen Grundsätzen des Evangeliums – in der Gemeinde von Antiochien gelernt und von ihr übernommen. Sie lautet:

a   Da ist nicht Jude noch (οὐδέ) Grieche,
b   Sklave noch (οὐδέ) Freier,
c   ‚Männliches *und* Weibliches (ἄρσεν καὶ θῆλυ)' (Gen 1,27[LXX]),
d   denn alle seid ihr Einer in Christus Jesus.

Der unmittelbare Rahmen der Maxime in Gal 3,26f. signalisiert ihren „Sitz im Leben" und damit auch den Erfahrungshintergrund, von dem her sie verstanden werden will: „Alle nämlich seid ihr Söhne [und Töchter] Gottes kraft des Glaubens in Christus Jesus. Denn ihr alle, die ihr *auf Christus getauft* seid, habt Christus angezogen". Es ist die Erfahrung der Konversion, die in der Taufe des Konvertiten und dem ersten eucharistischen Mahl mit seiner neuen Gemeinschaft gipfelt[63], eine Erfahrung, in der er die bisherige Welt mit ihren Verwerfungen, Hierarchien und Zerwürfnissen hinter sich lässt: „Wenn einer in Christus (ist), (dann ist da) eine neue Schöpfung; Altes ist vergangen, siehe, Neues ist entstanden" (2 Kor 5,17).

Menschen, die so unterschiedlich sind, wie die polaren Glieder der Maxime es signalisieren, kommen zusammen, praktizieren Tischgemeinschaft, nehmen einander an und sind vom Zwang befreit, sich *gegeneinander* behaupten zu müssen; sie können ihre *religiösen* (V. 28a), *sozialen* (V. 28b) und *kulturellen* Identitäten (V. 28c) auf sich beruhen lassen angesichts dessen, dass sie sich in Christus Jesus alle in gleicher Position vor Gott begreifen dürfen: Juden *und* Griechen (d. h. Menschen aus der „Völkerwelt"), Sklaven *und* Freie, Männer *und* Frauen.

Nicht nur das erste, auch das dritte Glied ist aus jüdischer Perspektive formuliert, konkret: auf der Folie von Gen 1,27^{LXX}, wo es heißt: „Und Gott machte den Menschen. Nach dem Bild Gottes machte er ihn, *männlich und weiblich* (ἄρσεν καὶ θῆλυ) machte er sie"[64]. Gerade die *erste* Schöpfungserzählung, zu der Gen 1,27 gehört, hat im Unterschied zur *zweiten,* Gen 2,4b–3,24, mit ihrer hierarchischen Abfolge („*zuerst* Adam ..., *danach* Eva ..."[65]) ein emanzipatorisches Potential,

---

[63] Hans-Ulrich Weidemann, Taufe und Mahlgemeinschaft. Studien zur Vorgeschichte der altkirchlichen Taufeucharistie (WUNT 338), Tübingen 2014.
[64] Übersetzung: Wolfgang Kraus/Martin Karrer (Hg.), Septuaginta Deutsch. Das griechische Alte Testament in deutscher Übersetzung, Stuttgart 2009, 5; das vom οὐδέ der beiden ersten Glieder abweichende und mit Gen 1,27 übereinstimmende καί im dritten Glied erlaubt es, von einer deutlichen Anspielung zu sprechen.
[65] Vgl. 1 Tim 2,11–14: „Eine Frau soll sich still und in aller Unterordnung belehren lassen. Dass eine Frau lehrt, erlaube ich nicht, auch nicht, dass sie über ihren Mann herrscht; sie soll sich still verhalten. Denn *zuerst* wurde Adam er-

Michael Theobald

das in der Wirkungsgeschichte dieses Textes auch immer wieder zum Zuge kam[66]. Auch Gal 3,28 macht sich dieses Potential zunutze, wobei auch Joel 3,1–2, ein für die frühe Gemeinde bedeutender Text, mit hineinspielen könnte[67].

Aus heutiger Perspektive dürfte die Maxime auch Konsequenzen für die Bestimmung der Reichweite von scheinbar zeitenthobenen, tatsächlich aber kulturell geprägten Natur-Argumenten besitzen, wie Paulus sie in Röm 1,26f. auf den Bahnen einer traditionellen Anthropologie einsetzt. Dort schreibt er – freilich, wie oben gezeigt werden konnte, argumentativ nachrangig – der rechten Zuordnung der beiden Geschlechter unter dem Gesichtspunkt der Fortpflanzung des Menschengeschlechts entscheidende Bedeutung auch für das *Verhältnis zu Gott* zu, wenn er Abweichungen von dieser Zuordnung unter der Kategorie *„Sünde"* und Auswirkung des *„Zornes Gottes"* verbucht. Nach Gal 3,28 gilt das aber gerade nicht, weshalb die beiden Texte in Spannung zueinander stehen: „Rom 1:26f. stands in tension with Gal 3:28: in Rom 1:26f. maleness and femaleness are of ultimate significance, whereas in Gal 3:28 they are of no significance"[68]. Das hängt auch damit zusammen, dass Röm 1,26f. aus *schöpfungstheologischer,* Gal 3,28 aber aus *escha-*

---

schaffen, *danach* Eva. Und nicht Adam wurde verführt, sondern die Frau ließ sich verführen und übertrat das Gebot […]".
[66] Wertvolle Hinweise zur Rezeption in der frühen Kirche bietet Gerhard Dautzenberg, „Da ist nicht männlich und weiblich". Zur Interpretation von Gal 3,28, in: ders., Studien zur paulinischen Theologie und zur frühchristlichen Rezeption des Alten Testaments (hg. von Dieter Sänger), Gießen 1999, 69–99.
[67] Joel 3,1–2^{LXX}: „Und es wird danach sein: Ich werde ausgießen von meinem Geist über alles Fleisch, und es werden prophetisch reden *eure Söhne und eure Töchter,* und eure Ältesten werden Träume haben und eure Jünglinge werden Gesichte haben. Auch über *die Knechte und* über *die Mägde* werde ich in jenen Tagen ausgießen von meinem Geist". Vgl. Apg 2,16–21.
[68] Bernadette J. Brooten, Love between Women: Early Christian Responses to Female Homoeroticism, Chicago 1996, 265.

tologischer Perspektive formuliert sind. Paulus selbst – unverheiratet und angesichts des Anbruchs der Endzeit ausschließlich „um das besorgt, was des Herrn ist" (1 Kor 7,32)[69] – lebt aus einer Weltsicht, in der die Ehe und die mit ihr verbundene Aufgabe der Aufzucht des Nachwuchses gerade nicht mehr die oberste Priorität besitzen, denn „die Gestalt dieser Welt vergeht" (1 Kor 7,31), „das Ende der Zeiten ist auf uns gekommen" (1 Kor 10,11). Und so ist Paulus ganz vom Wunsch erfüllt, „alle Menschen wären wie auch ich" (1 Kor 7,7), nämlich unverheiratet![70]

Nun erklärt Gal 3,28 die faktischen Unterschiede zwischen „Juden und Griechen", „Sklaven und Herren", Männern und Frauen nicht einfach für inexistent, entkleidet sie aber ihrer soteriologischen Relevanz, was konkrete Folgen für ein Zusammenleben „in Christus" hat: Juden sollen in der Ekklesia weiterhin ihren Traditionen folgen können, z. B. ihre Söhne beschneiden lassen; aber sie dürfen und können das nicht mehr zum *casus stantis et cadentis ecclesiae* machen und anderen auf-

---

[69] *Ausschließlich* deshalb, weil er – aus seiner persönlichen Perspektive heraus – Gegensätze wie die folgenden aufmacht: „Ich wünschte aber, ihr wäret ohne Sorgen. Der Unverheiratete sorgt sich um die Sache des Herrn; er will dem Herrn gefallen. Der Verheiratete sorgt sich um die Dinge der Welt; er will seiner Frau gefallen. So ist er geteilt [...]" (1 Kor 7,32–34).

[70] Vgl. Michael Theobald, Die Ehetheologie des Epheserbriefs (Eph 5,21–33). Literarhistorischer Kontext und kanontheologische Relevanz, in: George Augustin/Ingo Proft (Hg.), Ehe und Familie. Wege zum Gelingen aus katholischer Perspektive (Theologie im Dialog 13), Freiburg 2014, 121–147, hier 124–134 zu 1 Kor 7 (u. a. „Paulus – Patron der Enkratiten"). – Zwar heißt es in SKG 1986 (Anm. 54) Nr. 6: „Auf dem Hintergrund dieses theokratischen Gesetzes [von Lev 18,22 und 20,13] entfaltet der heilige Paulus eine *eschatologische* Perspektive, innerhalb derer er die gleiche Lehre wieder aufnimmt und auch jene, die sich homosexuell verhalten, unter die Menschen einreiht, die das Reich Gottes nicht erben werden (vgl. 1 Kor 6,9)", doch das Schreiben der Glaubenskongregation bleibt dem Leser schuldig zu erklären, was es unter der *„eschatologischen Perspektive"* versteht.

Michael Theobald

oktroyieren wollen. Und den Sklaven wird keine Revolte gegen die zeitgenössische Sklavenhaltergesellschaft in Aussicht gestellt, aber ihre Herren werden in die Pflicht genommen, die sozialen Verhältnisse im Oikos von der christlichen Liebe bestimmt sein zu lassen (Philemonbrief). Und ebenso behalten auch die Relationen der Geschlechter zueinander – ihre Differenz und Zuordnung, wie Paulus sie mit großen Teilen der Gesellschaft sieht – ihre Gültigkeit; doch sollen und dürfen sie in der Ekklesia keine Rolle mehr spielen: Mann und Frau sind gleichberechtigt, die „Charismen" (einschließlich dem der κυβέρνησις, der „Gemeindeleitung": 1 Kor 12,28) verdanken sich allein der Freiheit des sie zuteilenden Geistes Gottes (vgl. 1 Kor 12; Röm 12) und sind somit unabhängig von Merkmalen wie Alter, Geschlecht oder Herkunft[71]. Freilich tut Paulus sich hier gelegentlich schwer und seine diversen Äußerungen zum Thema passen auch nicht immer bruchlos zusammen[72].

Umso wichtiger dürfte es sein, die Maxime Gal 3,28, die er selbst im Galaterbrief für hochrangig erklärt, theologisch ernst zu nehmen[73]. Dann wird man unter heutigen hermeneutischen

---

[71] Anders die Pastoralbriefe, die in ihrer Orientierung an der *zweiten* Schöpfungserzählung (vgl. Anm. 64) nicht nur die emanzipatorischen Tendenzen der ersten paulinischen Gemeindegründungen, sondern auch die Weite der Charismenlehre des Apostels großenteils zurücknehmen.

[72] Schwierig bleibt 1 Kor 11,2–16, ein Text mit keineswegs bruchloser Argumentation, die stark pragmatisch gelenkt ist, weil Paulus mit ihr ihm unangenehme emanzipatorische Tendenzen in Korinth abwenden möchte, vgl. Hans-Josef Klauck, 1 Korintherbrief (NEB), Würzburg 1984, 77–80, der von „theologischen Schwachstellen dieser Spekulationen" spricht (zu V. 10), von denen Paulus wüsste und an denen er in V. 11f. „Korrekturen" anzubringen versuche (ebd. 79).

[73] Das Zweite Vatikanische Konzil hat in seiner „dogmatischen Konstitution über die Kirche" *Lumen Gentium* Nr. 32 Gal 3,28 einen besonderen Platz eingeräumt: „Es ist also in Christus und in der Kirche keine Ungleichheit aufgrund von Rasse und Volkszugehörigkeit, sozialer Stellung oder Geschlecht; denn ‚es gilt nicht mehr Jude und Grieche, nicht Sklave und Freier, nicht Mann und

Prämissen aus ihr folgen, dass unterschiedliche personale Identitäten und Orientierungen *auch in geschlechtlicher Hinsicht* irrelevant sind[74]. Keinesfalls darf, wie das Röm 1,26f. insinuiert, einer bestimmten anthropologischen Sicht der Geschlechterzuordnung eine das Gottesverhältnis tangierende Relevanz (Stichwort: „Sünde") zugesprochen werden. Michael Wolter erklärt im jüngsten Römerbriefkommentar:

„Für die unterschiedlichen sexuellen Identitäten einschlägig ist Gal 3,28, wonach alle kulturellen Identitätszuschreibungen innerhalb jener Sinnwelt keine Rolle spielen, die für den Christus-Glauben die ‚neue Schöpfung' Gottes ist (2 Kor 5,17; Gal 6,15). Wenn Paulus schreibt: ‚denn alle seid ihr Einer in Christus Jesus', so gilt das nicht nur für die alltagsweltlichen Unterschiede zwischen ‚Juden und Griechen', ‚Sklaven und Freiem', ‚männlich und weiblich', sondern auch für den Unterschied zwischen ‚homosexuell' und ‚heterosexuell'"[75].

„Nehmt einander an, wie auch Christus euch zur Ehre Gottes angenommen hat!" schreibt der Apostel in Röm 15,7 im Blick auf die von ihrer kulturell-religiösen Prägung her unterschiedlichen Hauskirchen in Rom und formuliert damit sein „ekklesiologisches Grundgesetz"[76]. Bei der vorurteilslosen Beheimatung von

---

Frau; denn alle seid ihr einer in Christus Jesus' (Gal 3,28 griech.; vgl. Kol 3,11). Wenn also in der Kirche nicht alle denselben Weg gehen, so sind doch alle zur Heiligkeit berufen und haben den gleichen Glauben erlangt in Gottes Gerechtigkeit (vgl. 2 Petr 1,1)". In UR 2, der zweiten Stelle im konziliaren Textkorpus (sonst begegnet der Vers nirgends mehr), ist das Zitat aus Gal 3,28 um seine konkreten polaren Elemente gekürzt.

[74] So Peter von der Osten-Sacken, Paulinisches Evangelium und Homosexualität, in: ders., Evangelium und Tora. Aufsätze zu Paulus (TB 77), München 1987, 210–236, 236.

[75] Wolter, Röm I, 153f.

[76] Um ein *ekklesiologisches* Grundgesetz handelt es sich, weil es um die *gegen-*

schwulen und lesbischen Partnerschaften in der Kirche steht genau dieses „ekklesiologische Grundgesetz" der Annahme der jeweils Anderen gerade in ihrer *Unterschiedenheit* auf dem Spiel. Wo, wenn nicht zuerst in den sich auf Jesu Namen berufenden Gemeinden sollte erfahrbar werden, dass Gott vorbehaltlos *jeden Menschen* annimmt? Doch bleibt die Berufung auf dieses Prinzip allein in der Praxis der Kirche unzureichend, wenn nicht zugleich auch ihre *Lehre* neue Wege geht. *Was ansteht, ist eine tief greifende Revision des „Katechismus der Katholischen Kirche"*[77], und solange diese nicht geleistet wird, schwelt das Problem weiter[78]. Fundamentalistische Bezugnahmen auf die Heilige Schrift widersprechen der ureigenen katholischen Hermeneutik. Gehen wir also mit der Schrift *vernünftig* um und hören wir auf das, worin sie uns wirklich in Pflicht nimmt – um unseres Heiles willen!

---

seitige Annahme von jeweils Andersdenkenden in der Gemeinde geht, hier konkret: von judenchristlich bzw. heidenchristlich geprägten Mitgliedern. Überdies ist die Struktur des Satzes die von *Indikativ* und *Imperativ,* wobei dieser in jenem grundgelegt ist (καθώς hat begründenden Sinn: vgl. Joh 13,15.34, aber auch Mt 18,33 [ὡς κἀγώ]). Der Indikativ selbst umschreibt vollgültig das christologische Heilsgeschehen nach seiner soteriologischen wie theozentrischen Seite (εἰς δόξαν τοῦ θεοῦ), wohingegen der Imperativ daraus die ekklesiologische Konsequenz zieht, die gegenseitige Annahme.

[77] Dagegen steht freilich ein antiquiertes fundamentaltheologisches Konzept von kirchlicher „Lehre", das diese als blockhaft, unveränderlich und unerschütterlich hinstellen möchte (vgl. oben Anm. 59) – aus Angst davor, dass die kirchliche Autorität Schaden leiden könnte, wenn „Veränderungen" in der Lehre eintreten. Dabei verschließt man die Augen vor der erschreckenden, mehrfach statistisch belegten Tatsache, dass die Diastase von „Lehre" und „Praxis", auch die *Nicht*-Rezeption von römischen Entscheiden im Gottesvolk, die Autorität Roms schon seit geraumer Zeit erodieren lässt. Die Zeiten, da Karl Rahner von der Notwendigkeit dogmengeschichtlicher Lehr*entwicklung* sprach, sind in Vergessenheit geraten.

[78] Siehe bereits Hansjürgen Verweyen, Der Weltkatechismus. Therapie oder Symptom einer kranken Kirche?, Düsseldorf 1993.

II.
Human- und sozialwissenschaftliche Einblicke

Eine Normvariante menschlicher Beziehungsfähigkeit
Homosexualität aus Sicht der Sexualmedizin
Hartmut A. G. Bosinski

1. Die sexuelle Orientierung – Definition und Häufigkeiten

Das Verständnis der Ursachen und Entwicklungswege der Homosexualität bedarf aus heuristischen Gründen notwendig der Betrachtung der gesamten Bandbreite der sexuellen Orientierung des Menschen. Bei der sexuellen Orientierung handelt es sich um eine lebenslang überdauernde, tief in der Persönlichkeit verankerte *sexuell-erotische Attraktion* durch und Ausrichtung auf Angehörige des eigenen, des anderen oder beider Geschlechter. Als einfachster Indikator kann die Beantwortung der Frage dienen: *„Mit Angehörigen welchen Geschlechts würde eine Person eine auch sexuelle Liebesbeziehung haben, vorausgesetzt, er bzw. sie hätte die freie Wahl?"*

Das *reale Sexualverhalten* eines Menschen muss dabei durchaus kein verlässlicher Indikator der sexuellen Orientierung sein: Unter monosexuellen Isolationsbedingungen (etwa in Gefängnissen) ist eine Vielzahl von Menschen mit tatsächlich exklusiver heterosexueller Orientierung zu homosexuellen Akten fähig, wie umgekehrt unter repressiven, Homosexualität verbietenden oder verdammenden Bedingungen eine Vielzahl von Menschen mit homosexueller Orientierung heterosexuelle Akte (etwa in angeratenen Ehen) vollziehen können. In beiden Fällen werden dabei meist Begleitphantasien mobilisiert, die Akte der tatsächlichen sexuellen Ausrichtung imaginieren (der männliche Knastpartner wird zur Frau umgedacht, die Ehefrau des homosexuellen Mannes zum männlichen Geliebten usw.).

Auch die *Selbstdefinition* eines Menschen als heterosexuell, bisexuell oder homosexuell (schwul, lesbisch o. ä.) ist kein ausreichender Indikator: Zum einen setzt sie die entsprechende bewusste Selbsteinordnung voraus, die nicht jedem Menschen immer ohne weiteres möglich ist. Zum zweiten setzt sie voraus, dass eine derartige Kategorisierung überhaupt existiert. Der Begriff „Homosexualität" ist erst knapp 140 Jahre alt. Er wurde 1869 durch den österreichisch-ungarischen Arzt Karl Maria Benkert alias Kertbeny geprägt. Zuvor wurde jegliches gleichgeschlechtliches erotisch-sexuelles Verhalten undifferenziert als „Sodomie", „widernatürliche Unzucht", „Effeminiertheit" oder auch „conträre Sexualempfindung" bezeichnet. Auch in außereuropäischen Kulturen existiert durchaus nicht immer ein Begriff für gleichgeschlechtliche Liebe – gleichwohl es sie auch dort gibt (s. u.).

Während also Sexualverhalten und auch die Selbstdefinition variabel sein können, hat sich in Längsschnittstudien die sexuelle Orientierung (als sexuell-erotische Attraktion durch Angehörige des eigenen, des anderen oder beider Geschlechter) als stabiler Zug der Persönlichkeit (*trait*) erwiesen.[1] Mehr noch: In eigenen Untersuchungen[2] konnte unsere Kieler Arbeitsgruppe zeigen, dass die sexuelle Orientierung eines Menschen in seinem Gehirn verankert ist. Das Gehirn von Männern und Frauen reagiert im Magnetresonanztomographen in Bruchteilen von Sekunden (die eine bewusste Steuerung als aus-

---

[1] Vgl. Nigel Dickson/Charlotte Paul/Peter Herbison, Same-sex attraction in a birth cohort: prevalence and persistence in early adulthood, in: Social Science & Medicine 56/8 (2003) 1607–1615; vgl. Ritch C. Savin-Williams/Kara Joyner/Gerulf Rieger, Prevalence and stability of self-reported sexual orientation identity during young adulthood, in: Archives of Sexual Behavior 41/1 (2012) 103–110.
[2] Vgl. Jorge Ponseti/Hartmut A. Bosinski/Stephan Wolff u. a., A functional endophenotype for sexual orientation in humans, in: Neuroimage 33/3 (2006) 825–833.

geschlossen erscheinen lassen) auf die Präsentation von Abbildungen nackter Männer und Frauen, und zwar in Abhängigkeit von der eigenen sexuellen Orientierung – heterosexuelle Männer und homosexuelle Frauen reagieren in gleicher Weise mit den jeweils gleichen Hirnarealen auf die Abbildungen von Frauen, homosexuelle Männer und heterosexuelle Frauen auf die gleiche Weise auf die Präsentation von Männern. Der Unterschied in Abhängigkeit von der sexuellen Orientierung war so eindeutig, dass es möglich war, einzig an der Hirnaktivität die sexuelle Orientierung des jeweiligen Probanden festzustellen.[3]

Seit den bahnbrechenden Untersuchungen von Kinsey[4] wissen wir, dass „Heterosexualität" und „Homosexualität" aber nicht dichotome Entitäten ohne jeglichen Bezug zueinander sind, sondern sich vielmehr in mehr oder weniger fließenden Übergängen darstellen. Kinsey konstruierte deshalb die nach ihm benannte siebenstufige Skala der sexuellen Orientierung:

Kinsey 0: ausschließlich heterosexuell
Kinsey 1: überwiegend heterosexuell, nur gelegentlich homosexuell
Kinsey 2: überwiegend heterosexuell, aber mehr als gelegentlich homosexuell
Kinsey 3: gleichermaßen heterosexuell wie homosexuell
Kinsey 4: überwiegend homosexuell, aber mehr als gelegentlich heterosexuell
Kinsey 5: überwiegend homosexuell, nur gelegentlich heterosexuell
Kinsey 6: ausschließlich homosexuell

Kinsey ging seinerzeit aufgrund seiner (durch die Stichprobenzusammensetzung verzerrten) Daten davon aus, dass es eine durchweg kontinuierliche Verteilung zwischen Heterosexualität (Kinsey 0; die Mehrzahl seiner Probanden) über Bisexualität

---

[3] Vgl. Jorge Ponseti/Hartwig R. Siebner/Stefan Klöppel u. a., Hirnanatomie und sexuelle Orientierung, in: Sexuologie 16/3–4 (2009) 83–89.
[4] Vgl. Alfred C. Kinsey/Wardell B. Pomeroy/Clyde E. Martin, Sexual Behavior in the human male, Philadelphia 1948.

(womit die Kinsey-Werte 1–5, in anderen Publikationen 2–4 gemeint war) bis hin zur Minderheit der ausschließlich homosexuell orientierten Menschen (Kinsey 6) gäbe, somit Bisexualität häufiger als Homosexualität sei. Zwar sind durch neuere Untersuchungen die von Kinsey angegebenen Zahlen deutlich relativiert worden; an der Grundaussage – dass die sexuelle Orientierung einem statistischen Verteilungsmuster zwischen den Polen „Heterosexualität" und „Homosexualität" folgt – hat sich jedoch nichts geändert.

Zur zahlenmäßigen Verteilung der sexuellen Orientierung gibt es teils divergierende Angaben. Dies hat mehrere Ursachen: Alle Befragungen zum Sexualverhalten leiden unter der Tabuierung dieses Themas, Erhebungsmethoden und Repräsentativität der Respondenten bei Umfragen in der Sexualsphäre sind oft sehr unterschiedlich und die Trennung danach, ob es sich um einzelne, wie auch immer motivierte Sexualhandlungen oder um eine sexuelle Orientierung handelt, ist erhebungstechnisch oft schwierig. Mittlerweile liegen jedoch großangelegte repräsentative Untersuchungen über die Verteilung der sexuellen Attraktion, über die Häufigkeit gegen- und / oder gleichgeschlechtlicher Sexualkontakte und über die Selbsteinordnung als hetero-, bi- oder homosexuell vor.[5] Die Tabellen 1 a–d listen die Ergebnisse einiger Untersuchungen auf.

---

[5] Vgl. Edward O. Laumann/John H. Gagnon/Robert T. Michael u. a., The social organization of sexuality. Sexual practices in the United States, Chicago 1994; Anne Johnson/Jane Wadsworth/Kaye Wellings u. a., Sexual attitudes and lifestyles, Oxford 1994; Randall L. Sell/James A. Wells/David Wypij, The prevalence of homosexual behavior and attraction in the United States, the United Kingdom and France: Results of national population-based samples, in: Arch Sex Behav 24 (1995) 235–248; Catherine H. Mercer/Clare Tanton/Philip Prah u. a., Changes in sexual attitudes and lifestyles in Britain through the life course and over time: findings from the National Surveys of Sexual Attitudes and Lifestyles (Natsal), in: Lancet 382/9907 (2013) 1781–1794; Anjani Chandra/William D. Mosher/Casey Copen u. a., Sexual behavior, sexual attraction, and se-

Tabelle 1a: Verteilung der hetero-, bi- und homosexuellen Attraktion, der sexuellen Selbstdefinition und der lebenslangen Erfahrung auch gleichgeschlechtlicher Sexualkontakte (nach Chandra u. a., 2011). (Angaben in % von n)

	Frauen (n=56.032)	Männer (n=55.556)
Sexuelle Attraktion		
Ausschließlich durch Gegengeschlecht	83,3	93,5
Vorwiegend durch Gegengeschlecht	11,9	3,7
Gleichermaßen durch Gegen- und durch gleiches Geschlecht	2,8	0,5
Vorwiegend durch gleiches Geschlecht	0,6	0,7
Ausschließlich durch gleiches Geschlecht	0,8	1,2
Unsicher	0,7	0,4
Selbstdefinition		
Heterosexuell	93,7	95,7
Bisexuell	3,5	1,1
Homosexuell	1,1	1,7
Jemals auch gleichgeschlechtliche Sexualkontakte	Frauen (n=61.865) 12,5	Männer (n=62.199) 5,2

Computerassistiert erhobene Interviewdaten von US-Bürgerinnen und Bürgern im Alter von 18–44 Jahren in den Jahren 2006 bis 2008 im Rahmen der National Survey of Family Growth (NSFG) des Centers for Disease Control (CDC).

---

xual identity in the United States: data from the 2006–2008 National Survey of Family Growth, in: National Health Statistics Report 36 (2011) 1–36.

Tabelle 1b: Verteilung der hetero-, bi- und homosexuellen Attraktion, der sexuellen Selbstdefinition und des Geschlechts der bisherigen Sexualpartner (nach Laumann et al., 1994). (Angaben in % von n)

Sexuelle Attraktion	Frauen (n=1.731)	Männer (n=1.404)
Ausschließlich durch Gegengeschlecht	95,6	93,8
Vorwiegend durch Gegengeschlecht	2,7	2,6
Gleichermaßen durch Gegen- und durch gleiches Geschlecht	0,8	0,6
Vorwiegend durch gleiches Geschlecht	0,6	0,7
Ausschließlich durch gleiches Geschlecht	0,3	2,4
Selbstdefinition	**Frauen (n=1.732)**	**Männer (n=1.401)**
Heterosexuell	98,6	96,9
Bisexuell	0,5	0,8
Homosexuell	0,9	2,0
Anders	0,1	0,3
Sexualpartner seit der Pubertät	**Frauen (n=1.678)**	**Männer (n=1.334)**
Nur gleichgeschlechtlich	94,3	90,3
Männer und Frauen	3,3	5,8
Nur gleichgeschlechtliche	0,2	0,6
Keine	2,2	3,3

Repräsentative US-amerikanische Stichprobe, persönliche Interviews, Altersgruppe 18 bis 59 Jahre.

Eine Normvariante menschlicher Beziehungsfähigkeit

Tabelle 1c: Verteilung der sexuellen Selbstdefinition und der lebenslangen Erfahrung auch gleichgeschlechtlicher Sexualkontakte (nach Mercer u. a., 2013). (Angaben in % von n)

Selbstdefinition	Frauen (n=8.869)	Männer (n=6.293)
Heterosexuell	97,3	97,1
Bisexuell	1,4	1,0
Homosexuell	1,0	1,5
Anders	0,3	0,3
Jemals auch gleichgeschlechtliche Sexualkontakte	11,5	8,0

Repräsentative, computerassistiert erhobene Interviewdaten von Bürgerinnen und Bürgern des United Kingdom im Alter von 16–74 Jahren in den Jahren 2010 bis 2012 im Rahmen der National Survey of Sexual Attitudes and Lifestyles (NATSAL–III).

Tabelle 1d: Verteilung der sexuellen Attraktion und des Sexualverhaltens ab dem 15. Lebensjahr (nach Sell u. a., 1995). (Angaben in % von n)

	Frauen			Männer		
	USA (n=674)	UK (n=696)	Fkr (n=788)	USA (n=1288)	UK (n=1137)	Fkr (n=1506)
Sexuelle Attraktion auch oder ausschließlich durch Angehörige des eigenen Geschlechts, aber keine Sexualkontakte	11,1	8,6	11,7	8,7	7,9	8,5
Geschlecht der Sexualpartner						
Nur Angehörige des Gegengeschlechts	86,0	88,1	87,0	83,9	82,5	80,1
Angehörige beider Geschlechter	3,3	1,6	3,2	5,4	3,4	10,0
Nur Angehörige des gleichen Geschlechts	0,3	0,5	0,1	0,8	1,1	0,7

Keinerlei Sexualpartner	10,4	9,8	9,7	9,9	13,0	9,2
Weder Sexualkontakte noch sexuelle Attraktion durch Angehörige des eigenen Geschlechts	82,2	81,4	81,6	79,2	83,7	81,5

Repräsentative, Interviewer-begleitete anonyme Fragebogenerhebung mit in allen 3 Ländern identischer Methode im Jahre 1988, Alter 16–50 Jahre.

2. Die sexuelle Orientierung als geschlechtstypischer Unterschied

Mit diesem Verteilungsmuster – sexuelle Attraktion ausschließlich durch Männer (d. h. androphil), durch Männer und Frauen (gynandrophil) oder auschließlich durch Frauen (d. h. gynäphil) – gehört die sexuelle Orientierung zu den *geschlechtstypischen Unterschieden*. Dabei handelt es sich um nur statistisch im *Geschlechtergruppenvergleich* erfassbare Unterschiede in körperlichen, psychischen oder sozialen Eigenschaften, Funktionen und Verhaltensweisen, die innerhalb der einen Geschlechtergruppe häufiger und / oder intensiver auftreten als innerhalb der anderen und / oder bei denen die Differenzen der Mittelwerte innerhalb der Geschlechtergruppe kleiner sind als zwischen den beiden Gruppen. Die Abweichung vom Mittelwert und die Überlappung mit der Verteilung innerhalb der anderen Geschlechtergruppe ist konstituierend für diese Art von Unterschieden, sagt somit nichts über die Geschlechtszugehörigkeit einer einzelnen Person aus[6].

---

[6] Siehe im Detail Hartmut A. G. Bosinski, Determinanten der Geschlechtsidentität – Neue Befunde zu einem alten Streit, in: Sexuologie 7 (2000) 96–140.

Geschlechtstypische Unterschiede dieser Art finden sich in einer Vielzahl von Parametern. Am bekanntesten sind sie im *Körperbau:* Männer sind mit 1,78 m durchschnittlich 13 cm größer als Frauen (1,65 m)[7]. Niemand käme ernsthaft auf die Idee, einem 1,64 m großen Mann seine Männlichkeit oder einer 1,81 m großen Frau (der Körpergröße vieler Star-Mannequins) ihre Weiblichkeit abzusprechen.

Abb. 1: Schematische Darstellung der geschlechtstypischen Verteilung der Körpergröße (gestrichelte Linie: Darstellung für Frauen; durchgehende Linie: Darstellung für Männer)

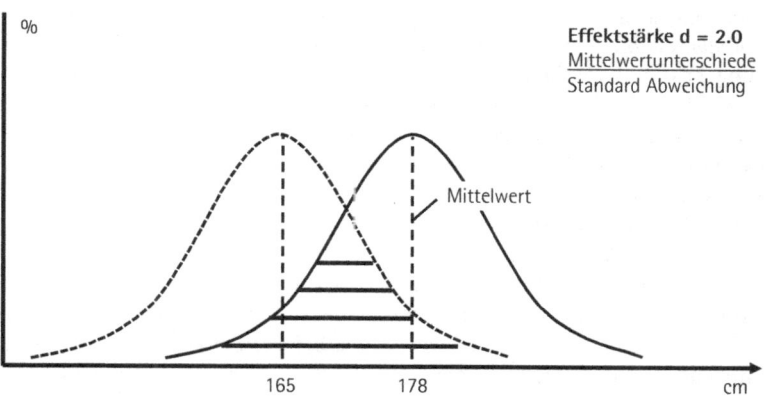

Noch eindrücklicher sind die geschlechtstypischen Verteilungen bei den *Körperproportionen.* Aus der Vielzahl der gesicherten geschlechtstypischen Proportionsunterschiede sei besonders auf die (bestens untersuchte) sog. 2-zu-4-Finger-Ratio (2D:4D-Ratio) eingegangen: Bei Männern ist der Ringfinger durchschnittlich länger als der Zeigefinger, die 2D:4D-Ratio ist im Gruppenvergleich also < 1,0; bei Frauen sind Zeige- und Ringfinger etwa gleich lang, ihre 2D:4D-Ratio liegt damit durchschnittlich bei 1,0. Dieser Unterschied bildet sich bereits im letzten Schwangerschaftsdrittel heraus.[8]

---

[7] Vgl. Statistisches Bundesamt (o. J.): Körpermaße nach Altersgruppen und Geschlecht für das Jahr 2013, online: https://www.destatis.de/DE/ZahlenFakten/GesellschaftStaat/Gesundheit/GesundheitszustandRelevantesVerhalten/Tabellen/Koerpermasse.html?nn=50798 [Stand 12.05.2015], siehe Abb. 1.

[8] Vgl. John T. Manning, Digit ratio. A pointer to fertility, behavior, and health, New Brunswick 2002.

Auch im *Gehirn* sind mittlerweile eine Reihe von strukturellen und funktionellen geschlechtstypischen Unterschieden bekannt[9]. So haben Frauen zwar absolut betrachtet ein kleineres Gehirn als Männer, dessen relative Größe bezogen auf ihre Körperhöhe unterscheidet sich indes nicht von dem Quotienten Gehirngröße / Körpergröße bei Männern. Bei Frauen ist zudem die geringere Gehirngröße dadurch kompensiert, dass bei ihnen die graue Hirnsubstanz (Neuronen und Synapsen, welche die für kognitive Prozesse zuständige Hirnrinde bilden) dichter und dicker gepackt und im Vergleich zur weißen Substanz (Nervenfasern, die verschiedene Rindenareale verbinden) ausgeprägter als bei Männern[10]. Für unseren Erörterungszusammenhang sei auf einen wichtigen geschlechtstypischen Unterschied im *Hypothalamus* hingewiesen, einer Region im Mittelhirn, die für die Regulierung basaler Funktionen wie Hunger, Durst und sexuelle Reproduktion zuständig ist. Dort befindet sich eine Vielzahl von Kerngebieten, also Ansammlungen von Nervenzellen, die vielfältig miteinander und mit verschiedenen Arealen der Hirnrinde verbunden sind. Dazu gehören auch vier sog. Interstielle Nuclei des anterioren Hypothalamus (INAH 1–4), von denen zumal der dritte (INAH 3) bei Männer dreimal größer ist als bei Frauen[11].

Auch *neurologische Funktionen* weisen geschlechtstypische Unterschiede auf[12]. Besonders erwähnt werden sollen hier die sog. otoakustischen Emissionen (OAE), vom Innenohr lebenslang produzierte, nicht bewusst wahrnehmbare, aber messbare Geräusche, die bei Frauen signifikant häufiger entweder spontan (SOAE) oder durch Clicks evoziert (COAE) werden als bei Männern[13].

---

[9] Siehe ausführlich Akira Matsumoto (Hg.), Sexual differentiation of the Brain, Boca Raton 1999; Melissa Hines, Brain Gender, Oxford 2004.
[10] Vgl. im Überblick John S. Allen/Hanna Damasio/Thomas J. Grabowski u. a., Sexual dimorphism and asymmetries in the grey-white composition of human cerebrum, in: Neuroimage 18 (2003) 880–894.
[11] Vgl. Laura S. Allen/Melissa Hines/James E. Shryne u. a., Two sexually dimorphic cell groups in the human brain, in: The Journal of Neuroscience 9/2 (1989) 497–506; Simon LeVay, A difference in hypothalamic structure between heterosexual and homosexual men, in: Science 253 (1991) 1034–1037; William Byne/Mitchell Lasco/Eileen Kemether u. a., The interstitial nuclei of the human anterior hypothalamus: an investigation of sexual variation in volume and cell size, number and density, in: Brain Research 856/1–2 (2000) 254–258.
[12] Im Überblick Doreen Kimura, Sex and cognition, Cambridge 2000.
[13] Im Überblick John C. Loehlin/Dennis McFadden, Otoacoustic emissions,

Für das Verständnis der Entwicklung der sexuellen Orientierung von besonderem Interesse sind geschlechtstypische Unterschiede, die sich im *psychischen Bereich* nachweisen lassen. Diese sind seit ca. 50 Jahren Gegenstand umfangreicher meta-analytischer Untersuchungen unter Einbeziehung hunderter Studien an tausenden Männern und Frauen. Dabei zeigte sich, dass sich zwar die Mehrzahl möglicher Verhaltensweisen in ihrer statistischen Verteilung bei Männern und Frauen *nicht* unterscheidet[14]. Gleichwohl fanden sich bedeutsame Unterschiede in kognitiven, emotionalen und behavioralen Parametern.

Als Maß für die Ausprägung eines geschlechtstypischen Unterschieds gilt die *Effektstärke d*, die sich aus dem Quotienten Mittelwertdifferenzen / Standardabweichung errechnet. Für den Körpergrößenunterschied zwischen Männern und Frauen beträgt d ~ 2,0. Der Konvention gemäß[15] werden im psychischen Geschlechtervergleich Effektstärken d ≤ 0,20 als zu vernachlässigen, jene zwischen 0,21 und 0,50 als klein, zwischen 0,51 und 0,80 als mittel und d > 0,80 als stark ausgeprägt betrachtet. Zu beachten sind dabei stets die konkreten Untersuchungsbedingungen und eingesetzten Tests, die durchaus geschlechtsdifferente Ergebnisse produzieren können. Der Konvention gemäß werden Merkmale, die im männlichen Geschlecht stärker ausgeprägt sind als im weiblichen mit positivem Vorzeichen (+), jene, die im weiblichen Geschlecht stärker ausgeprägt sind, mit einem negativen Vorzeichen (−) versehen.

Im Folgenden soll auf einige bedeutsame psychische Geschlechtsunterschiede eingegangen werden: So finden sich z. B. im *Aggressionsverhalten* im Geschlechtergruppenvergleich höhere Werte für das männliche Geschlecht (d +0,33 bis +0,84)[16]. Dieser Unterschied lässt sich bereits in der Kindheit nachweisen, wo Jungen durchschnittlich häufiger wilde Rauf- und Tobespiele spielen als Mädchen. Männer haben im Gruppenvergleich eine bessere *räumliche Orientierung*, sind beispielsweise besser in der Lage,

---

auditory evoked potentials, and traits related to sex and sexual orientation, in: Arch Sex Behav 32/2 (2003) 115–127.

[14] Im Überblick Janet Shibley Hyde, The gender similarities hypothesis, in: American Psychology 60/6 (2005) 581–92; Lee Ellis/Scott Hershberger/Evelyn Field, Sex Differences: Summarizing More than a Century of Scientific Research, in: Psychology Press (2008).

[15] Vgl. Jacob Cohen, Statistical power analysis for the behavioral sciences, Hillsdale ²1988.

[16] Vgl. John Archer, Sex Differences in Aggression in Real-World Settings – A Meta-Analytic Review, in: Review of General Psychology 8/4 (2004) 291–322.

ein dreidimensionales Objekt in Gedanken „zu drehen", also aus verschiedenen Perspektiven richtig zuzuordnen[17]. Frauen verfügen durchschnittlich über eine bessere *feinmotorische Koordination* als Männer (d −0,75 bis −1,37)[18]. Frauen zeigen durchschnittlich bessere *Wortassoziation und Sprachflüssigkeit*, können beispielsweise schneller und mehr Synonyme zu einem Begriff oder mit dem gleichen Anfangsbuchstaben generieren als Männer (d −1,2; das betrifft jedoch *nicht* die Zahl der pro Tag gesprochenen Worte − hier gibt es definitiv keinen Geschlechtsunterschied!)[19].

Die größten geschlechtstypischen Unterschiede finden sich im Bereich der *Sexualität*: Männer masturbieren häufiger als Frauen (d +0,86)[20] und weisen weltweit im Gruppenvergleich ein deutlich ausgeprägteres Interesse an okkasionellen, unverbindlichen Sexualkontakten auf als Frauen (je nach Weltregion d +0,48 [Afrika] bis +1,20 [Südostasien])[21], während die Sexualität von Frauen durchschnittlich wesentlich stärker kontext- und beziehungsabhängig ist (dies erklärt im Übrigen, warum Frauen höchst selten männliche Prostituierte in Anspruch nehmen und einen deutlich geringeren Pornographiekonsum haben als Männer). Und Männer sind weit häufiger sexuell an Frauen interessiert (gynäphil) als Frauen (d +6,0)[22], die umgekehrt weit häufiger sexuell an Männern interessiert (androphil) sind

---

[17] Sog. Mental-Rotation-Test, MRT, vgl. Daniel Voyer/Susan Voyer/M. Phillip Bryden, Magnitude of sex differences in spatial abilities: a meta-analysis and consideration of critical variable, in: Psychological Bulletin 117/2 (1995) 250−270 (d +0,56); Marcia C. Linn/Anne C. Petersen, Emergence and characterization of sex differences in spatial abilities: A meta-analysis, in: Child Development 56 (1985) 1479−1498 (d +0,73).

[18] Gemessen mit dem Purdue Pegboard Test, PPT, vgl. Geoff Sanders/Tom Walsh, Testing Predictions from the Hunter-Gatherer Hypothesis − 1: Sex Differences in the Motor Control of Hand and Arm, in: Evolutionary Psychology 5/3 (2007) 653−665.

[19] Vgl. Melissa Hines, Gonadal hormones and human cognitive development, in: Jacques Balthazart (Hg.), Hormones, brain and behavior in vertebrates (1), Basel 1990, 51−63.

[20] Mary Beth Oliver/Janet S. Hyde, Gender differences in sexuality: A meta-analysis, in: Psychol Bulletin 114 (1993) 29−51.

[21] Vgl. David P. Schmitt and 118 Members of the International Sexuality Description Project, Universal sex differences in the desire for sexual variety: tests from 52 nations, 6 continents, and 13 islands, in: Journal of Personality and Social Psychology 85/1 (2003) 85−104.

[22] Vgl. Hines, Brain Gender.

als Männer – dies eben ist die sexuelle Orientierung. Abbildung 2 stellt sie als geschlechtstypisch verteilten Unterschied graphisch gegenüber, wobei auf der x-Achse die sexuelle Orientierung auf Frauen und auf Männer, auf der y-Achse die Prozentzahlen eingetragen sind.

Abb. 2: Schematische Darstellung der geschlechtstypischen Verteilung der sexuellen Orientierung (gestrichelte Linie: Darstellung für Frauen; durchgehende Linie: Darstellung für Männer)

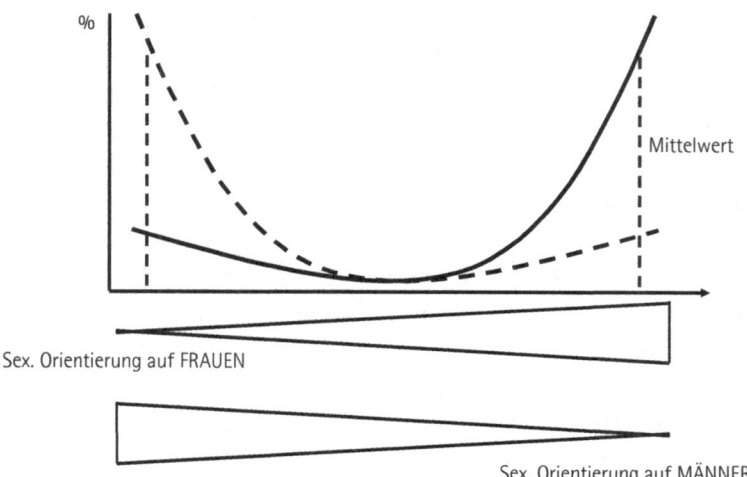

3. Ursachen geschlechtstypischer Unterschiede

Die Ursachen geschlechtstypischer Unterschiede im *Körperbau* sind relativ gut erforscht: Zwar werden zumal die absoluten Körpermaßunterschiede in gewisser Weise auch von sozialen Bedingungen (Ernährung, medizinische Versorgung etc.) mitbeeinflusst, sie sind jedoch im Wesentlichen genetisch determiniert und hormonell vermittelt. Weit komplizierter stellt sich der Nachweis derartiger biologischer Ursachen für *psychische* (kognitive, emotionale oder behaviorale) *Geschlechtsunterschiede* und damit auch für die sexuelle Orientierung dar: Zwar ist das Alltagsdenken allzu leicht geneigt, nicht nur derartige Unterschiede zu aggravieren, sondern aus der schlichten Tatsache, dass diese mit einer verschieden biologischen Geschlechtszugehörigkeit einhergehen, vereinfachend kausal auf eben diese biologische Gegebenheit zurückzuführen.

Eine solche Anschauung verkennt jedoch Folgendes:
1) Als Menschen sind wir nicht nur Produkt einer *biologischen*, sondern auch einer Jahrzehntausende wirkenden *kulturellen Evolution*. Die Entwicklung menschlichen Verhaltens, Denkens, Fühlens und Wahrnehmens ist das Ergebnis eines höchst komplexen biopsychosozialen Entwicklungsprozesses (s. u.).

2) Schon der scheinbar so eindeutige Topos der biologischen Geschlechtszugehörigkeit erweist sich bei näherer Betrachtung als ein höchst vielschichtiges, komplexes Phänomen: Bereits auf somatischer Ebene lassen sich ein chromosomales, ein gonadales und endokrines, ein gonoduktales, ein genitales und mutmaßlich auch ein zerebrales Geschlecht unterscheiden.

Diese *biologische Geschlechtszugehörigkeit* entwickelt sich bereits vorgeburtlich im Zuge eines kaskadenartigen Prozesses, der *somatosexuellen Differenzierung*, die im Folgenden kurzer Erläuterung bedarf (s. Abbildung 3).

(1) *Chromosomale Differenzierungsebene*: Bei der Konzeption wird durch die Verschmelzung des haploiden Chromosomensatzes des Spermiums (22 Autosomen und 1 Gonosom, entweder ein Y- oder ein X-Chromosom) mit dem der Eizelle (22 Autosomen und 1 Gonosom, stets ein X-Chromosom) das genetische Geschlecht des Keimlings festgelegt: Für das weibliche Geschlecht ist der diploide Chromosomensatz von 44 Autosomen und zwei X-Gonosomen (46; XX), für das männliche Geschlecht die Konstellation 46, XY kennzeichnend. Die weitere somatosexuelle Differenzierung des Keimlings wird davon bestimmt, ob ein (stets vom Vater stammendes) Y-Chromosom mit einem funktionsfähigen sog. SRY-Gen vorhanden ist oder nicht. SRY steht für „*sex-determing region of the Y-gene*". Fehlt das SRY-Gen, also üblicherweise *beim genetisch weiblichen Keimling*, aber auch bei Patienten mit bestimmten Intersex-Syndromen, so geht die weitere Entwicklung in weibliche Richtung. Bei Existenz eines SRY-Gens – üblicher-

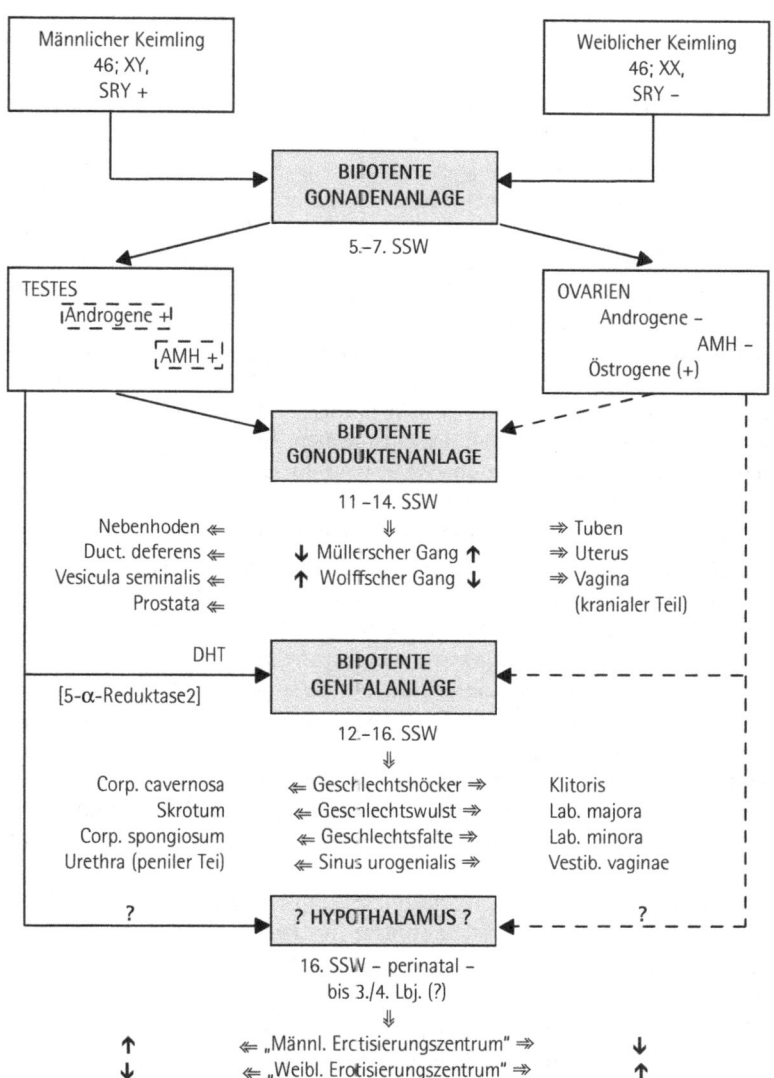

Abbildung 3: Schema der pränatalen somatosexuellen Differenzierung
SRY = Sex Determining Region des Y-Chromosoms
AMH = Anti-Müller-Hormon
SSW = Schwangerschaftswoche
- = Substanz fehlt od. ist inaktiv; + = Substanz ist vorhanden oder aktiv
↑ = Substrat entwickelt sich / wird differenziert
↓ = Substrat entwickelt sich nicht / geht unter
? = Ablauf hypothetisch

weise also *beim genetisch männlichen Keimling* mit einem Y-Chromosom – geht die weitere somatosexuelle Differenzierung in männliche Richtung.

(2) *Gonadale Differenzierungsebene*: Bis zur 5. Schwangerschaftswoche (SSW) ist die Keimdrüsenanlage sexuell undifferenziert. Unter dem Einfluss des SRY-Gens differenzieren sich danach aus dem Mark dieser Anlage Hoden, bei Fehlen von SRY differenziert sich vor allem die Rinde dieser – mithin „bipotenten" – Gonadenanlage zu Ovarien. Die weitere somatosexuelle Entwicklung steht nun unter der Ägide der Keimdrüsen bzw. der dort gebildeten Hormone: Beim *genetisch männlichen Keimling* produzieren die fetalen Hoden bereits ab der 9. SSW ganz erhebliche Mengen von Androgenen, zumal Testosteron, die bis zur 18. SSW bezogen auf die Größe des Keimlings den Werten erwachsener Männer entsprechen. In den Sertoli-Zellen wird das sog. Anti-Müller-Hormon (AMH) produziert (s. u.). Beim *genetisch weiblichen Keimling* produzieren die Ovarien hingegen in dieser Phase der Differenzierung kaum nennenswerte Hormonmengen.

(3) *Gonoduktale Differenzierungsebene*: Auch die Differenzierung der inneren Geschlechtsgänge nimmt ihren Ausgang von einer bipotenten Anlage. Diese besteht aus dem Wolffschen und aus dem Müllerschen Gang. Adäquat differenzierte Testes vorausgesetzt, verkümmert *beim männlichen Keimling* ab der 12. SSW unter dem Einfluss des testikulär gebildeten AMH der Müllersche Gang. Diese *Defeminisierung* wird ergänzt durch die testosteronabhängige *Maskulinisierung* des Wolffschen Gangs, aus dem sich Nebenhoden, Samenleiter, Bläschendrüse und Prostata entwickeln. Da beim *weiblichen Keimling* sowohl Testosteron als auch AMH fehlen, verkümmert der Wolffsche Gang (= *Demaskulinisierung*), der Müllersche Gang wird hingegen zu Eileiter, Gebärmutter und oberem Teil der Vagina differenziert (= *Feminisierung*). Dies scheint nach jetzigem Kenntnisstand ohne die Wirkung einer spezifischen Substanz vonstatten zu gehen.

(4) *Genitale Differenzierungsebene*: Die Differenzierung des äußeren Genitals, das zunächst bei der Geburt als das ausschlaggebende Merkmale der Geschlechtszugehörigkeit betrachtet wird (sog. „Hebammengeschlecht"), vollzieht sich im Anschluss an die bislang besprochenen Entwicklungsschritte: Auch hier findet sich wiederum eine bipotente Anlage mit Geschlechtshöcker, Geschlechtswulst, Geschlechtsfalte und Sinus urogenitalis. Bei *weiblichen Feten* kommt es ohne Wirkung weiterer Substanzen zur Differenzierung des äußeren Genitales. Allerdings kann dieser Prozess durch die pränatale Wirkung entweder krankheitsbedingt erhöhter Androgene (etwa beim AGS) oder iatrogen zugeführter androgenwirksamer Substanzen in maskuline Richtung mit teilweise ausgeprägter Genitalvirilisierung gedrängt werden. Die Entwick-

lung der äußeren Genitalanlage in *männliche* Richtung ist wiederum an mehrere Voraussetzungen (suffiziente testikuläre Testosteronproduktion, ausreichende Quantität und Qualität bestimmter Enzyme, ausreichende Quantität und Qualität von zellulären Androgen-Rezeptoren) gebunden.

Folgende vier Grundprinzipien werden sichtbar:

Das Prinzip der Bipotenz einer Anlage, die sich erst durch die determinierende Wirkung bestimmter Substanzen in männliche oder weibliche Richtung entwickelt.

Das Prinzip der Gegenläufigkeit: Dabei laufen parallel Prozesse der *Maskulinisierung und Defeminisierung* (üblicherweise beim genetisch männlichen Keimling) bzw. *Feminisierung und Demaskulinisierung* (üblicherweise beim genetisch weiblichen Keimling) ab. Gerade die sog. Intersex-Syndrome, d. h. Störungen der somatosexuellen Differenzierung, zeigen jedoch, dass diese Prozesse auch voneinander abgekoppelt werden können.

Das „Adam-Prinzip": Es bedarf stets größerer Aufwendungen für eine männliche somatosexuelle Entwicklung („You always have to *add* something to produce a male"), während die weibliche Entwicklung die primäre ist und ohne Zutun besonderer Substanzen (Gene, Enzyme, Hormone) abläuft. Biologisch betrachtet entspringt also Adam Evas Rippe.

Das Prinzip von Organisation und Aktivierung in sensiblen Phasen: Kleine Zeitfenster, in denen ansonsten u. U. marginale interne oder externe Faktoren via Gen- oder Hormonwirkung prä- / perinatal Strukturen und / oder Funktionen lebenslang *organisieren*, die erst im späteren Leben (zumeist postpuberal) durch andere Hormonwirkungen sowie durch Expression oder Repression spezifischer Gene *aktiviert* werden.

Die somatosexuelle Differenzierung führt zur Ausbildung *geschlechtsspezifischer Unterschiede*. Diese sind – im Unterschied zu den geschlechtstypischen Unterschieden – nach dem Entweder-Oder-Prinzip, also bipolar-dichotom verteilt. Im Normalfall ist die somatosexuelle Entwicklung nur als männlich oder weiblich möglich. Das bedeutet, dass – ebenfalls anders als bei geschlechtstypischen Unterschieden – auf chromosomaler, gonadaler, gonoduktaler oder genitaler Ebene der Geschlechtlichkeit die Untersuchung eines einzelnen Menschen seine Zuordnung als entweder weiblich oder männlich erlaubt. Übergänge kommen zwar vor, haben dann aber – als sog. Intersex-Syndrome – den Charakter einer Störung (sog. Disorders of Sex Development, DSD).

Zwar spielen für die somatosexuelle Entwicklung *geschlechtsspezifischer Unterschiede* auch peristatische Faktoren eine Rolle, im Wesentlichen ist sie jedoch biologisch determiniert. Anders stellt es sich bei der Entwicklung *geschlechtstypischer Unterschiede in Fühlen, Verhalten oder Wahrnehmung* dar: Zum Nachweis der Existenz *biologischer Prädispositionen* bedarf es hier der Prüfung folgender Fragen:

1. Besteht der geschlechtstypische Unterschied in gleicher Weise auch im Tierreich, insbesondere bei Säugetieren (Interspezies-Aspekt)?

2. Besteht der geschlechtstypische Unterschied in gleicher Weise in allen menschlichen Kulturen (Transkultureller Aspekt)?

3. Ist der geschlechtstypische Unterschied unabhängig oder zumindest nicht umkehrbar durch Sozialisationsbedingungen (Sozialisations-Aspekt)?

4. Gibt es beim Menschen Zusammenhänge zwischen einer – bezogen auf das biologische Geschlecht – *atypischen* Ausprägung bestimmter geschlechtstypischer Unterschiede (also etwa der sexuellen Orientierung) und biologischen Parametern, die auf eine gleichsinnige Ausrichtung der geschlechtstypisch verteilten Merkmale und damit auf eine gleichsinnige Abweichung der pränatalen somatosexuellen Differenzierung deuten? Gibt es umgekehrt Menschen mit bekannten Abweichungen der geschlechtsspezifischen somato-

sexuellen Differenzierung, die zugleich auch eine gleichermaßen atypische Ausprägung geschlechtstypisch verteilter Merkmale aufweisen? Unterscheiden sich diese Menschen in benennbaren genetischen Merkmalen, gibt es also Belege für eine erbliche Komponente der sexuellen Orientierung (Intraspecies-Aspekt)?

5. Die fakultative Frage, ob die Abweichung des jeweils in Rede stehenden geschlechtstypischen Merkmals eine evolutionär-adaptive Funktion hat (Evolutions-Aspekt), kann aus Platzgründen hier nicht ventiliert werden.[23]

Es dürfte in Anbetracht der langen Vorgeschichte von Ausgrenzung, Verdammung, Kriminalisierung und / oder Pathologisierung der Homosexualität nicht verwundern, dass seit über 100 Jahren eine Vielzahl von Forschern (an deren Anfang der deutsche Sexualmediziner Magnus Hirschfeld stand) sich mit der Prüfung dieser Fragen gerade in Bezug auf die sexuelle Orientierung beschäftigt haben. Die dabei erbrachten Befunde füllen mittlerweile Bibliotheken und können im Folgenden nur summarisch dargestellt werden[24].

Zu 1. Interspezies-Aspekt: Ganz zweifellos ist die überwiegende Mehrzahl männlicher Tiere sexuell auf Weibchen und die überwiegende Mehrzahl weiblicher Tiere sexuell auf Männchen fixiert. Wie jedoch in umfangreichen Übersichtsarbeiten[25] über-

---

[23] Siehe hierzu Hartmut A. G. Bosinski, Geschlechtlichkeit und Sexualität unter dem Aspekt der Biopsychosozialität des Menschen – Ein Versuch, in: Karl F. Wessel/Hartmut A. G. Bosinski (Hg.), Interdisziplinäre Aspekte der Geschlechterverhältnisse in einer sich wandelnden Zeit, Bielefeld 1992, 121–142.
[24] Für ausführliche Informationen siehe William Byne/Bruce Parsons, Human sexual orientation. The biological theories reappraised, in: Archives of General Psychiatry 50 (1993) 228–239; Glenn Wilson/Qazi Rahman, Born Gay. The Psychobiology of sex orientation, London 2005; Simon LeVay, Gay, straight, and the reason why, Oxford 2011.
[25] Vgl. Bruce Bagemihl, Biological exuberance: Animal homosexuality and na-

zeugend gezeigt werden konnte, ist gleichgeschlechtliche Paarbildung mit Sexualkontakten im Tierreich durchaus keine Rarität. Zumeist handelt es sich dabei um – durchaus länger-, ja sogar lebenslangwährende – „Zweckgemeinschaften", etwa unter rangniederen Männchen, die keinen Zugang zu Weibchen haben und sich durch ihre Paarbildung Ressourcen gegen stärkere Artgenossen eröffnen. Bei Primaten finden sich daneben gehäuft homosexuelle Kontakte zwischen Weibchen bzw. zwischen Männchen zur Reduktion von Gruppenspannung und Aggressionen (Zwergschimpansen) oder – teilweise sogar präferentiell – zwischen Weibchen, da dies höhere Gratifikation und Statusgewinn ermöglicht (bestimmte Makaken-Gruppen). *Lebenslang* präferentielle Wahl gleichgeschlechtlicher Sexualpartner ist bei Schafböcken beschrieben[26]. Sieben bis zehn Prozent von ihnen verschmähen brünftige Weibchen und paaren sich nur mit anderen Schafböcken – ein Phänomen, das auch deshalb so ausgiebig untersucht wurde (s. u.), weil es ein tatsächliches Problem für die Züchter darstellt, da diese Böcke für die Zucht ausfallen.

Fazit: Diese Befunde der Tierverhaltensforschung führen die Bezeichnung der Homosexualität als „widernatürliche Unzucht" ad absurdum. Wer mit „widernatürlich" nur auf die reproduktive Funktion von Sexualität abzielt, für den wäre freilich auch das beschriebene Verhalten von Tieren als widernatürlich zu bezeichnen.

Zu 2. Transkultureller Aspekt: Auch wenn es in Anbetracht der Tatsache, dass „Homosexualität" und erst recht „sexuelle Orientierung" in ihrer Bandbreite als begriffliche Entitäten erst sehr jungen Datums sind und gleichgeschlechtliche Sexualität und

---

tural diversity, New York 1999; Volker Sommer/Paul L. Vasey, Homosexual Behaviour in Animals: An Evolutionary Perspective, Cambridge 2006.
[26] Vgl. Chuck Roselli/Radhika C. Reddy/Katherine R. Kaufman, The development of male-oriented behavior in rams, in: Frontiers in Neuroendocrinology 32/2 (2011) 164–169.

Partnerwahl jahrhundertelang zu allermeist der Pönalisierung unterlagen[27], schwierig ist, deren Existenz in vergangenen Kulturen empirisch zu belegen, so sind doch die Berichte über zumal mann-männliche Liebe, Partnerschaft und Sexualität in antiken Schriften Legion. Frau-frauliche Liebe und Sexualität war hingegen aufgrund der inferioren Rolle, die Frauen zu diesen Zeiten in allen Bereichen, auch in der – ihnen oft sogar abgesprochenen – Sexualität, zugewiesen wurde, so gut wie kein Thema näherer Erörterungen. Neuzeitliche transkulturelle Erhebungen unter Einbeziehung außereuropäischer Kulturen zeigen, dass neben der überwiegenden heterosexuellen auch homosexuelle Partnerwahl in allen Kulturen bekannt ist: Milton Diamond[28] beschrieb für die Phillipinen, dass sich dort rund 2 % der Männer und 0,7 % der Frauen als homosexuell bezeichnen, in Thailand zeigen 0,2 % der Männer und 0,9 % der Frauen lebenslanges homosexuelles Verhalten, in China berichteten 7,6 % aller Probanden beider Geschlechter über homosexuelle Erfahrungen oder Attraktion, rund 2 % bezeichneten sich selbst als homosexuell. Besonders aussagekräftig sind die im Standard Cross-Cultural Sample und in den Human Relationship Area Files (HRAF) enthaltenen Angaben über Verhaltensweisen, Normen und Werte in insgesamt 200 (auch rezent neolithischen) Kulturen weltweit. Broude und Green[29] haben diese immense Datenbasis, die von Ethnologen und Anthropologen über Jahrzehnte zusammengetragen wurde, unter dem Aspekt der Einstellungen zu und Häufigkeiten von Homosexualität ausgewertet (wobei einschränkend angemerkt werden

---

[27] Siehe Gisela Bleibtreu-Ehrenberg, Homosexualität. Die Geschichte eines Vorurteils, Frankfurt a. M. 1981.
[28] Vgl. Milton Diamond, Homosexuality and bisexuality in different populations, in: Arch Sex Behav 22/4 (1993) 291–310.
[29] Vgl. Gwen Broude/Sarah J. Green, Crosscultural codes on twenty sexual attitudes and practices, in: Ethnology 15 (1976) 409–428.

muss, dass in den Ausgangsdaten nicht zwischen „Verhalten" und „Attraktion" unterschieden wurde und sich die Angaben mutmaßlich ausschließlich auf Männer beziehen). Zum Item *Einstellungen zur Homosexualität* fanden sich Angaben über 42 Kulturen (= 21 % von 200), zum Item *Häufigkeit von Homosexualität* über 70 Kulturen (= 35 %). Die Tabellen 2 a und b zeigen die entsprechenden Ergebnisse.

Tabelle 2a: Einstellungen zur Homosexualität in 42 (von 200) Kulturen (nach Broude/Green 1976).

Item: „Homosexualität wird ..."	Anzahl der Kulturen	%
Akzeptiert, ignoriert	9	21,4
Verspottet, aber nicht bestraft	6	14,3
Missbilligt, unerwünscht, aber nicht bestraft	5	11,9
Stark missbilligt und bestraft	17	40,9
Kein Konzept von Homosexualität	5	11,9
Σ	42	100,0

Tabelle 2b: Angaben zur Häufigkeit von Homosexualität in 70 (von 200) Kulturen (nach Broude/Green 1976).

Item: „Homosexualität ist ..."	Anzahl der Kulturen	%
Nicht vorhanden oder sehr selten	41	58,6
Vorhanden, nicht ungewöhnlich	29	41,4
Σ	70	100,0

Von den 41 Kulturen, in denen Homosexualität *nicht vorhanden / sehr selten* sein soll:
− akzeptieren oder ignorieren Homosexualität: 1 Kultur
− haben kein Konzept von Homosexualität: 5 Kulturen
− verspotten Homosexualität, aber bestrafen sie nicht: 3 Kulturen

- lehnen Homosexualität ab und betrachten sie als unerwünscht, ohne sie zu bestrafen: 2 Kulturen
- verurteilen und bestrafen Homosexualität: 9 Kulturen
- weisen keine Kodierung für „Einstellungen zu Homosexualität" auf: 21 Kulturen

Von den 29 Kulturen, in denen Homosexualität *vorhanden / nicht ungewöhnlich* sein soll:
- akzeptieren oder ignorieren Homosexualität: 8 Kulturen
- verspotten Homosexualität, aber bestrafen sie nicht: 3 Kulturen
- lehnen Homosexualität ab und betrachten sie als unerwünscht, ohne sie zu bestrafen: 2 Kulturen
- verurteilen und bestrafen Homosexualität: 6 Kulturen
- weisen keine Kodierung für *Einstellungen zur Homosexualität* auf: 10 Kulturen
- Keine der Kulturen, in den Homosexualität *vorhanden / nicht ungewöhnlich* sein soll, hat *kein Konzept für Homosexualität*

Das Auftreten bzw. die ethnographische Beschreibung von „Homosexualität" (was immer damit gemeint ist) ist also umgekehrt proportional zur (milden oder rigiden) Ablehnung von Homosexualität bzw. zum Mangel an Informationen über Einstellungen zur Homosexualität.

Bräuche ritualisierter mann-männlicher Sexualität zwischen älteren und angehenden Kriegern finden sich in melanesischen Kulturen[30], wobei der „Samentransfer" via Fellatio oder Analverkehr der Mann- und Kriegerwerdung dienen soll, weshalb derartige Handlungen nicht als dem sexuellen Lustgewinn des Einzelnen, sondern der Stärkung der Stammesgemeinschaft

---

[30] Vgl. Gilbert Herdt, Guardians of the flute, Chicago ²1994; ders., Same sex, different cultures. Gays and lesbians across cultures, Boulder 1997.

dienend und damit verpflichtend sind. Mann-männliche Paarbildungen im Sinne eines „Lehrer-Schüler"-Verhältnisses mit auch sexuellen Kontakten finden sich auch in anderen kriegerischen Kulturen, etwa den Samurais in Japan, den Siwans in Lybien und den Azande in der Subsahara. Aus historischer Perspektive ließen sich hier die aus der griechischen Antike beschriebenen auch sexuellen Lehrer-Schüler-Beziehungen einordnen, die sich ausschließlich auf pädagogische Beziehungen zwischen erwachsenen Männern und freien, zur Ausbildung anvertrauten Knaben bezog – gleichgeschlechtliche Sexualkontakte zwischen erwachsenen Männern waren Tabu.

Fazit: Homosexuelle Attraktion und homosexuelles Verhalten gab und gibt es in allen Kulturen. Oft hatten sie Funktionen in Rites du passage. Die Entwicklung einer homo-, bi- oder heterosexuellen Orientierung wird durch soziale Normen weder verhindert noch befördert, wohl aber wird das Ausleben dieser Orientierung und die Etablierung einer entsprechenden (lesbischen, schwulen, bisexuellen) Identität durch die jeweiligen sozialen Normen erheblich beeinflusst.

Zu 3. Sozialisations-Aspekt: Eine Vielzahl von Studien hat vergeblich nach typischen Familienkonstellationen, Erziehungsmustern oder Entwicklungserfahrungen gesucht, denen homosexuell orientierte Menschen im Unterschied zu heterosexuell orientierten ausgesetzt gewesen seien. Die in dieser Hinsicht umfangreichste und methodisch anspruchsvollste Untersuchung stammt von Alan Bell und Mitarbeitern[31]. Die Autoren befragten in den siebziger Jahren in den USA 676 homosexuelle Männer und 292 homosexuelle Frauen sowie 337 heterosexuelle Männer und 140 heterosexuelle Frauen ausführlich zu ihrer

---

[31] Vgl. Alan Bell/Martin S. Weinberg/Sue Kiefer Hammersmith, Sexual preference: Its development in men and women, New York 1981.

Kindheit und Adoleszenz, zu Eltern-, Geschwister- und Familiensituation, Verhältnis zu Vater und Mutter, sozioökonomischen, religiösen, emotionalen Bedingungen etc. Die Daten wurden einem aufwändigen statistischen (pfadanalytischen) Modell unterworfen, das die einschlägigen psychogenetischen Theorien über die Entstehung sexueller Orientierung testete. Die Autoren – Soziologen und Psychologen – fanden in den retrospektiven Angaben kein Muster, das Aussagen über „typische" Sozialisationsbedingungen homosexueller Männer und Frauen erlauben würde. Sie kamen selbst zu dem Ergebnis, dass die Einbeziehung eines biologischen Erklärungsansatzes ihren Daten nicht nur nicht widersprechen, sondern diese möglicherweise plausibler machen könnten.

Umgekehrt werden in den oben beschriebenen Südsee-Kulturen, in denen es regelhaft zu sexuellen Handlungen zwischen älteren Kriegern und jungen Männern kommt, Fälle von ausschließlich homosexueller Attraktion höchst selten berichtet[32]. Auch in eingeschlechtlichen Unterbringungen (Internate, reinen Jungen- bzw. Mädchenschulen etc.) Aufgewachsene, die häufig mangels anderer Möglichkeiten der sexuellen Erfahrungsammlung zunächst gleichgeschlechtliche Sexualkontakte erleben, werden nicht überdurchschnittlich häufiger homosexuell (ansonsten wäre Homosexualität in früheren Zeiten um ein Vielfaches höher gewesen als heute, wofür es keinerlei Belege gibt). Nachuntersuchungen von Opfern gleichgeschlechtlicher sexueller Übergriffe im Kindes- oder Jugendalter erbrachten keine Belege für eine überdurchschnittliche Häufung einer späteren homosexuellen Orientierung bei den Betroffenen[33]. Aller-

---

[32] Dass es solche Fälle aber gleichwohl gibt, zeigen die Untersuchungen von Broude/Green, Crosscultural codes, 409–428.
[33] Siehe z. B. Joseph H. Beitchmar./Kenneth J. Zucker/Jane E. Hood u. a., A review of the long-term effects of child sexual abuse, in: Child Abuse & Neglect 16 (1992) 101–118.

dings berichten umgekehrt homosexuelle Männer und Frauen überdurchschnittlich häufig über peripubertäre sexuelle Erfahrungen mit älteren Angehörigen des eigenen Geschlechts. Dabei ist jedoch zu bedenken, dass postpuberal homosexuell orientierte Personen retrospektiv berichten, dass sie bereits vor der Pubertät zwar nicht explizit sexuelle, wohl aber schwärmerisch-erotische Besetzungen für Angehörige des eigenen Geschlechts empfunden haben, ganz genauso wie später heterosexuell Orientierte dies für Personen des Gegengeschlechts beschreiben.

An dieser Stelle sei ausdrücklich darauf hingewiesen, dass Pädophilie (also die sexuelle Orientierung auf präpubertäre Kinder) und Homosexualität genauso viel oder wenig miteinander zu tun haben wie Pädophilie und Heterosexualität: Der primäre Reiz für den Pädophilen ist die Unreife des Kindes, nicht sein Geschlecht. Im Falle einer Homopädophilie ist – nach dem präpubertären Knaben – das präpubertäre Mädchen (und nicht der adulte Mann), im Falle der Heteropädophilie ist – nach dem präpubertären Mädchen – der präpubertäre Knabe (und nicht die reife Frau) der stärkste Sexualreiz.

Fazit: Eine Fülle von Untersuchungen hat gezeigt, dass es weder für die Entwicklung zur Heterosexualität noch zur Homosexualität spezifische Sozialisationsbedingungen gibt. Man kann zwar zu homo- oder heterosexuellen Handlungen erzogen, gezwungen oder verführt werden, aber nicht zu einer homosexuellen oder heterosexuellen Orientierung.

Zu 4. Intraspecies-Aspekt: Empirische Untersuchungen zur Ausprägung anderer (somatischer oder psychischer) geschlechtstypischer Unterschiede bei Homosexuellen im Vergleich zu Heterosexuellen füllen mittlerweile Bibliotheken, sie können hier aus Raumgründen nur summarisch dargestellt werden. Es bietet sich ein gemischtes Bild. Bei exklusiv homosexuell orientierten Menschen weist die Verteilung des *Aggressionsverhaltens* in der Kindheit (nicht im Erwachsenenalter!) und der *räumlichen Orientierung* (im Erwachsenenalter) im Geschlechtervergleich mit exklusiv heterosexuell Orientierten ein geschlechtsatypisches Muster auf, d. h. die Verteilung dieser beiden Parameter bei homosexuellen Männern ähnelt eher jenem bei heterosexuellen Frauen, diejenige bei homosexuellen Frauen eher jenem bei heterosexuellen Männern. Die (deutlich seltener untersuchte) *feinmotorische Koordination* und die *Sprachflüssigkeit* zeigt eine intermediäre Stellung von zumal homosexuellen Männern im Geschlechtergruppenvergleich. Hinsichtlich des *Interesses an sexuellen Gelegenheitskontakten* gehören Homosexuelle hingegen zur typischen Verteilung ihrer Geschlechtergruppe: Heterosexuelle und homosexuelle Männer haben ein hohes Interesse an solchen Kontakten, hetero- und homosexuelle Frauen ein eher niedriges. Dies ist dann auch eine Erklärung dafür, dass homosexuelle Männer im Lebenslängsschnitt über durchschnittlich mehr Sexualpartner berichten als heterosexuelle Männer: Ihr (männliches) höheres Interesse an Gelegenheitssex stößt auf ein ebensolches bei ihren männlichen Partnern, während das – ebenso hohe – diesbezügliche Interesse der heterosexuellen Männer am deutlich geringeren Interesse der Frauen an unverbindlichen Sexualkontakten scheitert. Könnten die heterosexuellen Männer, wie sie wollten, würden sie ähnlich hohe Partnerinnenzahlen aufweisen wie ihre homosexuellen Geschlechtsgenossen Partnerzahlen. Hinzu kommt, dass die hohe Partnermobilität nicht ein Phänomen aller homosexuellen Männer ist, sondern durch ein kleine „High-End-Gruppe" zustande kommt – wenn beispielsweise nur 1 % aller homosexuellen Männer pro Jahr über 100 Sexualpartner haben, so erhöht sich logischerweise die *durchschnittliche* Partnerzahl der Gesamtgruppe homosexueller Männer. Darüber hinaus gibt es aber auch Hinweise darauf, dass Tabuisierung und Ausgrenzung homosexuellen Verhaltens ein Ausweichen in den anonymen „Untergrund" forcieren. Mit anderen Worten: Die schwulen Besucher von Dark-Rooms oder „Klappen" sind für die homosexuellen Männer genauso viel oder wenig repräsentativ wie die männlichen Besucher von Eros-Zentren, Table-Dance-Bars oder mallorquinischen Ballermann-Kneipen für die Gesamtheit der heterosexuellen Männer.

Für das Verständnis der Entwicklung der sexuellen Orientierung ist nun bemerkenswert, dass diejenigen geschlechtstypisch verteilten Parameter, in denen homosexuell orientierte Menschen am stärksten dem Verteilungsmuster ihres biologischen Gegengeschlechts entsprechen, also Aggressionsverhalten in der Kindheit und räumliche Orientierung, diejenigen psychischen Merkmale sind, die nachweislich in entscheidendem Maße von der *Wirkung pränataler Androgene* beeinflusst werden: Im Tierversuch[34] führt in entsprechend sensiblen Phasen eine u. U. nur kurzzeitige prä- / perinatale Behandlung weiblicher Feten mit Testosteron zu einer deutlichen und dauerhaften Erhöhung des postnatalen aggressiven Verhaltens (sog. play-fighting behavior) und zu einer deutlichen Verbesserung der räumlichen Orientierung (im Labyrinthversuch) bei den Weibchen (die unbehandelt ebenso wie Frauen in diesen beiden Domänen eine geringere Ausprägung aufweisen). Eine prä- / perinatale Erniedrigung des Testosteronspiegels männlicher Feten führt hingegen zu einer dauerhaften Reduktion des play-fighting-behaviors und der Orientierung im Labyrinth bei Männchen. Zugleich zeigen die derart behandelten Tiere auch eine Inversion des sexuellen Paarungsverhaltens: Die androgenisierten Weibchen bespringen dann nach ihrer Pubertät andere Weibchen, die de-androgenisierten Männchen präsentieren sich anderen Männchen in einer Kopulationspose, die typisch für Weibchen ist.

---

[34] Vgl. im Überblick Elizabeth Adkins-Reagan, Sex hormones and sexual orientation in animals, in: Psychobiology 16 (1988) 335–347.

Die Fülle dieser Befunde war Anlass zur Entwicklung des sog. *Modells der pränatalen Gehirnandrogenisierung*[35]. Es geht davon aus, dass das Gehirn nach der Gonadendifferenzierung in Abhängigkeit von den pränatalen Androgenspiegeln in sensiblen Phasen partiell geschlechtstypisch *organisiert* wird: Bei vorgeburtlich (möglicherweise nur kurzzeitig) hohem Androgen und ansprechbaren Rezeptoren (also normalerweise beim männlichen Geschlecht) kommt es zu Maskulinisierung und Defeminisierung bestimmter Gehirnstrukturen, unter anderem im Hypothalamus (INAH3). Postnatal / postpuberal kommt es dann zu einer *Aktivierung* dieser zerebralen Strukturen, was zu geschlechtstypisch männlichen Verhaltensweisen und kognitiven Leistungen führt. Bei niedrigen Androgenspiegeln (also normalerweise beim weiblichen Geschlecht) bzw. fehlenden / unansprechbaren Androgenrezeptoren kommt es zur partiellen Demaskulinisierung / Feminisierung bestimmter Hirnstrukturen und -funktionen und entsprechend zu einer eher femininen Ausprägung kognitiver, emotionaler und behavioraler Merkmale.

Hierzu passen nicht nur die o. g. tierexperimentellen Befunde, sondern auch der Umstand, dass im Hypothalamus der solcherart pränatal behandelten Tiere eine Struktur, die dem oben beschriebenen INAH3 des menschlichen Hypothalamus entspricht (der sog. SDN-MPOA), sich morphologisch wie beim Gegengeschlecht darstellt, d. h. bei pränatal androgenisierten Weibchen so klein ist wie bei unbehandelten Männchen und bei pränatal de-androgenisierten Männchen so groß ist wie bei unbehandelten Weibchen. Mehr noch: Dieses hypothalamische Kerngebiet ist bei den sich ohne Hormonbehandlung

---

[35] Vgl. im Überblick Matsumoto, Sexual differentiation; Hines, Brain Gender; LeVay, Gay, straight.

spontan „homosexuell" verhaltenden Schafböcken in Größe und Form weiblich strukturiert[36].

Neben der gleichsinnigen Ausrichtung vieler geschlechtsatypischer Verteilungen (in Aggressionsverhalten, räumlicher Orientierung, Sprachflüssigkeit, Feinmotorik) bei Homosexuellen sprechen weitere Belege für die Gültigkeit des Androgenisierungsmodells beim Menschen:

1. Frauen mit dem sog. Adrenogenitalen Syndrom (AGS), die aufgrund einer erblichen Störung der Nebennierenrindentätigkeit im Mutterleib deutlich erhöhten Androgenspiegeln ausgesetzt waren (welche sich nach der Geburt durch Medikamente normalisieren lassen) haben eine eher maskuline 2D:4D-Ratio ($< 1,0$)[37], zeigen ein maskulines Muster (erniedrigter) spontaner OAEs-Produktionen[38] und weisen in der Kindheit ein deutlich erhöhtes Maß an jungenhaftem Verhalten, insbesondere an Rauf- und Tobespielen und bessere (eher zur männlichen Verteilung gehörende) Leistungen in der räumlichen Orientierung[39] auf. Darüber hinaus zeigen sie im Vergleich zu Frauen ohne AGS eine erhöhte Rate bi- und homosexueller Orientierung, deren Ausprägung ebenfalls von der Höhe der pränatalen Androgenwirkung

---

[36] Vgl. Roselli u. a., Male-oriented behavior in rams, 164–169.
[37] Vgl. M.P. Rivas/L.M.A. Moreira/L.D.E. Santo u. a., New studies of second and fourth digit ratio as a morphogenetic trait in subjects with congenital adrenal hyperplasia, in: American Journal of Human Biology 26/4 (2014) 559–561.
[38] Vgl. Amy B. Wisniewski/Blas Espinoza-Varas/Christopher E. Aston u. a., Otoacoustic emissions, auditory evoked potentials and self-reported gender in people affected by disorders of sex development (DSD), in: Hormones and Behavior 66/3 (2014) 467–474.
[39] Vgl. Sheri A. Berenbaum/Melissa Hines, Early androgens are related to childhood sex-typed toy preferences, in: Psychological Science 3 (1992) 203–206; Sheri A. Berenbaum, Cognitive function in congenital adrenal hyperplasia (CAH), in: Endocrinology and Metabolism Clinics of North America 30 (2001) 173–192; Melissa Hines/Briony A. Fane/Vickie L. Pasterski u. a., Spatial abilities following prenatal androgen abnormality: targeting and mental rotations performance in individuals with congenital adrenal hyperplasia, in: Psychoneuroendocrinology 28/8 (2003) 1010–1026; J. Michael Bailey/Kathleen T. Bechtold/Sheri A. Berenbaum, Who are tomboys and why should we study them?, in: Arch Sex Behav 31/4 (2002) 333–341.

abhängt[40]. Umgekehrt haben genetisch männliche Individuen, bei denen es vorgeburtlich zu einem rezeptorbedingten Mangel an Androgenwirkung kam (sog. Androgenresistenz-Syndrom – AIS) eine feminine 2D:4D-Ratio (= 1,0)[41], ein feminisiertes (also erhöhtes) Muster der OAE-Produktion[42], ein mädchentypisches Spielverhalten mit niedrigen Raten von Aggressionsverhalten, eine schlechtere (ebenfalls mädchentypische) räumliche Orientierung und eine androphile, mithin auf ihr genetisches Geschlecht bezogene homosexuelle Orientierung[43].

2. Männer und Frauen mit homosexueller Orientierung haben (neben anderen geschlechtsatypisch verteilten sexualdimorphen Körperproportionen) tendenziell eine geschlechtsatypische 2D:4D-Ratio, d. h. lesbische Frauen durchschnittlich einen Wert < 1,0, schwule Männer durchschnittlich einen Wert um 1,0.[44]

3. Frauen mit homosexueller Orientierung weisen ein eher dem männlichen Geschlecht entsprechendes Muster ihrer otoakustischen Emissionen auf (während homosexuelle Männer kein eindeutig von heterosexuellen Männern abweichendes Muster zeigen)[45].

4. Der hypothalamische INAH3 homosexueller Männer entspricht in seiner Struktur dem von heterosexuellen Frauen (ist also größer als der heterosexueller Männer)[46]. Bei lesbischen Frauen fanden wir in eigenen

---

[40] Vgl. Heino F. Meyer-Bahlburg/Curtis Dolezal/Susan W. Baker u. a., Sexual orientation in women with classical or non-classical congenital adrenal hyperplasia as a function of degree of prenatal androgen excess, in: Arch Sex Behav 37/1 (2008) 85–99.

[41] Vgl. Sheri A. Berenbaum/Kristina Korman Bryk/Nicole Nowak u. a., Fingers as a marker of prenatal androgen exposure, in: Endocrinology 150/11 (2009) 5119–5124.

[42] Vgl. Wisniewski, Otoacoustic emissions, 467–474.

[43] Vgl. im Überblick Hartmut A. G. Bosinski, Psychosexuelle Probleme bei Intersex-Syndromen, in: Sexuologie 12 (2005) 31–59.

[44] Vgl. Teresa Grimbos/Khytam Dawood/Robert P. Burriss u. a., Sexual orientation and the second to fourth finger length ratio: a meta-analysis in men and women, in: Behavioral Neuroscience 124/2 (2010) 278–287.

[45] Vgl. Dennis McFadden, Sexual orientation and the auditory system, in: Frontiers in Neuroendocrinology 32/2 (2011) 201–213.

[46] Vgl. LeVay, Difference in hypothalamic structure, 1034–1037; William Byne/Stuart Tobet/Linda A. Mattiace, u. a., The interstitial nuclei of the hu-

Untersuchungen in bestimmten Hirnregionen eine eher dem männlichen Geschlecht entsprechende Dichte der grauen Substanz[47].

5. Das Gehirn homosexueller Männer und Frauen reagiert wie das der Angehörigen des Gegengeschlechts auf visuelle[48] und olfaktorische Stimuli[49].

6. Zur Klärung der Frage, ob es eine genetische Basis für die androphile oder gynäphile sexuelle Orientierung gibt, wurde eine Vielzahl von Untersuchungen zum familiären Auftreten von Homosexualität, insbesondere bei genetisch weitgehend identischen eineiigen und bei genetisch sich wie andere Geschwister unterscheidenden zweieiigen Zwillingen durchgeführt[50]. Die Daten erlaubten aufgrund des Einsatzes komplexer

---

man anterior hypothalamus: An investigation of variation with sex, sexual orientation, and HIV status, in: Hormones and Behavior 40 (2001) 86–92.

[47] Vgl. Jorge Ponseti/Hartwig R. Siebner/Hartmut A. G. Bosinski u. a., Homosexual women have less grey matter in perirhinal cortex than heterosexual women, in: PLoS ONE 2/8 (2007) e762.

[48] Vgl. Jorge Ponseti/Oliver Granert/Olav Jansen u. a., Assessment of sexual orientation using the hemodynamic brain response to visual sexual stimuli, in: The Journal of Sexual Medicine 6/6 (2009) 1628–1634; Ponseti u. a., Functional endophenotype, 825–833.

[49] Vgl. Ivanka Savic/Hans Berglund/Per Lindstrom, Brain response to putative pheromones in homosexual men, in: Proceedings of the National Academy of Sciences USA 102/20 (2005) 7356–7361; Hans Berglund/Per Lindstrom/Ivanka Savic, Brain response to putative pheromones in lesbian women, in: Proc Natl Acad Sci USA 103/21 (2006) 8269–8274.

[50] Vgl. im Überblick Geoff Puterbaugh (Hg.), Twins and homosexuality. A casebook, New York 1990; danach vgl. Frederick L. Whitam/Milton Diamond/James Martin, Homosexual orientation in twins: a report on 61 pairs and three triplet sets, in: Arch Sex Behav 22/3 (1993) 187–206; J. Michael Bailey/Michael P. Dunne, Genetic and environmental influences on sexual orientation and its correlates in an Australian twin sample, in: J Pers Soc Psychol 78/3 (2000) 524–536; Kenneth S. Kendler/Laura M. Thornton/Stephen E. Gilman u. a., Sexual orientation in a U.S. national sample of twin and nontwin sibling pairs, in: The American Journal of Psychiatry 157/11 (2000) 1843–1846; Katarina Alanko/Pekka Santtila/Nicole Harlaar u. a., Common Genetic Effects of Gender Atypical Behavior in Childhood and Sexual Orientation in Adulthood: A study of Finnish Twins, in: Arch Sex Behav 39/1 (2010) 81–92; Niklas Langstrom/Qazi Rahman/Eva Carlstrom, u. a., Genetic and environmental effects on same-sex sexual behavior: a population study of twins in Sweden, in: Arch Sex Behav 39/1 (2010) 75–80; Andrea Burri/Tim Spector/Qazi Rahman, Common Gene-

statistischer Methoden die Annahme eines umweltunabhängigen Erblichkeitsfaktors von 30 bis 50 %. Die Untersuchung getrennt aufgewachsener eineiiger Zwillinge hinsichtlich der Übereinstimmung einer homosexuellen Orientierung, die der „Goldstandard" des Belegs einer erblichen Basis ist, stößt angesichts der statistischen Seltenheit beider interessierenden Faktoren (Auffinden getrennt aufwachgewachsener eineeiiger Zwillinge, von denen wenigstens einer homosexuell ist) nachvollziehbar auf Schwierigkeiten. Hierzu liegt nur eine Untersuchung vor[51], die bei fünf von sechs männlichen Zwillingspärchen eine entsprechende Übereinstimmung fand.

7. Auf der Suche nach der unzweifelhaft vorhandenen genetischen Basis wurden mittlerweile verschiedene Kandidatengene ausgemacht[52], die einerseits belegen, dass nicht ein einzelnes Gen, sondern mutmaßlich mehrere auf verschiedenen Chromosomen gelegene Gene zur Entwicklung einer homosexuellen Orientierung beitragen und dass es Hinweise auf eine Vererbung über die mütterliche Abstammungslinie gibt.

8. In umfangreichen meta-analytischen Untersuchungen mit tausenden Probanden in verschiedenen Weltregionen[53] wurde gefunden, dass homosexuelle Männer durchschnittlich mehr ältere Brüder als nicht-homosexuelle Männer haben, während es hinsichtlich der Schwesternzahl oder auch der Zahl jüngerer Brüder keinen Unterschied gibt: Rein statistisch betrachtet lässt sich bei ca. jedem siebten homosexuellen Mann dessen Homosexualität durch die Existenz älterer Brüder erklären und jeder ältere Bruder erhöht die Wahrscheinlichkeit, dass ein Mann homosexuell wird, um ca. 33 %[54]. Dieser sog. *Fraternal Birth Order Effect*

---

tic Factors among Sexual Orientation, Gender Nonconformity, and Number of Sex Partners in Female Twins: Implications of the Evolution of Homosexuality, in: Journal of Sexual Medicine 12/4 (2015) 1004–1011.

[51] Vgl. Elke D. Eckert/Thomas J. Bouchard/Joseph Bohlen u. a., Homosexuality in monozygotic twins reared apart, in: The British Journal of Psychiatry 148 (1986) 421–425.

[52] Vgl. im Überblick LeVay, Gay, straight.

[53] Im Überblick Ray Blanchard/Doug P. VanderLaan, Commentary on Kishida and Rahman (2015), Including a Meta-analysis of Relevant Studies on Fraternal Birth Order and Sexual Orientation in Men, in: Arch Sex Behav 44/5 (2015) 1503–1509.

[54] Vgl. James M. Cantor/Ray Blanchard/Andrew D. Paterson u. a., How many gay men owe their sexual orientation to fraternal birth order?, in: Arch Sex Behav 31/1 (2002) 63–71.

(FBOE), der sich nicht bei lesbischen Frauen findet, kann nicht durch psychosoziale Faktoren (etwa Erziehungspraktiken o. ä.) erklärt werden, da er sich nur bei leiblichen Brüdern mit derselben Mutter, nicht aber bei väterlichen Stiefbrüdern oder Adoptivbrüdern nachweisen lässt[55]. Es wird diskutiert, dass jede Schwangerschaft mit einem männlichen Feten (der sich genetisch ja von der Mutter unterscheidet) das mütterliche Immunsystem stärker aktiviert, sodass es durch noch unklare maternale Faktoren zu einer intrauterinen Minderung der Ansprechbarkeit der Androgenrezeptoren bei einigen männlichen Keimlingen kommt[56].

Fazit: Eine Vielzahl von Forschungsergebnissen belegt, dass die homosexuelle Orientierung, ebenso wie einige andere geschlechtsatypisch verteilte Unterschiede in physischen oder psychischen Parametern, mit denen eine teilweise hohe Kohärenz besteht, pränatal durch (im Falle homosexueller Männer) atypisch niedrige oder (im Falle homosexueller Frauen) eine atypisch hohe Androgenwirkung auf das sich entwickelnde Gehirn biologisch prädisponiert wird. Die Ursachen für diese geschlechtsatypische Androgenwirkung können genetischer oder epigenetischer Natur sein (d. h. erblich oder durch die Wirkung peristatischer Faktoren auf die Genexpression im Mutterleib). Des Weiteren wurde aber auch deutlich, dass es keinen unilinearen Zusammenhang zwischen diesen biologischen Prädispositionen (genetische Ausstattung, Androgenwirkung etc.) und Ausprägung der sexuellen Orientierung gibt – sonst wären beispielsweise alle eineiigen Zwillingspärchen konkordant in ihrer sexuellen Orientierung oder alle Frauen mit AGS gynäphil (also homo- oder bisexuell).

---

[55] Vgl. Anthony F. Bogaert, Biological versus nonbiological older brothers and men's sexual orientation, in: Proceedings of the National Academy of Science USA 103/28 (2006) 10771–10774.

[56] Vgl. Ray Blanchard, Fraternal Birth Order and the Maternal Immune Hypothesis of Male Homosexuality, in: Hormones and Behavior 40/2 (2001) 105–114.

4. Zusammenfassung

An der Existenz einer biologischen Prädisposition der sexuellen Orientierung – sei sie nun heterosexuell oder homosexuell – kann nach allen Befunden kein vernünftiger Zweifel bestehen. Diese Prädispositionen sind ein Möglichkeitsfeld – was nicht darin enthalten ist, kann sich auch nicht entwickeln. Umgekehrt bedürfen diese Prädispositionen aber auch „ermöglichender" Faktoren in der Umwelt des sich entwickelnden Individuums. Beides sind einander nicht ausschließende, sondern vielmehr notwendig ergänzende, ja, bedingende Mechanismen. So beeinflusst das Kind von Anfang an durch sein So-Sein und -Handeln, seine Vigilanz, seine Expressibilität, seine Temperamenttönung usw., die zunächst weitgehend den angesprochenen Prädispositionen folgen, die Reaktion und Verhaltensweisen der Eltern. Diese wiederum sind in erheblichem Maße durch die Erwartungen darüber, wie ein Junge / ein Mädchen sich zu verhalten habe, damit aber sehr stark von kulturellen Geschlechtsrollenerwartungen, geprägt. Zerebrale biologische Prädispositionen wirken wie eine Art Raster zur Wirklichkeitserfassung, welches sich durch die Assimilation von Realität im Prozess der Ontogenese selbst wiederum verändert. Das Kind organisiert so seine Umwelt und wird zugleich von ihr organisiert. Diese Interaktion von biologischen Prädispositionen, soziokulturellen Erwartungen, Normen, Reaktionen etc. und deren Umsetzung in psychischen Prozessen läuft über das sich entwickelnde Gehirn, das sich bis nach der Pubertät unter dem Einfluss des Wechselspiels von Umwelt, Genen und Hormonen geschlechtstypisch differenziert und insofern die „Schaltstelle" zwischen pränatal geschlechtsspezifischen Differenzierungsvorgängen und sich postnatal geschlechtstypisch ausprägenden psychischen (kognitiven, emotionalen und behavioralen) Unterschieden ist. Es konstituiert sich ein System komplexer *biopsychosozialer Interdependenzen* (s. Abbildung 4).

Hartmut A. G. Bosinski

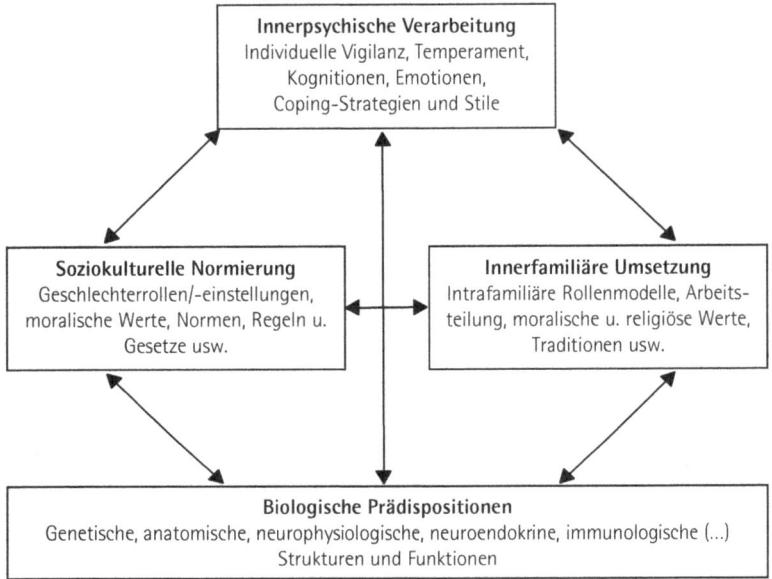

Abbildung 4: Schema des biopsychosozialen Bedingungsgefüges menschlicher Individualentwicklung

Wie es derart komplexen und sich entwickelnden Systemen eigen ist, kommt der Zeitkomponente eine wesentliche Bedeutung zu: Im Wechsel von Stabilität und Labilität kann in bestimmten Perioden der Entwicklung die Änderung eines ansonsten marginalen Strukturelements das Bedingungsgefüge im gesamten System dauerhaft verändern. Derartige sensible Phasen stellen damit Knoten- oder Schnittpunkte für die Interaktionen biotischer, psychischer und sozialer Faktoren dar.

5. Notwendiger Exkurs: Therapie?

Die Frage, ob eine homosexuelle Orientierung krankhaft ist, wurde durch Forschungen eines ganzen Jahrhunderts abschließend mit Nein beantwortet. Tatsächlich kann schon per definitionem eine bestimmte (z. B. homosexuelle) Ausprägung der sexuellen Orientierung nicht krankhaft sein: Zum einen, weil die Abweichung vom Mittelwert zum Konstituens des geschlechtstypischen Unterschieds gehört. Zum zweiten, weil der Maßstab für eine krankhafte Störung das *Leiden an einem regelwidrigen Geistes- oder körperlichen Zustand* ist. Menschen mit homosexueller Orientierung leiden jedoch nicht an der Ausprägung ihrer sexuellen Orientierung, sondern an den Folgen einer gesellschaftlichen Norm darüber, welche sexuelle Orientierung „normal" und welche „sündhaft", „widernatürlich" oder „krankhaft" sei.

Menschliche Sexualität ist durch ihre Mehrdimensionalität gekennzeichnet: Die phylogenetisch älteste *reproduktive Dimension* wird in medizinischen Zusammenhängen üblicherweise ganz in den Vordergrund gerückt. Tatsächlich ist sie aber in modernen Industriegesellschaften aufgrund der Verfügbarkeit diverser kontrazeptiver Methoden letztlich fakultativ geworden. Gemeinsam mit der *sexuellen Lustdimension*, welche der Gratifizierung und Bestärkung sexuellen Verhaltens (gleich welcher Couleur) dient, sind beide Dimensionen eingebettet in eine übergeordnete *kommunikative Dimension* des Sexuellen, die nicht der schlechten *Befriedigung* hedonistischer Bedürfnisse, sondern der *Befriedung* menschlicher Grundbedürfnisse durch Liebe in Beziehungen dient. Die große Bedeutung dieser kommunikativen, beziehungsorientierten Dimension der Sexualität (die bereits bei unseren nächsten biologischen Verwandten, den nicht-menschlichen Primaten, angelegt ist) ergibt sich aus der Tatsache, dass der Mensch ein Beziehungswesen ist und dass seine von Beginn des Lebens an bestehenden, unabweisbaren Grundbedürfnisse nach Annahme, Nähe, Hautkontakt, Geborgenheit usw. in Beziehungen erfüllt werden. In der sexuellen Begegnung, welche stets diese Paardimension anspricht, befriedigt der Mensch somit psychosoziale Grundbedürfnisse nach Angenommensein, Geborgenheit und Nähe. Menschliche Sexualität aus einem kommunikativen Ansatz heraus verstehen bedeutet, nicht die Genitalität der Partner, sondern ihre Liebes- und Paarfähigkeit zu betrachten; und hierin unterscheiden sich Menschen mit homosexueller Orientierung nachweislich nicht von Menschen mit heterosexueller Orientierung.

Die in älteren Untersuchungen beschriebene Koinzidenz einer homosexuellen Orientierung mit diversen psychopathologischen Auffälligkeiten erwies sich als Resultat der Ausgrenzung und der „Heilversuche" und nicht der sexuellen Orientierung per se.

In dieser Hinsicht besteht eine gewisse Parallele zur Betrachtung der Händigkeit: Bis in die dreißiger Jahre des 20. Jahrhunderts wurde Linkshändigkeit (beispielsweise in den USA) als eine krankhafte Störung aufgefasst, da sich eine Vielzahl psychopathologischer Auffälligkeiten bei Linkshändern fand. Kinder wurden gezwungen, das „gute Händchen" zu benutzen. Als man erkannte, dass bezüglich der Händigkeit eine kontinuierliche Verteilung von ausschließlicher Rechtshändigkeit über Beidhändigkeit bis zur ausschließlichen Linkshändigkeit besteht, die zudem ihre Ursache in bestimmten Hirnfunktionsorganisationen hat, somit Linkshändigkeit eine per se problemlose Normvariante darstellt, die nicht zu „kurieren", sondern akzeptierend zu fördern ist, verschwanden auch die krankhaften Befunde bei Linkshändern – sie waren Ausdruck des Versuchs einer „Umpolung" gewesen. Heute kann bekanntlich ein Linkshänder Präsident der Vereinigten Staaten von Amerika werden.

Die homosexuelle Orientierung stellt also eine *Normvariante menschlicher Liebesfähigkeit* dar. Deshalb beschloss auch die American Psychiatric Association 1973, „Homosexualität" nicht mehr als psychische Krankheit oder Störung zu klassifizieren und die entsprechende Diagnosenummer aus dem psychiatrischen Klassifikationssystem DSM zu streichen. Ähnlich verfuhr 1994 die WHO mit dem ICD-10.

Schon daraus ergibt sich, dass es an einer homosexuellen Orientierung nichts zu therapieren gibt. Die Versuche der „Umpolung" von homosexuellen Menschen sind Legion. Sie waren nicht selten grausam – und sie sind stets grandios gescheitert. Eine im Gehirn „verdrahtete", in der Persönlichkeit verankerte Sehnsucht nach gleichgeschlechtlicher Liebe lässt sich ebenso wenig beseitigen wie jene nach gegengeschlechtlicher Liebe.

Dies gilt auch für die in den letzten Jahren von fundamentalistischen Kreisen reklamierten „Erfolge" einer sog. „Konversions- oder Reparationstherapie" bei Menschen, die aufgrund moralischer Skrupel oder religiöser Überzeugungen von ihrer Homosexualität „befreit" werden wollten: Sie erwiesen sich bestenfalls als Irrtümer, oft aber auch als blanke Fälschung. Der US-amerikanische Psychiater Robert Spitzer (1974 maßgeblich an der Entpathologisierung der Homosexualität in den USA beteiligt!), der im Jahre 2003 durch eine Nachuntersuchung[57] meinte anhand von 200 Probanden die Erfolge dieser „Therapie" belegen zu können, hat mittlerweile die methodischen und inhaltlichen Fehler dieser Studie erkannt und die Ergebnisse zurückgezogen[58]. Eine wesentlich umfangreichere Studie mit 1.612 Teilnehmern[59] belegte nicht nur, dass die homosexuelle Orientierung durch derartige „Konversionsversuche" un-

---

[57] Vgl. Robert L. Spitzer, Can some gay men and lesbians change their sexual orientation? 200 participants reporting a change from homosexual to heterosexual orientation, in: Arch Sex Behav 32/5 (2003) 403–417, Diskussion 419–472.
[58] Vgl. ders., Spitzer reassesses his 2003 study of reparative therapy of homosexuality, in: Arch Sex Behav 41/4 (2012) 757.
[59] Vgl. John P. Dehlin/Renee V. Galiher/William S. Bradshaw u. a., Sexual Ori-

verändert blieb, sondern dass darüber hinaus das „Therapieziel" – Beseitigung der Homosexualität – zu psychisch desaströsen Belastungen der Probanden geführt hat. Die extremste Auswirkung war eine gesteigerte Suizidalität. Diese ist zumal bei Jugendlichen im homosexuellen Coming-out sowieso schon drastisch erhöht[60], da viele Jugendliche nicht „anders als die Anderen" sein wollen; sie wird dramatisch gesteigert, wenn dem Jugendlichen vermittelt wird, er sei „krank" oder „gestört" und könne und müsse nun kuriert werden. Deshalb haben sich die führenden psychotherapeutischen, psychiatrischen und pädiatrischen Fachgesellschaften (z. B. American Psychiatric Association, American Psychological Association) in öffentlichen Stellungnahmen[61] deutlich gegen derartige „Konversionsversuche", die nachweislich nichts nutzen, aber durchaus schaden können, ausgesprochen, sie als unethisch gebrandmarkt und gefordert, dass Therapeuten und Berater Jugendlichen und Erwachsenen dabei helfen, ihre je eigene sexuelle Orientierung zu finden, zu akzeptieren und verantwortlich zu leben.

---

entation Change Efforts Among Current or Former LDS Church Members, in: Journal of Counseling Psychology 62/2 (2014) 95–105.
[60] Vgl. Martin Plöderl/Eric-Jan Wagenmakers/Pierre Tremblay u. a., Suicide Risk and Sexual Orientation: A Critical Review, in: Arch Sex Behav 42/5 (2013) 715–727.
[61] Vgl. American Psychiatric Association, Position statement on psychiatric treatment and sexual orientation, in: The American Journal of Psychiatry 156 (1999) 1131; dies., Position statement on therapies focused on attempts to change sexual orientation (reparative or conversion therapies), in: The American Journal of Psychiatry 157 (2000) 1719–1721; American Psychological Association, Appropriate Therapeutic Responses to Sexual Orientation, 2009, online: http://www.apa.org/pi/lgbt/resources/sexual-orientation.aspx [Stand 15.05.2015]; American Psychological Association/American Academy of Pediatrics/American Association of School Administrators, u. v. a., Just facts about sexual orientation and youth, 2008, online: http://www.apa.org/pi/lgbt/resources/just-the-facts.aspx [Stand 15.05.2015].

Homosexualität zwischen Akzeptanz und Diskriminierung
Eine sozialwissenschaftliche Perspektive

Melanie Caroline Steffens und Claudia Niedlich

Die gesellschaftliche Wertung von Homosexualität bewegt sich heute wie in der Vergangenheit zwischen Akzeptanz und Diskriminierung. Hierbei erscheint die katholische Kirche in der Rolle einer Instanz, die moralische Grundwerte setzt. Die gesellschaftlich wahrgenommene Position der katholischen Kirche, lässt sich mit folgendem Zitat aus dem Jahre 2010 charakterisieren: „Warum genau maßt die Kirche sich an, den Menschen vorzuschreiben, welche Sexualität sie leben dürfen?"[1]

Die gleichzeitige Möglichkeit des Dialoges wie des offenen Widerspruchs gegen moralische Vorstellungen der katholischen Kirche im Zusammenhang mit dem Thema Homosexualität, sind das Ergebnis eines enormen sozialen Wandels bezüglich der gesellschaftlichen Situation von Lesben und Schwulen im deutschsprachigen Raum und anderen europäischen Ländern.[2] Zur Illustration: Vor etwa 60 Jahren wurde der berühmte britische Mathematiker Alan Turing wegen einer sexuellen Bezie-

---

[1] Anne Will in ihrer politischen Talkshow, in der Bischof Franz-Josef Overbeck und Filmregisseur Rosa von Praunheim kontrovers zu Fragen der Wertigkeit von Liebe, Sexualität, Ehe und Familie diskutierten. Rosa von Praunheim veröffentlichte 1971 den Film „Nicht der Homosexuelle ist pervers, sondern die Situation, in der er lebt" und gilt als einer der Mitbegründer der Lesben- und Schwulenbewegung.

[2] Einen umfassenden aktuellen Überblick liefern Lisette Kuyper/Jurjen Iedema/Saskia Keuzenkamp, Towards tolerance. Exploring changes and explaining differences in attitudes towards homosexuality in Europe, The Hague 2013.

hung mit einem Mann verurteilt. Dies war in vielen Ländern zu dieser Zeit strafbar. Turing unterzog sich daraufhin einer Östrogentherapie[3], um einer Gefängnisstrafe zu entgehen[4]. Bis heute gibt es keine überzeugenden Belege für die Veränderung der sexuellen Orientierung durch eine Therapie. Im Laufe des vergangenen Jahrhunderts wurden, den Entdeckungen der medizinischen und psychologischen Forschung entsprechend, zahlreiche unterschiedliche „Therapien" ausprobiert, die die sexuelle Orientierung ändern sollten (z. B. die Gabe von Hormonen oder Stromstößen). Keiner dieser Behandlungsversuche hielt einer kritischen Überprüfung durch die wissenschaftliche Gemeinschaft stand. Dass einige „Patienten" berichteten, ihr homosexuelles Verhalten kurzfristig unterdrückt zu haben, ist nicht verwunderlich. Schließlich wurden ablehnende Gedanken gegenüber der eigenen Sexualität verinnerlicht und verstärkt. Turing selbst erkrankte nach der „Therapie" an Depression und beging kurze Zeit später Suizid.

Keine 50 Jahre danach machten mehrere deutsche Spitzenpolitiker ihre Homosexualität öffentlich – angefangen mit Klaus Wowereit –, und Deutschland konfrontierte die internationale Staatengemeinschaft 2009 mit einem schwulen Außenminister (Guido Westerwelle). In diesen 50 Jahren wurde die rechtliche Situation in Bezug auf homosexuelles Verhalten und lesbische und schwule Lebensgemeinschaften drastisch verändert: Homosexuelles Verhalten wurde entkriminalisiert, und nach der Jahrtausendwende wurden mit dem *Gesetz über die eingetragene Lebenspartnerschaft* (2001) und dem *Allgemeinen Gleichbehand-*

---

[3] Östrogen führt zum Ersterben der Libido. Weiterhin hat es erhebliche Nebenwirkungen, zu denen Gewichtszunahme und Brustwachstum gehören.
[4] Vgl. Melanie C. Steffens/Erin M. Thompson, Verruchte – Perverse – Kranke – Unsichtbare: Der historische Blick, in: Ulrich Biechele/Philipp Hammelstein/Thomas Heinrich (Hg.), anders ver-rückt?! Lesben und Schwule in der Psychiatrie (Jahrbuch Lesben – Schwule – Psychologie 2006), Lengerich u. a. 2006, 13–22.

lungsgesetz (2006) auch die Rechte von Lesben und Schwulen gesetzlich verankert.⁵ Im europäischen Vergleich nimmt Deutschland damit nicht die Position eines Vorreiters ein. In anderen Ländern wie Skandinavien, Frankreich und Spanien können Ehen zwischen gleichgeschlechtlichen Partner(inne)n geschlossen werden. Die medizinische und sozialwissenschaftliche Forschung spiegelte diese gesellschaftlichen Veränderungen wider: Während in der Mitte des vergangenen Jahrhunderts Homosexuelle als krank galten und damit Gegenstand der Forschung waren, wendete sich das Blatt seit den 1970er Jahren, und sozialwissenschaftliche Forschung begann die Frage in den Mittelpunkt zu rücken, welche Menschen aus welchen Gründen Lesben und Schwule diskriminieren und ihnen ablehnend gegenüberstehen – nicht Homosexualität, sondern „Homophobie" galt damit als erklärungsbedürftig.⁶ Der wissenschaftliche Diskurs und die gesetzliche und gesellschaftliche Situation von Lesben und Schwulen widersprechen damit inzwischen deutlich der Position der katholischen Kirche.

Ziel des vorliegenden Beitrags ist es, einen aktuellen Überblick über die Forschung zur gesellschaftlichen Situation von Lesben und Schwulen zu geben. Dabei betrachten wir sowohl die Innenperspektive – beispielsweise (wie sehr) fühlen sich Lesben und Schwule diskriminiert? – als auch die Außenperspektive: Was kennzeichnet Personen mit negativen (Vor-) Einstellungen gegenüber Homosexualität, und wie lassen sich diese erklären? Beide Perspektiven beinhalten Überlegungen zu Religionszugehörigkeit, Religiosität und Kirche.

---

⁵ Vgl. Melanie C. Steffens/Christof Wagner, Diskriminierung von Lesben, Schwulen und Bisexuellen, in: Andreas Beelmann/Kai J. Jonas (Hg.), Diskriminierung und Toleranz: Psychologische Grundlagen und Anwendungsperspektiven, Wiesbaden 2009, 241–262.
⁶ Vgl. Celia Kitzinger, The social construction of lesbianism, London u. a. 1987.

1. Einstellungen gegenüber Lesben und Schwulen

Obwohl der Begriff „Homophobie" weit verbreitet ist, ist er wenig treffend, suggeriert er doch eine individuelle psychische Störung in Form einer irrationalen Angst. Stattdessen handelt es sich aber um gesellschaftlich vermittelte negative Einstellungen gegenüber Lesben und Schwulen, die im Laufe des Lebens gelernt werden. Negative Einstellungen werden in der Psychologie häufig als Selbstauskünfte mit Fragebögen erfasst und umfassen Gefühle („affektive Einstellungen", z. B. „Auf einer Skala von 1–7, wie unangenehm/angenehm ist Ihnen die folgende Situation: Ein schwules Paar küsst sich in meiner Nähe") und Überzeugungen („kognitive Einstellungen", z. B. „Wie sehr stimmen Sie der folgenden Aussage zu: Lesbischen Paaren sollte es genauso wie heterosexuellen Paaren erlaubt sein, Kinder zu adoptieren")[7]. Solche Einstellungen gelten als sozial-kulturell erworben und sind Bestandteil allgemeinerer Werte- und Überzeugungssysteme von Menschen.[8] Negative Einstellungen gegenüber Lesben und Schwulen können zu diskriminierendem Verhalten führen.[9]

Wie die Forschung zeigt, beschreibt „Zwischen Akzeptanz und Diskriminierung" treffend die aktuelle Lebenssituation von Lesben und Schwulen in West- und Nordeuropa, während in Süd- und vor allem in Osteuropa die Akzeptanz geringer

---

[7] Alle Beispiele stammen aus dem Fragebogen von Jan Seise/Rainer Banse/ Franz J. Neyer, Individuelle Unterschiede in impliziten und expliziten Einstellungen zur Homosexualität. Eine empirische Studie, in: Zeitschrift für Sexualforschung 15/2 (2002) 21–42.
[8] Vgl. Gregory M. Herek/Kevin A. McLemore, Sexual prejudice, in: Annual Review of Psychology 64 (2013) 309–333.
[9] Vgl. bspw. Melinda B. Goodman/Bonnie Moradi, Attitudes and behaviors toward lesbian and gay persons. Critical correlates and mediated relations, in: Journal of Counseling Psychology 55 (2008) 371–384.

ausgeprägt ist. In allen europäischen Ländern sind die Einstellungen innerhalb der vergangenen Jahrzehnte positiver geworden. So haben in Deutschland 1981 45 % der Befragten angegeben, Homosexualität sei niemals gerechtfertigt, 2008 waren dies nur noch 17 %.[10] Im selben Zeitraum sank die Zustimmung zu derselben Aussage in einem der tolerantesten Länder, den Niederlanden, von 25 % auf 8 %, und in einem wenig toleranten Land, Polen, von 77 % im Jahre 1990 auf 53 % im Jahre 2008 (1981 lagen noch keine Daten aus Polen vor). Leider enthalten große internationale Umfragen wie der *European Value Survey* nur wenige und oft etwas befremdliche Aussagen, um Einstellungen zu Homosexualität zu erfassen.[11] Seit 1990 enthält diese Umfrage eine Frage dazu, welche Personen man nicht als Nachbar(inne)n haben möchte, und neben Drogenabhängigen und Kriminellen hat man auch die Möglichkeit, „Homosexuelle" anzukreuzen. Das haben 1990 34 % der Deutschen getan, 2008 noch 17 % (Österreich: 43 % und 24 %). In Europa (Gesamtmittel: 25 %) variieren die Zahlen im Jahre 2008 von 2 % (Island) bis 67 % (Litauen). Eine andere große Umfrage, der *European Social Survey*, fragt, ob man der Meinung sei, Schwule und Lesben sollten die Freiheit haben, ihr Leben nach ihren eigenen Vorstellungen zu führen. Auf einer fünfstufigen Skala liegen die Einstellungen in Nord- und Westeuropa durchschnittlich bei 4 („stimme zu"), in Südeuropa etwas darunter und in Osteuropa bei 3 („weder Zustimmung noch Ablehnung"). In Deutschland lag die Zustimmung im Jahre 2010 bei 83 % (Schwankungsbreite in Europa: von 43 % in Estland bis 93 % in den Niederlanden). Zum Vergleich: In der russischen Föderation lag die

---

[10] Vgl. Kuyper/Iedema/Keuzenkamp, Towards tolerance, 17.
[11] Vgl. European Values Study 1981, 1990, 1999, 2008, online: http://www.europeanvaluesstudy.eu/frmShowpage?v_page_id=2560886164503602 [Stand 05.05.2015].

Zustimmung nur bei 29 %. Wie Kuyper und Kolleginnen diskutieren, sind insbesondere im Verlauf der 1990er Jahre in ganz Europa die Einstellungen gegenüber Lesben und Schwulen toleranter geworden.

Wie hoch die Akzeptanz von Homosexualität ausfällt, hängt auch vom konkreten Inhalt der Aussage ab. So stimmten in Deutschland 2004 65 % der Befragten der Aussage zu, „Homosexuelle sollten heiraten dürfen" (Österreich: 48 %, Schweiz: 65 %, EU-Durchschnitt 53 %; 15 „alte" EU-Länder 57 %, 13 damalige Beitrittsländer 23 %)[12]. Der Aussage „Homosexuelle Paare in Europa sollten Kinder adoptieren dürfen", stimmten in Deutschland 57 % zu (Österreich: 33 %, Schweiz: 47 %, EU-Durchschnitt 38 %; 15 „alte" EU-Länder 42 %, 13 damalige Beitrittsländer 17 %).[13]

Während man bei internationalen Vergleichen dazu tendiert, ein Land als relativ homogen anzusehen, ergeben sich bei genauerem Blick große Unterschiede zwischen gesellschaftlichen Gruppen. Die Ergebnisse einer repräsentativen Telefonumfrage in Deutschland, an der über 2.000 heterosexuelle Personen teilnahmen, lassen sich wie folgt zusammenfassen[14]: Die

---

[12] Gallup Europe, Homosexual marriage, child adoption by homosexual couples. Is the public ready? 2003, online: http://www.ilga-europe.org/content/download/3434/20938/version/1/file/GALLUP+Europe+2003+report.pdf [Stand 05.05.2015].

[13] Sozialwissenschaftliche Forschung liefert keine Anhaltspunkte dafür, dass es Kindern „schadet", bei gleichgeschlechtlichen Paaren aufzuwachsen, vgl. Elke Jansen/Melanie C. Steffens, Lesbische Mütter, schwule Väter und ihre Kinder im Spiegel psychosozialer Forschung, in: Verhaltenstherapie und Psychosoziale Praxis – Sonderheft Psychotherapie mit Lesben, Schwulen und Bisexuellen 38 (2006) 643–656; Marina Rupp (Hg.), Die Lebenssituation von Kindern in gleichgeschlechtlichen Lebenspartnerschaften, Köln 2009. Vgl. dazu auch den Beitrag von Gerhard Marschütz in diesem Band.

[14] Vgl. Melanie C. Steffens/Christof Wagner, Attitudes towards lesbians, gay men, bisexual women, and bisexual men in Germany, in: Journal of Sex Research 41 (2004) 137–149.

positivsten Einstellungen gegenüber Schwulen und Lesben (und bisexuellen Männern und Frauen) weisen Personen auf, die unter 30 Jahre alt und weiblich sind, in einer größeren Stadt leben, einen hohen Bildungsstand, eine eher linke politische Orientierung sowie Homosexuelle im Familien- und Bekanntenkreis haben. Religiosität wurde in dieser Umfrage leider nicht erfasst, geht aber laut vielen anderen Studien mit negativen Einstellungen gegenüber Homosexualität einher.[15] Ferner unterscheiden sich Einstellungen gegenüber Lesben und Schwulen: Typischerweise werden die negativsten Einstellungen von Männern gegenüber Schwulen berichtet[16]. Bevor wir auf sozialwissenschaftliche Erklärungen zu Einstellungen gegenüber Homosexualität eingehen, betrachten wir die Frage, wie Lesben und Schwule ihre gesellschaftliche Situation heute erleben.

2. Diskriminierung von Lesben und Schwulen

Die Stichprobe von Personen, die an einer Befragung teilnehmen, ist repräsentativ, wenn sie der Grundgesamtheit in allen relevanten Merkmalen entspricht. Um das festzustellen, müsste

---

[15] Vgl. Bernd Simon, Einstellungen zur Homosexualität. Ausprägungen und psychologische Korrelate bei Jugendlichen mit und ohne Migrationshintergrund (ehemalige UdSSR und Türkei), in: Zeitschrift für Entwicklungspsychologie und Pädagogische Psychologie 40 (2008) 37–99; Melanie C. Steffens/Kai J. Jonas/Lisa Denger, Male role endorsement explains negative attitudes towards lesbians and gay men among students in Mexico more than in Germany, in: Journal of Sex Research (DOI:10.1080/00224499.2014.966047); Bernard E. Whitley Jr., Religiosity and attitudes toward lesbians and gay men. A meta-analysis, in: International Journal for the Psychology of Religion 19/1 (2009) 21–38.
[16] Vgl. Melanie A. Morrison/Todd G. Morrison, Sexual orientation bias toward gay men and lesbian women. Modern homonegative attitudes and their association with discriminatory behavioral intentions, in: Journal of Applied Social Psychology, 41 (2011) 2573–2599; Steffens/Wagner, Attitudes towards lesbians, gay men, 137–149.

man die Grundgesamtheit kennen. Bei einer diskriminierten Minderheit, die die Möglichkeit hat, versteckt zu leben (also ihre Homosexualität nicht öffentlich zu machen), ist diese Grundgesamtheit jedoch nicht bekannt. Dies stellt die Forschung vor große Herausforderungen. Eine Alternative ist es, eine Zufallsstichprobe der Bevölkerung zu befragen und die Hemmschwelle zur Angabe der sexuellen Orientierung möglichst niedrig zu halten. Diese Vorgehensweise birgt immer noch die Gefahr, dass nicht alle Befragten ihre sexuelle Orientierung angeben. Dennoch führt die telefonische Befragung einer Zufallsstichprobe zu sehr viel genaueren Schätzungen als alle anderen Methoden. Man kann sich jedoch leicht vorstellen, dass dies aufwändig und teuer ist. Eine solche Umfrage haben wir im Jahre 2001 durchgeführt.[17] Über 54.000 Telefonnummern wurden gewählt. Wenn jemand erreicht wurde, wurde darum gebeten, mit der Person im Haushalt zu sprechen, die als nächste Geburtstag hat (damit nicht Personen, die oft ans Telefon gehen, überrepräsentiert sind). Schließlich konnten fast 15.000 Personen interviewt werden, die bereit waren, ihre sexuelle Orientierung anzugeben („Bitte antworten Sie mit 1, wenn Sie heterosexuell sind, sagen Sie 2, wenn Sie bisexuell sind, und sagen Sie 3, wenn Sie homosexuell sind"). Alle homosexuellen und bisexuellen Personen (etwa 600 Personen) wurden unter anderem zu ihren Diskriminierungserfahrungen befragt. Der Aussage: „Ich bin im Alltag schon einmal wegen meiner sexuellen Orientierung beleidigt worden", stimmten 55 % der Schwulen und 26 % der Lesben zu. Bedrohung im Alltag hatten 21 % der Schwulen und 2 % der Lesben erlebt. Beleidigungen bei der Arbeit hatten 14 % der Schwulen und 10 % der Lesben erlebt. Deutlich wird, dass Schwule über mehr Diskriminierungserfah-

---

[17] Vgl. Steffens/Wagner, Attitudes towards lesbians, gay men, 137–149; Dies., Diskriminierung von Lesben, Schwulen und Bisexuellen.

rungen berichteten als Lesben (und auch als bisexuelle Männer und Frauen). Bei der Interpretation der Zahlen ist zu bedenken, dass sexuelle Orientierung, anders als beispielsweise ethnische Herkunft, ein Minderheitenstatus ist, den man potentiell verbergen kann: Fühlt man sich in einer bestimmten Gegend oder in einem gegebenen Arbeitsklima unsicher, hat man oft die Wahl, die sexuelle Orientierung nicht zu offenbaren. Viele Lesben und Schwule machen von dieser Option Gebrauch. Vor diesem Hintergrund sind die Zahlen alarmierend.

Unseres Wissens nach gibt es keine anderen Studien im deutschsprachigen Raum, die auf Zufallsstichproben zurückgegriffen haben (was angesichts der oben dargestellten Kosten wenig verwunderlich ist). In einer neueren eigenen Studie wurden Schwule und Lesben mit und ohne Migrationshintergrund befragt.[18] Etwa ein Drittel der Befragten berichtete zum Coming-out am Arbeitsplatz, dass niemand oder fast niemand von ihrer sexuellen Orientierung wüsste. Frauen gaben seltener an als Männer, ein Coming-out am Arbeitsplatz gehabt zu haben. Etwa ein Drittel der Befragten gab an, wegen ihrer sexuellen Orientierung schon einmal mündlich bedroht oder beschimpft worden zu sein, unabhängig vom Migrationshintergrund. Lesben und Schwule mit Migrationshintergrund machten jedoch häufiger Diskriminierungserfahrungen aufgrund ihrer sexuellen Orientierung innerhalb der Familie als diejenigen ohne Migrationshintergrund. Diskriminierung aufgrund der sexuellen Orientierung wurde von allen als sehr belastend erlebt.

Ein anderer Lebensbereich, in dem Diskriminierungserfahrungen eine bedeutende Rolle spielen, ist das Arbeitsleben. Dieses stellt einen wesentlichen Anteil des menschlichen Alltags dar

---

[18] Vgl. Melanie C. Steffens/Michael Bergert/Stephanie Heinecke, Zur Lebenssituation von Lesben und Schwulen mit Migrationshintergrund, Berlin 2010.

und ist tiefgreifend mit der eigenen Identität verknüpft. Unterschiedliche Studien zeigen, dass zwischen 82 und 94 % der befragten Personen ihren Arbeitsplatz als einen sehr wichtigen Teil ihres Lebens betrachten. In Bezug auf (Homo-)Sexualität herrscht häufig die Annahme, dass der Arbeitsplatz ein „asexueller Raum" sei, aus dem private Liebesbeziehungen ausklammerbar sind. Damit geht die Ansicht einher, dass die sexuelle Orientierung im Arbeitsleben keine Rolle spielt, also nicht bedeutsam sei für arbeitsbezogene Prozesse und solche, die sich am Arbeitsplatz abspielen. Dass dies nicht der Fall ist, wird an zwei kurzen Beispielen sichtbar, die vermutlich vertraut erscheinen: 1. Herr Krause, ein Krankenpfleger, kommt aus dem Urlaub zurück und wird gefragt, wie er diesen verbracht hat. Freudig berichtet er von den schönsten Erlebnissen. 2. Frau Müller wurde neu als Bankberaterin eingestellt. Als sie ihr Büro einrichtet, stellt sie ein Foto ihrer Familie auf den Schreibtisch, an ihrem rechten Ringfinger glänzt ein Ring.

An beiden Beispielen wird deutlich, dass die besagten Situationen nicht geschehen können, ohne dass Herr Krause und Frau Müller ihre sexuelle Orientierung preisgeben. Wahrscheinlich gingen Sie bei dem Lesen dieser Situationen davon aus, dass Herr Krause von seiner Freundin beziehungsweise seiner Ehefrau begleitet wurde. Vielleicht haben Sie sich auch vorgestellt, dass das Bild, welches Frau Müller auf ihren Schreibtisch stellte, einen Ehemann und Kinder zeigt. Haben Sie dabei die Möglichkeit ausgeschlossen, dass eventuell auch gleichgeschlechtliche Partner(innen) im Spiel sein könnten, so haben Sie eine „heteronormative Perspektive" eingenommen. Heteronormativität bedeutet, dass Heterosexualität als Norm und als ausschließlich bestehend, unveränderbar und naturgegeben angesehen wird. Die Setzung dieser Norm und die häufig selbstverständlich erscheinende Annahme, alle Menschen, die man trifft, seien heterosexuell, beinhaltet heterosexistische Aspekte. Heterosexismus definiert Gregory Herek[19] als ein System, das jegliche Form nicht-heterosexuellen Verhaltens, Identitäten, Beziehungen und Gemeinschaften ablehnt oder stigmatisiert. Heterosexismus ist in unser tägliches Verhalten, unsere Institutionen sowie auch in Religion integriert.[20] Heterosexuelle können ihre sexuelle Orientierung im Arbeitsleben durch das Erzählen von Urlaubserlebnissen sowie durch verschiedene Symbole repräsentieren (wie Eheringe und Fotos der Familie).[21] Dies wird als alltäglicher Aspekt des sozialen Lebens angesehen. Möchten Lesben und Schwule diese Informationen in gleicher Weise teilen, müssen sie zunächst achtsam sein, ob ihr Arbeitsumfeld einen offenen Umgang mit ihrer sexuellen Orientierung erlaubt. Ferner werden Informationen zu ihrem Privatleben möglicherweise als nicht ausschließlich sozial, sondern als sexuelle Information und damit als „too much" interpretiert.[22] Wissenschaftliche Befunde zeigen, dass lesbische und schwule Arbeitnehmer(innen) unterschiedliche Strategien anwenden und in unterschiedlicher Art und Weise offen mit ihrer sexuellen Orientierung umgehen beziehungsweise diese teilweise oder gänzlich verschweigen.[23]

---

[19] Gregory M. Herek, The Context of Anti-Gay Violence. Notes on Cultural and Psychological Heterosexism, in: Journal of Interpersonal Violence 5/3 (1990) 316–333, online: http://jiv.sagepub.com/content/5/3/316.full.pdf+html [Stand 05.05.2015].
[20] Vgl. Judith A. Clair/Joy E. Beatty/Tammy L. MacLean, Out of sight but not out of mind. Managing invisible social identities in the workplace, in: Academy of Management Review 30/1 (2005) 78–95.
[21] Vgl. Christopher Knoll/Manfred Edinger/Günter Reisbeck, Grenzgänge. Schwule und Lesben in der Arbeitswelt, München/Wien 1997.
[22] Vgl. Gregory M. Herek, Stigma, prejudice, and violence against lesbians and gay men, in: John C. Gonsiorek/James D. Weinrich (Hg.), Homosexuality. Research implications for public policy, Newbury Park/Calif 1991, 60–80; Knoll/Edinger/Reisbeck, Grenzgänge; Thomas Köllen, Privatsache und unerheblich für Unternehmen? Der Stand der Personalforschung zur „sexuellen Orientierung", in: Zeitschrift für Personalforschung 26/2 (2012), 143–166.
[23] Vgl. Knoll/Edinger/Reisbeck, Grenzgänge; Claudia Niedlich/Melanie C.

Dieses Verschweigen, die gleichzeitigen Bedenken, jemand könnte „doch etwas gemerkt haben", das Verwenden von ausschließlich „heterosexuellen Beispielen" in Diskussionen sowie die Bemühung, nicht „stereotyp lesbisch" beziehungsweise „stereotyp schwul" zu erscheinen, fordern zusätzliche Ressourcen. Dies hat zur Folge, dass diese Arbeitnehmer(innen) zusätzlichem Stress ausgesetzt sind. Sie können sich nicht als ganze Personen in den Arbeitsprozess einbringen und schöpfen daher ihre Produktivität nicht vollständig aus. In der sozialpsychologischen Forschung wird dieser zusätzliche Stress als „Minderheitenstress" bezeichnet.[24] Verschiedene Studien liefern ein differenziertes Bild darüber, welche Diskriminierungserfahrungen Lesben und Schwule im Arbeitsleben machen und welche Auswirkungen dies auf ihre psychische Gesundheit hat.

Bereits 1997 berichteten Knoll und Kollegen, welche die häufigsten Formen von Diskriminierung sind, die Lesben und Schwule in Deutschland machen. Im Folgenden werden diese mit einer 2013 erhobenen Studie[25] mit ähnlichem Fragebogen verglichen: Unangenehme Lesben- und Schwulenwitze (1997: 54 %, 2013: 22 %), das Reden hinter dem Rücken (1997: 48 %, 2013: 34 %), unangenehmes Interesse am Privatleben (1997: 36 %, 2013: 22 %) und unangenehme sexuelle Anspielungen (1997: 26 %, 2013: 21 %) zählen zu den häufigsten Formen von Diskriminierung, die Lesben und Schwule erleben. Eine Studie von Frohn[26] berichtet ähnliche Befunde. Diese Daten lassen

---

Steffens, Minoritätenstress von Lesben und Schwulen im Arbeitsleben, unveröffentlichtes Manuskript 2015.
[24] Vgl. Ilan H. Meyer, Prejudice, social stress, and mental health in lesbian, gay, and bisexual populations. Conceptual issues and research evidence, in: Psychological Bulletin 129/5 (2003) 674–697.
[25] Niedlich/Steffens, Minoritätenstress 2015.
[26] Dominic Frohn, „Out im Office?!" Sexuelle Identität, (Anti-) Diskriminierung und Diversity am Arbeitsplatz, Köln 2007.

darauf schließen, dass Diskriminierung aufgrund der sexuellen Orientierung im Arbeitsleben ein Problem darstellt, mit dem sich Lesben und Schwule alltäglich konfrontiert sehen. Die eigene Homosexualität im Arbeitsleben zu verschweigen, wird über den Verlauf dieser Studien als ein präsentes Problem betrachtet (1997: 92 %, 2007: 60 %; 2013: 54 %). Einige Arbeitnehmer(innen) treffen im Berufsleben die Entscheidung, mit keinem/keiner ihrer Kolleg(inn)en über ihre eigene sexuelle Orientierung zu sprechen (1997: 28 %, 2007: 16 %, 2013: 12 %). Dieser Minderheitenstress schlägt sich in psychosomatischen Symptomen nieder. Alle Studien berichten einen Zusammenhang, der zeigt, dass Personen, die starke Diskriminierungserfahrungen angeben, auch stärker gesundheitliche Beschwerden (z. B. Kopfschmerzen, Schwindel, Rückenbeschwerden) berichten.

„Diskriminierung macht krank", ist die Botschaft, die bereits von Knoll und Kollegen 1997 ausgesprochen wurde. In Bezug auf den kirchlichen Kontext sind in Zusammenhang mit dem Arbeitsleben folgende Ergebnisse zu beobachten: 12 % der Befragten gaben an, dass sie es schon einmal vermieden haben oder sich weigerten, sich aufgrund ihrer sexuellen Orientierung bei einem bestimmen Arbeitgeber zu bewerben. 58 % der Personen, die dies angaben, nannten bei der Bitte, das konkrete Berufsfeld zu nennen, einen kirchlichen Träger. Insofern ist davon auszugehen, dass kirchliche Träger eine Arbeitsumgebung darstellen, die von lesbischen und schwulen Arbeitnehmer(inne)n häufig vermieden wird. Auf diese Weise entscheidet sich auch ein Anteil hoch qualifizierter Arbeitnehmer(innen) dagegen, ihre Qualifikationen und Fähigkeiten in die Arbeit in kirchlichen Trägern einzubringen. Weiterhin ist zu vermuten, dass ein nicht unerheblicher Anteil bei kirchlichen Trägern Beschäftigter Minderheitenstress ausgesetzt ist, da insbesondere in kirchlichen Kontexten die Notwendigkeit empfunden wird, die eigene sexuelle Orientierung zu verschweigen.

Es gibt neben der oben erwähnten aufwändigen Stichprobenziehung weitere Gründe, die es erschweren, zuverlässige Angaben zur Diskriminierung gesellschaftlicher Minderheiten zu erhalten. Ein zweiter wichtiger Grund ist die Mehrdeutigkeit vieler menschlicher Erfahrungen. So haben 3 % der Lesben und Schwulen mit Migrationshintergrund in unserer Befragung auf die Frage: „Haben Sie aus Diskriminierungsgründen eine Stelle verloren oder nicht bekommen?", angegeben, das sei schon einmal wegen ihrer sexuellen Orientierung der Fall gewesen, und 14 %, das sei wegen ihrer Herkunft eingetreten[27]. Es wäre verwunderlich, wenn ein einziger Arbeitgeber einen dieser Gründe genannt hätte. Stattdessen ist es die subjektive Interpretation der Betroffenen, die zu diesen Antworten führt. Wie gut können Personen einschätzen, ob sie diskriminiert worden sind? Und könnte es sein, dass sie solche Ereignisse auch wieder vergessen? Psychologische Forschung liefert sowohl Gründe dafür anzunehmen, dass Menschen unterschätzen, wie häufig sie diskriminiert werden, als auch Gründe für Überschätzungen. Unterschätzungen können auftreten, weil Menschen es meist vorziehen, sich als aktiv Gestaltende ihres Lebens anzusehen und nicht als ohnmächtige Wesen, die anderen hilflos ausgesetzt sind.[28] Überschätzungen sind möglich, da es negative Konsequenzen für den Selbstwert haben kann, Misserfolge auf eigene Schwächen zurückzuführen. Insofern kann es weniger schmerzlich sein anzunehmen: „Die wollen da keine Schwulen!", als sich einzugestehen: „Der andere Bewerber war einfach besser als ich." Kurz gesagt: Wenn 14 % der Schwulen angeben, schon einmal bei der Arbeit beleidigt worden zu sein, zeigt dies

---

[27] Vgl. Steffens/Bergert/Heinecke, Lebenssituation von Lesben und Schwulen.
[28] Einen aktuellen Überblick liefern Manuela Barreto/Naomi Ellemers, Detecting and experiencing prejudice. New answers to old questions, in: James M. Olson/Mark P. Zanna (Hg.), Advances in Experimental Social Psychology (im Druck, DOI: 10.1016/bs.aesp.2015.02.001).

die Präsenz des Problems. Komplexe Zusammenhänge von Unter- oder Überschätzung können mit dieser Erfassungsmethode jedoch nicht abgebildet werden.

Neben Selbstauskünften in Befragungen hat die Sozialwissenschaft weitere Möglichkeiten entwickelt, Diskriminierung einzuschätzen. In Bezug auf Bewerbungsprozesse gibt es folgenden experimentellen Zugang: Identische Bewerbungsunterlagen werden erstellt, lediglich ein Merkmal wird verändert, beispielsweise die sexuelle Orientierung. So könnte ein Bewerber angeben, „Erfahrungen als Kassenwart der schwulen Studentengruppe" zu haben, und in einer ansonsten identischen Bewerbung fehlt diese Angabe.[29] Jede der Bewerbungen wird viele Male versandt, und es wird gezählt, wie viele positive Antworten (z. B. Einladungen zu Interviews) resultieren. So zeigte eine frühe Studie in Ontario (Kanada), dass schwule und lesbische Aktivist(inn)en nur halb so viele Einladungen zu Interviews in Anwaltskanzleien bekamen wie Personen mit identischen Bewerbungsunterlagen ohne Angaben zu Aktivismus.[30] Auf diese Weise lässt sich Diskriminierung quantifizieren.

Ein ähnliches Vorgehen wählen psychologische Studien, die testen, wie sich beispielsweise der Eindruck der Kompetenz einer Person dadurch verändert, dass lediglich ein Merkmal in den Unterlagen verändert wird. Wenn dieselben Bewerbungsunterlagen, versehen mit einem männlichen Vornamen, zu einem höheren Kompetenzeindruck führen als mit einem weiblichen Vornamen, wird daraus geschlossen, dass Männerstereotype mit höherer Kompetenz verbunden sind als Frauenstereo-

---

[29] Eine ausführliche Diskussion findet sich bei András Tilcsik, Pride and prejudice. Employment discrimination against openly gay men in the United States, in: American Journal of Sociology 117/2 (2011) 586–626.
[30] Barry D. Adam, Stigma and employability. Discrimination by sex and sexual orientation in the Ontario legal profession, in: Canadian Review of Sociology and Anthropology 18/2 (1981) 216–221.

type[31]. In einigen Studien haben wir dieses Vorgehen genutzt, um zu prüfen, ob gleichgeschlechtliche Paare bei Adoptionsbewerbungen immer die größten Vorbehalte hervorrufen, wie es die Umfrageforschung suggeriert.[32] Personen wurden angesprochen, ob sie an einer kurzen Studie teilnehmen würden, und erhielten dann eine scheinbare Bewerbung um Adoption. Darauf waren die Angaben zu finden, die üblicherweise von den entsprechenden Ämtern erwartet werden (z. B. Alter, Beruf, Einkommen, Wohnverhältnisse). Es bewarb sich entweder ein heterosexuelles Paar, ein schwules oder ein lesbisches Paar. Zusätzlich handelte es sich um ein Paar im Alter von Anfang 30 oder Anfang 50, und Beruf, Einkommen und Wohnungsgröße suggerierten hohen oder niedrigen sozioökonomischen Status. Die Ergebnisse zeigten, dass Männerpaare für eine Adoption als weniger geeignet eingeschätzt wurden als heterosexuelle Paare. Dies lag daran, dass Männer im Vergleich zu Frauen weniger dem Bild entsprechen, das man von Adoptiveltern hat, wie eine zweite Studie zeigte. Ältere Paare wurden ebenfalls für weniger geeignet gehalten als jüngere. Die größten Unterschiede bewirkte jedoch der sozioökonomische Status: Paare mit hohem Einkommen, großer Wohnung und eigenem Garten wurden als besonders geeignet eingeschätzt. Mit anderen Worten, ein schwules Paar – Zahnarzt und Journalist – erschien für eine Adoption insgesamt als geeigneter im Vergleich zu einem heterosexuellen Paar – Sekretärin mit arbeitslosem Mann. Eine wei-

---

[31] Einen umfassenden Überblick über diese Forschung liefern Melanie C. Steffens/M. Angels Viladot, Gender at work. A social-psychological perspective, New York (erscheint 2015).
[32] Vgl. Melanie C. Steffens/Kai J. Jonas/Thomas Scali, Putting prejudice into perspective. Does perceived suitability for adoption depend on sexual orientation more than on other applicant features?, in: Sensoria – a Journal of Mind, Brain & Culture (special issue: Integrating gender and sexual orientation: Consequences and implications) (erscheint 2015).

tere Studie zeigte, dass Einschätzungen der Eignung auch von Merkmalen des Kindes abhingen, wenn Geschlecht und Alter eines bestimmten Kindes konkret vorgegeben wurden.[33] Für die Adoption weiblicher Teenager wurden schwule Paare allen anderen Konstellationen vorgezogen. Anscheinend unterstellten die Befragten per se einen Missbrauchsverdacht und meinten, junge Mädchen seien am besten in einem Haushalt aufgehoben, in dem niemand sexuelles Interesse an ihnen haben könnte (d. h., der schwulen Familie). Insgesamt zeigen diese Ergebnisse, dass Vorbehalte gegenüber gleichgeschlechtlichen Paaren als Adoptiveltern nicht immer so groß sind, wie die Umfrageforschung suggeriert. Es kommt auf die Gesamtkonstellation an, und die kann durchaus schwulen und lesbischen Paaren zum Vorteil gereichen.

Die meisten Forschungsarbeiten, die ein vergleichbares Vorgehen wählten, untersuchten Diskriminierung im Arbeitsleben auf Basis der sexuellen Orientierung. Dabei steht die Frage im Vordergrund, ob Bewerber(inne)n unterschiedlicher sexueller Orientierung gleiche Chancen zugeschrieben werden für eine ausgeschriebene Stelle eingestellt zu werden und ob ihnen zugetraut wird, dass sie in diesem Beruf erfolgreich sind. Wieder sind die Bewerbungsunterlagen der heterosexuellen und lesbischen/schwulen Bewerber(innen), mit Ausnahme der angegebenen sexuellen Orientierung, identisch. Entsprechende Studien zeigen, dass Lesben und Schwule oft negativer bewertet werden als heterosexuelle. Dies hängt vor allem vom gesellschaftlichen Klima gegenüber Homosexualität ab, so dass Diskriminierung in Griechenland oder dem mittleren Westen der USA gefunden wurde, nicht aber in Belgien oder in US-Metro-

---

[33] Vgl. Melanie C. Steffens/Kai J. Jonas, Attitudes towards adoptive parents, child age, and child gender. The role of applicants' sexual orientation, in: Zeitschrift für Familienforschung, Sonderheft 7 (2010) 205–219.

polen.³⁴ Ergebnisse einer eigenen Studie³⁵ zeigen, dass Lesben mehr Kompetenz zugeschrieben wird als heterosexuellen Frauen. Dies war jedoch nur der Fall, wenn sich beide entsprechend des Stereotypes der traditionellen Frau verhielten – beide gaben an, umgezogen zu sein und sich für diese Stelle zu bewerben, weil der neue Wohnort für den Lebensgefährten/die Lebensgefährtin bessere Arbeitsmöglichkeiten bietet. In weiteren Studien³⁶ fanden wir heraus, dass Lesben und Schwule im Vergleich zu gleichqualifizierten heterosexuellen Männern und Frauen fachkompetenter eingeschätzt wurden. Dieses Muster zeigte sich über verschiedene berufliche Kontexte (z. B. Polizei, Grundschule, Ingenieurwesen). Wird jemand als sehr fachkompetent eingeschätzt, sollte dies auch in höhere Chancen übersetzt werden, eine Stelle zu erhalten. Die höhere Zuschreibung von Fachkompetenz bei lesbischen und schwulen Arbeitnehmer(inne)n ging jedoch in unserer Studie nicht mit höheren Einstellungschancen einher. Daher kann hier von einer Diskriminierung aufgrund der sexuellen Orientierung gesprochen werden: Bei gleich hoch eingeschätzter Fachkompetenz hatten heterosexuelle Bewerber(innen) höhere Einstellungschancen als Lesben und Schwule.

---

[34] Einen Überblick liefern Melanie C. Steffens/Claudia Niedlich/Franziska Ehrke, Discrimination at work on the basis of sexual orientation. Evidence from Germany, in: Thomas Köllen (Hg.), Sexual orientation and transgender issues in organizations – global perspectives on LGBT workforce diversity, Heidelberg (erscheint 2015).
[35] Vgl. Claudia Niedlich/Melanie C. Steffens/Jacqueline Krause/Elisabeth Settke/Irena D. Ebert, Ironic effects of sexual minority group membership. Are lesbians less susceptible to invoking negative female stereotypes than heterosexual women?, in: Archives of Sexual Behavior (2014), online: http://link.springer.com/article/10.1007/s10508-014-0412-1/fulltext.html [Stand 05.05.2015].
[36] Vgl. Claudia Niedlich/Melanie C. Steffens, On the interplay of (positive) stereotypes and prejudice. Impressions of lesbian and gay applicants for leadership positions, unveröffentlichtes Manuskript 2015.

Zusammenfassend zeigen die Studien, dass Entscheidungen, die persönliche Karrierechancen beeinflussen, nicht allein auf Basis tatsächlicher Fähigkeiten getroffen werden. Lesben und Schwule können wegen ihrer sexuellen Orientierung Diskriminierung erfahren; in Bezug auf eingeschätzte Fachkompetenz scheinen Lesben und Schwule allerdings gelegentlich einen Vorteil zu haben. Stereotype von Lesben, Schwulen und Heterosexuellen wirken sich offenbar auf (simulierte) Karrierechancen aus. Solche Stereotype können auch Erklärungen für negative Einstellungen bieten, die wir im Folgenden vorstellen.

3. Erklärung negativer Einstellungen

Wie eingangs erwähnt, werden Einstellungen gegenüber Lesben und Schwulen nicht primär als psychologische Phänomene angesehen, sondern sie gelten als sozial-kulturell erworben und als Bestandteile allgemeinerer Werte- und Überzeugungssysteme.[37] So lässt sich erklären, wieso jüngere Menschen positivere Einstellungen haben als ältere: Sie sind mit weniger restriktiven Überzeugungssystemen aufgewachsen.

Ein solches Überzeugungssystem ist das *Gender Belief System*[38] – miteinander zusammenhängende Überzeugungen darüber, wie Frauen und Männer sind, wie sie sich verhalten sollten (und wie nicht), welche gesellschaftlichen Rollen sie einnehmen sollten und so weiter. Stereotype (d. h., gesellschaftlich geteilte Überzeugungen von Merkmalen sozialer Gruppen) von Lesben und Schwulen beinhalten die Überschreitung von Ge-

---

[37] Vgl. Herek/McLemore, Sexual prejudice, 309–333.
[38] Vgl. Kay Deaux/Brenda Major, Putting gender into context. An interactive model of gender-related behavior, in: Psychological Review 94/3 (1987) 369–389.

schlechtsrollen: Lesben seien durchschnittlich maskuliner als heterosexuelle Frauen, Schwule seien femininer als heterosexuelle Männer.[39] Negative Einstellungen gegenüber Lesben und Schwulen sind laut dieser Theorie darin begründet, dass Menschen strikte Anforderungen an Frauen und Männer stellen, sich innerhalb ihrer vorgegebenen Geschlechtsrollen zu bewegen, und gleichzeitig annehmen, dass Schwule und Lesben diese Grenzen überschreiten. Die negativeren Einstellungen von Männern im Vergleich zu Frauen gegenüber Schwulen und Lesben lassen sich dadurch erklären, dass Männer engere Vorstellungen über angemessene Geschlechtsrollen haben als Frauen.[40] Wenn man Einstellungen gegenüber Geschlechtsrollen mit Einstellungen gegenüber Schwulen und Lesben vergleicht, findet man über europäische Länder hinweg einen starken Zusammenhang[41]: In den Ländern mit den liberalsten Geschlechtsrollen sind auch die Einstellungen gegenüber Homosexualität am positivsten: Dänemark, Norwegen, Schweden, Island und die Niederlande. In Ländern mit den restriktivsten Geschlechtsrollen sind die Einstellungen gegenüber Homosexualität am negativsten – so in der Türkei, Moldawien, Georgien und der Ukraine. Länder wie Spanien, wo im Vergleich zu anderen Ländern Südeuropas erstaunlich positive Einstellungen gegenüber Lesben und Schwulen vorliegen, weisen auch die liberalsten Geschlechtsrollen auf.

In einer eigenen Studie haben wir kürzlich getestet, durch welche psychologischen Variablen sich die negativen Einstellungen gegenüber Lesben und Schwulen von Studierenden in Me-

---

[39] Vgl. Bernard E. Whitley Jr., Gender-role variables and attitudes toward homosexuality, in: Sex Roles 45/11–12 (2001) 691–721.
[40] Dies zeigen etwa Mary E. Kite/Bernard E. Whitley Jr., Sex differences in attitudes toward homosexual persons, behaviors, and civil rights. A meta-analysis, in: Personality and Social Psychology Bulletin 22/4 (1996) 336–353.
[41] Vgl. Kuyper/Iedema/Keuzenkamp, Towards tolerance.

xiko erklären lassen.[42] Unter anderem haben wir erfragt, welche Normen die Teilnehmenden an die männliche Geschlechtsrolle anlegten (bspw. „Es ist sehr wichtig für einen Mann, dass ihm alle, die ihn kennen, Respekt und Bewunderung entgegenbringen." und „Ich würde es etwas albern oder peinlich finden, wenn ein Freund im Kino wegen einer traurigen Liebesszene weinen würde."). Wir haben statistisch getestet, durch welche der erfragten Konstrukte sich negative Einstellungen gegenüber Lesben und Schwulen erklären ließen (sog. Multiple Regressionsanalyse). In der mexikanischen Stichprobe erklärten allein männliche Rollennormen negative Einstellungen: Diejenigen mexikanischen Studierenden, die restriktive, traditionelle Vorstellungen dazu hatten, wie Männer sich verhalten sollen (und wie nicht), wiesen die negativsten Einstellungen gegenüber Lesben und Schwulen auf. Diese und viele weitere Befunde stützen die Annahme, dass Einstellungen gegenüber Homosexualität in größere Überzeugungssysteme bezüglich geschlechterangemessenem Verhalten eingebettet sind.

In der erwähnten Studie erhoben wir zum Vergleich dieselben Fragebögen bei Studierenden in Deutschland. Auch in dieser Stichprobe fanden wir, dass diejenigen Studierenden, die traditionellen Männlichkeitsnormen anhingen, die negativsten Einstellungen gegenüber Lesben und Schwulen aufwiesen. Allerdings spielten darüber hinaus drei weitere psychologische Konstrukte eine Rolle: Einstellungen waren umso negativer, je weniger Kontakt zu Lesben und Schwulen die Studierenden gehabt hatten, je weniger wichtig es ihnen war, keine Vorurteile gegenüber Minderheiten zu zeigen, und je religiöser sie waren. Hunderte sozialpsychologischer Studien zeigen, dass Kontakt zu Minderheiten einen erheblichen Beitrag zum Abbau von Vor-

---

[42] Vgl. Steffens/Jonas/Denger, Male role endorsement explains negative attitudes.

urteilen leisten kann.[43] Religiöse Werte sind ebenso wie die erwähnten Überzeugungen bezüglich Geschlechterrollen größere Überzeugungssysteme, die Einstellungen gegenüber homosexuellem Verhalten erklären können.

4. Religion und negative Einstellungen

Betrachtet man die Rolle religiöser Wertesysteme für negative Einstellungen gegenüber Lesben und Schwulen, so sollte zwischen Religionszugehörigkeit und Religiosität differenziert werden. Von Religionszugehörigkeit sprechen wir, wenn wir zwischen verschiedenen Religionen unterscheiden – Juden, Christen, Muslime etc. Auch konfessionelle Differenzen etwa zwischen katholischen, protestantischen oder orthodoxen Christen sind relevant. Wir definieren Religiosität als das Ausmaß, in dem Menschen ihre Religionszugehörigkeit als einen wichtigen Bestandteil ihres Lebens ansehen. Das wird beispielsweise mit Skalen gemessen, die den Grad der Zustimmung zu Aussagen wie „Ich glaube an Gott" erfassen. Wie zahlreiche Studien – die meisten aus den USA – gezeigt haben, berichten religiösere Menschen negativere Einstellungen gegenüber Lesben und Schwulen.[44] Dies mag auf den ersten Blick überraschen, da religiöse Lehren häufig Akzeptanz und Toleranz beinhalten:

> „Die Rolle der Religion ist paradox. Sie bewirkt Vorurteile und sie bewirkt Vorurteilslosigkeit. [...] Die Erhabenheit religiöser Ideale wird vom Horror der Verfolgungen im

---

[43] Vgl. etwa Gregory M. Herek/John P. Capitanio, „Some of my best friends". Intergroup contact, concealable stigma, and heterosexuals' attitudes toward gay men and lesbians, in: Personality and Social Psychology Bulletin 22/4 (1996) 412–424.
[44] Einen Überblick über internationale Studien liefert Whitley Jr., Religiosity and attitudes toward lesbians and gay men, 21–38.

Namen derselben Ideale aufgehoben. Einige Menschen meinen, die einzige Heilung für Vorurteile ist mehr Religion; andere meinen, die einzige Heilung ist die Abschaffung der Religion".[45]

In vielen Religionen ist die Akzeptanz anderer Menschen nicht bedingungslos verankert, sondern auf bestimmte Personengruppen beschränkt. Auch bestimmte Schriftstellen oder theologische Vorstellungen in der jüdischen und christlichen Tradition werden als erklärende Faktoren für negative Einstellungen gegenüber Homosexualität herangezogen.[46]

Religiosität wird von sozialwissenschaftlich Forschenden als mehrdimensionales Konstrukt verstanden.[47] Ein erster Aspekt ist *religiöser Fundamentalismus*: das Ausmaß, in dem jemand von der absoluten Überlegenheit des eigenen Wahrheitsanspruchs und der ihm entsprechenden Lebensformen ausgeht und dies kämpferisch gegen andere verteidigt. Ein zweiter Aspekt ist *christliche Orthodoxie*: das Ausmaß, in dem jemand zentralen christlichen Glaubenssätzen zustimmt. Der dritte Aspekt sind *intrinsische religiöse Motive*: das Ausmaß, in dem ein Mensch gläubig ist. Der vierte Aspekt sind *extrinsische religiöse Motive*: das Ausmaß, in dem jemand Religion benutzt, um nicht-religiöse Ziele zu erreichen (z. B. einer Gemeinschaft an-

---

[45] Gordon W. Allport, The nature of prejudice, Reading/Menlo Park u. a. 1954, 413, zit. nach Thomas E. Ford/Thomas Brignall/Thomas L. van Valey/Michael J. Macaluso, The unmaking of prejudice. How Christian beliefs relate to attitudes toward homosexuals, in: Journal for the Scientific Study of Religion 48 (2008) 146–160.

[46] Vgl. Wade C. Rowatt/Jordan LaBouff/Megan Johnson/Paul Froese/Jo-Ann Tsang, Associations among religiousness, social attitudes, and prejudice in a national random sample of American adults, in: Psychology of Religion and Spirituality 1 (2009) 14–24.

[47] Die folgenden Ausführungen folgen Whitley Jr., Religiosity and attitudes toward lesbians and gay men, 21–38.

zugehören). Jeder dieser Aspekte hängt auf unterschiedliche Weise mit negativen Einstellungen gegenüber homosexuellem Verhalten zusammen. Den wichtigsten Beitrag zur Erklärung negativer Einstellungen gegenüber Homosexualität leistet religiöser Fundamentalismus. Je fundamentalistischer Personen sind, umso negativere Einstellungen geben sie an.[48] Dies hängt auch damit zusammen, dass religiös-fundamentalistische Personen im Allgemeinen zu einer sogenannten autoritaristischen Persönlichkeit neigen: Sie streben nach Konformität und Sicherheit und lehnen daher alles ab, was „anders" und „fremd" ist. Höhere Ausprägungen in christlicher Orthodoxie hingen im Gegensatz zum religiösen Fundamentalismus mit positiveren Einstellungen zu Homosexualität zusammen.[49]

Wenn man Zusammenhänge zwischen Religiosität und Einstellungen gegenüber Homosexualität betrachtet, darf man Religionszugehörigkeit nicht außer Acht lassen, denn religiöse Lehren unterscheiden sich in dem Ausmaß, in dem sie homosexuelles Verhalten verdammen.[50] In einer internationalen Studie, die Daten aus Ländern unterschiedlicher Erdteile umfasste, zeigten Muslim(inn)e(n) die negativsten Einstellungen gegenüber Homosexualität.[51] Im Vergleich dazu zeigten folgende

---

[48] Vgl. etwa Wilson Vincent/Dominic J. Parrott/John L. Peterson, Effects of traditional gender role norms and religious fundamentalism on self-identified heterosexual men's attitudes, anger, and aggression toward gay men and lesbians, in: Psychology of Men and Masculinities 12 (2011) 383–400.
[49] Vgl. Ford/Brignall/van Valey/Macaluso, The unmaking of prejudice; Eunike Jonathan, The influence of religious fundamentalism, right-wing authoritarianism, and Christian orthodoxy on explicit and implicit measures of attitudes toward homosexuals, in: The International Journal for the Psychology of Religion 18 (2008) 316–329.
[50] Vgl. Amy Adamczyk/Cassady Pitt, Shaping attitudes about homosexuality. The role of religion and cultural context, in: Social Science Research 38 (2009) 338–351.
[51] Adamczyk/Pitt, Shaping attitudes about homosexuality.

Gruppen positivere Einstellungen: nicht religiöse Menschen, Katholik(inn)en und Juden/Jüdinnen. Keine (statistisch signifikanten) Unterschiede bestanden zwischen Muslim(inn)en und Protestant(inn)en, Hindus und Buddhist(inn)en. – Der Vergleich zwischen Katholik(inn)en und Protestant(inn)en fällt unterschiedlich aus, je nachdem, welche Länder man betrachtet. Insbesondere der Protestantismus ist in unterschiedlichen sozialen Kontexten unterschiedlich konservativ.[52]

Welche Religionszugehörigkeit in einem Land vorherrscht, kann ebenfalls als Indikator für negative Einstellungen gegenüber Homosexualität dienen.[53] Wenn in einem Land eine Religion vorherrscht, die Homosexualität verdammt, dann beeinflusst das anscheinend auch Kultur, Politik und öffentliche Debatten, so dass auch die Einstellungen der Personen, die dieser Religion nicht anhängen, negativer sind als in anderen sozialen Kontexten.

Die negativen Einstellungen gegenüber Homosexuellen, die bei Muslim(inn)en vorherrschen, erscheinen vielen Menschen in Deutschland besorgniserregend. In einer großen Studie mit Berliner Jugendlichen untersuchte Simon Unterschiede zwischen Jugendlichen ohne und mit Migrationshintergrund (ehemalige UdSSR und Türkei).[54] Beide Gruppen mit Migrationshintergrund wiesen negativere Einstellungen auf als Jugendliche ohne Migrationshintergrund. In beiden Gruppen mit Migrationshintergrund hing – neben bereits erwähnten Variablen wie traditionelle Männlichkeitsnormen – Religiosität mit Einstellungen zusammen: Je religiöser die Jugendlichen waren, umso negativere Einstellungen gegenüber Schwulen und Lesben berichteten sie.

---

[52] Vgl. Kuyper/Iedema/Keuzenkamp, Towards tolerance.
[53] Vgl. Adamczyk/Pitt, Shaping attitudes about homosexuality; Aleksander Stulhofer/Ivan Rimac, Determinants of homonegativity in Europe, in: Journal of Sex Research 46 (2009) 24–32.
[54] Vgl. Simon, Einstellungen zur Homosexualität, 87–99.

Wenn manche Religionszugehörigkeiten mit negativeren Einstellungen gegenüber Homosexualität einhergehen als andere, stellt sich die Frage, ob dieselben oder unterschiedliche Prozesse diese Einstellungen vermitteln. In einer Studie, an der muslimische und christliche junge Männer in Deutschland teilnahmen, gingen wir dieser Frage nach.[55] Wie Simon bereits für Jugendliche berichtete, fanden wir negativere Einstellungen gegenüber Schwulen bei Muslimen als bei Christen. In statistischen Analysen fanden wir Hinweise auf zwei zugrunde liegende Überzeugungen: Einstellungen gegenüber Schwulen waren umso negativer, je weniger maskulin das Stereotyp Schwuler in den Augen der Teilnehmer war und je mehr sie sich von Schwulen in ihrer eigenen Männlichkeit bedroht fühlten. Negativere Einstellungen bei Muslimen als bei Christen ließen sich damit auf die oben eingeführten *Gender Beliefs* zurückführen, die bei Muslimen traditioneller ausgeprägt waren.

Ein Aspekt, der Lesben und Schwule von anderen gesellschaftlichen Minderheiten unterscheidet, ist, dass sie in der Regel in heterosexuellen Familien aufgewachsen sind und ihre Identitäten als Angehörige sexueller Minderheiten typischerweise in der Jugend oder im frühen Erwachsenenalter formen.[56] In unserer bereits erwähnten Studie, in der die Lebenssituation von Lesben und Schwulen mit Migrationshintergrund im Vordergrund stand, wurde auch die Religionszugehörigkeit er-

---

[55] Vgl. Gerhard Reese/Melanie C. Steffens/Kai J. Jonas, Religious affiliation and attitudes towards gay men. The mediating role of masculinity threat, in: Journal of Community & Applied Social Psychology 24/4 (2014) 340–355.

[56] Ebenfalls gibt es das Phänomen des Späten Coming-out – erst nach einer Lebensphase mit heterosexueller Beziehungsführung erfolgt das Coming-out als schwul, lesbisch oder bisexuell, vgl. Melanie C. Steffens/Janine Dieckmann, Der Umgang von Familienangehörigen mit einem späten Coming-out in der Familie, in: Familien- und Sozialverein des LSVD e.V. (Hg.), Homosexualität in der Familie. Handbuch für familienbezogenes Fachpersonal, Köln 2014, 58–76.

fragt.[57] Unter den Befragten mit Migrationshintergrund gaben 35 % an, christlich zu sein, 15 % waren muslimisch (39 % gaben keine Religionszugehörigkeit an, die übrigen andere Religionen). Wir fragten die Teilnehmenden, wie sehr sie der Aussage zustimmen: „Ich finde es schwierig, meine Sexualität mit meiner Religion zu vereinbaren." Fast die Hälfte derjenigen, die eine Religionszugehörigkeit angaben, stimmte dieser Aussage zu. Dies illustriert die schwierige Situation, in der Lesben und Schwule sich befinden, denen ihre Religion wichtig ist, von der sie sich aber ausgegrenzt fühlen.

5. Fazit

Wie die referierten Befunde verdeutlichen, wandelt sich die gesellschaftliche Situation von Lesben und Schwulen hin zu immer breiterer Akzeptanz. Mit Blick auf die katholische Kirche lässt sich festhalten, dass Lesben und Schwule mit einer Lehre und mit Strukturen konfrontiert sind, die es ihnen schwer machen, ihren eigenen Lebensentwurf akzeptiert zu finden. Dies ist ihrem Zugehörigkeitsgefühl zur Glaubensgemeinschaft abträglich. Gleiches gilt für Personen, die eine akzeptierende Haltung gegenüber Homosexualität einnehmen und enge familiäre und freundschaftliche Beziehungen zu Lesben und Schwulen haben. Auch sie begründen Austritte aus der katholischen Kirche mit ihrer öffentlich repräsentierten Einstellung gegenüber Homosexualität. Wie zu Beginn des Kapitels dargestellt, sollte aus unserer Sicht das kirchliche Lehramt von der (anmaßenden) Vorstellung Abstand nehmen, Menschen vorschreiben zu können, was „richtige" Sexualität ist und wie diese gelebt werden darf. Weiterhin sollten auch im Katholizismus Einvernehmlichkeit

---

[57] Vgl. Steffens/Bergert/Heinecke, Lebenssituation von Lesben und Schwulen.

und Selbstbestimmung als moralische Grundwerte von (Homo-)Sexualität etabliert werden. Sozialwissenschaftliche Befunde zeigen, dass unabhängig vom Geschlecht der Partner(innen) gemeinsame Erfüllung in Ehe und Familie möglich ist und darin Gesellschaft wachsen und leben kann. Sich der Akzeptanz anzunähern und sich von der Diskriminierung zu entfernen scheint auf Basis der sozialwissenschaftlichen Befundlage für die katholische Kirche eine Voraussetzung zu sein, damit sie für Lesben und Schwule, für ihre Angehörigen, Freund(inn)e(n) und Unterstützer(innen) eine sinnstiftende Institution darstellen und darüber hinaus die zunehmende Kluft zur rechtlichen und sozialen Realität überbrücken kann.

III.
Theologisch-ethische Auseinandersetzung

Schöpfungsglaube und Homosexualitätskonzepte

Magnus Striet

I.

Leergelebt habe er sich, und deshalb wolle er seinem Leben ein Ende setzen. Wer die letzten *Notate* von Fritz J. Raddatz, einem der scharfzüngigsten Literaturkritiker der Nachkriegszeit liest, muss schon sehr abgebrüht sein, um sich nicht anrühren zu lassen. Raddatz hat sich das Leben genommen. In seiner Jugend hat er massive psychische und physische Verletzungen erleiden müssen. Er ist sexuell missbraucht worden. Sein Leben war umtriebig, bunt – er hat es ausgekostet. In seinem Empfinden war er homosexuell orientiert, und er hat sich schließlich fest in einer eingetragenen Lebenspartnerschaft an seinen Freund gebunden.

Aber auch diese Beziehung scheint ihn schließlich nicht mehr so getragen zu haben, dass eine andere Sehnsucht, dass endlich Schluss mit allem sei, nicht immer mehr die Oberhand über ihn gewonnen hätte. Aber darf man seinem Leben ein Ende setzen?

Raddatz ist da entschieden, ja, man darf. In den *Notaten* ringt er nur mit einer Frage. Er selbst will nicht mehr, besser: Er kann nicht mehr, zu stark ist das Gefühl von Leere und erwartungsloser Zukunft. Aber wie wird sein Partner auf den Suizid reagieren? Es gibt keinen Grund, den Aufzeichnungen nicht zu trauen: Raddatz hatte offensichtlich zunächst nicht vor, sich ihm vorab zu erklären, hat es dann aber doch getan. Hat er es als Befreiung erlebt, um diesen letzten für ihn notwendigen Schritt in den Tod gehen zu können? Wer weiß es, vielleicht sein Lebenspartner. Liest man die *Notate*, versucht man, sich in sie hineinzuempfinden, so scheint mir eines sehr klar zu sein: Zwar schillert hier alles, so wie das Leben insgesamt schillert – häufig undurchsichtig für die, die es zu leben und zu gestalten haben. Eines aber kann mit Gewissheit gesagt werden: Wenn Raddatz damit haderte, sich das Leben zu nehmen, dann war es das gelebte Leben, das heißt die Beziehung mit seinem Lebenspartner, die ihn zögern ließ.

Nicht die Legitimität des Suizids ist Thema dieser Abhandlung[1], sondern die gelebter Homosexualität. Ich setze bei meinen Überlegungen zur Homosexualität aus zwei Gründen mit der Erinnerung an diesen Suizid an, der die großen Feuilletons zu Anfang des Jahres 2015 beschäftigt hat. Über sexuelles Empfinden zu arbeiten, geht wohl nur in der Abstraktion des Begriffs, aber: Dieses Empfinden gibt es nur als das Empfinden konkreter Individuen. Es ist leibgebunden, und: Es ist strikt individuell – und weiter: Es ist eingebunden in ein sozial-kulturelles Umfeld. Die Biographie von Raddatz ist drastisch. Aber daraus lässt sich kein Argument ableiten, nun sein homosexuelles Empfinden zu pathologisieren. Dazu bedürfte es eines normativen Begriffs ursprünglich gesunder Sexualität. Dass es einen solchen nicht gibt, wird zu zeigen sein. Ebenso wichtig ist, dass es auf eine Denunziation von homosexuell lebenden Menschen hinausliefe, ihnen zu unterstellen, sie lebten keine Verbindlichkeit. Schaut man sich die *Notate* von Raddatz an, so wird man sagen müssen, dass das gelebte Leben in diesem Fall in eine verbindliche Form überführt wurde. Und das ist Freiheit, sich dazu zu bestimmen, etwas zu wollen, und zwar bezogen auf das, was empfunden und erlebt wird. Ob es dann gelingt, das Gewollte auch durchzuhalten, steht auf einem anderen Blatt. Raddatz hat sein Versprechen, sein Leben mit diesem Partner gestalten zu wollen, eingelöst. Andernfalls wäre nicht zu erklären, warum seine größte Not in den letzten Wochen seines Lebens, als er be-

---

[1] Vgl. hierzu ausführlicher meine Überlegungen in: Gottes Schweigen. Auferweckungssehnsucht – und Skepsis, Mainz 2015.

reits beschlossen hatte, ihm ein Ende zu setzen, darin bestand, wie er diesen Schritt seinem Partner erklären solle.

II.

Es hieße Eulen nach Athen zu tragen, nochmals belegen zu wollen, dass sich die katholische Theologietradition bis heute extrem schwer tut, mit dem Faktum homosexuell orientierter Menschen umzugehen. Präzisiert muss man zwar sagen: In weiten Teilen der Theologie ist es inzwischen (verschwiegen oder offen) zu Korrekturen gekommen, während die vom Lehramt vertretene Theologie meint, auf der Nichtakzeptanz homosexueller Partnerschaften insistieren zu müssen.[2] Zugegebenermaßen hat sich der Pastoralton verändert. Immerhin ist immer häufiger zu hören, dass man selbstverständlich homosexuellen Menschen Achtung entgegenbringen müsse. Akzeptanz auf der Ebene der Doktrin finden homosexuelle Lebenspartnerschaften aber weiterhin nicht. Gleichzeitig kommt es auf der Ebene des kirchlichen Lebens zunehmend zu offenen Kollisionen, wenn homosexuell liebende Menschen, die sich gleichzeitig als christlich-gläubig empfinden, ihre Beziehung durch Segnung oder auch sakramental, d. h. in kirchlicher Gemeinschaft und somit in expliziter Bezugnahme auf den Gott, der sich im Glauben von Christinnen und Christen als er selbst im Leben des Juden Jesus von Nazareth offenbar gemacht hat, vertiefen wollen. Man könnte entgegnen, sie *beschreiben* sich zwar als christlich – sind es aber nicht, eben weil sie ihr homosexuelles Empfinden leben. Dass dem nicht so ist, wollen die folgenden Ausführungen begründen. Ich plädiere deshalb dafür, einen neuen Begriff ein-

---

[2] Vgl. die eingehenden Rekonstruktionen und Analysen von Stephan Goertz in diesem Band.

Magnus Striet

zuführen, den der *sakramentalen Partnerschaft*. Dieser Begriff soll integral wirken, das würdigen, was versucht wird: verbindlich unter den Vorzeichen des Gottes zu leben, der freiheitsliebende Liebe ist, und dies ohne partnerschaftliches Leben in seiner Wertigkeit zu gradualisieren und es damit an einem a priori gesetzten Ideal von Partnerschaft zu bemessen.

III.

Ich werfe zunächst einen kursorischen Blick auf die lehramtlich vertretene Theologie. Gewiss haben sich die lehramtlichen Äußerungen zu einem gelebten homosexuellen Empfinden in einem Punkt inzwischen modifiziert. Während man homosexuelles Leben, nachdem im 19. Jahrhundert Homosexualität als eine Variante menschlicher Sexualität beschrieben wurde, zunächst scharf verurteilte, homosexuell lebenden Menschen ewige Strafen angedroht wurden, hat sich die Tonlage inzwischen modifiziert. In der grundsätzlichen Einschätzung homosexuellen Empfindens ist die Lehre aber keineswegs günstiger geworden. Respektiert werden die Personen, nicht aber wird deren Lebensform Wertschätzung entgegengebracht. Diese wird weiterhin an einer vermeintlich objektiven Norm bemessen, und die ist in der Einschätzung der Lehramtstheologie die des Zusammenlebens von Mann und Frau. Homosexuelles Empfinden wird in dieser Logik als widernatürlich interpretiert. Natürlich ist das, was als von Gott selbst gewollt und gesetzt gilt.

Interessant wäre natürlich zu erfahren, wie begründet wird, dass es überhaupt Menschen gibt, die „tiefsitzende homosexuelle Tendenzen"[3] zeigen. Wenn etwas als „objektiv ungeordnet"[4]

---
[3] Katechismus der Katholischen Kirche (1997), Nr. 2358.
[4] Ebd.

nicht nur beschrieben, sondern beurteilt wird, wüsste man gerne, wie diese objektive Unordnung in eine Welt kommt, die – theologisch – als Gottes gute Schöpfung beschrieben wird. Logisch betrachtet gibt es hier nicht allzu viele Möglichkeiten. Letztlich nur eine, die aber, wenn ich es recht sehe, nur noch sehr verhalten vorgetragen wird. Wenn nicht Gott selbst diese vermeintliche Unordnung in die Welt gebracht hat, was den Gottesbegriff unerträglich anspannen würde, dann bleibt nur der Mensch – was hieße: Homosexuelles Empfinden und allemal eine diesem Empfinden entsprechende Praxis ist nichts anderes als Folge der Sünde.

Nun gibt es unterschiedliche humanwissenschaftliche Verstehensversuche, die Hinneigung zum gleichen Geschlecht zu erklären. In einem Punkt aber kommen alle Erklärungsversuche überein. Niemand verantwortet sein Hingezogensein zu einem anderen Geschlecht oder auch zum gleichen Geschlecht. Es gibt *faktisch* Varianten des Begehrens, und es ist durchaus auch möglich, dass sich dieses Begehren im Verlauf einer Biographie modifiziert, ein anderer Partner mit dem gleichen biologischen Geschlecht fasziniert – Gefühle auslöst, die nicht mehr oder nur noch schwer gewaltsam gegen sich selbst zu verdrängen sind. Angesichts der existentiellen Bedeutung dieser Phänomene für Menschen würde man von denen, die von objektiver Unordnung reden, gerne wissen, wie sich das Hingeneigtsein eines Menschen zu einem Menschen gleichen Geschlechts erklärt. Wer nun freilich meint, auf eine adamitische Schuld rekurrieren zu können, hat das gesamte evolutionsbiologische, humanwissenschaftliche und psychologische ‚Wissen' – ich setze den Begriff in Anführungszeichen, da unter gegenwärtigen epistemischen Bedingungen alle Wissensbildung nicht mehr als Hypothesenbildung darstellt – gegen sich.

Schwerwiegender aber noch ist der Selbstwiderspruch, in den sich eine solche theologische Position verstrickt. Wenn eine Lebensform, sprich: Selbstwahl von Freiheit und damit freiheitliche Lebenspraxis als objektiv ungeordnet bezeichnet wird, so ist deutlich zu machen, *woher* diese Norm bezogen und wie sie begründet wird. Als Quellen theologischer Erkenntnis wird immer wieder auf Schrift und Tradition verwiesen. Dies ist sicherlich nicht falsch, allerdings müsste man hier präzise sagen, was gemeint sein kann und wie Schrift und Tradition zu Quellen theologischer Normativität werden. Nicht angehen kann indessen, biblische Texte zu ‚Homosexualität' eins zu eins auf heutige Fragen zu übertragen. Zumal biblische Texte nicht einfachhin Wort Gottes, sondern zunächst einmal das Ergebnis theologischen, und das heißt menschlichen Nachdenkens sind.

Alttestamentlich gibt es schroffe Verurteilungen männlichgleichgeschlechtlicher Praktiken, aber: Diese haben einen völlig anderen Hintergrund als im Konzept homosexuellen Begehrens, um das es in diesen Überlegungen geht. In den Zeiten, als die Schriften des Alten Testaments entstanden, sollen Männer Kinder zeugen, damit die Sippe überleben kann. Hier geht es nicht um das gleichgeschlechtliche Empfinden von Männern, und von Frauen ist überhaupt nicht die Rede; es geht um die Funktion von Sexualität, die diese für das Überleben der Sippe ausübt. Deshalb spielt lesbische Liebe in diesen Texten auch überhaupt keine Rolle; sie kommt schlicht nicht vor, weil sie im Kontext einer patriarchalen Gesellschaft gar nicht in den Fokus gelangen kann. Und auch der Kontext der Thematisierung homosexueller Praktiken im Buch Genesis (das Gericht über Sodom in Gen 19) ist ein völlig anderer als der hier beschriebene. Verboten wird die Vergewaltigung von Männern durch Männer; es geht um die Verteidigung von Gast- und Schutzrechten. Nicht aber geht es um das Phänomen gegenseitiger gleichgeschlechtlicher Hinneigung.[5] Auch der immer wieder bibel-

---

[5] Vgl. hierzu die Ausführungen von Thomas Hieke in diesem Band.

theologisch begründete Hinweis, Gott habe den Menschen als Mann und Frau geschaffen und deshalb sei ausschließlich die heterosexuelle Beziehung schöpfungstheologisch legitimiert, geht am historischen Kontext von Gen 1,26f. und Gen 2,24 vorbei. Wenn man so will, geht es hier um Egalisierungspolitik bei gleichzeitig beschriebener Differenz. Mann und Frau sind vor Gott insofern gleich, als sie in ihrer Bezogenheit Bilder Gottes sind: Es wird mithin wertgeschätzt, dass Menschen Beziehungswesen sind. Lässt sich daraus aber ableiten, gleichgeschlechtliches Empfinden dürfe nicht in Partnerschaft münden? Eine solche sei nicht Abbild Gottes? Wenn mit Rekurs auf die Bibel gegen Homosexualität polemisiert wird, dann gegen ein Konzept, das nichts mit dem heutigen, humanwissenschaftlich-psychologischen Konzept von Homosexualität zu tun hat.

Grundsätzlich ist zu einem solchen Gebrauch von Bibeltexten als theologische Erkenntnisquelle zu sagen, dass dieser hermeneutisch unterkomplex und systematisch fatal ist. Biblische Texte verdanken sich menschlicher Autorenschaft, was bedeutet, dass sie zeitgeschichtlich verhaftet sind. Deshalb müssen sie historisch rekonstruiert, interpretiert und in ihrer Aussageintention erhellt werden. Aber selbst wenn dies geschehen ist, können sie noch keine unbefragte normative theologische Bedeutung entwickeln. Die Texte haben sich aus den Problemkonstellationen und den Wissenskontexten der damaligen Zeit entwickelt, und deshalb ist ihnen nicht zu unterstellen, dass sie notwendig Antworten auf die Fragen anderer Zeiten geben. Und selbst wenn es biblisch zu Verurteilungen gleichgesinnter homosexueller Lebensgemeinschaften gekommen wäre, so wäre zu fragen, ob diese nicht im Medium des heutigen humanwissenschaftlichen Wissens zu revidieren wären. Kein Text kann unbefragt normative Ansprüche entwickeln, und das gilt auch für Texte, die als heilig gelten beziehungsweise in einem Kanon vorgehalten werden. Auch Kanonisierungsprozesse lassen sich historisch rekonstruieren. Bezogen auf die hier vorgetragenen Überlegungen zum Phänomen gleichgeschlechtlichen Begehrens müssen diese grundsätzlichen bibelhermeneutischen Erwägungen aber nicht einmal angestellt werden, da die Texte, aus denen immer wieder das Verbot praktizierter homosexueller Liebe abgeleitet wird, ganz andere Fragen thematisieren. Ich würde sogar weiter gehen: Liest man diese Texte präzise, so lässt sich aus ihnen eine scharfe Kritik an einer Theologie ableiten, die meint, gleichgeschlechtlich Liebende sanktionieren zu dürfen. Diese Texte streiten um das, was modern gesprochen im Begriff der Menschenwürde zum Ausdruck gebracht wird.

IV.

Kaum nachvollziehbar ist auch, dass homosexuelle Partnerschaften immer wieder deshalb heterosexuellen gegenüber abgewertet werden, weil diese nicht offen für Nachkommenschaft seien. Zunächst wird man feststellen dürfen, dass es in der Welt nicht gerade einen Mangel an Menschen gibt. Selbst wenn man den funktionalen Aspekt gelebter Sexualität in der Bewertung gleichgeschlechtlichen Lebens berücksichtigen wollte, entfiele dieses Argument bereits wegen mangelnder empirischer Stichhaltigkeit. Dies ist damit auch eine Anfrage an eine Rede von der Sakramentalität der Ehe heterosexueller Partner, die davon ausgeht, diese müsse grundsätzlich offen sein für Nachkommenschaft.[6] Man fragt sich, wie dies begründet wird. Einfach auf Gen 1,28 („Seid fruchtbar, und vermehrt euch") zu verweisen, greift schon aufgrund veränderter soziologischer Wirklichkeiten zu kurz. Wie bereits herausgestellt, wird, indem die Gott-

---

[6] Vgl. die Nachweise von Stephan Goertz in diesem Band, vor allem Anmerkung 118.

ebenbildlichkeit von Mann und Frau betont wird, die Frau in einer immensen Weise aufgewertet. Fruchtbar zu sein muss unter gegenwärtigen Bedingungen keineswegs notwendig mit biologischer Fruchtbarkeit gleichgesetzt werden. Kann es nicht eine Sakramentalität von Partnerschaft geben, die auf biologische Nachkommenschaft verzichtet? Entweder freiwillig oder weil dies, wie im Fall gleichgeschlechtlichen Liebens, nicht möglich ist?

Bevor ich den Aspekt der Sakramentalität weiterverfolge, sind aber einige grundsätzliche Überlegungen vonnöten, wie überhaupt unter gegenwärtigen Reflexionsbedingungen ethisch-moralische Qualifizierungen von menschlichen Lebenswirklichkeiten erfolgen können. In Theologiekontexten weithin üblich werden diese unter den Vorzeichen einer Wesensnatur des Menschen vorgenommen. Was diesem Wesen entspricht, wird zugleich mit dem Willen Gottes identifiziert, und damit ist dann der Maßstab gesetzt, an dem reale Lebenswirklichkeiten bemessen werden. Unübersehbar ist aber auch, dass normative Aussagen auf der Basis von biologischen Beschreibungen getätigt werden, ohne jeweils präzise zu kennzeichnen, wann die Ebene der Beschreibung verlassen wird und wie und in welcher Instanz nun das Beschriebene normiert wird. Auch bei der Rede von einer „Ökologie des Menschen"[7] lässt sich dies beobachten. Pro-

---

[7] Benedikt XVI., Ansprache im Deutschen Bundestag, in: Apostolische Reise Seiner Heiligkeit Benedikt XVI. nach Berlin, Erfurt und Freiburg, 22.–25.09.2011. Predigten, Ansprachen und Grußworte (= Verlautbarungen des Apostolischen Stuhls 189), Bonn 2011, 30–38, 37: „Es gibt auch eine Ökologie des Menschen. Auch der Mensch hat eine Natur, die er achten muss und die er nicht beliebig manipulieren kann. Der Mensch ist nicht nur sich selbst machende Freiheit. Der Mensch macht sich nicht selbst. Er ist Geist und Wille, aber er ist auch Natur, und sein Wille ist dann recht, wenn er auf die Natur achtet, sie hört und annimmt als der, der er ist, und der sich nicht selbst gemacht hat." Zwar fällt es alles andere als leicht, den hier verwendeten Naturbegriff zu verstehen, aber: Offensichtlich unterscheidet Benedikt XVI. eine Na-

blematisch ist dies aus zwei Gründen. Zunächst kann das Faktische aus sich selbst heraus keine normativen Ansprüche bilden. Über dies hinaus gibt es das Faktische so nicht. Oder aber der Begriff des Faktischen wird so ausgedehnt, dass er plurale Phänomene zu integrieren vermag. Dann aber könnte man problemlos sagen, dass auch homosexuelle Partnerschaften gelebt werden dürfen, weil es solche Orientierungen nun einmal gibt.

Erstaunlich ist die Begründungsstruktur von bis heute vorgetragenen Argumenten gegen praktizierte homosexuelle Neigung im römisch-katholischen Raum angesichts der gleichzeitig immer wieder zu hörenden Vernunftinsistenz. Nun kann man sich selbstverständlich darüber streiten, was im Begriff Vernunft gedacht wird, was also mit welchen Gründen und in welcher Instanz vorgetragen als vernünftig gelten darf. Und eben hier liegt das Problem. Dass nicht unmittelbar aus ‚der' Natur moralisch-ethische Ableitungen vorgenommen werden können, sollte unmittelbar einleuchten und wird auch seit Jahrzehnten immer wieder herausgestellt.[8] Es macht gerade ‚die' Natur des Menschen aus, nicht einfach zu existieren, in diesem Sinn nicht ‚natürlich' zu sein, sondern die Fähigkeit der relativen Selbststeuerung, d. h. die von Freiheit zu besitzen. Nur weil dies so ist, öffnet sich die Dimension des Moralischen und Ethischen. Was zuvor nur war, kann nun qualifiziert werden. Dann aber ist ausschließlich entscheidend, *wie* es qualifiziert wird.

---

tur von dem, was er Geist und Wille nennt. Da indessen immer wieder zu hören ist, Gott habe den Menschen als Mann und Frau geschaffen, darf sehr wohl gehört werden, dass gleichgeschlechtliche Liebe gegen die „Ökologie des Menschen" verstoße. Mithin wird Heterosexualität als einzig mögliche Ökologie gesetzt.

[8] Vgl. hierzu meine eigenen Analysen in: *Ius divinum* – Freiheitsrechte. Nominalistische Dekonstruktionen in konstruktiver Absicht, in: Stephan Goertz/Magnus Striet (Hg.), Nach dem Gesetz Gottes. Autonomie als christliches Prinzip (= Katholizismus im Umbruch Bd. 2), Freiburg i. Br. 2014, 91–128.

Wie bereits gezeigt, rekurriert man diesbezüglich in der vom Lehramt vertretenen Theologie immer noch auf das, was dann als Schöpfungsordnung beziehungsweise als Naturrecht apostrophiert wird. Allerdings wüsste man gern, wie genau diese Ordnung beziehungsweise dieses Recht auf Gott selbst zurückgeführt wird. Wenn man das Kriterium biologischer Fortpflanzungsfähigkeit als Kriterium nimmt, so wird man nicht umhin können, von einem naturalistischen Fehlschluss zu sprechen. Und selbst wenn Gott Fortpflanzung wollte, was ja durchaus zu unterstellen ist, so lässt sich daraus noch kein hinreichendes Argument gegen Partnerschaften ableiten, die die Weitergabe des Lebens entweder nicht wollen oder aber nicht vermögen. Wichtiger aber noch ist ein anderes Argument. Wenn das, was ist, als mit dem Willen Gottes übereinstimmend bestimmt wird, müsste ja gewusst werden, was der Wille Gottes ist. Andernfalls wäre die Argumentationsstruktur zirkulär. Nun ist jedes Verstehen zirkulär, d. h. es gibt nicht den absoluten Ausgangspunkt. Wenn ich aber hypothetisch setze, dass der freie Gott will, dass Menschen ihr Leben freiheitlich gestalten, sich wertschätzend und in ihrer Personwürde unbedingt anerkennend, dass auch das Begehren und die auf einem solchen Begehren aufbauende Partnerschaft unter Anerkennung dieser Kriterien gelebt werden soll und alles andere diesen unterzuordnen ist, so entfällt jedes Argument gegen die praktizierte gleichgeschlechtliche Liebe. Nochmals: Den Willen Gottes so zu bestimmen, ist hypothetisch – es kann nicht mit hinreichender Gewissheit begründet werden. Aber, so möchte ich zurückfragen, wäre ein anderer Gott, der die Freiheit des Menschen und damit die Personwürde aller unabhängig davon, wie sie nun einmal empfinden und begehren, nicht achtet, überhaupt akzeptabel? In einem moralischen Koordinatensystem, das sich in der Personwürde des Menschen festmacht?

Ob das immer wieder bemühte, Jesus zugeschriebene Wort von der Unauflöslichkeit der Ehe sich als Einwand dagegen nehmen lässt, theologisch gleichgeschlechtliche Liebe und Partnerschaft akzeptieren zu können, ist sehr fraglich. Es lässt sich schon in der Debatte um die mögliche Wiederzulassung wiederverheiratet Geschiedener zur Eucharistie, wie sie seit Jahrzehnten geführt wird, nur schwerlich bemühen, da es auch hier um einen anderen Problemkontext geht[9], und erst recht lässt sich daraus nicht ableiten, Jesus habe gleichgeschlechtliche Partnerschaften selbstverständlich grundsätzlich abgelehnt. Er hat sie faktisch nicht im Blick gehabt, und das verwundert nicht. Er war ein Mann der Kulturkontexte seiner Zeit, und in diesen Kontexten gab es das Konzept von homosexuellem Empfinden, das Menschen auf Augenhöhe voraussetzt, noch nicht; und selbstverständlich gab es auch das humanwissenschaftliche Wissen um die Diversität der Strukturen menschlichen Begehrens noch nicht. Aber angesichts der Deliberationspolitik, die das Denken der Theologen Israels bestimmte und in dem es um möglichst große Freiräume für die Einzelnen ging, solange Grundregeln gerechten Zusammenlebens gewahrt blieben, eine Politik, die Jesus unerschrocken weitertrieb, würde es sehr verwundern, wenn er unter anderen Wissensbedingungen Probleme mit gleichgeschlechtlich empfindenden Menschen gehabt hätte.

---

[9] Vgl. Eberhard Schockenhoff, Chancen zur Versöhnung? Die Kirche und die wiederverheiratet Geschiedenen, Freiburg i. Br. 2011, 36–48.

V.

Man muss den Begriff der sakramentalen Ehe nicht aufgeben, aber es wäre aus moralphilosophisch-anerkennungstheoretischen Gründen und vor allem auch, und dies ist ja hier entscheidend, aus theologischen Gründen darüber nachzudenken, ob nicht ein neuer, weiterer Begriff ausgebildet werden müsste, der der sakramentalen Partnerschaft, um der seit biblischen Zeiten aufgebrochenen Einsicht, dass der geglaubte Gott menschliche Freiheit nicht nur akzeptiert, sondern will, gerecht zu werden. Wenn schöpfungstheologisch denkbar ist, dass Gott nicht normativ vorschreibt, sondern dessen ‚Gesetz' für den Menschen ist, sich in Freiheit entwerfen und lieben zu dürfen, so wäre ein solches Leben sakramental, wenn es sich unter den Vorzeichen Gottes vollzieht – d. h.: sich aus seinem Zuspruch des *Ich bin der, der ich für Euch da sein werde* vollzieht.[10] So sakramental zu denken, bedeutet, das Verständnis des Sakramentalen aus der inneren Mitte des Glaubens heraus zu entwickeln, und diese besteht in der Logik des Glaubens aus der vom Anfang der Schöpfung an existierenden Liebe Gottes zu dieser und zumal zum Menschen – eine Liebe, die sich nach christlicher Überzeugung in der Menschwerdung Gottes in geschichtlich nicht überbietbarer Weise bewahrheitet hat. Was aus dieser Grundüberzeugung des Glaubens heraus als Vollzug des Sakramentalen gelten darf, ist freilich in geschichtlich kontingenten Prozessen auszuhandeln – ohne dass dies nun der Beliebigkeit anheimgestellt würde. Das Kriterium ist der Glaube, seine Mitte selbst. Allerdings muss auch dieser bestimmt werden. Aber spricht etwas dagegen, diese so zu bestimmen, wie ich dies in verdichteter Weise gerade versucht habe?

---

[10] Vgl. hierzu ausführlicher Magnus Striet/Rita Werden, Welcher Gott will welches Gesetz?, in: HerKorr 69 (2015) 19–23.

Meines Erachtens spricht nichts dagegen, diesen Namen Gottes, der biblisch als Selbstzuschreibung Gottes erklärt wird, so auszudeuten, wie ich dies gerade getan habe und daraus dann die sakramententheologischen Konsequenzen zu ziehen. Oder vielleicht doch nur eines: Dass das römisch-katholische Lehramt dann eine Korrektur an seiner Theologie anbringen müsste, an einer Tradition theologischen Denkens – die als konstitutiv für das Katholische im 19. Jahrhundert erfunden wurde. Es ist eine Tradition infallibler Gewissheitsvermutung, die hier begründet wurde. Damit soll nicht gesagt werden, dass nicht auch zuvor das Lehramt beansprucht hat, authentisch auslegen zu dürfen und zu können. Aber seitdem werden Korrekturen (selbst verschwiegene) immer diffiziler, weil die Autorität des Amtes jeweils mit auf dem Spiel steht. In gewisser Weise gibt es seitdem eine Selbstfesselung, die angesichts der Dynamiken sich transformierender Gesellschaften dazu führt, dass die Schere zwischen dem, was gelehrt und gelebt wird, immer weiter auseinander geht. Und je weiter dieser Prozess voranschreitet, umso entschiedener wird eine Tradition von Normativität erfunden, die aber schon dem historischen Blick und erst recht keiner systematischen Überprüfung standhält.

Aber wer sich selbst fesselt, meint, nicht korrigieren zu können, um – reflexiv bewusst oder nicht (letztere Variante scheint mir allerdings die wahrscheinlichere zu sein) – die eigene Autorität nicht zu gefährden, darf nicht damit rechnen, dass sich Menschen in ihrem Empfinden dadurch dauerhaft fesseln lassen. Das Leben drängt danach, gelebt zu werden, und dauerhaft lassen sich weder die Liebessehnsucht noch mit ihr die Freiheit unterdrücken. Theologisch könnte diese Freiheitssehnsucht und der Emanzipationswille aus ungerechter Bevormundung in den biblisch bezeugten Prozessen eines Ausbruchs aus Unmündigkeit gründen, der sich in Gott selbst festmacht: Der *Ich bin, der ich für Euch da sein werde* verführt geradezu dazu, Freiheit zu riskieren – den eigenen Sehnsüchten stattzugeben.

Zwischen „himmelschreiender Sünde" und „Geschenk der Liebe"

Konzepte und Bewertungen von Homosexualität in der Moraltheologie und im römischen Lehramt

Stephan Goertz

> »These doctrines could not in practice do what they wanted to do: they could not both affirm human dignity and deny human love.«
> *Andrew Sullivan*

Homosexualität ist ein junges Thema in der lehramtlichen Verkündigung der Katholischen Kirche mit einer langen biblischen und theologischen Vorgeschichte. Erst in der Mitte des 19. Jahrhunderts wird sie auf den uns heute geläufigen Begriff gebracht. Und erst am Ende des 20. Jahrhunderts findet sie Beachtung in Dokumenten des römischen Lehramtes. In den Jahrzehnten zwischen Entdeckung und römischer Stellungnahme versucht die Moraltheologie, ihre in Jahrhunderten verfestigte Bewertung gleichgeschlechtlicher sexueller Handlungen der neuen Zeit entweder entgegenzuhalten oder aber im Lichte neuer Erkenntnisse und Erfahrungen zu revidieren. So lassen sich zu Beginn des 21. Jahrhunderts verschiedene Konzepte und unterschiedliche Bewertungen erkennen. Das moraltheologische Urteil über Homosexualität befindet sich in einem Umbruch, der zunehmend auch auf lehramtlicher Ebene registriert und kommentiert wird. Bevor die moraltheologische und lehramtliche Entwicklung rekonstruiert werden soll, gilt es, sich den tiefreichenden gesellschaftlichen Wandel im Umgang mit Homosexualität und Homosexuellen vor Augen zu führen. In einer theologischen Kategorie könnte man von einem Zeichen der

Zeit sprechen, das die katholische Kirche zu einer eigenen Deutung herausfordert.

1. Entdeckung der Homosexualität und Emanzipation der Homosexuellen

In der zweiten Hälfte des 20. Jahrhunderts kommt es in den liberalen Gesellschaften des Westens in der ethischen Beurteilung und rechtlichen Bewertung von Homosexualität zu einem historisch unvergleichlichen Emanzipationsschub. Der Anspruch von Homosexuellen, vor Gewalt und Diskriminierung geschützt zu werden, findet weithin Anerkennung. Als normatives Prinzip hat sich die Überzeugung größtenteils durchgesetzt, dass Intimbeziehungen zwischen Homosexuellen „eine legitime Beziehungsform"[1] darstellen. Benachteiligungen von sexuellen Minderheiten werden nach und nach abgebaut. Zugleich sind negative Einstellungen gegenüber Homosexualität noch immer verbreitet.

Der neue Blick auf die gleichgeschlechtliche Sexualität setzt in der Mitte des 19. Jahrhunderts ein und steht im Zusammenhang mit dem neuzeitlichen Projekt, „die Schuldigen und Sünder von den Kranken zu trennen"[2]. Aus dem zu bestrafenden Sünder wird der zu behandelnde Kranke. So soll der gesellschaftliche Umgang mit Abweichung humanisiert werden. Die neu entstehenden Humanwissenschaften treten dabei in Deutungskonkurrenz zu den etablierten Instanzen der Normsetzung, dem Recht und der Religion. Dass jedoch die Kategorisierung als Krankheit der beabsichtigten Humanisierung

---

[1] Axel Honneth, Das Recht der Freiheit. Grundriß einer demokratischen Sittlichkeit, Berlin 2011, 253.
[2] Peter Fiedler, Sexuelle Orientierung und sexuelle Abweichung, Weinheim/Basel 2004, 4.

keineswegs immer dienlich war, belegt etwa der Umgang mit der ‚sexuellen Abweichung' der Masturbation, der im 19. Jahrhundert drastische Formen der Disziplinierung annahm und bis weit hinein ins 20. Jahrhundert „kollektive Angst und Schuldgefühle"[3] auslöste. Auf die gleichgeschlechtliche Sexualität richtet sich das besondere wissenschaftliche und öffentliche Interesse seit der Mitte des 19. Jahrhunderts. Es erscheinen „zunehmend deutschsprachige Veröffentlichungen, die sich mit der ‚Unzucht zwischen zwei Individuen männlichen Geschlechts' befassen und diese gerichtsmedizinisch und psychiatrisch einordnen. Bis etwa 1914 entsteht eine beispiellos dichte Folge von Publikationen […] über die ‚conträre Sexualempfindung'. Das Thema wird zum Hauptgegenstand der neuen Sexualwissenschaft. Unter Zuhilfenahme medizinischer Begründungen wird das Strafrecht verschärft."[4] Die Prägung des Begriffs Homosexualität wird auf den unter dem Pseudonym Karl-Maria Kertbeny publizierenden Karl-Maria Benkert (1869) zurückgeführt. Da sich zu Homosexualität sehr leicht Heterosexualität als Antonym formulieren ließ und beide Ausdrücke gut in andere Sprachen zu übersetzen sind, verbreitet sich das neue Wort bald in Europa und den Vereinigten Staaten und löst andere Neologismen (Urning/Urningin) bzw. Begriffe (conträre Sexualempfindung, Inversion) ab.[5]

---

[3] Ebd.
[4] Rüdiger Lautmann, Soziologie der Sexualität. Erotischer Körper, intimes Handeln und Sexualkultur, Weinheim 2002, 393. Dabei ist zu beachten, dass im französischen Code pénal von 1810 und in Folge dessen in den meisten romanischen Ländern die Strafbarkeit des gleichgeschlechtlichen sexuellen Verhaltens aufgehoben wurde. In Deutschland und Österreich sah die Rechtsentwicklung anders aus. Vgl. den knappen Überblick von Friedrich-Christian Schroeder, Homosexualität, 2. Rechtlich, in: Lexikon der Bioethik Bd. 2, 227f.
[5] Vgl. zur frühen Begriffsgeschichte Magnus Hirschfeld, Die Homosexualität des Mannes und des Weibes (1914), 2., um ein Vorwort von Bernd-Ulrich Hergemöller ergänzte Neuauflage der Ausgabe von 1984, Berlin/New York 2001,

Fortan stehen sich für nahezu ein Jahrhundert zwei Richtungen gegenüber. Die einen sehen in der Homosexualität einen *psychopathischen Zustand,* dessen sich die zuständigen Wissenschaften und die Justiz mit all den heute bekannten negativen Konsequenzen annehmen sollen, die anderen suchen nach einem Ausweg aus der Repression, die mit den Benennungen der Homosexualität als Perversion oder Degeneration einhergeht und behaupten eine *Gleichwertigkeit* unterschiedlicher sexueller Empfindungen. Ihnen kommt entgegen, dass in der neu entstehenden Sexualwissenschaft, wie sich an Sigmund Freud studieren lässt, die Vorstellung einer normalen Sexualität dekonstruiert wird.[6] Homosexualität ist für Freud nichts, „dessen man sich schämen müsste"[7]. Und sie ist auch keine Krankheit. Sexuell Marginalisierte entdecken die befreiende Kraft dieser Normalitätskritik und machen sich auf den langen Weg des Kampfes um Gleichberechtigung, der in Deutschland zwischen 1933 und 1945 brutal unterdrückt wird und erst in den siebziger Jahren Früchte zu tragen beginnt. Die rechtliche Sonderbehandlung von Homosexualität (§ 175 StGB) wird in Deutschland schließlich 1994 durch eine einheitliche Vorschrift zum Jugendschutz überwunden. Rückenwind erhält die Normalitätskritik durch den Kinsey-Report (Sexualverhalten des Mannes,

---

3–16. Die Neologismen *Uranismus/Urning* (erstmals 1864) gehen zurück auf Karl Heinrich Ulrichs (1825–1895), der damit auf die Göttin Aphrodite Urania anspielte und auf ihre Herkunft aus der eigengeschlechtlich gedeuteten Liebe ihres Vaters Uranus. Weil – in heutiger Terminologie – Hetero- wie Homosexualität auf einer verschiedenen Natur beruhen, lehnt Ulrichs die Vorstellung der „widernatürlichen Unzucht" ab. Der Begriff *conträres Sexualempfinden* wird 1869 von Carl Westphal (1833–1890) geprägt.

[6] Martin Dannecker, Freuds Dekonstruktion der sexuellen Normalität, in: Queer Lectures 1 (2008) 79–107.

[7] Sigmund Freud, Letter to an American mother (1935), in: American Journal of Psychiatry 107 (1947) 786–787 (zit. nach Fiedler, Sexuelle Orientierung, 38).

1948; Sexualverhalten der Frau, 1953), der die Zwischenstufen und Verbreitung unterschiedlicher sexueller Orientierungen ins öffentliche Bewusstsein trägt. Dies lässt die Einordnung der Homosexualität als psychische Störung problematisch werden. Anfang der siebziger Jahre (1973) streicht die American Psychiatric Association die Homosexualität aus der Liste der psychischen Störungen. Bis in die achtziger Jahre und in manchen Kreisen bis heute hält sich die Kritik an dieser Entscheidung, da Homosexualität mit einer „ausgeprägten Charakterstörung"[8] einhergehe. Wer so denkt, der sieht die Ursachen der Homosexualität in der psychosexuellen Entwicklung des Patienten oder in gesellschaftlichen Prozessen.[9] Therapieangebote und Kulturkritik sind die Folge. Im 20. Jahrhundert aber kann nicht mehr so einfach über die Betroffenen hinweg nach einer Definition von Homosexualität gefahndet werden. Homosexuelle fordern zunehmend selbstbewusst und öffentlich ihren selbstverständlichen Platz in einer liberalen Gesellschaft ein. „Erst seit den

---

[8] Otto F. Kernberg, Ein konzeptuelles Modell der männlichen Perversion, in: Forum der Psychoanalyse 1 (1985) 167–188, 184. Vgl. Tony Anatrella, Homosexualität und Homophobie, in: Lexikon Familie, hg. vom Päpstlichen Rat für die Familie, Paderborn 2007, 361–376, 375: Homosexualität „ist und bleibt eine psychische Komplikation und das Symptom einer sexuellen Unreife, die die Gesellschaft sozial nicht institutionalisieren und damit normalisieren kann."

[9] Anatrella, Homosexualität, 365: „Die Bemerkung ist angebracht, dass eine gewisse Verachtung des Mannes und Überbewertung der Frau, wie sie zumal in den westlichen Gesellschaften unserer Tage zu beobachten ist, gegenwärtig die [weibliche, S. G.] homosexuelle Kompensation geradezu herausfordert." Generell begünstige alles, was „die Ausbildung der Geschlechterunterscheidung unterdrückt" die „Homosexualisierung". Homosexualität ist demnach noch immer eine Abweichung und ein psychischer Defekt. Wenn aber die klare Geschlechterunterscheidung der „normalen" Entwicklung der sexuellen Orientierung dient, dann wird mit einmal klar, woher die Kritik an der vermeintlichen Gender-Ideologie ihre Vehemenz bezieht. Wer Geschlechterunterscheidungen nicht einfach als gegeben hinnimmt, sondern zum Gegenstand wissenschaftlicher Reflexion macht, wie es die Geschlechterforschung tut, der unterstützt die Homosexualisierung der Gesellschaft!

Stephan Goertz

1970er Jahren gibt es ‚Schwule' im Sinne von selbstbewusst auftretenden Homosexuellen."[10]

Das wissenschaftliche Interesse verschiebt sich von der Frage der Ätiologie von Homosexualität hin zu Entwicklungsfragen unterschiedlicher sexueller Orientierungen. Homosexualität interessiert nicht mehr als *Fehler*, sondern als *Variante*. Die Sozial- und Kulturwissenschaften lösen Medizin und Psychologie als Leitwissenschaften ab. Die Fragen nach dem *Wie* der (De)Thematisierung von Geschlecht und Geschlechterdifferenz, nach den Ursachen und der Überwindung sexueller Vorurteile interessieren nun mehr als die Fragen nach dem *Was*, dem Wesen der Geschlechter und ihrer sexuellen Orientierung.

Zusammenfassend kann man mit Rüdiger Lautmann von der Geburt eines „welthistorisch" neuen, westlich-modernen „Typus des gleichgeschlechtlichen Begehrens" sprechen:

„Ausgewachsene Menschen beziehen sich sexuell aufeinander im Sinngehalt desselben Geschlechts. [...] *Als* Mann *den* Mann bzw. *als* Frau *die* Frau in sexuelle Interaktion zu verstricken – das macht die schwule bzw. lesbische Situation aus. Auch die Wechselseitigkeit des Begehrens gehört jetzt dazu. Als Idealtypus ist das historisch für keine Zeit nachgewiesen."[11]

Die Homosexualität gibt es im Grunde nicht. Daher wird vorgeschlagen, Homosexualität als dauerhafte, „tief und unabänderlich mit der Persönlichkeit verknüpfte"[12] gleichgeschlechtliche sexuelle Orientierung von *same sex behavior* zu unterschei-

---

[10] Volkmar Sigusch, Sexualitäten. Eine kritische Theorie in 99 Fragmenten, Frankfurt a. M. 2013, 355.
[11] Lautmann, Soziologie der Sexualität, 395f.
[12] Martin Dannecker, Homosexualität, 1. Zum Problemstand, in: Lexikon der Bioethik Bd. 2, 224–227, 225.

den: Männer-die-Sex-mit-Männern-haben bzw. Frauen-die-Sex-mit-Frauen-haben. Gleichgeschlechtliche Intimkontakte oder -beziehungen sind in der Geschichte auf sehr unterschiedliche Weise konzeptualisiert worden, als Sodomie, als Inversion oder eben als Homosexualität. Erst der letzte Typus ist in der Lage, Homosexualität als legitime Form einer intimen Liebesbeziehung zu begreifen. Weil nun in der Moderne die *Sexualität für die Liebe eine Basisfunktion* erfüllt, weil in körperlicher Intimität Liebe sich ihren Sinn bestätigt[13], und weil unter dem normativen Prinzip von Gleichberechtigung Homosexuelle nicht von der Sozialform Intimbeziehung ausgeschlossen werden sollen, stellt die Sexualität in gleichgeschlechtlichen Beziehungen kein grundsätzliches moralisches Problem mehr da.

Carolin Emcke artikuliert 2012 das Selbstbewusstsein einer modernen emanzipierten Homosexualität:

> „Ich schäme mich nicht dafür, dass ich eine Freundin habe, dass ich liebe, wie ich liebe, und begehre, wie ich begehre. Es bereitet mir Lust und macht mich glücklich, wie ich nie geglaubt hätte, dass ich es sein könnte. Ich möchte nicht anders lieben oder geliebt werden als so. Mir ist es gleich, warum das so ist und ob mein Begehren angeboren, genetisch codiert, oder ob es sich entwickelt hat. Es mag in mir angelegt gewesen sein, aber ich habe mich auch dafür entschieden, diese Lust und diese Liebe zu leben. Ich bin nicht stolz, ich schäme mich nicht dafür. Ich freue mich einfach

---

[13] Das ist die These von Niklas Luhmann, Liebe. Eine Übung, hg. von André Kieserling, Frankfurt a. M. 2008, 42–45. Dieser neue moderne Zusammenhang zwischen Liebe und Sexualität bedeutet, dass Sexualität „nicht länger als notwendige(s) Übel oder als irdische Last gesehen und Idealen gegenübergestellt werden" (44) kann. Die Funktion der Sexualität für die Liebe geht über ihre Funktion für die Reproduktion weit hinaus.

daran und bin dankbar für dieses Glück wie für ein unverhofftes Geschenk."[14]

Die „Etikettierung und Zuordnung" als Homosexuelle aber empfindet Emcke als „etwas seltsam Unangemessenes"[15]. Eine derart grobe Vorstellung von Identität versperre nur den Blick auf individuelle und kulturelle Differenzen. Die Dekonstruktion von Normalität macht vor der Homosexualität nicht Halt. Homosexualität ist weder eine zu diagnostizierende pathologische, noch ist sie überhaupt eine irgendwie substantielle Eigenschaft einer Person. Sowenig wie die Heterosexualität. Wir machen also „keine bedeutsame Aussage"[16], wenn wir eine Person als homo- oder heterosexuell bezeichnen. Hetero- und Homosexualität sind eben keine „monolithischen Charaktere"[17]. In den letzten Jahrzehnten haben sie sich zudem in ihrer Sexualität und ihren Liebesbeziehungen so einander angenähert (Subjektivierung von Beziehungen; Abkehr von rigiden Rollenvorstellungen; sexuelle Liberalisierung; neues Körpergefühl), dass inzwischen die Frage auftaucht, ob *die Homosexuellen* nicht dabei sind zu verschwinden.[18]

Während kulturell also in westlichen Gesellschaften eine Bewegung hin zur Verwischung der Differenzen zwischen Homosexualität und Heterosexualität erkennbar ist, werden im katholischen Christentum nach wie vor die Unterschiede zwischen den Formen der sexuellen Orientierung stark betont. Zu erklären ist dieses ausgeprägte Interesse an der Differenz mit dem Erbe der Verurteilung gleichgeschlechtlicher Sexualität *als Sodomie*.

---

[14] Carolin Emcke, So. Und nicht anders (2012), in: Modern Love. Geschichten über die Liebe, hg. von Susanne Gretter, Berlin 2013, 34–40, 35f.
[15] Ebd. 36.
[16] Dannecker, Homosexualität, 225.
[17] Sigusch, Sexualitäten, 353.
[18] Vgl. ebd. 353f.

2. Das Urteil der Tradition vor der Entdeckung der Homosexualität: *Same sex behavior* als Sodomie und als Sünde *contra naturam*

Die Antwort auf die Frage, wie *same sex behavior* vor der Entdeckung der Homosexualität moraltheologisch beurteilt worden ist, fällt auf den ersten Blick nicht schwer. Die Autoren sind sich einig in der Verurteilung der gleichgeschlechtlichen sexuellen Handlung als naturwidrige Sünde, weil dieser Gebrauch der Geschlechtlichkeit sich gegen den Naturzweck der Sexualität, die Fortpflanzung, richte. Es gibt für sie keine Rechtfertigung für sexuelle Lust wider den Zweck der Lust.[19] Bezeichnet wird diese Art der widernatürlichen Sexualität im

---

[19] Vgl. Thomas von Aquin, Summa Theologiae II-II, q. 154, a. 11: „Den Unkeuschen verlangt es nicht nach menschlicher Zeugung, sondern nach der Geschlechtslust, die man ohne ein Tun gewinnen kann, aus dem Zeugung eines Menschen folgt. Und gerade diese Lust wird in der Sünde wider die Natur gesucht" (DThA Bd. 22, 107). Summa Theologiae II-II, q. 154, a. 12: „[...] so ist auf dem Gebiet der praktischen Verwirklichung ein Tun gegen das von der Natur Bestimmte am schwersten und schändlichsten." Die „Verfehlungen wider die Natur" verletzen nicht nur die Naturordnung, sie sind „ein Unrecht gegen Gott, den Ordner der Natur" (DThA Bd. 22, 110f.). Johann Michael Sailer, Handbuch der christlichen Moral, Bd. 2, Sulzbach 1834, 51: „Jeder Gebrauch des Geschlechtsvermögens wider den Zweck der Natur macht also die Person des Menschen zum Werkzeug der Lust, zum bloßen Mittel der Lust wider den Zweck der Lust." Die Person hat sich in ihrem Handeln also dem Naturzweck der Sexualität zu fügen. Gleichgeschlechtliche Sexualität erscheint demnach als Lust um der Lust willen, was in der katholischen Tradition stets negativ bewertet worden ist. Die Fortpflanzung als Entschuldigungsgrund der Sexualität fällt im homosexuellen Verhalten prinzipiell aus. Einen „Abriss der christlichen Antihomosexualität" bietet Michael Brinkschröder, Sodom als Symptom. Gleichgeschlechtliche Sexualität im christlichen Imaginären – eine religionsgeschichtliche Anamnese, Berlin/New York 2006, 6–35; vgl. auch Hubertus Lutterbach, Gleichgeschlechtliches sexuelles Verhalten. Ein Tabu zwischen Spätantike und früher Neuzeit?, in: Historische Zeitschrift 267 (1998) 281–310; ders., Sexualität im Mittelalter, Köln/Weimar 1999, 147–161.

Stephan Goertz

Anschluss an Gen 19 als *Sünde der Sodomie*.[20] Weil man von Homosexualität in unserem heutigen Verständnis als sexuelle Orientierung keine Vorstellung hatte, richtet sich das Urteil allein auf die sexuellen Handlungen zwischen Personen des gleichen Geschlechts, die als solche den Zweck der Fortpflanzung nicht realisieren können. Mit der Einordnung des *same sex behavior* unter die Kategorie der Sünden *contra naturam* ist auf der *Ebene der Normfeststellung* für die Moraltheologen alles gesagt. Differenzen tauchen jedoch auf, wenn man jenseits der Normfeststellung die nähere Beurteilung der Schwere der Sünde der Sodomie – auch im Vergleich zu anderen naturwidrigen Sünden – und ihre kasuistische Behandlung einbezieht.

Der Diskurs der posttridentinischen Moraltheologen über die Sodomie ist von Pierre Hurteau als das *missing link* zwischen der auf die Bewahrung des objektiven Naturzwecks gerichteten thomistischen Position einerseits und der Wahrnehmung der homosexuellen Disposition seit dem 19. Jahrhundert andererseits interpretiert worden.[21] Seine moralhistorische Analyse schärft den Blick für moraltheologische Entwicklungen, die leicht übersehen werden, wenn allein auf die Kontinuität der Normfeststellung abgehoben wird.

Die Bestimmung des Konzils von Trient (1545–1563), dass die Gläubigen wenigstens einmal im Jahr für alle ihre Todsünden „von Gott Verzeihung zu erbitten" (DH 1680) haben, bedeutet für unser Thema eine Weichenstellung. Da es dem Konzil auf eine „gewissenhafte Selbsterforschung" (DH 1680) und die Benennung der Umstände ankommt, welche Art und Schwere der Sünde verändern (DH 1681), treten die *Intentionen*

---

[20] Zur heutigen Exegese der Stelle vgl. den Beitrag von Thomas Hieke in diesem Band.
[21] Pierre Hurteau, Catholic Moral Discourse on Male Sodomy and Masturbation in the Seventeenth and Eighteenth Centuries, in: Journal of the History of Sexuality 4 (1993) 1–26.

des Handlungssubjekts stärker hervor als in einem bloß auf die objektive Ordnung blickenden legalistischen Denken. In scholastischer Terminologie begegnet uns hier die ethisch wichtige Unterscheidung zwischen dem inhärenten Handlungsziel *(finis operis)* und dem von einem Handelnden gesetzten Handlungszweck *(finis operantis)*. Das Problem der gesamten Tradition der Normfeststellung hinsichtlich *same sex behavior* liegt darin, dass hier ein einseitiges Verständnis des *finis operis* vorherrscht. Denn so kann Sexualität in ihrer personalen Ausdrucksqualität nicht gewürdigt werden.

Hurteau zufolge haben wir es in der Moraltheologie nach Trient mit einer frühen Form der *scientia sexualis* zu tun, die nun neben den Gesetzen der göttlichen Schöpfungsordnung den sexuell Handelnden entdeckt. Dies geschieht zu einer Zeit, in der es im Zuge politischer, ökonomischer und religiöser Umwälzungen und den damit einhergehenden neuen ethischen Fragestellungen zu einer Interiorisierung der Moral kommt. Das Wissen von Prinzipien und die Beurteilungskompetenz von Situationen sind gefragt. Das Subjekt muss nun mehr können als bloß tradierten Gesetzen zu gehorchen. Die Moraltheologie widmet darum ihre Aufmerksamkeit den Details und den Differenzen von Fällen (Kasuistik). Dies wirkt sich auf die Beurteilung der Sodomie aus. Das Verständnis von Sünde beginnt sich zu verschieben. Es kommt nun auch auf die Intention des Handelnden an, auf seine sexuellen Begierden. Anders als in der thomistischen Tradition wird Sodomie von Moraltheologen des 17. und 18. Jahrhunderts als das *sexuelle Begehren des ungebührlichen Geschlechts* definiert (*ex affectu indebiti sexus*).[22] Dieses

---

[22] Die Masturbation konnte auf diese Weise als *Ehebruch*, insofern mit Fantasien an eine andere Frau verbunden, als *Inzest*, insofern die Begierde sich auf einen Verwandten, oder als *Sodomie*, insofern sie sich auf eine Person des gleichen Geschlechts richtet, bezeichnet werden. Vgl. Hurteuau, Catholic Moral

Begehren wird aber nicht auf eine spezifische Konstitution des Individuums zurückgeführt. Die neue Definition erlaubt es Moraltheologen, gleichgeschlechtliche sexuelle Handlungen nicht als Sodomie, sondern z. B. als Masturbation zu bezeichnen, wenn sie nicht Ausdruck des Begehrens des ungebührlichen Geschlechts sind.[23] Sexualität ist nicht nur Physiologie, sie hat eine intrapsychische Bedeutung. Da es auf das Begehren ankommt, weigern sich manche Moraltheologen, als ungebührlich bezeichnete nichtreproduktive heterosexuelle Handlungen als Sodomie zu klassifizieren, wie es noch bis ins 20. Jahrhundert hinein üblich war.[24]

Die Kontinuität der Normfeststellung geht in der Geschichte der katholischen Morallehre mit unterschiedlichen Bewertungen einher, was die Schwere der Sünde der Sodomie betrifft. In einer der seltenen Äußerungen eines Papstes zur gleichgeschlechtlichen Sexualität wendet sich Leo IX. im Jahr 1054 gegen eine pauschale Bestrafung von Klerikern, wie sie der in dieser Sache äußerst rigorose Petrus Damianus gefordert hatte (vgl. DH 687f.). „Im Vertrauen auf die göttliche Erbarmung" seien die Umstände der auch vom Papst eindeutig moralisch verurteilten Akte zu beachten: Handelt es sich um eine schlechte Gewohnheit? Sind mehrere Personen involviert? War die Lust gezügelt? In einem Dekret des Hl. Offiziums von 1665 bewertet Alexander VII. die Meinung als laxistischen Irrtum,

---

Discourse, 12f. Vgl. Heribert Jone, Katholische Moraltheologie, Paderborn [12]1941, 186: „*Malitia* sodomiae consistit in affectu ad sexum indebitum ..."
[23] Vgl. auch hier Jone, Katholische Moraltheologie, 186: „Si *deest* affectus ad personam indebitam [...] non habetur sodomia, etsi duae personae mutuis tactibus etc. se polluant."
[24] In vielen Handbüchern wurde zwischen *sodomia perfecta* (zwischen Personen des gleichen Geschlechts) und *sodomia imperfecta* (Anal- oder Oralverkehr zwischen Mann und Frau) unterschieden. Daneben gab es zudem die Unterscheidung zwischen vollendeter (*sodomia consummata*) und nicht-vollendeter (*sodomia non consummata*) Sodomie.

man müsse in der Beichte nicht unterscheiden, ob man sich der Sünde der Selbstbefleckung *(mollities)*, der Sodomie oder der Bestialität hingegeben habe (DH 2044).[25] Beide päpstlichen Äußerungen setzen die Sündhaftigkeit der Sodomie voraus, sind aber bestrebt, aus ihrer Sicht extreme Meinungen zu mäßigen.

Zur Realgeschichte der Sodomie gehört die Entscheidung Paul IV. von 1557, die römische Inquisition für das Vergehen der Sodomie zuständig zu erklären. Unter den Reformpäpsten Paul IV. und Pius V. wird die Sodomie in Analogie zur Häresie als Glaubensirrtum zum geistigen Irrtum über die rechte Sexualität und in polemischer Absicht in die konfessionellen Kontroversen der Zeit hineingezogen. Der Vorwurf der Sodomie, als Zeichen höchster sexueller Verfehlung, wird – wie in der Geschichte nicht selten – zum Instrument, um konkurrierende religiöse Konzepte moralisch zu diskreditieren.[26] Die römischen Institutionen aber scheinen schon um 1600 das besondere Interesse an der Materie verloren zu haben.[27]

Nicht auf pastorale Milde, sondern auf eine Reaktion der Abscheu zielen im 16. Jahrhundert die einflussreichen Katechismen des Petrus Canisius (1521–1597). Vor allem weil er die Sodomie – neben Mord, Unterdrückung der Armen und Ent-

---

[25] Im *Denzinger-Hünermann* (44. Auflage, 2014) wird *mollities* mit Knabenliebe und *sodomia* mit Homosexualität übersetzt, was in beiden Fällen die Sache nicht trifft. Denn was im 17. Jahrhundert als Sodomie verurteilt wurde (Samenerguss außerhalb der „natürlichen Ordnung") ist nicht identisch mit dem, was wir heute als Homosexualität bezeichnen.

[26] Vgl. Sita Steckel, Perversion als Argument. Sex und Geschlechterordnung in innerkirchlichen Polemiken des lateinischen Hoch- und Spätmittelalters, in: Barbara Stollberg-Rilinger (Hg.), „Als Mann und Frau schuf er sie". Religion und Geschlecht, Würzburg 2014, 47–85.

[27] Vgl. dazu Pierroberto Scaramella, Sodomia, in: Dizionario storico dell'Inquisizione Vol. III, diretto da Adriano Prosperi, Pisa 2010, 1445–1450. Den Hinweis auf diesen Aspekt der Geschichte der katholischen Bewertung der Sodomie verdanke ich dem Kollegen Claus Arnold (Mainz).

Stephan Goertz

ziehung des verdientes Lohnes – zu den „himmelschreienden Sünden" zählt, einer in der Vergangenheit theologisch nicht sonderlich verbreiteten Kategorie. Das Besondere dieser Sünden ist, dass sie nach göttlicher Strafe und Rache rufen. Die Wirkung ist verheerend. „Seit Petrus Canisius sind in den nordeuropäischen Ländern die Zerstörung der Stadt Sodom und der himmelschreiende Charakter ihrer Sündhaftigkeit die populärsten Argumente gegen homosexuelle Handlungen. Die Drohung mit der Rache Gottes kann unbewusst Panik nach sich ziehen, die sich äußert in unbarmherziger Rücksichtslosigkeit, die einen Sünder straft, damit nicht alle durch das Feuer des Himmels vernichtet werden."[28] Der hier entfesselte moralische Furor zählt zum bedrückenden Erbe der christlichen Tradition. Noch Jahrzehnte nach der Entdeckung der Homosexualität urteilt der Tübinger Moraltheologe Anton Koch in einem Abschnitt über die himmelschreienden Sünden: „Die beiden widernatürlichen Sünden, Mord und Sodomie, hängen nicht nur objektiv zusammen, da sie gegen die Erhaltung des Menschengeschlechts gerichtet sind, sondern auch subjektiv, sofern Grausamkeit und Wollust, Hartherzigkeit und Üppigkeit, Blutdurst und Unzucht [...] sich in der Regel zusammenfinden."[29] Im Lexikon für Theologie und Kirche von 1933 lautet das Urteil: Homosexualität ist, „soweit freiwillig, schweres sittliches Vergehen, ‚himmelschreiende' Sünde, in der Hl. Schrift als Greuel (Lv 18, 22), als todeswürdig (Lv 20, 13), als widernatürliche Verirrung [...] gekennzeichnet und an Sodom und Gomorrha mit Vernichtung durch Feuer und Schwefel bestraft (Gn 19, 24)."[30] Knapp drei Jahrzehnte später schreibt Werner

---

[28] Herman van de Spijker, Die gleichgeschlechtliche Zuneigung. Homotropie: Homosexualität, Homoerotik, Homophilie – und die katholische Moraltheologie, Freiburg i. Br. 1968, 121.
[29] Anton Koch, Lehrbuch der Moraltheologie, Freiburg i. Br. 1907, 168f.
[30] Karl Hilgenreiner, Homosexualität, in: LThK¹ Bd. 5 (1933) 130–131, 130.

Schöllgen: „Wir betonen [...] mit größtem Nachdruck, dass im Bilde des natürlichen Menschen, wie es von der Bibel gezeichnet wird, die Homosexualität fast den düstersten Schatten darstellt, die äußerste ethische Finsternis."[31] Zwei Sätze später werden Sodom und Gomorrha erwähnt. Gleiches gilt für Karl Hörmann im Lexikon der christlichen Moral von 1969. Auch bei ihm wird die Sodomie biblisch als eine schwere, zum Himmel schreiende Sünde vorgeführt.[32]

3. Die Moraltheologie der Handbücher nach der Entdeckung der Homosexualität: Homosexualität bleibt Sodomie

Bis zur Mitte des 19. Jahrhunderts konnte die moraltheologische Verurteilung des *same sex behavior* von der wissenschaftlich noch unangefochtenen Annahme ausgehen, dass gleichgeschlechtliche sexuelle Handlungen eine dem Subjekt anzulastende Verkehrung (Perversion) der natürlichen Zweckbestimmung seiner männlichen oder weiblichen Sexualität darstellen. Die Sünde der Sodomie zählte zur Gruppe der Sünden *contra naturam*, so wie die Empfängnisverhütung oder die Masturbation, die in den Handbüchern oder der moralischen Unterweisung in der Regel viel breiter behandelt wird als die Sodomie, auch wenn sie im Vergleich zu dieser als weniger verwerflich gilt.[33] Gemeinsam ist den Sünden *contra naturam*, dass der Naturzweck der Sexualität, die Zeugung von Nachkommenschaft, vereitelt wird.

---

[31] Werner Schöllgen, Der abnorme (homosexuelle) Mensch im Urteil der Moraltheologie, in: Konkrete Ethik, Düsseldorf 1961, 406–414, 410.
[32] Karl Hörmann, Homosexualität, in: Lexikon der christlichen Moral, Innsbruck 1969, 643–648, 646.
[33] Vgl. z. B. Gregor Busl, Katechetische Predigten, hg. von Karl Neumann, Bd. III: Von den Geboten, Regensburg ³1899, 647–651.

Der moraltheologische Kontext ändert sich jedoch grundlegend, sobald *same sex behavior* in der Mitte des 19. Jahrhunderts zur Handlung einer Person mit einer gleichgeschlechtlichen Konstitution wird. Denn ab dem Moment stellt sich die Frage, in welchem Sinne Homosexualität noch als eine Perversion zu bezeichnen ist. Wenn doch das gleichgeschlechtliche Begehren im Sein der Person selbst verankert ist, also ihrer individuellen Natur entspricht und sie nicht pervertiert. Wie hat die Moraltheologie auf diese neue Situation reagiert?

Es hat ein Jahrhundert gedauert, bis sich die Moraltheologie kritisch mit ihrer eigenen Geschichte der Bewertung von Homosexualität auseinandergesetzt hat. Die auf eine von Alfons Auer betreute Würzburger Lizentiatsarbeit zurückgehende Studie des niederländischen Kapuziners Herman van de Spijker über die „gleichgeschlechtliche Zuneigung", schon der Titel lässt aufhorchen, kommt zu dem Ergebnis, dass in den moraltheologischen Handbüchern seit den 1860er Jahren eine „stereotype Antwort"[34] zu finden ist. Unter weitgehender Vernachlässigung der biblischen Argumente tendieren die Handbücher dazu, „den physischen Aspekten der Geschlechtlichkeit mehr und mehr Gewicht beizulegen."[35] Das „wichtigste und selbstverständlichste Kriterium" sei die „physische Geschlechtlichkeit": „Statt einer spekulativen Besinnung werden dogmatische Aussagen gemacht, die unerschütterlich erscheinen. Argumente wie ‚gegen die Natur', ‚widernatürlich', ‚abscheulich', ‚zum Himmel schreiend' finden fast inflationistische Anwendung."[36] Wobei der zugrunde liegende Naturbegriff nur noch wenig mit dem eines Thomas von Aquin zu tun hat, für den das natürliche Sittengesetz doch stets eine vernünftig vermittelte Teilhabe des

---

[34] Van de Spijker, Gleichgeschlechtliche Zuneigung, 125.
[35] Ebd. 147.
[36] Ebd. 147f.

Menschen an der göttlichen Vorsehung bildet. In der Zeit der Neuscholastik ist man hinter diesem ethisch und theologisch differenzierten Konzept zu Ulpian zurückgefallen: *Ius naturae est, quod natura omnia animalia docuit* (Dig. I 1.1). Es scheint also, als ob sich die Moraltheologie der Handbücher für die Homosexualität nicht interessieren würde. Es dauert einige Jahrzehnte, bis überhaupt der Begriff Verwendung findet. In Wetzer und Welte's Kirchenlexikon, das in zwölf Bänden zwischen 1883 und 1901 erscheint, fehlt ein Eintrag zur Homosexualität, statt dessen wird knapp unter Sodoma (Bd. XI, 1899) an die „schlimme Entartung" und das „furchtbare Gottesgericht" (ebd. Sp. 477) erinnert. Der Wiener Moraltheologe Franz M. Schindler ist zu Beginn des 20. Jahrhunderts einer der ersten, der die Bezeichnung Homosexualität erwähnt.[37] Zunächst wird die Sodomie als die widernatürliche und besonders sündhafte „Befriedigung des Geschlechtstriebes mit einer Person desselben Geschlechts"[38] bewertet. Nach der Normfeststellung wird darauf hingewiesen, dass es in der Gegenwart Bestrebungen gebe, die Strafbarkeit der (vollendeten) Sodomie abzuschaffen. Um dies zu legitimieren, berufe man sich auf „krankhafte Zustände des Sexualtriebes", die man Homosexualität nenne. „Solche Zustände werden tatsächlich teils als individuelle psychopathische Anlage, teils (bei psychisch Normalen) als Folge sexueller Ausschweifungen beobachtet." Aber es bleibe dabei: „Damit lässt sich indes in keiner Weise die Widernatürlichkeit der Sodomie wegstreiten."[39]

Van de Spijker notiert: „Eine so späte Kenntnisnahme des Phänomens [...] der Homosexualität lässt sich kaum anders erklären als aus einer Theologie, die wenig auf die pastorale Praxis

---

[37] Franz Schindler, Lehrbuch der Moraltheologie, Bd. III, Wien ²1914.
[38] Ebd. 503.
[39] Alle Zitate ebd.

ausgerichtet ist, die selbstgenügsam den Dialog mit anderen Wissenschaften ablehnt und deren Erkenntnisse nicht in ihr theologisches Denken aufnimmt."[40] Zwar hat der von uns zitierte Schindler die Pathologisierung der Homosexualität zur Kenntnis genommen, von einer sexualwissenschaftlichen Dekonstruktion sexueller Normalität ist seine Moraltheologie aber weit entfernt. Die Komplexität des Phänomens der Homosexualität gilt nur wenigen als beachtenswert.[41] In keinem Handbuch wird Homosexualität als ein neues Problem gesehen. Man ist nicht bereit, das tradierte moralische Urteil zu überdenken. Und um es in seiner Geltung nicht zu gefährden, wird stets die Möglichkeit unterstrichen, die eigene Sexualität im Sinne der moraltheologischen Vorgaben zu kontrollieren. Niemand soll sagen können, die kirchliche Morallehre verlange Unmögliches. In einer auf den isolierten Sexualakt fixierten Moraltheologie findet die existentielle Situation des homosexuellen Menschen keine Beachtung, schon gar keine positive Würdigung. „Damit blieben die moraltheologischen Handbücher hinter der Entwicklung ihrer Zeit und Wissenschaft zurück."[42] Homosexualität ist für die moraltheologischen Autoren erst einmal ein „genitaler Kontakt" und keine „personale Begegnung"[43]. Ein Beispiel dafür, wie die Normfeststellung unverbunden neben sexualwissenschaftlichen Aussagen steht, liefert die *Summa Theologiae Moralis* von Hieronymus Noldin (1838–1922).[44] Zunächst wird Sodomie als Sünde

---

[40] Van de Spijker, Gleichgeschlechtliche Zuneigung, 149.
[41] Eine Ausnahme: Theodor Müncker, Die psychologischen Grundlagen der katholischen Sittenlehre (= Handbuch der katholischen Sittenlehre Bd. III), Düsseldorf ²1940, 204f.
[42] Van de Spijker, Gleichgeschlechtliche Zuneigung, 151.
[43] Ebd. 163.
[44] Hieronymus Noldin, Summa Theologiae Moralis. Complementum: De Castitate. Editio XXXIV, bearbeitet von Godefridus Heinzel, Innsbruck 1952, 38–39.41–43.

contra naturam abgehandelt, dann folgt ein Appendix über sexuelle Perversionen, zu denen neben Sadismus, Masochismus und Fetischismus auch das conträre Sexualempfinden, d. h. die Homosexualität, gezählt wird. Unmittelbar anschließend werden die mit der Homosexualität verknüpften Sünden aufgezählt: Pollutio, Sodomie, Päderastie. Die Perversion der Homosexualität könne, aber müsse kein Zeichen eines psychischen Defekts sein. Grundsätzlich gelte, dass das perverse Verlangen zurückgedrängt werden kann und die Person daher für ihr Tun verantwortlich ist, es sei denn, der psychische Defekt ist hochgradig *(nisi defectus psychicus maiorem gradum attigerit)*.

4. Moraltheologie seit den 1950er Jahren: Von der Homosexualität als Problem zur Homosexualität als differenziert zu beurteilendes Existenzmanko

Die erwiesene Distanz der moraltheologischen Handbücher gegenüber den Emanzipationsprozessen auf dem Gebiet der Sexualmoral konzentriert sich in der stereotypen Bewertung der gleichgeschlechtlichen sexuellen Handlung als Sünde *contra naturam*. Unter dieser Prämisse schottet man sich ab von den Erfahrungen der Betroffenen und dem kulturellen Megatrend der Liberalisierung und Demokratisierung. „Ein Zeichen sittlichen Verfalls ist es, dass man die Homosexualität als normal, als eine Art des berechtigten Geschlechtssinnes"[45] bezeichnet. Mit der Wiederholung der Normfeststellung meint man dem eigenen moraltheologischen Anspruch zu genügen. Die Anfänge

---

[45] Hilgenreiner, Homosexualität, 130. So auch Josef Mausbach, Katholische Moraltheologie, bearbeitet von Gustav Ermecke, Bd. III, Münster ⁹1953, 121: „Die Entschuldigung oder Verteidigung [...] homosexueller Vergehen in heutiger Zeit gehört zu den Zeichen des Zurücksinkens in heidnische Sittenlosigkeit."

einer *scientia sexualis,* die Hurteau im 17. und 18. Jahrhundert entdeckt hat, scheinen zunächst zum Erliegen gekommen zu sein. Zu sehr hat sich die Moraltheologie (wieder) der Physiologie des Aktes verschrieben. In dieser Situation, die bis weit in die Mitte des 20. Jahrhunderts hineinreicht, finden Priester „wenig Hilfe in den Handbüchern der Moraltheologie, wenn sie mit Fällen von Homosexualität konfrontiert sind."[46] Diese Beobachtung veranlasst den US-amerikanischen Salesianer und Moraltheologen John F. Harvey (1918–2010) zu einer näheren theologischen Reflexion, die 1955 in den Theological Studies unter dem Titel „Homosexualität als pastorales Problem" veröffentlicht wird. Die Natur und die komplexen Ursachen von Homosexualität dürften nicht länger ignoriert werden. Gleich zu Beginn seiner Überlegungen wendet sich Harvey gegen das Konzept der Homosexualität als Abwendung (Perversion) von einer heterosexuellen Orientierung. Denn eine solche Definition mache den Invertierten, so die von Harvey benutzte Bezeichnung, verantwortlich für seine homosexuellen Neigungen *(tendencies).* Die katholische Moraltheologie wisse zu unterscheiden zwischen einer Neigung zur Sünde und ihrer überlegten Befriedigung. Die Unterscheidung zwischen einer *schuldlosen Veranlagung* und einer *sündhaften Betätigung*[47] wird, wie wir noch

---

[46] John F. Harvey, Homosexuality as a Pastoral Problem, in: TS 16 (1955) 86–108, 86; vgl. auch ders., The Controversy concerning the Psychology and Morality of Homosexuality, in: American Ecclesiastical Review 167 (9/1973) 602–629.

[47] Vgl. Fritz Tillmann, Die katholische Sittenlehre. Die Verwirklichung der Nachfolge Christi (= Handbuch der katholischen Sittenlehre Bd. IV/2), Düsseldorf ²1940, 124: „Doch kann heute nicht mehr geleugnet werden, dass es naturgegebene perverse Veranlagungen gibt, die für den einzelnen ein Unglück, aber keine Schuld bedeuten. Aber auch aus einer solchen Anlage kann kein Recht auf eine gleichgeschlechtliche Betätigung abgeleitet werden, ebensowenig wie der Kleptomane ein Recht auf Diebstahl hat."

sehen werden, in die lehramtliche Standardposition zur Homosexualität eingehen. Harvey betont, dass Homosexualität weit mehr als eine Frage des sexuellen Aktes ist. Die Inversion reiche in die Tiefe der Seele, die gesamte Person sei gleichgeschlechtlich orientiert. Man dürfe sich daher moraltheologisch nicht auf die Kontrolle der Lust konzentrieren. Homosexualität sei vielmehr ein Problem der gesamten emotionalen Natur der Person. Folgenreich ist dann die die naturrechtliche Beurteilung überschreitende Bewertung von Harvey. Sie lautet: „Wahre heterosexuelle Liebe ist wie jede wahre Liebe ein aus sich Herausgehen, ein Geschenk, in dem man sich selbst gibt. Homosexuelle Liebe aber ist die reinste Form des Egoismus."[48] Homosexuelle würden auf narzisstische Weise im anderen bloß das eigene suchen und lieben. Davon wusste die Tradition in ihrer Verurteilung von *same sex behavior* bislang nichts. Der Unterschied zwischen Heterosexualität und Homosexualität wird bei Harvey zu einem Unterschied der Liebesfähigkeit. Auf diesen Punkt werden wir später zurückkommen.

Zurückhaltender als in der moralischen Bewertung zeigt sich Harvey hinsichtlich der Ätiologie der Homosexualität. Der frühen Kindheit komme aus Sicht der Psychologie jedoch eine besondere Rolle für die psychosexuelle Entwicklung zu. Allgemeine Aussagen über eine Behandlung der Homosexualität seien aber dennoch nicht möglich. Als theologische Präventionsmaßnahme empfiehlt Harvey, in der Sexualerziehung auf den heiligen Charakter *(sacred character)* der prokreativen Funktion von Sexualität einzugehen. Mit entsprechender Sorge kommentiert er die Rechtfertigungsversuche von Homosexualität in der Gegenwartskultur. Manche würden so weit gehen,

---

[48] John F. Harvey, Homosexuality as a Pastoral Problem, 88: „True heterosexual love – indeed all true love – is a going out of oneself, a gift of oneself, while homosexual love is the purest form of egoism."

Homosexuellen eine quasi-eheliche Beziehung nahe zu legen. Entgegen solcher säkularistischen Haltungen bleibe die katholische Moral dabei, konstruktive Maßnahmen zur Vermeidung von homosexuellen Akten anzubieten. Mehr als das: Allein die katholische Theologie könne dem Menschen die volle Wahrheit über seine Natur und seine Bestimmung vermitteln. Und sie könne auch die Mittel anbieten, um das Ziel des eigenen Lebens zu erreichen.[49] Der Invertierte sei nicht ausschließlich psychisch, er sei auch moralisch krank, daher stehe die Hilfe des Priesters gleichberechtigt neben der des Arztes. Diese theologische Hilfe bestehe in asketischen Plänen zur Überwindung der Rebellion des Fleisches *(rebellion of the flesh)*, in der Hoffnung auf und im beständigen Gebet um die helfende Gnade Gottes, in klarer moralischer Erkenntnis der Todsünde homosexueller Handlungen, in der Bestärkung der Freiheit gegen den Fatalismus und schließlich im Empfang der Sakramente der Buße und Eucharistie. Im glücklichsten Falle komme es zu einer Konversion. Die schlechte Gewohnheit müsse nicht das letzte Wort haben. Ziel des Priesters bleibe die komplette Umwandlung, die Reeducation. Eine andere Art zu Denken, zu Wollen und zu Lieben müsse an die Stelle der alten treten.[50] Der Homosexuelle müsse sich von seinen homosexuellen Freunden lösen. Mit drastischen Worten: Der Priester müsse dem Homosexuellen zeigen, dass seine invertierte Liebe von ihrer ganzen Natur her selbstmörderisch ist, denn sie verschließt den Weg zur reichen Humanität und revoltiert gegen das Gesetz der Liebe Gottes. Im Letzten erscheint der Homosexuelle als liebesunfähig und gottlos.

---

[49] Ebd. 93: „Catholic theology alone gives man the full truth about his nature, his destiny, and the means which he can use to attain his goal."
[50] Ebd. 103: „Another manner of thinking, willing, and loving must replace the old."

Aber wie steht es um die Verantwortung des Homosexuellen, wenn wir über die Ursache seiner Neigung keine Klarheit haben? Harvey empfiehlt eine mittlere Strategie: „Do not tell him that he is not responsible. Do not tell him that he is completely responsible."[51] Es gebe immer einen Freiheitsspielraum, wie etwa auch im Falle des Alkoholismus. Homosexuelle seien grundsätzlich in der Lage, ihre Neigung zu sublimieren, Frauen jedoch eher als Männer. Denn die Möglichkeit der Mutterschaft in einer stabilen Familie sei für sie attraktiver als für Männer, sie entspreche ihren essentiellen Pflichten als Frau und Mutter. So zeigt sich Harvey am Ende seiner Ausführungen davon überzeugt, dass es eine christliche Lösung für das Problem der Homosexualität gibt.

An Harvey lässt sich studieren, wie aus dem moralisch falschen Akt des *same sex behavior* nach der Entdeckung der Homosexualität ein moralisches *Problem der gesamten Person* wird. Die Unmoral der homosexuellen Handlung, an deren Bewertung ja nicht gerüttelt wird, strahlt gewissermaßen auf die ganze Person aus. Sie hat sich nicht bloß einzelner Akte zu enthalten, sie wird mit der Erwartung einer Konversion konfrontiert. Die Naturwidrigkeit wird zur Liebesunfähigkeit übersteigert. Die moralische Verurteilung zielt nun auf die Mitte der Person. Homosexuelle sollen nicht bloß ihr Handeln ändern, sie sollen sich bekehren.

Die bei Harvey erkennbare Linie, das „Problem" der Homosexualität einerseits aus dem moraltheologischen Abseits zu holen, andererseits aber alle moralischen oder rechtlichen Emanzipationsbestrebungen mit Hilfe der tradierten Normfeststellung abzuwehren, findet sich auch in der ersten katholischen Monographie über Homosexualität, dem Werk des Jesuiten Michael J. Buckley „Morality and the homosexuals"

---

[51] Ebd. 106.

von 1959.[52] Buckley verhehlt darin nicht, wie ihn die gesellschaftlich aufkommende Meinung beunruhigt, dass es an der Zeit sei, für Homosexualität einen „neues Moralkodex"[53] zu entwerfen. Vor allem, weil die Gegenwart erkannt habe, dass Homosexuellen für ihre Konstitution kein moralischer Vorwurf zu machen ist. Demgegenüber hält Buckley fest: Die Gesellschaft „sollte unmoralische sexuelle Praktiken immer verurteilen, und homosexuelle Handlungen gehören zu dieser Kategorie."[54] Dann folgt eine Aussage, die so in den Handbüchern nicht zu finden ist: „Sollte es aber Menschen mit angeborener Homosexualität geben, dann sollte ihnen die Gesellschaft erlauben, ihr nützliches Mitglied zu werden, statt sie zu verachten für das, was sie sind."[55] An der Normfeststellung ändert das freilich nichts. Die einzig moralisch akzeptable Lebensweise bleibt der Weg der Enthaltsamkeit. Es müsse zwischen dem „Zustand und der homosexuellen Handlung"[56] unterschieden werden. Dies sei von „allerhöchster Bedeutung"[57], denn wer darauf verzichte, der könne meinen, Enthaltsamkeit sei eine unmögliche Forderung. Homosexualität wird von Buckley nicht als Zustand oder als eine Verfassung akzeptiert, denn das führe zu einer gefährlichen Gleichberechtigung zwischen Hetero- und Homosexualität. Diese sei als „sexuelle Neigung", als „psychosexuelles Hingezogensein" zu verstehen.[58] Homosexualität dürfe nicht als eine andere Form von Liebe

---

[52] Michael J. Buckley, Morality and the Homosexual, London 1959 (dt. Übersetzung: Homosexualität und Moral. Ein aktuelles Problem für Erziehung und Seelsorge, Düsseldorf 1964).
[53] Buckley, Homosexualität und Moral, 26.
[54] Ebd. 27f.
[55] Ebd. 28.
[56] Ebd. 29.
[57] Ebd. 31.
[58] Ebd.

gelten. Wie bei Harvey heißt es: „*In der Homosexualität ist der entscheidende Irrtum die falsche Auffassung von menschlicher Liebe, die der Homosexuelle hat.*"[59] Homosexualität sei eine „geistige Abweichung"[60], niemand dürfe daher bewusst in seiner oder ihrer Homosexualität verharren wollen. Aus dieser Verantwortung gebe es kein Entrinnen. Das bedeute auch, dass darauf hinzuwirken sei, bei Homosexuellen den „Wunsch einer Heilung"[61], zur „Rückkehr in die geistige Gesundheit"[62] zu wecken. Dieser Weg zurück in die Normalität verlange Selbstverleugnung und Selbstdisziplin. Am Ende triumphiert die katholische Moral: „Moderne wissenschaftliche Theorien werden von einigen Sittenlehrern zur Vernebelung der Lehren der wahren Kirche benutzt. Aber gründliche Untersuchungen lassen diesen Nebel verschwinden, und die alte Weisheit wieder an ihrem Platz."[63]

Die beiden US-amerikanischen Theologen sind ausführlicher zitiert worden, um die Bedeutung der ersten deutschsprachigen moraltheologischen Arbeit, das schon erwähnte Werk von Herman van de Spijker, angemessen würdigen zu können. Die Schrift von 1968 ist gleich in mehrfacher Weise ein wichtiger Meilenstein für die Moraltheologie.

Es beginnt mit der Sprache. Van de Spijker löst sich von den üblichen Vergleichen zwischen natürlich-widernatürlich oder normal-abnorm, die eine sachliche Debatte von vornherein schwierig machen. Homosexualität als gleichgeschlechtliche Zuneigung, oder in van de Spijkers Terminologie Homotropie, wird von ihm so gedeutet, dass in ihr die drei Elemente Konstitution (Biologie), Situation (Sozialpsychologie) und Po-

---

[59] Ebd. 152.
[60] Ebd. 163.
[61] Ebd. 192.
[62] Ebd. 194.
[63] Ebd. 203.

sition (Stellungnahme der Person) zusammenfließen. Homosexualität ist daher vom *same sex behavior* zu unterscheiden. Für die weitere moraltheologische Debatte richtungsweisend ist die im Vergleich zu den Handbüchern theologisch und exegetisch reflektierte Art und Weise, in der van de Spijker die einschlägigen biblischen Texte auslegt. Dies gilt vor allem für die so verhängnisvolle Sodomgeschichte, die von ihm enthomosexualisiert wird, weil der Text von einer gleichgeschlechtlichen Zuneigung im heutigen Sinne nichts weiß.[64] Die biblischen Texte gehen ganz selbstverständlich davon aus, dass alle Menschen heterosexuell sind. Und handelt es sich, so wird nun gefragt, in Gen 19 überhaupt primär um *same sex behavior*, oder nicht vielmehr um eine Verletzung des Gastrechts? Wir haben es in der Sodomgeschichte also nicht generell mit homosexuellen Handlungen, sondern mit einer bestimmt qualifizierten zu tun, nämlich mit Vergewaltigung. Gleichwohl gibt es keinen biblischen Text, der homosexuelle Handlungen, präziser wohl: kein *same sex behavior*, billigen würde. Aber, so hält van de Spijker fest, deren Verurteilung und Missbilligung falle auch nicht schärfer aus als die unmoralischer heterosexueller Akte. Im Gegensatz zu den knappen Passagen der Handbücher kommen bei van de Spijker Zeugnisse der Theologie- und Kirchengeschichte ausführlich zur Sprache. Ohne hier auf die Einzelergebnisse eingehen zu können, ist doch die Tendenz festzuhalten, „den physischen Aspekten der Geschlechtlichkeit allzu großes Gewicht beizulegen."[65] Wie wir gesehen haben und wie seit langem bekannt, gilt dies in großem Maße für die Zeit der neuscholastischen Handbücher. Im Bereich der ehelichen Liebe ist es inzwischen aber zu einer Korrektur gekommen. Die Sexualität der Eheleute wird, darauf weist van de

---

[64] Van de Spijker, Die gleichgeschlechtliche Zuneigung, 73.
[65] Ebd. 111.

Spijker zu Recht hin, als eine personale Begegnung gewürdigt. Und dann folgt ein Hinweis, der für die Frage der Homosexualität eine neue Perspektive eröffnet:

„Gespräche zwischen Theologen und Eheleuten haben dazu nicht wenig beigetragen. Wenn es sich aber um Menschen handelt, die hinneigen zum Partner des gleiches Geschlechts, sieht man offenbar kaum einen zwingenden Grund, mit den betroffenen Menschen selbst zu sprechen. [...] Man muss aber diese Menschen kennengelernt haben, um die Problematik in ihrem Leben zu verstehen und um mit ihnen eine Antwort zu suchen auf die Frage: ‚Wie ist unser Leben zu meistern und zu gestalten'?"[66]

Die Tragweite dieser Passage ist kaum zu überschätzen. Wenn uns die Erfahrung von Eheleuten zu der Einsicht bringt, dass ihre Sexualität eine personale Qualität hat, was folgt dann aus der Erfahrung von Homosexuellen? Doch wohl, dass ihre Sexualität nicht minder als personale Begegnung zu begreifen ist. Anders als die Moraltheologen zuvor gesteht van de Spijker ein, dass es Formen der Liebe gibt, die uns (noch) fremd sind. Weder Harvey noch Buckley haben sich zu einer Forderung wie dieser durchgerungen: „Man muss versuchen, sich in diesen Menschen einzuleben und ihn zu lieben wie er ist, und ihm zu helfen, sich selbst anzunehmen."[67]

Wie fällt van de Spijkers eigene differenzierte Bewertung der gleichgeschlechtlichen Zuneigung aus? Beginnen wir mit seiner Sicht der Homosexualität. Biblisch wie anthropologisch sei die Begegnung zwischen Mann und Frau „die Hochform der menschlichen Intersubjektivität"[68]. Die komplementäre Be-

---

[66] Ebd. 164.
[67] Ebd. 165.
[68] Ebd. 198.

zogenheit zwischen Mann und Frau bilde die ideale Norm. Die gleichgeschlechtliche Zuneigung unterbiete diese „Einheit in Verschiedenheit" und wird daher als „ein Mangel, eine Seinsminderung, eine Einschränkung der Existenzmöglichkeiten"[69], als ein *Existenzmanko* bewertet. Eigentlich, so van de Spijker, soll Homosexualität nicht sein, denn sie verfehlt die göttliche Schöpfungsordnung. Hetero- und Homosexualität seien „ontisch nicht gleichwertig"[70]. Weil für ihn aber, ganz wie für seinen Lehrer Alfons Auer, das Sollen in der Wirklichkeit gründet, resultiert für den Homosexuellen die moralische Pflicht, „den ontischen Mangel zu beheben"[71]. Die Vorstellung jedoch, dass Homosexuelle ihre Neigung gleichsam durch Willensanstrengung ändern könnten, sei unrealistisch. Daher gehe es darum, wie Homosexuelle ihr Leben konkret gestalten. Homosexuelle Handlungen sind auch für van de Spijker gegen die Schöpfungsordnung. Hier bleibt er ganz in der Tradition der Normfeststellung. Die Sublimierung ist auch für ihn das anzustrebende Ideal. Aber er bricht seine Überlegungen an dieser Stelle nicht ab. Die gleichgeschlechtliche Zuneigung bleibt doch eine menschliche Zuneigung, die *personal*, und das meint bei van de Spijker jenseits sexueller Handlungen, gestaltet werden könne. Und dann kann sie „einigermaßen positiv"[72] beurteilt werden. Eine homophile Freundschaft ist kein Übel, sie ist ein *minus bonum*, aber eben ein *bonum*.[73] Homosexuelle seien so, wie sie sind, von Staat und Kirche anzuerkennen. Sie sehnten sich nach dieser Anerkennung. Entsprechend kritisiert van de Spijker den § 175 des deutschen Strafgesetzbuches als eine Diskriminierung. Und auch die überzogen scharfe Bewertung der

---

[69] Ebd.
[70] Ebd. 200.
[71] Ebd. 202.
[72] Ebd. 211.
[73] Ebd. 210.

Homosexualität in der Geschichte der Moraltheologie sei eine moralische Diskriminierung.[74] Die nuancierte Bewertung van de Spijkers: „Man unterscheidet zwischen gleichgeschlechtlichen Akten und der gleichgeschlechtlichen Zuneigung, zwischen dem gleichgeschlechtlichen Akt als Liebesausdruck und als egoistische Befriedigung."[75] Diese zweite Differenzierung ist das Neue seiner Studie. Denken wir sie weiter, dann ist sie in der Lage, das bisherige Konzept, das hinter der traditionellen Normfeststellung steht, zu überwinden. Denn warum sollte ein gleichgeschlechtlicher Akt *als Liebesausdruck* stets negativ zu bewerten sein? Diese Folgerung zieht van de Spijker selbst nicht. Wohl auch, weil bei ihm die Ontologie die Anthropologie dominiert. So haben wir es letztlich mit einer Moraltheologie zu tun, der noch immer ein vorneuzeitliches Konzept zugrunde liegt, insofern die anthropozentrische Wende nicht mitvollzogen wird.

Die Arbeit von van de Spijker ist dennoch bedeutsam, auch weil sie eine Art Blaupause bildet für den Abschnitt „Zur Problematik der Homosexualität" im Arbeitspapier „Sinn und Gestaltung menschlicher Sexualität" der Würzburger Synode (1971–1975).[76] Bis in die Wortwahl hinein folgt das Arbeitspapier den Überlegungen van de Spijkers: „Eine ganzheitliche Deutung der Homosexualität muss davon ausgehen, dass die gleichgeschlechtliche Zuneigung in der Regel das Resultat einer bestimmten inneren Konstitution, einer äußeren Situation und einer persönlich Stellung nehmenden Position des betroffenen Menschen ist" (4.4.3). Van de Spijker spricht von einem *Exis-*

---

[74] Ebd. 225.
[75] Ebd.
[76] Das Arbeitspapier ist zuletzt veröffentlich worden in: Gemeinsame Synode der Bistümer in der Bundesrepublik Deutschland. Offizielle Gesamtausgabe. Neuausgabe mit einem Vorwort von Karl Kardinal Lehmann, Freiburg i. Br. 2012, 163*–183*, ebd. 176*ff. zur Homosexualität. Im Text werden die Abschnitte des Arbeitspapieres angegeben.

tenzmanko der Homosexualität, das Arbeitspapier von einer „Einschränkung der Existenzmöglichkeiten" (4.4.4), da die Bestimmung des Menschen „zur Liebe in der Zweigeschlechtlichkeit" (ebd.) verfehlt werde. Diese Einschränkung wird theologisch, wiederum wie bei van de Spijker, nicht als Schuld, sondern im Zeichen der „durch die Sünde bedingten allgemeinen Erlösungsbedürftigkeit des Menschen" (ebd.) interpretiert, analog zu „Krankheit, Leid und Tod". Homosexuelle seien wie alle anderen Menschen „durch die Folgen der Erbsünde betroffen"[77]. Bei der ethischen Bewertung folgt das Arbeitspapier der bekannten Unterscheidung zwischen Zuneigung und Verhalten. Mit der Zuneigung müssten die Betroffenen zu leben lernen, sie sei positiv zu gestalten. Wie bei van de Spijker gilt die Sublimierung als sinnvolle Gestaltung der Homosexualität. Freundschaftsbeziehungen werden von Promiskuität unterschieden. „Der Mensch, der seine gleichgeschlechtliche Zuneigung personalisiert, versucht die Treibe in die Gesamtperson einzugliedern und sie in den Dienst seiner Persönlichkeitsentfaltung zu stellen" (4.4.5.2). Von Heilung oder Rückkehr zur Normalität ist nicht mehr die Rede.

5. Das Lehramt bricht sein Schweigen: Die Erklärung *Persona Humana* von 1975

Zwischen der Entdeckung und begrifflichen Bestimmung gleichgeschlechtlicher Zuneigung als Homosexualität und der ersten Äußerung des römischen Lehramtes liegen etwa einhundert Jahre. In diesem Jahrhundert des Kampfes um Emanzipation und Demokratisierung haben wir drei moraltheologische Linien identifizieren können. (1) Die allermeisten Handbücher

---

[77] Van de Spijker, Die gleichgeschlechtliche Zuneigung, 163.

wiederholen stereotyp die Normfeststellung, benutzen den Terminus Sodomie, betonen die besondere Schwere dieser Sünde *contra naturam* und interessieren sich wenig bis gar nicht für exegetische oder humanwissenschaftliche Erkenntnisse. (2) Eine zweite Linie beginnt sich näher mit dem Phänomen der Homosexualität zu befassen, wohl auch, weil pastorale Situationen und die allgemeine kulturelle Entwicklung dies nahe legen. Erste umfangreichere moraltheologische Studien erscheinen. Die Unterscheidung zwischen (Zu)Neigung und Handlung etabliert sich. Letztere gilt als objektiv schwer sündhaft, erstere als abnorm. Als neues Argument wird den Homosexuellen die volle menschliche Liebesfähigkeit abgesprochen. Homosexualität gilt *als Problem*. (3) Eine dritte Linie, für die van de Spijker oder das Arbeitspapier der Würzburger Synode stehen, bemüht sich um eine „sachgerechte, differenzierte Beurteilung" (Arbeitspapier, 4.4.1) sowohl der Neigung als auch des Verhaltens. Die traditionelle Semantik wird kritisch beurteilt und fallengelassen. Erstmals wird von positiven Lebensmöglichkeiten von Homosexuellen gesprochen, jenseits von Heilung oder Rückkehr zur Normalität. Mit den biblischen Texten wird nun hermeneutisch geschult umgegangen. Das Arbeitspapier der Synode verzichtet beim Thema Homosexualität komplett auf einen biblischen Bezug.

Die Erklärung *Persona Humana* der Kongregation für die Glaubenslehre vom 29.12.1975 ist als Antwortversuch auf die sich Ende der sechziger, Anfang der siebziger Jahre beschleunigenden Umwälzungen im Bereich der Sexualmoral und des Geschlechterverhältnisses in den westlichen Gesellschaften zu lesen.[78] In der zu Beginn des Dokumentes formulierten Wahrnehmung der Glaubenskongregation haben wir es dabei mit ei-

---

[78] Erklärung der Kongregation für die Glaubenslehre zu einigen Fragen der Sexualethik: *Persona humana*, in: AAS 67 (1975) 78–86 (dt. Übersetzung: Ver-

Stephan Goertz

nem ernsten Sittenverfall zu tun, der auch das Leben der Christen „stark erschüttert" (PH 1) und die Verkündigung der „gesunden Lehre" (PH 2) erschwert. Als moralisches Prinzip für den Bereich der Geschlechtlichkeit wird von *Persona Humana,* im Kontrast zur Lehre des Konzils in diesen Fragen, die Achtung der natürlichen Finalität der Sexualität betrachtet. Das Gesetz Gottes ist das Gesetz der Natur (vgl. PH 5). Unter den dann behandelten „Missbräuchen der Geschlechtskraft" (PH 6) bildet die Homosexualität keineswegs das zentrale Thema. Die Masturbation wird, wie in der Vergangenheit nicht unüblich, wortreicher diskutiert, ebenso die außereheliche Sexualität. Der Abschnitt zur Homosexualität umfasst in der deutschen Druckfassung lediglich eine Seite. Er steht unter der Überschrift „Seelsorge und Homosexualität", bietet aber in erster Linie moraltheologische Aussagen.

Die Passage setzt mit der Beobachtung ein, dass homosexuelle Beziehungen in der Gegenwart von manchen nachsichtig beurteilt, „ja sie sogar völlig [...] entschuldig(t)" (PH 8) werden. Dies stehe im Gegensatz zur „beständigen Lehre des kirchlichen Lehramtes und des sittlichen Empfindens des christlichen Volkes" (ebd.). Angesichts der Tatsache, dass *Persona Humana* Nr. 8 die erste Aussage des römischen Lehramtes zur Homosexualität überhaupt ist, muss diese Bemerkung erstaunen. Von einer beständigen moraltheologischen Normfeststellung kann sicher gesprochen werden, aber eine beständige Lehre des kirchlichen Lehramtes zur Homosexualität bildet sich erst im Anschluss an *Persona Humana.* Andernfalls müsste man Aussagen der Vergangenheit über Sodomie mit einer moralischen Bewertung von Homosexualität im heutigen Verständnis gleichsetzen. Verweise auf frühere lehramtliche

lautbarungen des Apostolischen Stuhls 1, hg. vom Sekretariat der Deutschen Bischofskonferenz, Bonn o.J.).

Aussagen fehlen daher auch, anders als beim Thema Masturbation. Homosexualität gilt in der Erklärung von 1975 als (heilbare) Neigung oder als (unheilbarer) pathologischer „angeborene(r) Trieb" (PH 8). Daraus aber dürfe keineswegs der Schluss gezogen werden, diese Warnung ist uns bereits begegnet, homosexuelle, eheähnliche Beziehungen zu rechtfertigen. Bedenkt man, wie positiv die Erklärung zu Beginn Sexualität als prägenden Faktor für die menschliche Person bestimmt (PH 1), erscheint Homosexualität hier entweder als (überwindbare) Neigung oder als angeborener, abnormer und pathologischer Trieb. Das integrative Verständnis von PH 1 – Sexualität bestimmt die gesamte menschliche Person – bleibt für die Heterosexualität reserviert.

Der Text wendet sich nur knapp der Seelsorge zu. Homosexuelle Menschen seien mit „Verständnis an(zu)nehmen" und in der „Hoffnung (zu) bestärken, ihre persönlichen Schwierigkeiten und ihre soziale Absonderung zu überwinden" (PH 8). „Ihre Schuldigkeit wird mit Klugheit beurteilt werden" (PH 8). Es gelte: „Nach der objektiven sittlichen Ordnung sind homosexuelle Beziehungen Handlungen, die ihrer wesentlichen und unerlässlichen Zuordnung beraubt sind. Sie werden in der Heiligen Schrift als schwere Verirrungen verurteilt und im Letzten als die traurige Folge einer Verleugnung Gottes dargestellt" (PH 8). Als neutestamentlicher Beleg wird Röm 1,24–27 zitiert, also die paulinische Aussage, die zum Naturrechtsmodell von *Persona Humana* so gut zu passen scheint, weil der Apostel hier mit der Kategorie des Natürlichen argumentiert.[79] Auf alttesta-

---

[79] Röm 1,26f. (Einheitsübersetzung): „Darum lieferte Gott sie entehrenden Leidenschaften aus: Ihre Frauen vertauschten den natürlichen Verkehr mit dem widernatürlichen; ebenso gaben die Männer den natürlichen Verkehr mit der Frau auf und entbrannten in Begierde zueinander; Männer trieben mit Männern Unzucht und erhielten den ihnen gebührenden Lohn für ihre Verirrung." Vgl. dazu den Beitrag von Michael Theobald in diesem Band.

mentliche Belegstellen wird verzichtet. Damit taucht auch die Sodomgeschichte nicht mehr auf. Auch die drastische Verurteilung der „himmelschreienden Sünde" wird vermieden. Abschließend hält die Glaubenskongregation fest, dass Homosexuelle nicht generell für ihre Verfassung verantwortlich zu machen sind, dessen ungeachtet aber die homosexuelle Handlung „in sich nicht in Ordnung" (PH 8) sei. Sie können daher, damit schließt der Abschnitt, „keinesfalls in irgendeiner Weise gutgeheißen werden" (PH 8).

Der Text bleibt im Gegensatz zu so vielen Aussagen der Vergangenheit vergleichsweise moderat in der sittlichen Bewertung und ganz traditionell in der Normfeststellung. Kasuistische Überlegungen werden unterlassen. Zwar wird zwischen Neigung und Handlung unterschieden, nicht aber, wie bei van de Spijker, zwischen Freundschaft und Promiskuität. Man vermeidet irgendeine positive Aussage über die homosexuelle Lebensweise. Der gesamte Abschnitt zielt auf Abgrenzungen. Auch gegenüber den Humanwissenschaften, denen man signalisiert, dass sie für die ethischen Fragen letztlich unbedeutend sind.[80]

Vergleicht man *Persona Humana* mit den von uns identifizierten drei Linien, ist deutlich der Einfluss der zweiten Linie zu erkennen, also die Position von Harvey und Buckley. Einer differenzierten Bewertung homosexueller Handlungen ist damit der Weg versperrt, zumal auch die Erfahrung der Betroffenen in der „‚Metaphysik' des geschlechtlichen Aktes"[81] keinen Platz findet. Das von Paul VI. in *Humanae vitae* 1968 rigoros formulierte *Prinzip der von Gott bestimmten Untrennbarkeit zwischen*

---

[80] Unter anderem darauf zielt die deutliche Kritik an der Erklärung von Alfons Auer, Wilhelm Korff und Gerhard Lohfink, Zweierlei Sexualethik. Kritische Bemerkungen zur „Erklärung" der römischen Glaubenskongregation „Zu einigen Fragen der Sexualethik", in: ThQ 156 (1976) 148–158. Ihre Zustimmung zu diesem Tübinger Text haben u. a. Hans Küng und Walter Kasper erklärt.
[81] Ebd. 151.

ehelicher sexueller Hingabe und Fortpflanzung (HV 12) zeigt hier erste Auswirkungen für das gesamte Feld der Sexualmoral.[82] Denn es begründet die absolute Norm, dass die „Verknüpfung der beiden Sinngehalte – liebende Vereinigung und Fortpflanzung" (HV 12) unter keinen Umständen vom Menschen aufgelöst werden darf. In Folge dieser deontologischen Norm wird die gleichgeschlechtliche Sexualität immer als Verletzung der objektiven sittlichen Ordnung bewertet, als eine *in sich schlechte* Handlung. An dieser Haltung wird sich in den folgenden Jahrzehnten nichts ändern. Schon drei Jahre nach der Veröffentlichung von *Persona Humana* lobt Johannes Paul II. auf einer Pastoralreise die US-amerikanischen Bischöfe für ihre klare moralische Missbilligung homosexueller Handlungen.[83] Er ist damit der erste Papst, der sich zur Homosexualität äußert. Verständnis und Mitgefühl *(compassion)* dürften nicht dazu führen, nicht mehr die Wahrheit, den göttlichen Plan über den Menschen und seine Würde zu verkünden. Die für Johannes Paul II. so typische ethische wie theologische Überhöhung der Normfeststellung von *Humanae vitae* zeigt sich auch in dieser Frage. Aus einer Einzelfrage der Sexualmoral ist eine Grundsatzfrage des Menschenbildes und des christlichen Glaubens geworden.

---

[82] Den entscheidenden Einfluss von Karol Wojtyła auf dieses Prinzip von *Humanae vitae* belegen Michael J. Barberi/Joseph A. Selling, The Origin of *Humanae Vitae* and the Impasse in Fundamental Theological Ethics, in: Louvain Studies 37 (2013) 364–389. Wie im Falle der Homosexualität wird deutlich, dass das Lehramt selbst kreativ Traditionen produziert, indem es z. B. bestimmte theologische Strömungen favorisiert und andere ignoriert.
[83] Siehe AAS 71 (1979) 1224f.

Stephan Goertz

6. Eine neue moraltheologische Linie seit den 1970er Jahren: Homosexualität im Rahmen einer Sexualmoral als Beziehungsethik

Mit der Erklärung der Glaubenskongregation liegt Mitte der siebziger Jahre eine erste ranghohe Äußerung des römischen Lehramtes zur Homosexualität vor, die eine beständige Lehre zu kreieren intendiert. Da jedoch trotz erster Differenzierungen – zwischen Neigung und Pathologie, zwischen Anomalie und Handlung – das Hauptanliegen die Verteidigung der Normfeststellung ist und dafür der Preis bezahlt wird, die Erfahrungen und das politische Engagement der Homosexuellen um Gleichberechtigung zu übergehen, wird die Debatte mit zunehmender Intensität auch nach *Persona Humana* fortgesetzt. In verschiedenen Ländern treten in diesen Jahren christliche Homosexuellen-Gruppen an die Öffentlichkeit und setzen sich für eine Neubewertung von Homosexualität und einen innerchristlichen und -kirchlichen Dialog ein.[84] In der Moraltheologie beginnt sich eine neue Linie der Bewertung herauszubilden, die sich von der Position der Handbücher vor allem dadurch unterscheidet, dass für den gesamten Bereich der Sexualmoral als neues Prinzip die Qualität der Beziehung zweier Personen als Maßstab der moralischen Bewertung etabliert wird. Das Interesse an der Ätiologie von Homosexualität tritt dabei stärker in den Hintergrund. Bei Charles Curran etwa, dessen Arbeiten den Übergang zur neuen Linie markieren, bleibt 1971 die erfah-

---

[84] In den USA formiert sich schon 1969 die Gruppe *Dignity* für schwule und lesbische katholische Christ(inn)en, in Frankreich wird 1972 *David & Jonathan* gegründet, in Deutschland 1977 die ökumenische Arbeitsgruppe *Homosexuelle und Kirche* (HuK). Vgl. auch Homosexualität und Glaube. Zum Segen berufen. Ein Pastoralbrief, hg. von der Arbeitsgruppe katholischer homosexueller Seelsorger der Niederlande, dt. Übersetzung hg. von Christenrechte in der Kirche, Haltern ²1990.

rungswissenschaftliche Frage offen, ob es sich bei der Homosexualität nun um eine Krankheit, ein von der Gesellschaft geschaffenes Konzept oder ein neutrales Phänomen handelt.[85] Wie bei van de Spijker wird nun Wert gelegt auf die Unterscheidung zwischen Homosexualität im Kontext einer personalen Beziehung und promiskuitivem oder egoistischem Verhalten. Für Curran folgt daraus: „Für den irreversiblen, eigentlichen Homosexuellen können seine Handlungen im Kontext einer liebenden, nach Dauer strebenden Beziehung moralisch gut sein und sind auch als gut zu bewerten."[86] Sie sind *nicht* objektiv ungeordnet und nicht bloß ein kleineres Übel. Innerhalb einer personalen Beziehung können sie „objektiv moralisch gut sein"[87]. Denn in solchen Fällen, so argumentiert Currran, entspricht das Verhalten der Identität von Homosexuellen und dadurch wird dem Axiom *agere sequitur esse* Genüge getan. Zugleich will er an der moralisch relevanten anthropologischen und theologischen Differenz zwischen Hetero- und Homosexualität festhalten. Dieser Gedanke wird u. a. von Eberhard Schockenhoff aufgegriffen: „Von einer spezifisch objektiven Defizienz homosexuellen Handelns muss [...] die Rede sein, insofern hier die Möglichkeit, Nachkommenschaft zu zeugen, als eine der elementarsten Aufgaben, die aus einer heterosexuellen Partnerschaft erwachsen, ebenso ausgeschlossen bleibt wie das Geprägtwerden durch gemeinsame Kinder und das Erlebnis des eigenen Mutter- bzw. Vaterseins."[88] Menschliche Sexualität

---

[85] Charles Curran, Homosexuality and Moral Theology: Methodological and Substantive Considerations, in: The Thomist 35 (1971) 447–481, 459.

[86] Charles Curran, Moraltheologie, Psychiatrie und Homosexualität (1979), in: Sexualität und Ethik, Frankfurt a. M. 1988, 163–185, 175.

[87] Ebd. 177.

[88] Eberhard Schockenhoff, Sexualität, IV. Theologisch-ethisch, in: LThK³ Bd. 9 (2000) 518–524, 523. Vgl. auch Ders., Kirchliches Lehramt und homosexuelle Menschen. Ein spannungsreiches Verhältnis, in: Erzbischöfliches Seelsorgeamt

findet demnach ihre *eigentliche Bestimmung* (Curran) oder ihren *ursprünglichen, umfassenden Sinn* (Schockenhoff) in der Liebe zwischen Mann und Frau. Heterosexualität bleibt das „Ideal menschlicher Beziehungen"[89]. Im noch von der Sünde unberührten Zustand der Schöpfung hat es, so muss man Curran wohl verstehen, das Phänomen der Homosexualität nicht gegeben. „Die psychische Struktur des irreversiblen Invertierten ist eine […] Manifestation der Sünde in der Welt."[90] Homosexuelle Handlungen können gerechtfertigt werden, aber sie bleiben hinter dem Ideal zurück.

Wie lässt sich die unbestreitbare Differenz zwischen Hetero- und Homosexualität begrifflich so fassen, dass aus der faktischen Ungleichartigkeit nicht die moralische Ungleichwertigkeit folgt? Man könnte, so mein Vorschlag, die auf mögliche Reproduktion bezogene *Mehrheits-Variante* sexueller Orientierung (Heterosexualität) von der – natürlicher Weise – nicht auf Reproduktion bezogenen *Minderheits-Variante* sexueller Orientierung (Homosexualität) unterscheiden. Über den evolutionären Sinn dieser Differenz lässt sich wohl bislang nur speku-

---

und Katholische Akademie Freiburg (Hg.), Den Menschen sehen. Pastoral mit homosexuellen Menschen, Freiburg i. Br. ²2014, 13–25, 19.

[89] Curran, Moraltheologie, Psychiatrie und Homosexualität, 176.

[90] Ebd. 181. Wer würde sich bei solchen Spekulationen über den postparadiesischen Zustand nicht an die Kirchenväter erinnert fühlen, die darüber nachgedacht haben, wie das eheliche Leben von Adam und Eva ausgehen hat. Macht aber die Vorstellung eines heilen Urzustandes anthropologisch und theologisch überhaupt noch Sinn? Denn so wird ein kontigentes Faktum der menschlichen Natur, ob ein Mensch hetero- oder homosexuell orientiert ist, auf eine Schuld des Menschen („Erbsünde") zurückgeführt. Woher wissen wir eigentlich, was Gott ursprünglich gewollt hat, wenn doch die Natur offenbar durch den Menschen korrumpiert worden ist? Es ist also letztlich immer unser eigenes moralisches Werturteil, das uns über den Willen Gottes sprechen lässt. Wenn das aber so ist, dann kann der ursprüngliche Wille Gottes, verstanden als der sittliche Wille Gottes, nicht an natürlichen Phänomenen gleichsam abgelesen werden.

lieren. Jedenfalls hat die Natur neben dem mit der zweigeschlechtlichen Reproduktion innerlich verknüpften Begehren eine weitere Form der Sexualität hervorgebracht, die als solche vom Menschen human zu gestalten ist und in dieser Gestaltung zwar nicht in jeder Hinsicht gleichartig, aber moralisch gleichwertig ist. Entscheidend bleibt, wie das Subjekt mit der ihm gegebenen sexuellen Orientierung handelnd umgeht. Im Hinblick auf die Moralität der Person gibt es keinen prinzipiellen Unterschied zwischen Hetero- und Homosexualität. Vor allem lässt sich aus der Differenz auf der Ebene der reproduktiven Potentialität einer sexuellen Praxis nicht unmittelbar eine ethische Differenz ableiten. Die Moral sexueller Praxis liegt mit ihren Kriterien (Wechselseitigkeit, Respekt usw.) quer zu den (möglichen) reproduktiven Folgen. Keine Nachkommenschaft zeugen zu können, kann für die Sexualmoral nicht ausschlaggebend sein.[91] In diesem Sinne ist Homosexualität *moralisch neutral*.

Die vor allem durch US-amerikanische Theologen[92] initiierte neue moraltheologische Linie der Bewertung von Homo-

---

[91] Vgl. Pius XI., Enzyklika *Casti connubii*, in: AAS 22 (1930) 539–592: „Auch kann man nicht sagen, dass diejenigen Gatten wider die Ordnung der Natur handeln, die in rechter und natürlicher Weise von ihrem Recht Gebrauch machen, auch wenn aus den natürlichen Gründen der Zeit oder irgendwelcher Mängel daraus kein neues Leben entstehen kann" (DH 3718). Daher muss „naturgemäß" nun anders definiert werden. Etwa – wie in lehramtlichen Dokumenten: heterogenitaler ehelicher Verkehr, der eine mögliche Empfängnis nicht „künstlich" ausschließt.

[92] Vgl. John J. McNeill, The Church and the Homosexual, Kansas City 1976 (Boston ³1988, siehe ebd. 3–9 zu den ersten reformorientierten Artikeln von John J. McNeill, Peter Fink, Gregory Baum u. a. in den USA Anfang der siebziger Jahre); Philip S. Keane, Sexual Morality: A Catholic Perspective, New York 1977; als wichtige historische Studien: D. Sherwin Bailey, Homosexuality and the Western Christian Tradition, New York 1955; John Boswell, Christianity, Social Tolerance, and Homosexuality: Gay People in Western Europe from the Beginning of the Christian Era to the Fourteenth Century, Chicago/London 1980. Die US-amerikanische Bischofskonferenz reagiert bereits 1973 mit der

sexualität bricht mit der traditionellen Normfeststellung, wonach es keine Rechtfertigung für gleichgeschlechtliche Sexualität gibt. Wenn eine wechselseitig verbindliche und dauerhafte Beziehung besteht, dann spreche prinzipiell nichts mehr gegen eine positive moralische Bewertung von Homosexualität. Das Kriterium der Personalität gelte moraltheologisch für sexuelle Beziehungen generell, und nicht ausschließlich für die Ehe zwischen Mann und Frau. Auf diese Weise wird die sexualethische Ungleichbehandlung von hetero- und homosexuellen Beziehungen beendet. Beide stehen gleichermaßen „unter dem Gesetz der Verantwortung und Liebe der Partner und der Wahrhaftigkeit ihres Verhaltens."[93] Dieser Schritt ist aber nur dann möglich, wenn das Prinzip der Untrennbarkeit von Liebe und Fortpflanzung seinen unbedingten Status verliert. Es wird gefragt, ob die Sinndimension Partnerbezug nicht auch selbständig realisiert werden kann.[94] Wie dies ja auch für viele Fälle ehelicher Sexualität gilt, von denen die Partner wissen, dass sie nicht auf Zeugung hin offen sind (Sterilität, Alter, „natürliche" Empfängnisregelung). Sobald der Bewertungsmaßstab nicht mehr die physiologische Komplementarität von Mann und Frau ist und die Polyvalenz menschlicher Sexualität in Rechnung gestellt wird, gibt es kein schlagendes ethisches Argument mehr dafür, dass Homosexuelle auf sexuelle Praxis komplett verzichten sollen.

Erklärung „Principles to Guide Confessors in Questions of Homosexuality", die sich vor allem an den Schriften von Harvey orientiert (vgl. McNeill, The Church and the Homosexual, 7f.).
[93] Johannes Gründel, Haben Homosexuelle Heimat in der Kirche? in: Udo Rauchfleisch (Hg.), Homosexuelle Männer in Kirche und Gesellschaft, Düsseldorf 1993, 40–64, 63; vgl. Bernhard Fraling, Sexualethik. Ein Versuch aus christlicher Sicht, Paderborn 1995, 242.
[94] Wilhelm Korff, Homosexualität, III. Theologisch-ethisch, in: LThK³ Bd. 5 (1996) 255–258, 257f.

Wenn aber erst einmal die negative Bewertung homosexueller Verhaltensweisen ihren absoluten Status verloren hat, kann auch die Homosexualität selbst moralisch entspannter beurteilt werden. Sie ist dann nicht länger eine Neigung zu einem in sich schlechten Handeln, sondern kann als ein „Existential"[95] oder eine „gegebene Grunddisposition menschlicher Sexualität"[96] anerkannt werden. So wie es den Selbsterfahrungen von Schwulen und Lesben entsprechen dürfte. Folgerichtig gibt es keinen Grund mehr, die Homosexuellen mit den Erwartungen einer Therapie oder Rückkehr zu konfrontieren. Wenn es zur Identität einer Person gehört, eine homosexuelle Orientierung zu haben und die damit verbundenen Verhaltensweisen moralisch gut sein können, dann ist alles zu vermeiden, was der Selbstfindung und Annahme von Homosexuellen entgegensteht. „Von Seiten der Kirche […] ist eine Pastoral gefordert, die diesen Menschen hilft, ein positives Selbstwertgefühl zu entwickeln, ihrer Einsamkeit oder Isoliertheit, unter der sie oft leiden, zu entkommen und den Leidensdruck zu überwinden, der vielfach durch falsche Schuldgefühle und Scham […] aufgebaut wird."[97] Formen offener oder subtiler Gewalt, Pathologisierung, soziale Ausgrenzung oder Diskriminierung, wie sie bis heute auch in religiösem Gewand daherkommen, sind das, was es im Kontext von Homosexualität in Wahrheit ethisch zu verurteilen gilt. Der sittliche Ernst dieser neuen Perspektive sollte nicht leichtfertig übergangen werden: „Die Kritik an Geschlechternormen muss im

---

[95] Fraling, Sexualethik, 241.
[96] Udo Rauchfleisch, Homosexualität, I. Anthropologisch, II. Soziologisch, in: LThK³ Bd. 5 (1996) 254–255, 254.
[97] Martin M. Lintner, Den Eros entgiften. Plädoyer für eine tragfähige Sexualmoral und Beziehungsethik, Brixen ²2012, 134; vgl. auch die unveröffentlichte Mainzer Staatsexamensarbeit von Annika Plambeck, Identität und sexuelle Orientierung. Homosexualität im Spiegel moraltheologischer und psychologischer Reflexion, Mainz 2013.

Kontext der Menschenleben situiert werden, so wie diese Leben gelebt werden, und sie muss von der Frage geleitet sein, was die Möglichkeit, ein lebenswertes Leben zu führen, maximiert und was die Möglichkeit eines unerträglichen Lebens oder sogar eines sozialen oder buchstäblichen Todes minimiert."[98]

Die neue Linie der Bewertung von Homosexualität, die neben die bisher von uns skizzierten tritt, findet sich konsequent ausformuliert in der Sexualethik von Margaret Farley.[99] Nicht die Homosexualität ist dort länger das Problem, sondern ihre Diskriminierung sowie die Tatsache, dass sie noch immer ein explosives Thema in christlichen und anderen religiösen Gemeinschaften ist. Farley stellt klar, dass die fundamentale Frage nicht lautet, *ob* gleichgeschlechtliche Beziehungen ethisch gerechtfertigt sein können – sie können es –, sondern *wie* diese Beziehungen so gelebt werden, dass wir sie moralisch positiv bewerten können. Zwischen hetero- und homosexuellen Beziehungen wird sexualethisch nicht länger grundsätzlich unterschieden. Zum Maßstab einer Liebesbeziehung wird die in ihr gelebte Gerechtigkeit.

Liebe ist gerechte Liebe, so wird der Ansatz zusammengefasst, „wenn sie 1. die Realität der geliebten Person (als Mensch und als einzigartiges Individuum) weder verfälscht noch verfehlt, 2. die Realität desjenigen, der liebt, weder verfälscht noch verfehlt und 3. die Natur der Beziehung weder verletzt, entstellt noch ignoriert."[100]

Es gibt keine darüber hinausgehende Spezialnorm für Homosexuelle. Für sie gilt wie für alle anderen auch, dass sie eine

---
[98] Judith Butler, Die Macht der Geschlechternormen und die Grenzen des Menschlichen, Frankfurt a. M. ²2012, 20.
[99] Margaret A. Farley, Just Love. A Framework for Christian Sexual Ethics, New York/London 2006 (dt. Übersetzung: Der verdammte Sex. Für eine neue christliche Sexualmoral, Darmstadt 2014).
[100] Farley, Der verdammte Sex, 224.

jede Person in ihrer Würde und in ihren Rechten zu respektieren haben, was ihre egoistische Behandlung als bloßes Mittel zur Befriedigung eigener Bedürfnisse ausschließt. Reduziert man den Lebensbegriff nicht auf die biologische Existenz, dann sind auch homosexuelle Beziehungen fruchtbar und lebensspendend, durch ihre „Liebe zu anderen, die Sorge für andere, das Bemühen, die Welt nicht nur für ‚uns beide' besser zu machen."[101] Farleys greift souverän hinter die lange Tradition der Verurteilung von Homosexualität zurück und formuliert einen genuin theologischen Gedanken: „Die Welt braucht neues Leben von jenen, denen das Geschenk der Liebe gemacht wurde. In der christlichen Gemeinschaft begründet das Geschenk der Liebe eine Berufung, es ist für Lesbierinnen und schwule Männer genauso ein göttliches Geschenk und eine göttliche Berufung wie für heterosexuelle Frauen und Männer."[102]

7. Festigung der lehramtlichen Bewertung und neue Akzente zwischen 1978 und 2013

Im Pontifikat von Johannes Paul II. (1978–2005) nehmen verschiedene Kongregationen und Räte zu unterschiedlichen Aspekten der Homosexualität Stellung. Es bildet sich eine lehramtliche Bewertungslinie heraus, die auf *Persona Humana* zurückgreift, in den *Katechismus der Katholischen Kirche* Eingang findet und die anschließenden römischen Reaktionen steuert.[103]

---

[101] Ebd. 319.
[102] Ebd. 319f.
[103] Vgl. zum Folgenden auch Hedwig Porsch, Sexualmoralische Verstehensbedingungen. Gleichgeschlechtliche PartnerInnenschaften im Diskurs, Stuttgart 2008, 79–102; Nenad Polgar, Between Complexity and Clarity: An Integral Approach to an Understandig of Homosexuality in the Perspective of Church Teaching, Moral Theology, and Sciences, Diss. Theol. Universität Leuven (Bel-

Stephan Goertz

(1) Die Kongregation für das katholische Bildungswesen macht mit ihrer *Orientierung zur Erziehung in der menschlichen Liebe* 1983 den Anfang.[104] Obwohl die moraltheologische Debatte, wie wir gesehen haben, seit den siebziger Jahren an Fahrt aufnimmt und sich dabei das Bewertungskriterium in Richtung einer Beziehungsethik verschiebt, beschränkt sich die Bildungskongregation im Wesentlichen auf die Wiederholung der Aussagen von *Persona Humana*. Homosexualität bleibt ein schwerwiegendes objektives Problem der betroffenen Subjekte, denn es hindere diese an reifen zwischenmenschlichen Beziehungen. Zwar wird wieder Verständnis ausgedrückt und Hilfe angeboten, aber der Gedanke einer positiven Selbstannahme Homosexueller wird nicht formuliert. Geradezu konträr wird von Familien und Erziehern erwartet, Homosexuellen Mut zu machen „zur Befreiung von sich selbst und zum Voranschreiten in der Selbstbeherrschung" (Nr. 103). Wie sich diese Vorstellung mit sozialpsychologischen Erkenntnissen über die personale Identitätsbildung vertragen soll, wird nicht thematisiert. Es ist schwer vorstellbar, dass eine Person zu einem positiven Selbstwertgefühl kommt, der gesagt wird, sie habe sich von sich selbst zu befreien. Zumal doch lehramtlich inzwischen immer wieder darauf bestanden wird, dass die Sexualität den Menschen in seiner gesamten Existenz prägt. Die an sich schon verletzende Zumutung der Selbstverleugnung wird ethisch und theologisch gesteigert, indem sie als „Umkehr zur Liebe zu Gott und zum Nächsten" (Nr. 103) firmiert. Diese spezielle Moralisierung und Theologi-

---

gien) 2012, Kapitel 5 und 6 (erscheint unter dem Titel „Understandig Homosexuality" in der Reihe Studien der Moraltheologie. Neue Folge, Münster 2015).
[104] Kongregation für das Katholische Bildungswesen, Orientierung zur Erziehung in der menschlichen Liebe. Hinweise zur geschlechtlichen Erziehung (1983), online: http://www.vatican.va/roman_curia/congregations/ccatheduc/documents/rc_con_ccatheduc_doc_19831101_sexual-education_ge.html [Stand 15.05.2015]

sierung der Homosexualität findet sich nur am Rande in *Persona Humana* (PH 9), ist aber kennzeichnend für die lehramtliche Sexualmoral unter Johannes Paul II. Anders als in weiten Teilen der moraltheologischen Literatur wird Homosexualität als Problem verdinglicht und Homosexuellen abgesprochen, zu intersubjektiven Liebesbeziehungen in der Lage zu sein. Wie in den von uns vorgestellten Texten der fünfziger Jahre erscheint die Hilfe von Ärzten und Psychologen nur dann als hilfreich, wenn diese die Lehre der Kirche kennen und respektieren.

(2) Da die moraltheologische Diskussion angesichts solcher insgesamt defensiver und hinter den theologischen, gesellschaftlichen, human- wie sozialwissenschaftliche Entwicklungen hinterherhinkenden Äußerungen des Lehramtes voranschritt, sah sich schließlich die Kongregation für die Glaubenslehre zu einer umfangreicheren Stellungnahme veranlasst, die 1986 unter dem sprechenden Titel *Homosexualitatis problema* veröffentlich wurde und an die Bischöfe der katholischen Kirche gerichtet war.[105] Zwar wird im Titel auf die „Seelsorge für homosexuelle Personen" abgehoben, wie bereits in *Persona Humana*, inhaltlich aber geht es dem Dokument primär um die Formulierung einer moraltheologischen Lehre. Weil im Verständnis der Kongregation „nur das Wahre [...] letzten Endes auch pastoral" ist, haben wir es aus ihrer Sicht mit einem schlüssigen Konzept zu tun. „Eine wahrhaft pastorale Haltung wird die Notwendigkeit betonen, dass homosexuelle Personen die nächste Gelegenheit zur Sünde zu meiden haben" (HP 15).

---

[105] Schreiben der Kongregation für die Glaubenslehre an die Bischöfe der katholischen Kirche über die Seelsorge für homosexuelle Personen: *Homosexualitatis problema*, in: AAS 79 (1987) 543–554 (dt. Übersetzung: Verlautbarungen des Apostolischen Stuhls 72, hg. vom Sekretariat der Deutschen Bischofskonferenz, Bonn 1986).

Das Schreiben ist eine Reaktion auf die mit Sorge wahrgenommene Entwicklung, dass selbst in katholischen Kreisen Argumente auftauchen und Positionen vertreten werden, „die der Lehre der katholischen Kirche nicht entsprechen" (HP 1), weil sie die „homosexuelle Veranlagung" wohlwollend betrachten oder sie als „indifferent oder sogar als gut" hinstellen (HP 3). Einleitend wird daran erinnert, uns ist diese Sicht inzwischen vertraut, dass die umfassende katholische Wahrheit die Erkenntnisse der Wissenschaften überbietet (HP 2). Selbst wenn es also in der Gegenwart eine Entwicklung gibt, Homosexualität nicht mehr als ein Problem zu behandeln, vom Standpunkt der katholischen Moral aus bleibe sie ein solches. Unter diesem Vorzeichen steht das gesamte Schreiben. Die Unterscheidung zwischen „Veranlagung bzw. Neigung und homosexuellen Handlungen" (HP 3) wird wiederholt und auf eine für die nächsten Jahrzehnte maßgebliche Weise präzisiert:

> „Die spezifische Neigung der homosexuellen Person ist zwar in sich nicht sündhaft, begründet aber eine mehr oder weniger starke Tendenz, die auf ein sittlich betrachtet schlechtes Verhalten ausgerichtet ist. Aus diesem Grunde muss die Neigung selbst als objektiv ungeordnet angesehen werden" (HP 3).

Der Ausdruck *pathologische Veranlagung* (PH 8) wird nicht aufgegriffen. Anders als *Persona Humana* setzt sich die Glaubenskongregation mit der „irrigen und abwegigen" (HP 4) Ansicht auseinander, dass die Heilige Schrift „überhaupt nichts über die Homosexualität" (ebd.) sage oder ihre Weisungen im damaligen kulturellen Kontext zu verorten seien.[106] Die hermeneutische Regel der dann folgenden biblischen Überlegungen ist in

---

[106] Vgl. zur Exegese der Erklärung Gerald D. Coleman, The Vatican Statement on Homosexuality, in: TS 48 (1987) 727–734, 728–731.

der Aussage enthalten, dass die Schriftauslegung, „wenn sie korrekt sein will", mit der kirchlich tradierten Interpretation „in wirklicher Übereinstimmung" (HP 5) stehen müsse. Damit ist die Entscheidung zur Bekräftigung der tradierten Normfeststellung gefallen. Wenn die bekannten biblischen Texte von ihrer Auslegungsgeschichte her zu lesen sind, dann scheint diese selber gegenüber Kritik immun zu sein. Zählen die exegetischen Befunde und ihre moraltheologische Rezeption der letzten Jahrzehnte nicht zur Auslegungsgeschichte? Dem kirchlichen Lehramt kommt zwar eine amtliche, aber keine exklusive Kompetenz für die Auslegung des Evangeliums zu.

Die Schöpfungstheologie wird im weiteren Verlauf des Schreibens auf die Komplementarität von Mann und Frau und die Weitergabe des Lebens hin gelesen (HP 6). In Folge der Erbsünde aber komme es zu einer Verdunkelung dieser Wahrheit, die sich in der Entartung der Männer von Sodom fortsetze. „Das moralische Urteil, das hier gegen homosexuelle Beziehungen gefällt wird, kann keinem Zweifel unterliegen" (HP 6). Diese stets gleiche und kontinuierliche Lehre werde bezeugt in Lev 18,22 und 20,13, 1 Kor 1,6–9, Röm 1,18–32 und 1 Tim 1,10. Im Gegensatz zu den Zweifeln und Anfragen der Exegese und Moraltheologie zeigt sich die Kongregation davon überzeugt, dass die Bibel homosexuelles Verhalten verurteilt. Es wird also nicht unterschieden zwischen *same sex behavior* und dem Verhalten von Homosexuellen. Dem Schreiben ist insofern zuzustimmen, als dass *same sex behavior* in der Vergangenheit tatsächlich verurteilt worden ist. Aber damit ist die Frage der ethischen Bewertung von Homosexualität noch nicht beantwortet. Weil der Maßstab der lehramtlichen Sexualmoral das *different sex behavior* bildet, kann es für die Glaubenskongregation keine moralisch gelebte Homosexualität geben. „Homosexuelles Tun führt ja nicht zu einer komplementären Vereinigung, die in der Lage wäre, das Leben weiterzugeben ..." (HP 7). Und abermals wird hinzugefügt, dass damit Homosexuelle das „Wesen christlicher Liebe" (HP 7) verfehlen. „Dies will nicht heißen, homosexuelle Personen seien nicht oft großzügig und würden sich nicht selbstlos verhalten" (HP 7), solange sie sich nicht auf „homosexuelles Tun einlassen" (HP 7). Aus der Moraltheologie der fünfziger Jahre wird die These aufgegriffen, dass das Unglück, das Homosexuelle erfahren, auf ihr eigenes Tun zurückzuführen ist, weil es der Schöpfungsordnung nicht gehorcht.[107] Eine gesellschaftliche oder kirchliche Mitschuld am Leiden von Homosexuellen kennt die Kongregation nicht.

Inner- wie außerkirchliche Gruppen, die eine ethische Neubewertung und gesellschaftlich neue Form der Anerkennung von Homosexualität anstreben, werden als bedrohlich dargestellt. Das Schreiben ist an dieser Stelle in der Wortwahl nicht zimperlich. Sie versuchten, die Kirche zu manipulieren, sie bedienten sich einer „trügerischen Propaganda" (HP 9). Auch indem sie behaupten, „dass jede Art von Kritik oder Vorbehalt gegenüber homosexuellen Personen, ihrem Verhalten und ihrem Lebensstil lediglich Formen ungerechter Diskriminierung seien" (HP 9). Diese Wendung ist Teil der Standardabwehr von liberalen Emanzipationsprozessen.[108] Es wird insinuiert, dass jede Verteidigung

---

[107] Vgl. Buckley, Homosexualität und Moral, 166: „Dies Unglücklichsein ist weniger eine Folge der gesellschaftlichen Verurteilung als der Widernatürlichkeit seiner ganzen Lebenshaltung ..."
[108] Vgl. Anatrella, Homosexualität, 370–372. Antrella spricht von einer „Ideenpolizei (political correctness), die mit dem Schlagwort der Homophobie den Heterosexuellen sexuelle Schuldgefühle einimpfen möchte" (370). „Eine Sitten- bzw. Gesinnungsdiktatur wirft sich auf nach Kriterien, die unvereinbar sind mit den seelischen und moralischen Werten, die das Paar, die Ehe, die Familie und das Abstammungsverhältnis begründen. Wie kann man nur verkennen, dass die sogenannte demokratische Gesellschaft derart den gesellschaftlichen Zusammenhalt zugunsten von Partikularinteressen und zum Schaden der allgemeinen Besten zerstückeln und ihre Bürger damit entmutigen und deprimieren?" (372) Die Massenmedien würden dabei die „Rolle eines moralischen Zensors" (371) spielen. Daher verwundert es nicht, dass *DignityUSA,*

der tradierten Haltung gegenüber Homosexualität, jede Kritik an moderner Liberalität, in der Gegenwartsgesellschaft mit dem Label Diskriminierung (oder später: Homophobie) moralisch von vornherein diskreditiert wird. Dass es in der politischen und kulturellen Auseinandersetzung zu solchen Strategien kommt, ist nicht zu leugnen. Aber das ist ja noch kein Argument in der Sache selbst. Also bezüglich der Frage, ob negative Urteile über Homosexualität theologisch und ethisch gut begründet sind oder nicht. Und ob es nicht in der Tat eine ungerechtfertigte Ungleichbehandlung, d. h. Diskriminierung, darstellt, wenn Homosexuellen auf der Basis einer doppelten Sexualmoral der Zugang zu gesellschaftlich anerkannten Institutionen und Sozialformen prinzipiell verweigert wird. Die Auseinandersetzung um die Frage, welche Ungleichbehandlung gerechtfertigt ist und welche nicht, ist jedenfalls noch nicht durch die Beteuerung beantwortet, man wolle keineswegs diskriminieren. Dass Diskriminierung nicht sein soll, versteht sich aus christlicher Perspektive von selbst. In dem Schreiben von 1986 klingt das Thema an, welches in den folgenden Jahren immer stärker in den Vordergrund drängt: Soll es im Interesse der Emanzipation und Demokratisierung zu einer „Änderung staatlicher Regelungen und Gesetze" (HP 9) kommen oder nicht? Das Schreiben sieht keinen Grund für solche Veränderungen.[109]

---

die 1969 gegründete LGBT-Organisation katholischer Christen, protestierte, als Anatrella 2014 zum Mitarbeiter des Sondersekretariats der Bischofssynode über die Familie ernannt wurde.

[109] Vgl. daraufhin Kongregation für die Glaubenslehre, Erwägungen zu den Entwürfen einer rechtlichen Anerkennung der Lebensgemeinschaften zwischen homosexuellen Personen, in: Communicationes 35 (2003) 214–223 (dt. Übersetzung: Verlautbarungen des Apostolischen Stuhls 162, hg. vom Sekretariat der Deutschen Bischofskonferenz, Bonn 2003). „Es gibt keinerlei Fundament dafür, zwischen den homosexuellen Lebensgemeinschaften und dem Plan Gottes über Ehe und Familie Analogien herzustellen, auch nicht in einem weiteren Sinn. Die Ehe ist heilig, während die homosexuellen Beziehungen gegen das natürli-

An einer Schlüsselstelle produziert der Text eine brisante Uneindeutigkeit. Auf der einen Seite wird „nachdrücklich bedauert, dass homosexuelle Personen Objekt übler Nachrede und gewalttätiger Aktionen waren und weiterhin noch sind" (HP 10). Dies widerspricht dem Respekt ihrer Würde. Auf der anderen Seite werden diejenigen, die sich für eine Neubewertung von Homosexualität einsetzen, indirekt mitverantwortlich gemacht für „irrationale und gewaltsame" (HP 10) Reaktionen. Diese Strategie kommt dem sehr nahe, was als *Blaming the victim* bezeichnet wird. Diejenigen, die aus einer Minderheitenposition und gesellschaftskritischen Haltung heraus für eine Evolution der Menschenrechte eintreten, scheinen selbst eine Mitschuld zu tragen, wenn ihr Anliegen auf irrationalen oder gewaltsamen Widerstand stößt.

Besondere theologische Beachtung verdient das religiöse Angebot, welches das Schreiben Homosexuellen unterbreitet. Sie sollten, wenn sie an Christus glauben, erkennen, dass sie ihr Leiden mit dem „Kreuzesopfer Christi" vereinigen können (HP 12). Was für jeden Christen gelte: „Ihr könnt nicht zu Christus gehören, wenn ihr nicht das Fleisch mit seinen Leidenschaften und Begierden gekreuzigt habt" (Gal 5,22.24). Homosexuelle, die

---

che Sittengesetz verstoßen. [...] Werden homosexuelle Lebensgemeinschaften rechtlich anerkannt oder werden sie der Ehe gleichgestellt, indem man ihnen die Rechte gewährt, die der Ehe eigen sind, ist es geboten, klar und deutlich Einspruch zu erheben." Aus moraltheologischer Sicht schon früh und klarsichtig: Hans Rotter, Ehe und homosexuelle Partnerschaft. Vergleichbares und Unterscheidendes in moraltheologischer Sicht, in: Hartmut Bosinski et al. „Eingetragene Lebenspartnerschaft". Rechtssicherheit für homosexuelle Paare – Angriff auf Ehe und Familie? Regensburg 2001, 30–44. „Die Beurteilung einer homosexuellen Beziehung hängt auf dem Hintergrund unserer christlichen Tradition wesentlich davon ab, ob man diese Beziehung an sich für sündhaft und deshalb auch für sittenwidrig hält. Wenn ja, dann wird man natürlich auch gegen eine rechtliche Aufwertung sein. Wenn nein, dann scheint eine solche Aufwertung im Sinne der Gerechtigkeit in mancher Hinsicht geboten" (44).

sich dem „Willen Gottes" unterwerfen, werden „vor einem Leben bewahrt, das sie fortwährend zu zerstören droht" (HP 12).[110] Welches Verständnis von „Selbstkreuzigung" wird hier präsentiert? Offenbar geht es um eine besondere Sexualaskese, die von Homosexuellen verlangt wird. Diese spezielle Verbindung zwischen Homosexualität und Kreuzesopfer ist jedoch nur unter der Prämisse der Erklärung plausibel, dass Homosexualität in sich eine Unordnung darstellt. Und dann legt sich die Frage nahe, wie in diesem Fall das Kreuz für Homosexuelle eine Hoffnungsbotschaft beinhalten kann. Dazu müsste das Ereignis des Kreuzes theologisch anders erschlossen werden. Paul G. Crowley begreift das Kreuz Jesu als Manifestation einer göttlichen Empathie, die selbst vor dem menschlichen Schmerz und Leid nicht zurückschreckt.[111] Der getötete Christus ist der getötete Zeuge der Liebe Gottes, die sich ganz dem Menschen ausgeliefert hat.[112] Mit dem Kreuz ist für alle, die glauben können, die Botschaft verbunden, dass der allmächtige Gott kein anderes Mittel als seine Liebe einsetzt, um das Herz des Menschen zu gewinnen. Die erste christliche Botschaft an die Menschen, an Hetero- wie Homosexuelle, ist also die Botschaft der liebenden Selbsttranszendenz, nicht der körperlichen Selbstverleugnung.

---

[110] Andrew Sullivan, Alone Again, Naturally: The Catholic Church and the Homosexual (1994), in: Eugene F. Rogers (Hg.), Theology and Sexuality, Malden ³2007, 275–288, 282, liest diese Passage aus dem Jahr 1986 als „ugly reference to HIV".
[111] Vgl. dazu: Paul G. Crowley, Homosexuality and the Counsel of the Cross, in: TS 65 (2004) 500–529. Nach einer Bitte der Glaubenskongregation um Klärung hat sich Crowley wie folgt geäußert: „The article does not intend to deny the teaching of the magisterium about the objective disorder of homosexual inclination or homosexual acts. Rather, it intends to ask how the counsel of the Cross built on these formulations can speak with better effect and impart a sense of hope for those for whom it is intended." Homosexuality and the Counsel of the Cross: A Clarification, in: TS 69 (2008) 637–640, 640.
[112] Vgl. Magnus Striet, In der Gottesschleife. Von religiöser Sehnsucht in der Moderne, Freiburg i. Br. 2014, 168f.

Ein letzter Gedanke gilt einer Formulierung, die einen neuen Gedanken bringt. Die Glaubenskongregation legt Wert darauf, von der *homosexuellen Person* zu sprechen (HP 16). Damit will sie deutlich machen, dass Homosexuelle zu allererst *Personen* sind – die dann eine bestimmte sexuelle Ausrichtung haben. Ungeordnet, um die Terminologie der Glaubenskongregation zu verwenden, ist die sexuelle Neigung, nicht die Person selbst. Personen sind demnach mehr als nur bestimmte Geschlechtswesen. Es gibt eine „fundamentale Identität" (HP 16), nämlich Gottes geliebtes Geschöpf zu sein, die alle Differenzen unterfängt. Letztlich hat Gott, wenn man diesen theologischen Gedanken aufgreift, männliche und weibliche Personen geschaffen. Eine Einstufung nach Kriterien der sexuellen Orientierung oder der Geschlechtsidentität ist in dieser theologisch-ethischen Sicht niemals unmittelbar relevant, wenn es um die grundlegende Würde einer Person geht. Das Schreiben lässt sich m.E. in dieser Richtung weiterdenken. Es selbst unterlässt solche Schlussfolgerungen und betont gleich zu Beginn, dass es keine „erschöpfende Behandlung dieses komplexen Themas" (HP 2) vorlegen will. Die theologische Diskussion ist damit nicht als abgeschlossen zu betrachten.

Alles in allem bleibt das Schreiben von 1986 janusköpfig. Es verzichtet auf eine naturrechtliche Sprache, aber die Normfeststellung entspringt naturrechtlicher Denkweise. Es legt Wert auf eine biblische Fundierung, reaktiviert dabei aber zugleich geschichtlich belastete biblische Geschichten (Sodom) und Texte (Levitikus), die *Persona Humana* beschweigte. Es spricht von der homosexuellen Person und ruft sie zur Selbstverleugnung auf. Es will nicht diskriminieren, aber grenzt sich von Antidiskriminierungspolitik ab. Es unterscheidet zwischen Neigung und Handlung, aber nicht, wie Farley sagen würde, zwischen gerechten und ungerechten Beziehungen. „Ratzinger had guided the Church into two simultaneous and opposite directions: a deeper respect for homosexuals, and a sterner rejection of almost anything they might do."[113]

(3) Ein Kondensat der bisherigen lehramtlichen Äußerungen präsentiert der *Katechismus der Katholischen Kirche* (1992). Seine Bewertung erfordert eine präzise Lektüre. So stößt man auf eine Reihe aufschlussreicher Punkte. In vertrauter naturrechtlicher Weise wird die Normfeststellung mit dem Verstoß „gegen das natürliche Gesetz" (KKK 2357) begründet. Die Weitergabe des Lebens ist bei der Homosexualität ausgeschlossen. Dem reproduktiven Defizit entspreche ein personales, da homosexuellen Beziehungen das Moment der Komplementarität fehle. Die Heilige Schrift bezeichne sie als „schlimme Abirrung" (ebd.). Nur in der Fußnote wird auf die bekannten biblischen Belegstellen hingewiesen, wobei auf das Buch Levitikus verzichtet wird. An die Normfeststellung schließt sich eine kürzere Passage zur *homosexuellen Veranlagung* an, die nicht selbst gewählt sei (KKK 2358). „Man hüte sich, sie (homosexuell veranlagte Männer und Frauen, S.G.) in irgendeiner Weise ungerecht zurückzusetzen". „Ihnen ist mit Achtung, Mitleid und Takt zu begegnen." Dann folgt nach dem Vorbild der Erklärung von 1986 ein Hinweis auf das Kreuzesopfer Jesu. Wie alle anderen Menschen auch werden die Homosexuellen vom Katechismus zur Keuschheit aufgerufen (KKK 2359). Was nichts anderes meint, als dass sie ihre Sexualität moralisch verantwortlich gestalten sollen. Im Falle der Homosexualität bedeutet Keuschheit eine völlige sexuelle Enthaltsamkeit.

Der Katechismus vermeidet (zunächst) den Begriff der Sünde und begnügt sich mit der Aussage, dass homosexuelles Verhalten „in sich nicht in Ordnung" (PH 8) ist.[114] Im Vergleich

---

[113] Sullivan, Alone Again, Naturally, 282.
[114] Im Kurztext heißt es dann: „Zu den Sünden, die schwer gegen die Keusch-

zur Geschichte der katholischen Morallehre ist dies eine deutlich zurückgenommene moralische Bewertung. Die Aussagen des Katechismus scheinen von manchen als missverständlich wahrgenommen worden zu sein, so dass es 1997 in der revidierten lateinischen Fassung zu einer bemerkenswerten Änderung gekommen ist. Während es zuvor hieß, Homosexualität sei eine *nicht selbstgewählte Veranlagung*, wird nun von *tiefsitzenden homosexuellen Tendenzen* gesprochen. Aufschluss über die Intention dieser Änderung gibt ein Kommentar zur Stelle von Livio Melina, der zwischen 1984 und 1991 in der Glaubenskongregation tätig war und 2006 von Benedikt XVI. zum Präsidenten des „Päpstliches Instituts Johannes Paul II. für Studien zu Ehe und Familie" berufen wurde. Es sollte terminologisch jeder Eindruck vermieden werden, als ob Homosexualität mit Heterosexualität auf einer Stufe stehe. Was man denken könne, wenn von einer *angeborenen Veranlagung* gesprochen wird. An der Abnormität von Homosexualität sollten keine Zweifel aufkommen. „Die Psychoanalytiker heben hervor, dass die Geschlechtlichkeit nicht so sehr eine ‚natürliche' Fähigkeit ist als vielmehr eine Antwort des Subjekts auf eine ungenügende Realität, die es vor Fragen stellt."[115] Homosexualität wird auf diese Weise – wenn auch in Anführungszeichen – zur „Stellungnahme" oder „Entscheidung" der Person. Dann aber kann die Person für ihre sexuelle Orientierung verantwortlich gemacht und Homosexualität als „Geisteshaltung", wie im 16. Jahrhundert, wieder zur Sünde werden.[116] Homosexualität soll nicht als Variante einer

---

heit verstoßen, gehören Masturbation, Unzucht, Pornographie und homosexuelle Praktiken" (KKK 2396).
[115] Livio Melina, Liebe auf katholisch. Ein Handbuch für heute, Augsburg 2009, 123–128, 126. Von Melina erwähnte Autoren, die Homosexualität als psychopathologische Störung betrachten, sind u. a.: Kernberg, Anatrella (siehe Anm. 8) und Harvey.
[116] Vgl. ebd. 132.

gegebenen sexuellen Orientierung erscheinen. Darum liest man in den römischen Texten nicht, dass es Menschen gibt, die homosexuell *sind*. Stattdessen ist von Männern und Frauen mit „tiefsitzenden homosexuellen Tendenzen"[117] die Rede. Von „tiefsitzenden heterosexuellen Tendenzen" sprechen die Dokumente nie. Es gibt für das römische Lehramt keine Symmetrie zwischen Homo- und Heterosexualität, nicht auf der Ebene des beschreibbaren Phänomens, und erst recht nicht auf der Ebene der moralischen Bewertung.

Ist homosexuelles Verhalten für das Lehramt als eine in sich schlechte Handlung zugleich eine Sünde, gar eine Todsünde? Deutlicher als der Katechismus nutzt Johannes Paul II. die Kategorie der Todsünde, um sein moralisches Werturteil über Homosexualität auszudrücken. Im apostolischen Schreiben *Reconciliatio et paenitentia* (1984) wird auf die in Lev 18,26–30 verurteilten verschiedenen Formen von Unzucht verwiesen, darunter *same sex behavior*, die in der Tradition der Kirche zu den Todsünden zählen (RP 17). Auf diese Stelle wiederum verweist die Enzyklika *Veritatis splendor* (1993) in ihrer Nummer 49. Homosexuelles Verhalten wird von Johannes Paul II. damit wie in der Vergangenheit als Todsünde verdammt.

---

[117] Kongregation für das Katholische Bildungswesen, Instruktion über Kriterien zur Berufungsklärung von Personen mit homosexuellen Tendenzen im Hinblick auf ihre Zulassung für das Priesterseminar und zu den heiligen Weihen, in: AAS 97 (2005) 1007–1013 (dt. Übersetzung: Verlautbarungen des Apostolischen Stuhls 170, hg. vom Sekretariat der Deutschen Bischofskonferenz, Bonn 2005); vgl. den Kommentar von Hanspeter Heinz, Erklärungsbedürftige Erklärung. Zur römischen Instruktion über die Priesterweihe Homosexueller, in: HerKorr 60 (2006) 21–25. Der Text „verrät einige Konnotationen, die für homosexuelle Personen diskriminierend wirken müssen. Wer die humanwissenschaftliche Literatur der letzten Jahrzehnte zur Kenntnis genommen hat, wird beispielsweise nicht behaupten, dass Homosexuelle, die in einer verbindlichen Partnerschaft leben, zu einer korrekten Beziehung zu Männern und Frauen nicht fähig oder dass Menschen mit Neigungshomosexualität darin schwerwiegend behindert seien" (23).

Stephan Goertz

Die in den Jahren 1978 bis 2013 die römischen Dokumente prägende Linie von Johannes Paul II. und Joseph Ratzinger/Benedikt XVI. bleibt aufs Ganze gesehen der in den fünfziger Jahren entwickelten moraltheologischen Linie treu. Das Konzept von Homosexualität als Normvariante findet keine Zustimmung. Homosexualität bleibt zuallererst ein Problem und stellt als solches für die Person eine Prüfung dar. Die Kirche bietet ihre klare Erkenntnis der moralischen Wahrheit und ihre Gebete und Sakramente als Hilfen an. Alles, was zu einer Anerkennung von Homosexualität führen könnte, wird zurückgewiesen. Damit der sexualethische Kern, die tradierte Normfeststellung, nicht angerührt wird. Homosexualität gilt als etwas von Gott ursprünglich nicht gewolltes.[118]

Anders als in der Vergangenheit wird von Joseph Ratzinger/Benedikt XVI. das Personsein der Homosexuellen betont. Daraus leitet sich die Kritik an einem respektlosen Verhalten gegenüber Schwulen und Lesben ab. Ihre Würde darf in der Praxis nicht attackiert werden. Obwohl Personen wie alle ande-

---

[118] Benedikt XVI., Licht der Welt. Ein Gespräch mit Peter Seewald, Freiburg i. Br. 2010, 180: „Man könnte, wenn man sich so ausdrücken will, sagen, die Evolution hat die Geschlechtlichkeit zum Zweck der Reproduktion der Art hervorgebracht. Das gilt auch theologisch. Der Sinn der Sexualität ist, Mann und Frau zueinander zu führen und damit der Nachkommenschaft, Kinder, Zukunft zu geben. Das ist die innere Determination, die in ihrem Wesen liegt. Alles andere ist gegen den inneren Sinn von Sexualität. Daran müssen wir festhalten, auch wenn es der Zeit nicht gefällt." Homosexualität „bleibt etwas, was gegen das Wesen dessen steht, was Gott ursprünglich gewollt hat." Wie so oft folgt die theologische Deutung dem moralischen Urteil. Das, von dem man glaubt, dass es moralisch gut ist, wird als ursprünglicher Wille Gottes präsentiert. Zugleich aber wird in einem Zirkelschluss die moralische Bewertung als Folge der theologischen Einsicht ausgegeben. Auf diese Weise bleibt die ethische Frage nach dem Grund der eigenen moralischen Bewertung von Homosexualität im Dunkeln. Oder aber es wird vorausgesetzt, dass evolutionäre Tatsachen als solche bereits normative Geltung beanspruchen. Dann aber hätte die praktische Vernunft ihre Eigenständigkeit aufgegeben.

ren, sind sie als Homosexuelle jedoch nicht zur personalen Liebe fähig. Dies wird als zwiespältige Position empfunden, denn die Beziehungserfahrungen von Homosexuellen werden dabei übergangen. Die Achtung ihres Personseins ist eine eingeschränkte Achtung. Ihnen wird das fundamentale Recht auf eine ihnen gemäße individuelle, sittliche Lebensführung abgesprochen. Ihnen wird unterstellt, dass sie als Homosexuelle nicht sittlich leben können, es sei denn, sie verzichten auf jegliche sexuelle Praxis. An der einmal formulierten sexualethischen Norm wird festgehalten, auch auf die Gefahr hin, durch dieses Festhalten in Konflikt mit menschenrechtlichen Ansprüchen zu geraten.[119] Denn eines muss deutlich gesagt werden: Einvernehmliches, wechselseitig respektvolles homosexuelles Verhalten achtet die sittliche Selbstbestimmung der Person und fügt niemandem einen Schaden zu. Aus der Sicht des Lehramtes verstößt es jedoch gegen den Naturzweck der Sexualität, also gegen eine sub-personale Wirklichkeit. Wie man es auch dreht und wendet, die rigorose moralische Bewertung von Homosexualität als in sich schlecht und als Sünde lässt sich nur im Rahmen einer Ethik halten, die den Naturzweck den personalen Sinndimensionen der Sexualität überordnet. So jedenfalls hat es Karol Wojtyła/Johannes Paul II. immer gesehen: „Objektiv betrachtet ist das eheliche Leben nicht einfach eine Vereinigung von Personen, sondern von Natur aus eine Vereinigung von Personen *im Hinblick auf die Zeugung.*"[120] Die offene moraltheologische Diskussion dieser konkreten Norm der Sexual-

---

[119] Vgl. Stephan Goertz, Streitfall Diskriminierung. Die Kirche und die neue Politik der Menschenrechte, in: HerKorr 67 (2013) 78–83.
[120] Karol Wojtyła, Liebe und Verantwortung, München ²1981 (erste polnische Auflage Lublin 1960), 195, Hervorhebung S.G. Vgl. auch Paul VI., *Humanae vitae* Nr. 8: „Darum streben Mann und Frau […] nach jener personalen Gemeinschaft, in der sie sich gegenseitig vollenden, um mit Gott zusammenzuwirken bei der Weckung und Erziehung neuen menschlichen Lebens."

moral wird unter Johannes Paul II. dadurch erschwert, dass jede Anfrage als Ausdruck mangelnden Glaubens oder einer irrigen Vorstellung von der Liebe qualifiziert wird. Die seit Ende der sechziger Jahre zu beobachtenden moraltheologischen Entwicklungen in der Bewertung von Homosexualität werden lehramtlich nicht rezipiert, sondern immer wieder als nicht annehmbar zurückgewiesen.[121]

8. Schluss – ist Homosexualität für Gott ein Problem?

Unter den herausgearbeiteten sechs Linien der Bewertung der Homosexualität – von der (1) traditionellen Verurteilung von *same sex behavior* und (2) den Handbüchern der Moraltheologie, über (3) die ersten Differenzierungen in den fünfziger Jahren (Harvey, Buckley) und (4) die Weiterführung seit den sechziger Jahren (van de Spijker, Würzburger Synode) bis (5) hin zum Ansatz gerechter Liebe (Farley) und (6) die Haltung von Johannes Paul II. und Benedikt XVI. – erscheint mir aus der Sicht einer christlichen Sexualmoral die fünfte Linie am konsis-

---

[121] Vgl. Kongregation für die Glaubenslehre, Schreiben bezüglich des Lehrverbots von Prof. Charles Curran für Theologie, in: AAS 79 (1987) 116–118; Kongregation für die Glaubenslehre, Notifikation bezüglich der Schriften und Aktivitäten von Sr. Jeannine Gramick SND und P. Robert Nugent SDS, in: AAS 91 (1999) 821–825; Kongregation für die Glaubenslehre, Notifikation bezüglich einiger Schriften von P. Marciano Vidal C.Ss.R., in: AAS 93 (2001) 545–555; United States Conference of Catholic Bishops, Committee on Doctrine, Inadequacies in the Theological Methodology and Conclusions of „The Sexual Person: Toward a Renewed Catholic Anthropology" by Todd A. Salzman and Michael Lawler (2010), online: http://www.usccb.org/about/doctrine/publications/upload/Sexual_Person_2010-09-15.pdf [Stand 15.05.2015]; Kongregation für die Glaubenslehre, Notifikation zum Buch Just Love. A Framework for Christian Sexual Ethics von Sr. Margaret A. Farley RSM (2012), online: http://www.vatican.va/roman_curia/congregations/cfaith/documents/rc_con_cfaith_doc_20120330_nota-farley_ge.html [Stand 15.05.2015].

tentesten zu sein. Indem sie als Moralprinzip das Vermögen sittlicher Autonomie formuliert, also die auf sich selbst wie auf den anderen zielende Verantwortung für ein freies und gutes Leben, ist dieses Konzept theologisch begründet und zugleich dem modernen sittlichen Bewusstsein adäquat.[122] Nur eine Denkform sittlicher Freiheit ist in der Lage, den menschenrechtlichen Anspruch auf sexuelle Selbstbestimmung zu integrieren. Die naturrechtliche Denkform, an der die tradierte Normfeststellung hängt, tut sich bis heute schwer, nicht die Bewahrung einer bestimmten historischen Ordnung der Sexualität, sondern die Anerkennung einer freien und die Würde und Rechte des Mitmenschen respektierenden Entfaltung der Person in den Mittelpunkt der Ethik zu stellen. Nur die fünfte Linie führt zu einer diskriminierungsfreien gemeinsamem Moral für Menschen gleich welcher sexuellen Orientierung. Sie kann eine glückliche Formulierung des Konzils aufgreifen, die sich auch im Katechismus findet: Sexualität wird „human vollzogen" im Rahmen einer „menschlichen Liebe [...] in frei bejahter Neigung *von Person zu Person*" (GS 49; Hervorhebung S.G., vgl. KKK 2337).[123] Aus dem Prinzip verantwortlicher Autonomie lassen sich stringent die Normen der Unversehrtheit, Einvernehmlichkeit, Gegenseitigkeit, Gleichheit, Verbindlichkeit und Fruchtbarkeit ableiten.[124] Und auch die Forderung sozialer Gerechtigkeit, Personen in ihrer je individuellen Geschlechtsidentität zu respektieren. Zwischen Neigung oder Tendenz und dem konkreten Verhalten muss dann nicht länger ein moralischer

---

[122] Vgl. Stephan Goertz, Autonomie kontrovers. Die katholische Kirche und das Moralprinzip der freien Selbstbestimmung, in: Stephan Goertz/Magnus Striet (Hg.), Nach dem Gesetz Gottes. Autonomie als christliches Prinzip, Freiburg i. Br. 2014, 151–197.
[123] Mit diesem Prinzip, konsequent ausformuliert, befände sich die Lehre auf der Höhe des modernen Bewusstseins.
[124] Vgl. Farley, Verdammter Sex, 254.

Trennstrich gezogen werden. Vor allem aber kann nun die Liebe von Homosexuellen positiv bewertet werden. Die moralische Abwertung von Liebe ist die eigentliche Perversion, die einer christlichen Moral widerfahren kann.[125] Gott hat sich nicht ausschließlich als der Schöpfer der Naturordnung offenbart. Nach seinem Willen formen die Gläubigen einen sozialen Körper, die Kirche, der das Natürliche transformiert, der keine ethnischen Grenzen kennt.[126] In dieser Glaubensgemeinschaft wird natürliches Tun – Brot essen, Wein trinken, ein eheliches Leben führen – zu einem sinnhaften Tun. Weil der Mensch auf solche Sinngebungen angelegt ist. Das Naturrechtsdenken riskiert, die nicht transformierte Natur zur ethischen Norm zu erheben. Homosexuelles Verhalten als solches ist so wenig schlecht, wie heterosexuelles Verhalten als solches gut ist.

Unter diesem Vorzeichen wendet sich die moralische Sensibilität von der *Homosexualität als Problem* ab und den *Problemen von Homosexuellen* zu. Durch ein respektvolles und nicht verurteilendes Verhalten ihrer Mitmenschen erfahren sie Unterstützung in der Annahme ihrer selbst. Die Anerkennung von Homosexualität als Normvariante sexueller Orientierung würde auch den bislang erfolglosen Versuch beenden, einen besonderen moralischen Status von Homosexualität zu bestimmen. Was gibt es mehr zu sagen, als dass Homosexualität von Natur aus nicht auf Reproduktion hin ausgerichtet ist? Ich habe Zweifel, ob sich darüber hinaus Sinnvolles sagen lässt.

---

[125] Vgl. Sullivan, Alone Again, Naturally, 283; Stephan Goertz, Eine Form des Liebens. Für einen Perspektivwechsel in der Beurteilung der Homosexualität, in: HerKorr Spezial 2 (2014), Leibfeindliches Christentum? Auf der Suche nach einer neuen Sexualmoral, 44–49.

[126] Vgl. Eugene F. Rogers, Sexuality and the Christian Body: Their Way into the Triune God, Oxford 1999; Jeffrey Stout, How Charity Transcends the Culture War. Eugene Rogers and Others on Same-Sex Marriage, in: Journal of Religious Ethics 31 (2003) 169–180.

Für die Zukunft der katholischen Morallehre könnten diese Überlegungen bedeuten, dass man die bisherige rigorose Normfeststellung überwindet, indem man auf das Bewertungskriterium der menschlichen Qualität der Beziehung umstellt. Wie es das Zweite Vatikanische Konzil in der Ehelehre vorgemacht hat.

„Jene Akte also, durch die die Eheleute innigst und lauter eins werden, sind von sittlicher Würde; sie bringen, wenn sie human vollzogen werden, jenes gegenseitige Übereignetsein zum Ausdruck und vertiefen es, durch das sich die Gatten gegenseitig in Freude und Dankbarkeit reich machen" (*Gaudium et spes* 49).

Damit zusammenhängend würde der Unterscheidung zwischen Verfasstheit und Verhalten keine besondere Beachtung mehr geschenkt, die in der Vergangenheit vor allem dazu diente, auch nach der Entdeckung der Homosexualität an der hergebrachten moralischen Bewertung von *same sex behavior* festhalten zu können. Im Hinblick auf die weltweiten Emanzipationsbemühungen von Homosexuellen sollte das in den römischen Dokumenten stark gemachte Personsein aller Menschen zu einem universalkirchlichen Konsens über die Ächtung von Gewalt und Unterdrückung führen. Auch das Prinzip der sexuellen Selbstbestimmung im Sinne eines negativen Abwehrrechts gegen Zwang und Ausbeutung sollte allgemeine kirchliche Anerkennung finden können. Dass sexuelle Selbstbestimmung auch als positives Anspruchsrecht ethisch legitim ist, weil es unter Normen der Wechselseitigkeit und Gerechtigkeit steht, haben wir mit Farley zu zeigen versucht. Die Bewertung der konkreten rechtlichen Gestaltung von gleichgeschlechtlichen Beziehungen könnte der ortskirchlichen Ebene überlassen werden. Denn hier ist auf die unterschiedlichen Rechtstraditionen im Hinblick auf die Institutionen von Partnerschaft, Ehe und Familie Rücksicht zu nehmen.

Stephan Goertz

In seiner Geschichte der Sexualität hat Michel Foucault auf die Folgen hingewiesen, die es hatte, als aus der Sodomie als verbotener Handlung im 19. Jahrhundert der Homosexuelle als kranke Persönlichkeit wurde. „Der Sodomit war ein Gestrauchelter, der Homosexuelle ist eine Spezies" in der „natürlichen Ordnung der Unordnung"[127]. Psychiatrie und Medizin rücken den Pathologien auf den Leib, zerren sie ans Licht. Wir haben gesehen, wie sich am Ende des 20. Jahrhunderts kirchliche Dokumente dagegen wehren, die Person in der Homosexualität aufgehen zu lassen. Als ob es sich dabei um etwas Substantielles der Person handle. Gilt das nicht auch für das homosexuelle Verhalten? Denn wir treffen keine ethisch substantielle Wertaussage, wenn wir feststellen, dass hier *same sex behavior* vorliegt. Und wenn sich dabei zwei Menschen lieben, dann möchte man mit dem Philosophen Bert Cooper den Anklägern der Sünde entgegenhalten: *Who cares?*

---

[127] Michel Foucault, Der Wille zum Wissen. Sexualität und Wahrheit 1, Frankfurt a. M. 1977, 47f.

Sexuelle Orientierung und personale Komplementarität
Moraltheologische Reflexionen über „wahrhaft menschliche" Sexualität[1]

Todd A. Salzman und Michael G. Lawler

Die Pastoralkonstitution des Zweiten Vatikanischen Konzils *Gaudium et spes* erklärt, dass der Geschlechtsverkehr, in dem und durch den die Ehepartner ihr gegenseitiges Geschenktsein füreinander symbolisieren, gewissermaßen „human vollzogen" (GS 49: *modo vere humano*) werden soll. Der Geschlechtsakt, wie ihn das Konzil bestimmt hat, stellt eine bewusst und absichtlich vollzogene Handlung dar, nicht nur einen Akt, den eine Person ohne jedes verantwortungsvolle Urteilsvermögen vollzieht. Unglücklicherweise hat das Konzil aber keine Definition dessen angeboten, was „human vollzogen" bedeutet.[2]

In den *Erwägungen zu den Entwürfen einer rechtlichen Anerkennung der Lebensgemeinschaften zwischen homosexuellen*

---

[1] Auszug aus: Todd A. Salzman/Michael G. Lawler, Sexual Ethics. A Theological Introduction, Washington 2012, 62–87. Aus dem Englischen übersetzt von Benedikt Rediker und Johannes Rittemann.

[2] Anmerkung der Übersetzer: Die offiziellen deutschen Übersetzungen der verschiedenen lehramtlichen Dokumente variieren darin, ob sie das lateinische Wort *humanus* mit den deutschen Wörtern *human* oder *menschlich* übersetzen. In diesem Text wird in den Zitaten aus lehramtlichen Texten die jeweilige offizielle deutsche Übersetzung dieser Zitate verwendet, während bezüglich der Ausführungen der Autoren durchgehend die Übersetzungsvariante *menschlich* (also *wahrhaft menschlich vollzogen, wahrhaft menschlicher Geschlechtsakt* etc.) anstatt *human* gewählt wird. Im Englischen entsteht dieses Problem nicht, da hier stets das Wort *human* verwendet wird und es dort keine dem Deutschen ensprechende Unterscheidung zwischen den Worten *menschlich* und *human* gibt.

Personen (im Folgenden EEA) hat die Kongregation für die Glaubenslehre 2003 versucht, die Begriffsbedeutung „menschlich vollzogen[er]" Geschlechtsakte zu klären. Die Glaubenskongregation stellt als Erstes fest, dass homosexuellen Lebensgemeinschaften „auch gänzlich die eheliche Dimension, welche die menschliche und geordnete Form der geschlechtlichen Beziehungen ausmacht", fehle und artikuliert dann das Prinzip: „Sexuelle Beziehungen sind menschlich, wenn und insoweit sie die gegenseitige Hilfe der Geschlechter in der Ehe ausdrücken und fördern und für die Weitergabe des Lebens offen bleiben" (EEA 7). Das ist der Grundsatz der Einheit von liebender Vereinigung und Fortpflanzung, der im 20. Jahrhundert das fundamentale Prinzip für die gesamte katholisch-lehramtliche sexuelle Unterweisung geworden ist. Gemäß diesem Grundsatz sind „menschlich vollzogene" Geschlechtsakte Handlungen innerhalb der Ehe, die gleichzeitig die Ehepartner vereinigen und für die Zeugung offen sind, und nur solche Handlungen werden als wahrhaft menschliche beurteilt. Die Erklärung der Glaubenskongregation gebraucht den Begriff *sexueller Komplementarität* in Bezug auf diesen Grundsatz, der Elternschaft und Erziehung von Kindern einschließt und auf dieser Grundlage die heterosexuelle Ehe verteidigt und homosexuelle Verbindungen verurteilt.

Der Begriff *Komplementarität* findet erst seit relativ kurzer Zeit in lehramtlichen sexualethischen Unterweisungen Verwendung, nämlich seit Papst Johannes Paul II. und seinem Apostolischen Schreiben *Familiaris consortio* (1981).[3] Seine Kategorien und Implikationen zur Definition wahrhaft menschlicher Sexualakte müssen noch vollständig erforscht werden. Im nächsten Abschnitt untersuchen und kritisieren wir verschie-

---
[3] Vgl. *Familiaris consortio* 19. Der Papst spricht dort von der „natürlichen Ergänzung von Mann und Frau".

dene Weisen von *Komplementarität*, um dem Verständnis und den Implikationen für „menschlich vollzogene" Geschlechtsakte näher zu kommen. Bevor wir dies tun, müssen wir jedoch zuerst ein allgemeines feministisches Argument gegen eben diesen Gebrauch des Wortes *Komplementarität* berücksichtigen. Die feministische Theologin Barbara Hilkert Andolsen lehnt diesen Begriff zum Beispiel ab, weil er „von einer engen Assoziation mit Rechtfertigungen für [patriarchalische] Geschlechterungleichheiten" belastet ist. Diese Geschlechterungleichheit habe sich als „Teil der Geschlechterideologie der [europäischen] bürgerlichen Familie seit dem siebzehnten bzw. achtzehnten Jahrhundert" herausgestellt.[4] Wir stimmen mit Andolsen völlig überein, dass die Idee der Komplementarität verwendet worden ist, um Geschlechterungleichheit zum Nachteil von Frauen fortzusetzen, nicht nur in der europäischen Tradition der letzten zwei Jahrhunderte, sondern auch in der von Johannes Paul II. inspirierten römisch-katholischen Tradition des 20. Jahrhunderts. Deshalb würden wir gerne sowohl die Idee als auch das Wort aufgeben. Dies würde jedoch sowohl die Idee als auch das Wort, wie diese in der katholischen Tradition vewendet werden, inhaltlich und begrifflich unhinterfragt lassen. Wir ziehen es daher vor, sowohl die Idee als auch das Wort aus der katholischen Tradition zu akzeptieren und uns darum zu bemühen, es von jeder Andeutung entweder der Geschlechter- oder der sexuellen Ungleichheit zu reinigen. Deshalb arbeiten wir in den folgenden Abschnitten mit unserer Idee der Komplementarität sexueller Orientierung.

---

[4] Barbara Hilkert Andolsen, Review of The Sexual Person. Toward a Renewed Catholic Anthropology by Todd A. Salzman and Michael G. Lawler, in: Conservations in Religion & Theology 8 (2010) 85–98, 87.

Todd A. Salzman und Michael G. Lawler

1. Sexuelle Komplementarität: biologisch und personal

Es gibt zwei allgemeine Typen sexueller Komplementarität im Dokument der Glaubenskongregation, die biologische und die personale, mit Subtypen innerhalb jedes Typus (Tabelle 1). Die Definition dessen, was wahrhaft menschliche Geschlechtsakte ausmacht, hängt davon ab, wie biologische und personale Komplementarität in sich und in Bezug auf einander definiert werden. Wir werden jede Definition der Reihe nach betrachten.

Tabelle 1: Arten sexueller Komplementarität in der lehramtlichen Unterweisung

I. Biologische Komplementarität

Begriff	Definition
Heterogenitale Komplementarität	Die physisch funktionierenden männlichen und weiblichen Geschlechtsorgane (Penis und Vagina).
Reproduktive Komplementarität	Die physisch funktionierenden männlichen und weiblichen Fortpflanzungsorgane (Hoden und Sperma, Eierstöcke und Eier), welche im Geschlechtsverkehr zur biologischen Fortpflanzung gebraucht werden.

II. Personale Komplementarität

Begriff	Definition
Gemeinschaftliche Komplementarität	Die Einheit von zwei Personen innerhalb einer heterogenitalen komplementären Ehebeziehung, die durch wahrhaft menschliche Sexualakte erzeugt und aufrechterhalten wird.
Affektive Komplementarität	Die integrierten psychoaffektiven, sozialen, relationalen und geistigen Elemente der menschlichen Person, die in der heterogenitalen Komplementarität begründet sind.
Elterliche Komplementarität	Heterogenital komplementäre Eltern, die die zweite Dimension der reproduktiven Komplementarität, nämlich die Erziehung von Kindern, erfüllen.

1.1 Biologische Komplementarität: heterogenital und reproduktiv

Die biologische Komplementarität ist unterteilt in die von uns so bezeichnete *heterogenitale* und *reproduktive Komplementarität*. Die Glaubenskongregation beschreibt heterogenitale Komplementarität auf folgende Weise: „Als Personen sind Mann und Frau einander gleich, in ihrem Mann- und Frausein ergänzen sie einander. Die Sexualität gehört [...] zur physisch-biologischen Sphäre" (EEA 3). Heterogenitale Komplementarität bezieht sich auf die biologisch-geschlechtliche Unterscheidung zwischen Mann und Frau. Der bloße Besitz männlicher oder weiblicher Geschlechtlichkeit ist jedoch ungenügend, um heterogenitale Komplementarität zu konstituieren; Geschlechtlichkeit muss auch richtig funktionieren. Wenn sie nicht komplementär funktionieren kann, entweder durch männliche oder durch weibliche Impotenz, sind weder heterogenitale noch reproduktive Komplementarität möglich und in diesem Fall ist nach dem Kirchenrecht eine gültige Ehe nicht möglich.[5] Obwohl heterogenitale Komplementarität die Grundlage für reproduktive Komplementarität ist, sollen die zwei sorgfältig unterschieden werden, denn, während das Lehramt lehrt, dass ein Paar einander heterogenital ergänzen müsse, lehrt es auch, dass es „bei ernsten Gründen und unter Beobachtung des Sittengesetzes" (*Humanae vitae* 10)[6] nicht notwendig sei, sich biologisch fortzupflanzen. Unfruchtbare Paare und Paare, die sich aus ernsten Gründen dagegen entscheiden in der Ehe Nachkommen zu bekommen, können noch immer in eine gültige

---

[5] CIC 1983, can. 1084, 1: „Die der Ehe vorausgehende und dauernde Unfähigkeit zum Beischlaf, sei sie auf Seiten des Mannes oder der Frau, sei sie absolut oder relativ, macht die Ehe aus ihrem Wesen heraus ungültig."
[6] Vgl. ebenfalls Pius XII., The Apostolate of the Midwife, in: Vincent A. Yzermans, The Major Addresses of Pope Pius XII. Selected Addresses, Bd. 1, St. Paul 1961, 169.

eheliche und sakramentale Beziehung eintreten. Im Licht dieser lehramtlichen Unterweisung ist die Erklärung Papst Pauls VI., dass „jeder eheliche Akt von sich aus auf die Erzeugung menschlichen Lebens hingeordnet bleiben muß" (HV 11), moralisch fragwürdig in den Fällen von unfruchtbaren Paaren, von Paaren, in welchen die Frau sich in der Phase nach ihren Wechseljahren befindet, sowie von Paaren, welche die erlaubte natürliche Familienplanung mit der spezifischen Absicht, die Weitergabe von Leben zu vermeiden, praktizieren. Gareth Moore bemerkt richtig, dass „vaginaler Geschlechtsverkehr, von dem wir wissen, dass er unfruchtbar ist, eine andere Art des Geschlechtsverkehrs ist als der Vaginalverkehr, der – soweit wir wissen – auf eine Empfängnis hinauslaufen dürfte".[7]

Potenziell reproduktive und dauerhaft oder vorübergehend nichtreproduktive heterosexuelle Geschlechtsakte sind dann im Wesentlichen verschiedene Arten von Geschlechtsverkehr. Wie steht es mit heterosexuellen nichtreproduktiven Sexualakten und homosexuellen Geschlechtsakten, sofern sie denn überhaupt irgendetwas unterscheidet? Da beide nichtreproduktiv sind, kann das Unterscheidende nicht ihre Nichtreproduktivität sein. Es kann nur sein, dass die Ersteren heterogenitale Komplementarität aufweisen und die Letzteren nicht. Wenn man potenziell reproduktive und dauerhaft oder vorübergehend nichtreproduktive heterosexuelle Geschlechtsakte in heterogenitaler statt in reproduktiver Komplementarität gegründet sein lässt, ergeben sich daraus zwei Arten von Fragen. Erstens sind dies Fragen nach der Moralität anderer Typen nichtreproduktiver heterosexueller Geschlechtsakte, wie Oral- oder Analverkehr, die dauerhaft nichtreproduktiv sind, auch wenn heterogenitale Komplementarität vorhanden ist. Zweitens kann der Anspruch des

---

[7] Gareth Moore, The Body in Context. Sex and Catholicism, New York 2001, 162.

Lehramtes, dass homosexuelle Geschlechtsakte an sich gestört seien, weil sie für die Weitergabe des Lebens verschlossen seien, in Frage gestellt werden durch dauerhaft nichtreproduktive heterosexuelle Geschlechtsakte und Sexualakte, die aus biologischen Gründen für die Weitergabe von Leben verschlossen sind, wie homosexuelle Geschlechtsakte es sind. Aus einer ausschließlich reproduktiven Perspektive mag es zutreffen, dass nichtreproduktive heterosexuelle Geschlechtsakte mit homosexuellen Geschlechtsakten in Bezug auf personale Komplementarität und Relationalität mehr gemein haben, als mit heterosexuellen reproduktiven Geschlechtsakten. Es gibt keinen Zweifel, dass homosexuelle Geschlechtsakte keine heterogenitale oder reproduktive Komplementarität ausdrücken, aber es bleibt noch abzuwarten, ob sie personale Komplementarität zeigen.

1.2 Personale Komplementarität: gemeinschaftlich, affektiv und elterlich

Die Glaubenskongregation thematisiert Sexualität ebenfalls auf ihrer „personalen Ebene – in der Natur und Geist vereint sind". Wir bezeichnen die personale Ebene von Sexualität als *personale Komplementarität*, die in mehrere Unterkategorien aufgeteilt werden kann.

1.2.1 Gemeinschaftliche Komplementarität

Die gemeinschaftliche Komplementarität in der ehelichen Beziehung wird als „die Lebensform gegründet, in der sich jene Gemeinschaft unter Personen verwirklicht, die die Ausübung der Geschlechtlichkeit einbezieht" (EEA 3). Die männlichen und weiblichen Geschlechtsorgane, Penis und Vagina, tragen zur Verwirklichung einer Gemeinschaft von Personen in der Ehe bei, ausgedrückt in wahrhaft menschlichen Sexualakten.

Die Glaubenskongregation setzt voraus, dass ohne heterogenitale Komplementarität gemeinschaftliche Komplementarität nicht möglich ist. „Es gibt keinerlei Fundament dafür, zwischen den homosexuellen Lebensgemeinschaften und dem Plan Gottes über Ehe und Familie Analogien herzustellen, auch nicht in einem weiteren Sinn. Die Ehe ist heilig, während die homosexuellen Beziehungen gegen das natürliche Sittengesetz verstoßen. Denn bei den homosexuellen Handlungen bleibt ‚die Weitergabe des Lebens [...] beim Geschlechtsakt ausgeschlossen. Sie entspringen nicht einer wahren affektiven und geschlechtlichen Ergänzungsbedürftigkeit. Sie sind in keinem Fall zu billigen'" (EEA 4).[8] Solche Behauptungen werden ohne Verweis auf wissenschaftlich-empirische Studien getroffen.[9]

1.2.2 Affektive Komplementarität

Diese Art von Komplementarität ist der Kernpunkt lehramtlicher Unterweisung über sexuelle Komplementarität, weil er biologische und personale Komplementarität untrennbar miteinander verbindet. Die Erklärung der Glaubenskongregation behauptet ohne jeglichen Beweis, dass homosexuelle Geschlechtsakte keine affektive Komplementarität aufweisen. Sie klärt jedoch nicht, was affektive Komplementarität bedeutet. Wir können aber aus einem anderen lehramtlichen Schreiben einige Einsichten darüber gewinnen. Die Kongregation für das katholische Bildungswesen lehrt: „In der Sicht der christlichen Anthropologie muß die Erziehung im geschlechtlichen Bereich und des mit ihm verbundenen Gefühlslebens die Ganzheit der Person in Betracht ziehen

---

[8] Die Glaubenskongregation zitiert hier aus dem *Katechismus der Katholischen Kirche* (KKK 2357).
[9] Darlegung der reichlichen Gegenbeweise in: Salzman/Lawler, Sexual Ethics, Kapitel 5.

und folglich die Einbeziehung der biologischen, seelisch-gefühlsmäßigen, gesellschaftlichen und geistlichen Komponenten verlangen."[10] Da eine affektive Sexualerziehung alle Elemente der menschlichen Person zu integrieren versucht, muss affektive Komplementarität genauso versuchen, diese Elemente in einen wahrhaft menschlichen Sexualakt zu integrieren. Wichtige Fragen für das lehramtliche Verständnis von affektiver Komplementarität bestehen darin, wie es diese Elemente hinsichtlich der individuellen Person, der Person in Beziehung und eines wahrhaft menschlichen Geschlechtsakts versteht.

Papst Johannes Paul II. schreibt: „Auch wenn Mann und Frau füreinander geschaffen sind, heißt das nicht, daß Gott sie unvollständig geschaffen hätte."[11] Jede Person hat das Potenzial, sich durch die Integration der biologischen, psychoaffektiven, sozialen und geistigen Elemente der affektiven Komplementarität zu vervollständigen. Die Behauptung, dass Männer und Frauen in sich selbst vollständig seien, scheint auf die von einigen Theologen ausgedrückten Sorgen zu antworten, dass die Idee von Komplementarität andeute, dass zölibatär lebende oder alleinstehende Menschen in gewisser Hinsicht nicht vollständig sind und etwas an ihrem Menschsein fehlt.[12] Wenn er sich zweitens nach dem Individuum dem Paar zuwendet – auch wenn Mann und Frau in sich „vollständig" sind – argumentiert Johannes Paul II., dass sie „zur Bildung eines Paares unvollstän-

---

[10] Kongregation für das katholische Bildungswesen, Orientierung zur Erziehung in der menschlichen Liebe. Hinweise zur geschlechtlichen Erziehung (1983), 35.
[11] Johannes Paul II., Botschaft zur Feier des Weltfriedenstages 1. Januar 1995: Die Frau. Erzieherin zum Frieden, 3.
[12] Christine E. Gudorf, Encountering the Other. The Modern Papacy on Women, in: Charles E. Curran/Margaret A. Farley/Richard A. McCormick (Hg.), Feminist Ethics and the Catholic Moral Tradition, Readings in Moral Theology, Bd. 9, New York 1996, 75; Charles E. Curran, The Moral Theology of Pope John Paul II., Washington 2005, 192–193.

dig sind"¹³. Er stellt weiter fest, dass „die Frau die Ergänzung des Mannes [ist], wie der Mann die Ergänzung der Frau ist: Frau und Mann ergänzen sich gegenseitig. Die Weiblichkeit verwirklicht das ‚Menschliche' ebenso wie die Männlichkeit, aber mit einer andersgearteten und ergänzenden Ausgestaltung."¹⁴ Wir müssen jedoch fragen, wo die Unvollständigkeit und der Bedarf nach Komplementarität in einer Person auszumachen sind, die in sich vollständig ist, aber unvollständig ist, ein Paar zu bilden. Wo in der menschlichen Person besteht diese Unvollständigkeit, die der Ergänzung durch das entgegengesetzte Geschlecht bedarf? Johannes Paul II. antwortet: „Weiblichkeit und Männlichkeit ergänzen einander nicht nur unter physischem und psychischem, sondern unter ontologischem Gesichtspunkt. Nur dank der Dualität von ‚männlich' und ‚weiblich' verwirklicht sich das ‚Menschliche' voll."¹⁵

Kevin Kelly stellt korrekterweise fest, dass „ontologische Komplementarität zum Ausdruck bringt, dass die Unterscheidung zwischen Männern und Frauen von Gott so entworfen worden ist, dass sie einander nicht nur in ihren geschlechtlichen sexuellen Fähigkeiten, sondern auch in ihren Gedanken und Herzen ergänzen und durch ihre besonderen Eigenschaften und Fertigkeiten zum Leben, spezifisch zum Familienleben, beitragen".¹⁶ Das Männliche und Weibliche ergänzen einander, um eine „Einheit der Zwei" zu schaffen, eine „psychophysische Erfüllung", nicht nur im Geschlechtsakt, sondern auch im ehe-

---

[13] Edward Collins Vacek, Feminism and the Vatican, in: TS 66 (2005) 173–74. Er bezieht sich auf: John Paul II., Authentic Concept of Conjugal Love, in: Origins 28 (1999) 655.
[14] Johannes Paul II., Brief an die Frauen (1995), 7.
[15] Ebd.
[16] Kevin Kelly, New Directions in Sexual Ethics, London 1999, 51–52. Er kritisiert die ontologische Komplementarität schließlich als „bedrückend und deterministisch".

lichen Leben.[17] Schließlich bleibt neben der heterogenitalen Komplementarität zum Zweck der Fortpflanzung auch Johannes Pauls II. Aussage zur affektiven Komplementarität hinsichtlich der Frage, *wie* diese Elemente in einem wahrhaft menschlichen Geschlechtsakt integriert sind, zweifelhaft und unterentwickelt. Zusammenfassend kann gesagt werden: In der lehramtlichen Unterweisung über die affektive Komplementarität sind die affektiven Elemente (biologisch, psychoaffektiv, sozial und geistig) ausschließlich nach dem Geschlecht zugeteilt und umfassen die essentielle Natur des männlichen und weiblichen Menschseins; aber nur wenn diese in der Ehe und dem Geschlechtsakt zusammengebracht werden, ist die menschliche Paarbeziehung vollständig.

Es gibt zwei wichtige Aspekte über affektive Komplementarität bei Johannes Paul II. und in den lehramtlichen Erklärungen festzuhalten. Erstens gibt es eine immanente Beziehung zwischen heterogenitaler und personaler Komplementarität, zwischen Körper und Person (Herzen, Gedanken, Wünsche, Seelen).[18] Zweitens ist es in Anbetracht der lehramtlichen Unterweisung über die Unmoralität homosexueller Geschlechtsakte eindeutig, dass heterogenitale Komplementarität als *conditio sine qua non* der personalen Komplementarität von wahrhaft menschlichen Geschlechtsakten betrachtet wird. Ohne heterogenitale Komplementarität könnten die anderen Elemente affektiver Komplementarität des Geschlechtsaktes nicht verwirklicht werden.

Mehrere Argumente müssen bezüglich der Aussagen berücksichtigt werden, dass Gott in sich vollständige Personen geschaffen hat, diese jedoch unvollständig sind, wenn sie zusam-

---

[17] Johannes Paul II., Brief an die Frauen, 8; Johannes Paul II., Apostolisches Schreiben *Mulieris dignitatem* (1988) 6; Johannes Paul II., Authentic Concept of Conjugal Love, 5.
[18] Vgl. *Familiaris consortio* 19.

menkommen und ein Paar bilden, und dass diese Unvollständigkeit durch die affektive (biologische, psychoaffektive, soziale und geistige) Komplementarität des Mannes und der Frau vervollständigt wird. Zum ersten verweist die These, dass eine Person in sich vollständig ist, darauf, dass diese Person biologisch, psychoaffektiv, sozial und geistig vollständig ist, zumindest wenn diese Person in Beziehung zu Gott und den Mitmenschen steht. Während es zweitens klar ist, dass Mann und Frau einander biologisch in Bezug auf ihre Geschlechtsorgane für die Fortpflanzung vervollständigen, ist jedoch nicht klar, wie sie einander psychoaffektiv, sozial und geistig vervollständigen. Johannes Paul II. hält fest: „Nur in der Verbindung zwischen zwei geschlechtlich verschiedenen Personen kann sich die Vervollkommnung des einzelnen in einer Synthese der Einheit und der gegenseitigen psycho- physischen Ergänzung verwirklichen."[19] Biologische, psychoaffektive, soziale und geistige Elemente der menschlichen Person sind ontologisch, das heißt essentiell, innerhalb männlicher und weiblicher Grenzen verortet, dies jedoch ohne rechtfertigende Gründe, außer dass sie von Beginn an durch Gott gegeben wurden.[20] Es ist jedoch begründet anzufragen, ob die psychoaffektiven, sozialen und geistigen Elemente hauptsächlich entlang der männlichen und weiblichen Geschlechterlinie aufgeteilt werden und alleine Vervollständigung in einer männlich-weiblichen Einheit finden müssen.[21] Was sind neben den Geschlechtsorganen die „weiblichen" affektiven Elemente, die einem Mann fehlen und was sind die „männlichen" affektiven Elemente, an denen es einer Frau mangelt?

---

[19] Johannes Paul II., Ansprache zur Eröffnung des Gerichtsjahres der römischen Rota (1999), 5.
[20] Vgl. Johannes Paul II., Brief an die Frauen, 7–8.
[21] Vgl. Moore, Body in Context, 121–127.

Es gibt Geschlechterstereotypen in lehramtlichen Dokumenten. Weiblichkeit wird in erster Linie über Mutterschaft, Empfänglichkeit und Erziehung definiert und Männlichkeit in erster Linie in Bezug auf Vaterschaft, Initiation und Tätigkeit.[22] Mit Ausnahme der biologischen Mutter- und Vaterschaft verkennt die Annahme von ontologisch unterteilten psychologischen Eigenschaften beider Geschlechter die kulturell bedingte und sozial konstruierte „Natur" des Geschlechts und scheint die Komplexität der menschlichen Person und deren Beziehungen nicht adäquat zu reflektieren. Innerhalb von Personen und Beziehungen sind psychoaffektive, soziale und geistige Elemente nicht per se exklusiv „natürlich" für beide Geschlechter, sondern können in jedem Geschlecht ausgemacht werden, sich innerhalb einer Beziehung ändern und sich abhängig vom Beziehungskontext verschieden äußern.[23] Psychoaffektive, soziale und geistige Eigenschaften sind unter Männern und Frauen verschiedenartig verteilt und existieren nicht an sich aus einer „Natürlichkeit" heraus schon vor ihrer Sozialisierung. Zum Beispiel gibt es Männer, die stärker die Erzieherrolle einnehmen als Frauen und es gibt Frauen, die dominierender und analytischer sind als einige Männer. Diese Eigenschaften variieren auch innerhalb von Beziehungen, in denen es zwei dominierende oder zwei erziehende Personen geben kann. Wollen wir in diesen Fällen behaupten, dass diese zwei Menschen einander nicht ergänzen? Die „Männlichkeit" und die „Weiblichkeit" der nichtbiologischen Elemente sind größtenteils durch die Kultur bedingt und definiert und sind nicht wesentliche Bestandteile einer

---

[22] Vgl. *Familiaris consortio* 23; Johannes Paul II., Brief an die Frauen, 9; *Mulieris dignitatem* 18.
[23] Vgl. Cristina L. H. Traina, Papal Ideals, Marital Realities. One View from the Ground, in: Patricia Beattie Jung/Joseph Andrew Coray (Hg.), Sexual Diversity and Catholicism. Toward the Development of Moral Theology, Collegeville 2001, 280–282.

männlichen und weiblichen menschlichen Natur, die rätselhafterweise eine „Einheit der Zweien"[24] hervorbringt. Die weitere Annahme einer essentiellen Verschiedenheit zwischen Mann und Frau, wodurch der Mann und die Frau psychoaffektive, soziale und geistige Ergänzung alleine in der Ehe fänden, ist allen wissenschaftlichen Erkenntnissen zufolge völlig unbegründet.

Da es gute Gründe gibt, die Behauptung des Lehramtes anzufragen, dass die affektive Komplementarität bestimmte psychoaffektive, soziale und geistige Elemente in sich berge, die für das Mann- und Frausein unentbehrlich und strikt den Geschlechtergrenzen entsprechend aufgeteilt seien und des Weiteren alleine in einer heterosexuellen Ehe oder in heterosexuellen Geschlechtsakten verwirklicht werden könnten, ist die strikte Forderung, homosexuelle Geschlechtsakte zu untersagen, weil es diesen an affektiver Komplementarität mangele, im Wesentlichen entkräftet. Obwohl homosexuelle Personen das biologische Element affektiver Komplementarität (heterogenitale und reproduktive Komplementarität) nicht verwirklichen können, bleibt die Frage, ob sie die personalen Elemente verwirklichen können oder nicht; vorausgesetzt, es gibt eine Form, in welcher die affektive Komplementarität die biologischen und personalen Elemente in einen wahrhaft menschlichen Sexualakt integriert. Wir glauben jedoch, dass der lehramtliche Ansatz in erster Linie von heterogenitaler Komplementarität ausgeht und eine unvollständige, wenn nicht gar verzerrte Vorstellung der Geschlechter mit sich bringt und eine angemessene Betrachtung der praktisch erfahrenen und relationalen Dimensionen menschlicher Sexualität vernachlässigt.[25]

---

[24] Vgl. Elaine L. Graham, Making the Difference. Gender, Personhood, and Theology, Minneapolis 1996; Margaret A. Farley, Just Love. A Framework for Christian Sexual Ethics, New York 2006, 156–157.
[25] Vgl. Traina, Papal Ideals, 282.

1.2.3 Elterliche Komplementarität

Elterliche Komplementarität spricht, auf folgende Annahme gestützt, gegen gleichgeschlechtliche Verbindungen: „Wie die Erfahrung zeigt, schafft das Fehlen der geschlechtlichen Bipolarität Hindernisse für die normale Entwicklung der Kinder, die eventuell in solchen Lebensgemeinschaften eingefügt werden. [...] Das Einfügen von Kindern in homosexuelle Lebensgemeinschaften durch die Adoption bedeutet faktisch, diesen Kindern Gewalt anzutun [...]"[26]. Die Glaubenskongregation liefert hier keinen wissenschaftlichen Nachweis (und tut dies auch an keiner anderen Stelle) zur Begründung ihrer These, dass homosexuelle Verbindungen ein Hindernis für die normale Entwicklung von Kindern seien. Es gibt jedoch zahlreiche Beweise des Gegenteils.[27] Diese sozialwissenschaftlichen Daten stützen die aufgestellte These, dass die Verbundenheit und affektive Komplementarität zwischen Eltern sowohl die elterliche Komplementarität als auch die positive Erziehung von Kindern sehr erleichtern.[28] Angesichts dieser Erkenntnisse ist die Frage unvermeidlich, ob elterliche Komplementarität im Wesentlichen nur an heterogenitale Komplementarität gekoppelt ist, wie es die Glaubenskongregation behauptet. Elterliche Komplementarität dient jedoch tatsächlich dazu, uns daran zu erinnern, dass wahrhaft menschliche Ge-

---

[26] EEA, 7.
[27] Vgl. Salzman/Lawler, Sexual Ethics, Kapitel 5.
[28] Für eine Überprüfung dieser Daten, vgl. Osnat Erel/Bonnie Burman, Interrelatedness of Marital Relations and Parent-Child Relations. A Meta-Analytic Review, in: Psychological Bulletin 118 (1995) 108–132; Paul R. Amato/Alan Booth, A Generation at Risk. Growing Up in an Era of Family Upheaval, Cambridge 1997, 67–83; Stacy J. Rogers/Lynn K. White, Satisfaction with Parenting. The Role of Marital Happiness, Family Structure, and Parents' Gender, Journal of Marriage and Family 60 (1998) 293–316; David H. Demo/Martha J. Cox, Families with Young Children. A Review of the Research in the 1990s, Journal of Marriage and Family 62 (2000) 876–900.

schlechtsakte, über den intimen Geschlechtsverkehr des Paares hinaus, öffentliche Implikationen haben und dass der Geschlechtsverkehr, der zur Empfängnis und Annahme eines Kindes führt, sowohl langfristige Fürsorge und Erziehung als auch authentische familiäre und soziale Verpflichtungen erfordert.

1.3 Wechselbeziehung zwischen heterogenitaler und personaler Komplementarität

Obwohl heterogenitale Komplementarität laut der lehramtlichen Unterweisung notwendig ist, um einen wahrhaft menschlichen Sexualakt zu realisieren, ist dies nicht ausreichend. Heterosexuelle Vergewaltigung und heterosexueller Inzest finden auf eine heterogenital komplementäre Weise statt, aber niemand würde behaupten, dass diese auch personal komplementär sind. Wahrhaft menschliche Komplementarität meint nicht entweder heterogenitale Komplementarität oder personale Komplementarität, sondern sowohl heterogenitale als auch personale Komplementarität zusammen. Das Lehramt postuliert richtigerweise eine wesentliche Beziehung zwischen biologischer (heterogenitaler und vielleicht reproduktiver) und personaler (gemeinschaftlicher, affektiver und elterlicher) Komplementarität, aber es gibt eine unangebrachte Vorrangstellung der heterogenitalen vor der personalen Komplementarität im absoluten moralischen Verbot homosexueller Geschlechtsakte. Außerdem existiert eine falsch gesetzte Betonung reproduktiver Komplementarität durch das Verbot nichtreproduktiver Sexualakte zwischen Heterosexuellen.

Wichtige Fragen für ein theologisches Verständnis wahrhaft menschlicher Geschlechtsakte sind, ob es solche Geschlechtsakte ohne heterogenitale Komplementarität geben kann oder nicht und ob es solche Akte geben kann, die nichtreproduktive Geschlechtsakte sind. Zum Ersten: Ist heterogenitale Komplementarität der primäre, fundamentale und notwendige Bestandteil wahrhaft menschlicher Sexualakte, oder müssen geschlechtliche und personale Komplementarität nicht auch integriert werden, um wahrhaft menschliche Sexualakte zu konstituieren? Wenn Letzteres der Fall ist, dann könnte gerade auch ein homosexueller Geschlechtsakt aus Liebe die Kriterien für einen wahrhaft menschlichen Geschlechtsakt erfüllen. Zum Zweiten: Selbst wenn nichtreproduktive heterosexuelle Geschlechtsakte reproduktive Komplementarität nicht erfüllen können, bedeutet es dann faktisch, dass sie die Kriterien wahrhaft menschlicher Sexualakte nicht erfüllen und deshalb als moralisch falsch zu gelten haben? Wir wollen uns diesen Fragen über die Begriffe der *Komplementarität in der sexuellen Orientierung* und der *holistischen Komplementarität* nähern.

2. Komplementarität in der sexuellen Orientierung und wahrhaft menschliche Geschlechtsakte: eine rekonstruierte Komplementarität

Eine wichtige psychosoziale Dimension der menschlichen Person, und somit der sexuellen menschlichen Person, ist die in der Person integrierte Beziehung zu sich selbst. Um wahrhaft menschlich zu sein, muss ein Geschlechtsakt in das gesamte Selbst integriert sein. Die Kongregation für das katholische Bildungswesen macht geltend, was heute weithin als selbstverständlich betrachtet wird: „Die Geschlechtlichkeit ist eine grundlegende Komponente der Persönlichkeit; sie ist eine ihrer Weisen zu sein, sich kundzutun, in Beziehung zu anderen zu treten, menschliche Liebe zu empfinden, auszudrücken und zu leben. Sie gehört zur Entfaltung der Persönlichkeit und ihrem Reifungsweg in der Erziehung."[29] Die Bildungskongregation fährt fort und zitiert *Persona Humana*:

---

[29] Kongregation für das katholische Bildungswesen, Orientierung zur Erziehung in der menschlichen Liebe. Hinweise zur geschlechtlichen Erziehung, 4.

„Aus dem Geschlecht nämlich ergeben sich die besonderen Merkmale, die die menschliche Person im biologischen, psychologischen und geistigen Bereich als Mann und Frau bestimmen. Diese haben somit einen *sehr großen Einfluß auf ihren Reifungsprozeß und ihre Einordnung in die Gesellschaft.*"[30] Wenn es zutreffend ist, dass die Sexualität und die sexuellen Merkmale einer Person größtenteils seine oder ihre Integration in die Gesellschaft bedingen (und wir sind der Ansicht, dass dies der Fall ist), kommt selbstverständlich die Frage über die „Natur" und die Bedeutung dessen auf, was heute als sexuelle Orientierung bezeichnet wird, die Dimension menschlicher Sexualität, welche die sexuellen Wünsche und Energien einer Person leitet und ihn oder sie in tiefere und sexuell vertrautere menschliche Intimbeziehungen hineinzieht. Um wahrhaft menschliche Geschlechtsakte zu definieren, müssen wir zuerst verstehen, was sexuelle Orientierung bedeutet.

Die Bedeutung des Begriffs „sexuelle Orientierung" ist kompliziert und nicht allgemein definiert, aber das Lehramt bietet eine Beschreibung an. Es unterscheidet zwischen „einer homosexuellen ,Neigung', die sich als ,vorübergehend' erweist und Homosexuellen, die definitiv solche sind aufgrund einer Art angeborener Triebe". Es fährt fort zu erklären, dass „es passend scheint, sexuelle Orientierung als eine *tiefsitzende Dimension* einer Persönlichkeit zu verstehen und ihre *relative Stabilität* in einer Person anzuerkennen. Eine homosexuelle Orientierung erzeugt eine stärkere emotionale und sexuelle Anziehungskraft zu Personen desselben Geschlechts, als zu denen des entgegengesetzten Geschlechts."[31] Im Rekurs auf Robert Nugent definie-

---

[30] Kongregation für die Glaubenslehre, Erklärungen zu einigen Fragen der Sexualethik *Persona Humana* (1975), 1 (Hervorhebungen der Autoren).
[31] Vgl. United States Conference of Catholic Bishops, Always Our Children (1997), 4–5; sowie *Persona Humana* 8.

ren wir sexuelle Orientierung als „psychosexuale Anziehung (erotisch, emotional und affektiv) zu bestimmten einzelnen Personen"[32] des anderen oder gleichen Geschlechts, abhängig davon, ob die Orientierung heterosexuell oder homosexuell ist. Sexuelle Orientierung wird durch eine Mischung aus genetischen, hormonalen, psychologischen und sozialen „Faktoren" erzeugt.[33]

Bezüglich der Entstehung homosexueller und heterosexueller Orientierung stellen die US-amerikanischen Bischöfe fest, was in der Wissenschaftsgemeinschaft allgemein akzeptiert ist, dass es nämlich bis jetzt keine einzelne isolierte Ursache der homosexuellen Orientierung gibt. Die Experten weisen auf eine Vielfalt von – genetischen, hormonalen, psychologischen und sozialen – Faktoren hin, von denen mit hoher Wahrscheinlichkeit die Orientierung abhängt und aufgrund derer sie sich entwickelt. Es gibt eine zunehmende Zustimmung auch im wissenschaftlichen Diskurs, dass sexuelle Orientierung, heterosexuell oder homosexuell, eine psychosexuale Affinität ist, die die Person nicht wählt und die sie oder er nicht ändern kann.[34] Weil homosexuelle Orientierung als Gegebenes und nicht als etwas frei Gewähltes erfah-

---

[32] Robert Nugent, Sexual Orientation in Vatican Thinking, in: Jeannine Gramick/Pat Furey (Hg.), The Vatican and Homosexuality. Reactions to the „Letter to the Bishops of the Catholic Church on the Pastoral Care of Homosexual Persons", New York 1988, 48–58, 55.
[33] Diese Terminologie ist übernommen von John E. Perito, Contemporary Catholic Sexuality. What Is Taught and What Is Practiced, New York 2003, 96.
[34] Vgl. William Paul, et al. (Hg.), Homosexuality. Social, Psychological, and Biological Issues. Beverly Hills 1982; Pim Pronk, Against Nature? Types of Moral Argumentation regarding Homosexuality, Grand Rapids 1993; Richard C. Pillard/J. Michael Bailey, A Biological Perspective on Sexual Orientation, Clinical Sexuality 18 (1995) 1–14; Lee Ellis/Linda Ebertz, Sexual Orientation. Toward Biological Understanding, Westport 1997; Richard C. Friedman/Jennifer I. Downey, Sexual Orientation and Psychoanalysis. Sexual Science and Clinical Practice, New York 2002; Robert L. Spitzer stellt eine gegenteilige und minoritäre Perspektive dar: Can Some Gay Men and Lesbians Change Their Sexual

ren wird, kann sie nicht als sündhaft betrachtet werden, denn Moralität setzt die Freiheit der Wahl voraus. Dieses Urteil ist nicht dahingehend zu verstehen, dass gemäß des Lehramtes eine homosexuelle Orientierung moralisch gut oder auch nur moralisch neutral sei, denn an anderer Stelle lehrt es, dass „diese Neigung objektiv ungeordnet" ist und „eine mehr oder weniger starke Tendenz, die auf ein sittlich betrachtet schlechtes Verhalten ausgerichtet ist."[35] Homosexuelle Geschlechtsakte, die sich aus der sexuellen Neigung ergeben, sind immer unmoralisch oder in sich ungeordnet. Das Lehramt lehrt, dass homosexuelle Taten an sich gestört sind, weil „[s]ie [...] gegen das natürliche Gesetz verstoßen, denn die Weitergabe des Lebens bleibt beim Geschlechtsakt ausgeschlossen. Sie entspringen nicht einer wahren affektiven und geschlechtlichen Ergänzungsbedürftigkeit" (KKK 2357). Heterosexualität ist die Norm, nach der alle sexuellen Handlungen beurteilt werden sollen.

Das Lehramt verurteilt homosexuelle Geschlechtsakte, weil sie keine heterogenitale und reproduktive Komplementarität aufweisen. Und weil sie diese Formen biologischer Komplementarität nicht zeigen wird außerdem festgestellt, dass diese Sexualakte nicht in der Lage seien, personale Komplementarität zu verwirklichen, ungeachtet der *Bedeutung* des Geschlechtsaktes für das homosexuelle Paar. Da der Geschlechtsakt häufig für reproduktive Komplementarität verschlossen ist, manchmal dauerhaft im Fall von unfruchtbaren Paaren und Frauen in bzw. nach ihren Wechseljahren und manchmal zeitweise für fruchtbare heterosexuelle Paare, ist die heterogenitale Komplementarität die Nagelprobe, um zu bestimmen, ob ein Geschlechtsakt die personale

---

Orientation? 200 Participants Reporting a Change from Homosexual to Heterosexual Orientation, Archives of Sexual Behavior 32 (2003) 403–417.
[35] Kongregation für die Glaubenslehre, Schreiben an die Bischöfe der katholischen Kirche über die Seelsorge für homosexuelle Personen (1986), 3.

Komplementarität erfüllen kann oder nicht und daher wahrhaft menschlich ist. Es gibt keinen Zweifel daran, dass wahrhaft menschliche Geschlechtsakte notwendigerweise personale Komplementarität einschließen, aber für das Lehramt ist die personale Komplementarität für einen wahrhaft menschlichen Geschlechtsakt nicht hinreichend. Heterogenitale Komplementarität sei die grundlegende fundamentale und unabdingbare Bedingung für einen wahrhaft menschlichen Geschlechtsakt. Da es homosexuellen Geschlechtsakten an heterogenitaler Komplementarität fehlt, können sie niemals wahrhaft menschlich sein.

Wir schlagen vor, dass die erforderliche Komplementarität für einen wahrhaft menschlichen Geschlechtsakt die holistische Komplementarität ist, die Personen leibhaftig, affektiv, geistig und personal unter dem Überbegriff der sexuellen Orientierung verbindet. Heterogenitale Komplementarität ist für die mögliche Fortpflanzung erforderlich, aber sie ist es nicht für die sexuelle, affektive, geistige und personale Verbindung zwischen zwei Menschen, welche die neuzeitliche katholische Tradition genauso wie die Zeugung von Nachkommenschaft als Zweck der Ehe ansieht.[36] Obwohl sie heterogenitale Komplementarität nicht aufweisen, gibt es umfassende Einzelberichte und empirische Belege, dass homosexuelle Personen diese holistische Komplementarität aufweisen.[37]

Die Komplementarität in der sexuellen Orientierung baut die lehramtliche Definition der affektiven und geschlechtlichen Komplementarität um und stellt geschlechtliche Komplementarität unter den Überbegriff personaler Komplementarität. Die Komplementarität in der sexuellen Orientierung kann den lehramtlichen Ausgangspunkt der Heterogenitalität für affektive

---

[36] Vgl. *Gaudium et spes* 48–50; CIC 1983, can 1055, 1; Michael G. Lawler, Marriage in the Catholic Church. Disputed Questions, Collegeville 2002, 27–42.
[37] Vgl. im Detail: Salzman/Lawler, Sexual Ethics, Kapitel 5.

und personale Komplementarität nicht unterstützen, da die sexuelle Orientierung stärker anthropologischen denn heterogenital fundiert ist. Wie wir in Bezug auf das Lehramt gesehen haben, ist der Ausgangspunkt für affektive Komplementarität eine notwendige Einheit zwischen der biologischen (heterogenitalen) und der personalen Komplementarität, die nur in der heterosexuellen Ehe und in ehelichen Geschlechtsakten realisiert werden kann. Die Definition der affektiven und personalen Komplementarität ist die „Einheit der Zwei", in welcher die männlichen und weiblichen affektiven Elemente (biologisch, psychoaffektiv, soziale und geistig), die zur Formung eines Paares nicht ausreichend sind, im heterogenitalen komplementären und reproduktiven Geschlechtsaktes Vervollständigung finden. In unserem Modell ist der Ausgangspunkt für affektive Komplementarität nicht die *genitale* sondern die *sexuelle menschliche Person,* sei sie homosexuell oder heterosexuell orientiert. Die Definition von affektiver Komplementarität in wahrhaft menschlichen Geschlechtsakten meint nicht Johannes Pauls II. „Einheit der Zwei", das heißt eine Einheit von Mann und Frau, sondern die Einheit von *zwei Personen,* in welcher die affektiven Elemente (biologisch, psychoaffektiv, sozial und geistig) einander ergänzen.[38] Im Fall von Personen mit einer homosexuellen Orientierung sind diese Geschlechtsakte männlich-männlich oder weiblich-weiblich; im Fall von Personen mit einer heterosexuellen Orientierung sind diese Geschlechtsakte männlich-weiblich.[39]

---

[38] Obgleich es den Rahmen dessen, was an dieser Stelle dargelegt werden kann, überschreitet, müsste deutlicher entfaltet werden, wie diese Elemente einander in einem „wahrhaft menschlichen Geschlechtsakt", heterosexuell oder homosexuell, ergänzen.

[39] Wir wissen um die Wirklichkeit von bisexuellen Personen, aber der Schwerpunkt und Umfang dieses Aufsatzes erlauben uns nicht, uns mit dieser Orientierung im Detail zu beschäftigen.

Komplementarität in der sexuellen Orientierung verlangt von uns auch, dass wir die heterogenitale Komplementarität in Bezug auf die affektive Komplementarität neu definieren. Die Trennung der männlich-weiblichen Komplementarität von der affektiven Komplementarität schließt die Geschlechtsteile mit ein. Heterogenitale Komplementarität ist nicht länger die grundlegende unabdingbare Voraussetzung für personale Komplementarität. In einem wahrhaft menschlichen Geschlechtsakt stehen die Geschlechtsteile im Dienst der personalen Komplementarität und sie können männlich-männlich, weiblich-weiblich oder männlich-weiblich sein, abhängend davon, ob die sexuelle Orientierung der einzelnen Person homosexuell oder heterosexuell ist. Unser Prinzip der holistischen Komplementarität, welches die sexuelle Komplementarität als eine ihrer Formen einschließt, umfasst die Gesamtheit und Komplexität der menschlichen Person und rekonstruiert die genitale Komplementarität so, dass diese im vollständigen Dienst an der personalen Komplementarität und der Komplementarität der sexuellen Orientierung stehen kann. Es kann gesagt werden, dass die Geschlechtsteile komplementär sind, wenn sie in einem wahrhaft menschlichen Geschlechtsakt integriert sind, der die personale, psychoaffektive, soziale und geistige Komplementarität verwirklicht.

Wahrhaft menschliche Geschlechtsakte sollten nicht einfach als isolierte Handlung, sondern ausschließlich im Kontext dieser komplexen Orientierung sowie der personalen und geschlechtlichen Wechselbeziehung moralisch bewertet werden. Wenn wir die Grundlage für einen wahrhaft menschlichen Geschlechtsakt von der heterogenitalen zur holistischen Komplementarität – einer ganzheitlichen personalen und geschlechtlichen Komplementarität der sexuellen Orientierung – verschieben, kann das Prinzip zur Begründung eines wahrhaft menschlichen Sexualaktes wie folgt formuliert werden:

Todd A. Salzman und Michael G. Lawler

Ein wahrhaft menschlicher Geschlechtsakt ist eine Handlung entsprechend der sexuellen Orientierung einer Person, die eine tiefere Anerkennung, Integration und das Teilen eines personal verkörperten Selbst mit einem anderen verkörperten Selbst ermöglicht. Genitale Komplementarität, verstanden im Kontext sexueller Orientierung und personaler Komplementarität, ist immer eine Dimension eines wahrhaft menschlichen Geschlechtsaktes und reproduktive Komplementarität kann im Fall von fruchtbaren, heterosexuellen Paaren, die beschließen sich fortzupflanzen, ein Teil davon sein. Reproduktive Komplementarität wird im Fall von homosexuellen Paaren (oder zeitweise oder dauerhaft unfruchtbaren heterosexuellen Paaren) nicht möglich sein, aber geschlechtliche Komplementarität, als ein ganzheitliches, verkörpertes Gefühl sexueller Orientierung verstanden, und nicht nur in einem biologischen, physischen Sinn, wird möglich sein. Diese personale Interpretation genitaler Komplementarität, welche die physischen Geschlechtsteile als Organe in den Kontext der ganzen Person setzt, erlaubt uns, die Definition eines wahrhaft menschlichen Geschlechtsaktes auszudehnen, um sowohl heterosexuelle als auch homosexuelle nichtreproduktive Geschlechtsakte einzubeziehen.

Das Lehramt lehrt, dass ausschließlich eheliche reproduktive Geschlechtsakte wahrhaft menschlich sind. In seiner Verurteilung der Masturbation vermerkt das Lehramt zum Beispiel, „dass der freigewollte Gebrauch der Geschlechtskraft, aus welchem Motiv er auch immer geschieht, außerhalb der normalen ehelichen Beziehungen seiner Zielsetzung wesentlich widerspricht; denn es fehlt ihm die von der sittlichen Ordnung geforderte geschlechtliche Beziehung, jene nämlich, die ‚den vollen Sinn gegenseitiger Hingabe als auch den einer wirklich humanen Zeugung in wirklicher Liebe' realisiert. Nur für diese reguläre geschlechtliche Beziehung ist jede freigewollte Ausübung der Geschlechtlichkeit vorbehalten" (PH 9). Gegenseitige Masturbation, analer und oraler Geschlechtsverkehr lägen außerhalb des Rahmens dieser Definition, verwirklichten nicht die Zielsetzung der sexuellen Fähigkeiten und könnten daher nicht wahrhaft menschlich oder moralisch sein. Diese Behauptung fordert zu Stellungnahme und Kritik auf und auf der Grundlage dieser Kritik entfalten wir das Konzept eines wahrhaft menschlichen Geschlechtsaktes, um auch nichtreproduktive Geschlechtsakte, sowohl heterosexuelle als auch homosexuelle, zu integrieren.

Masturbation, sowohl individuelle als auch gegenseitige Paarmasturbation, sowie andere nichtreproduktive Geschlechtsakte, widersprächen der „Zielsetzung des Gebrauchs der Geschlechtskraft". Wir finden eine Parallele zu dieser Behauptung bei Thomas von Aquin, der erläutert, dass einige Geschlechtsakte in sich ungeordnet seien, so wie dies für „jeden Gebrauch der Geschlechtsteile außerhalb des ehelichen Aktes" gelte: „Das Ziel des Gebrauches der Geschlechtsteile", fährt er fort, „ist die Schaffung und Erziehung von Nachkommenschaft, und deshalb ist jeder Gebrauch der [...] Geschlechtsteile, der nicht auf die Schaffung von Nachkommen(schaft) hingeordnet ist [...] in sich ungeordnet (secundum se inordinatus)."[40] Wie sollen wir mit der Stellungnahme des Lehramtes und der des Thomas von Aquin über die Bestimmtheit und das Ziel der Geschlechtsteile umgehen? Die Betonung des primären Zwecks der Geschlechtsorgane – die Zeugung und Erziehung von Kindern – kann seit der Promulgation von *Gaudium et spes* nicht mehr für richtig gehalten werden. Die Zeugung und Erziehung von Kindern *und* die Vereinigung zwischen den Ehepartnern sind gleichwertige Zwecke der Ehe; es gibt keine katholische Hierarchie der Ehezwecke mehr. Das Lehramt definiert nunmehr die Zielsetzung des Gebrauchs der Geschlechtskraft ausdrücklich

---

[40] Thomas von Aquin, De Malo, q. 15, art. 1.

in Bezug auf die Zeugung und Erziehung von Kindern *und* in Bezug auf die Vereinigung zwischen den Ehepartnern in jedem Geschlechtsakt.

Wir müssen uns zudem im Klaren darüber sein, dass Thomas nur über eine begrenzte Kenntnis der menschlichen Biologie und ihres Zusammenhangs mit menschlicher Sexualität und Fortpflanzung verfügte. Die weibliche Eizelle war vor den 1850er Jahren noch unentdeckt. Vor ihrer Entdeckung wurde allgemein angenommen, dass ausschließlich der männliche Samen für die Erzeugung von Nachkommen verantwortlich ist; die Frau stellte lediglich einen fruchtbaren Boden für den männlichen Samen zur Verfügung [...]. Das in der Tradition entwickelte fehlerhafte Verständnis menschlicher Biologie und Fortpflanzung machte es möglich, dass inkorrekte Aussagen darüber getroffen wurden, was „natürlich" ist. Während das Lehramt die Fakten reproduktiver Biologie mittlerweile anerkennt, hält es jedoch daran fest, ausschließlich den natürlichen Zweck der Sexualorgane geltend zu machen.

Doch ist es wirklich so, dass Fortpflanzung der natürliche Zweck der Sexualorgane ist? Fortpflanzung mag durch menschlichen Geschlechtsverkehr erreicht werden, aber der Akt der Fortpflanzung selbst ist kein menschlicher Akt; er wird durch einen determinierten biologischen Prozess erreicht. Wenn Fortpflanzung unausweichlich der natürliche Zweck des Sexualakts wäre, dann müsste allen fortpflanzungsgemäßen Sexualakten die reale Möglichkeit innewohnen, diesen Zweck zu verwirklichen. Infertile Frauen und Männer haben weiterhin Geschlechtsverkehr, aber dieser sexuelle Akt führt unter keinen Umständen zur Fortpflanzung. Alle Menschen haben *Sexual*organe, aber nicht alle Menschen haben *Fortpflanzungs*organe; dass ein Organ ein Sexualorgan ist, muss nicht notwendigerweise auch bedeuten, dass es genauso ein Fortpflanzungsorgan ist. Offenkundig ist der Begriff „offen für die Weitergabe von Leben" für dauerhaft infantile Paare im besten Fall moralisch fragwürdig, im schlimmsten Fall moralisch bedeutungslos. Es ist demnach alles andere als eindeutig, ob die Sexualorgane den „natürlichen Zweck" besitzen, der ihnen zugeschrieben wird.

Es gibt drei Weisen, wie ein natürlicher Zweck der Sexualorgane verstanden werden kann. Die erste beinhaltet den Zweck, der ihnen durch die „Natur" gegeben wird; die zweite den Zweck, der ihnen durch die Art und Weise, wie Menschen sie benutzen, zukommt; die dritte den Zweck, der ihnen durch die moralische Ordnung oder das göttliche Gesetz zugeschrieben wird. Den ersten Zweck haben wir bereits thematisiert. Während „Natur" in einem bloß biologischen Sinn interpretiert werden kann, wie bei Thomas von Aquin, der Tradition und dem derzeitigen kirchlichen Lehramt, wird der Begriff treffender interpretiert, wenn man unter ihm das versteht, was insgesamt menschliches Wohlergehen oder menschliches Gedeihen fördert. Wenn man behauptet, dass solche Sexualakte, die nicht zur Fortpflanzung führen, „unnatürlich" oder „gegen die Natur" seien, müsste man beweisen, dass solche Akte per definitionem menschliches Wohlergehen oder Gedeihen beeinträchtigen. Dies führt zu der zweiten Form, den Zweck der Sexualorgane zu verstehen, das ist die Bedeutung, die Menschen diesem Zweck geben. Sexualorgane haben nicht nur einen einzigen Zweck, sie haben viele Zwecke [...], z. B. die Ermöglichung von Vergnügen, die Erleichterung von Spannungen, das Ausleben und die Steigerung von Intimität zwischen zwei Liebenden, unabhängig davon, ob durch die sexuelle Aktivität Fortpflanzung möglich ist oder nicht. All diese Zwecke haben Bedeutung für Menschen und abhängig von der Bedeutung, die ein Geschlechtsakt für das Paar hat, kann er dazu beitragen, menschliches Wohlergehen zu befördern, oder auch nicht.

Wenn man diesen von Menschen bestimmten Zwecken der Sexualorgane etwas entgegenhalten möchte, ließe sich dies mit dem dritten Argument für die Zweckhaftigkeit durchführen. Dieses besagt nämlich, dass selbst wenn Menschen Sexualakten unterschiedliche Bedeutungen zuschreiben, es als ausgemacht zu gelten hat, dass es eine durch Gott entwickelte Ordnung gibt, die bestimmt, was der korrekte Zweck der Sexualorgane ist, nämlich die Reproduktion. Reproduktive Komplementarität habe deshalb als eine intrinsische Dimension des Sexualaktes zu gelten. Diese These können wir mit einer Vielzahl an Fragen konfrontieren: Warum müssen wir davon ausgehen, dass Gott Körperteile für einen bestimmten Zweck erschuf? Könnten diese nicht verschiedenste Zwecke erfüllen, wie dies oben angedeutet wurde? Selbst wenn wir einen durch Gott gegebenen Zweck akzeptieren, aus welchen Gründen sollten wir nicht gegen diesen handeln? Ist es stets moralisch falsch, gegen den durch Gott gegebenen Zweck zu handeln oder ist es bloß weniger ideal? Wenn es bloß weniger ideal wäre, ist es dann angemessen zu behaupten, dass nichtreproduktive Sexualakte menschliches Wohlergehen nicht ermöglichen können? Es gibt sehr viele Tätigkeiten, die wir ausüben, die nicht immer ideal sind, wie zum Beispiel Essen, Schlafen oder zu viel oder zu wenig Arbeiten, aber wir beurteilen sie nicht allein deswegen als unmoralisch.

Ist ein „wahrhaft menschlicher" Sexualakt das Synonym für einen idealen Sexualakt? Dies würde einen nicht nachvollziehbaren hohen Standard für jegliche Form von Geschlechtsverkehr implizieren, welcher notwendigerweise eine reziprok zu gewährende „personale Ganzhingabe" zwischen beiden Partnern darstellen würde.[41] Diese vollkommene Ganzhingabe würde in jedem Sexualakt all jene Dimensionen menschlicher Sexualität erfordern, die wir oben ausgeführt haben – biolo-

---

[41] Vgl. *Familiaris consortio* 11.

gisch, emotional, psychologisch, relational und spirituell – und jedes erfahrene verheiratete Paar wird bestätigen, dass die Anforderung „personaler Ganzhingabe" bei ausnahmslos jedem Geschlechtsakt schlicht und einfach unrealistisch ist. Dies ist nichts anderes als Ideologie, die sich als Realität ausgibt. Ist es möglich, das, was traditionellerweise als der einzig von Gott gegebene Zweck sexueller Organe ausgegeben wurde, dahingehend auszuweiten, dass es vielleicht auch andere durch Gott gegebene Zwecke enthalten könnte, die sich auf der Basis menschlicher Erfahrung sowie gewissenhafter und glaubwürdiger Reflexion dieser Erfahrung herausarbeiten lassen?[42]

All dies sind wichtige Fragen, die einer genaueren Untersuchung bedürfen. Sollten wir bei einer solchen Untersuchung am Schluss zu dem (unwahrscheinlichen) Ergebnis kommen, dass es unzweifelhaft einen einzigen von Gott gegebenen Zweck sexueller Organe gibt, müssten wir dann logischerweise schlussfolgern, dass der von Gott gegebene Zweck alle anderen Formen sexueller Aktivität kategorisch ausschließt oder könnte es auch möglich sein, dass dort andere Formen integriert werden können? Könnten wir, mit anderen Worten, nicht behaupten, dass die Sexualorgane in bestimmten Fällen auch noch für andere Zwecke benutzt werden können? Tatsächlich werden die Sexualorgane sehr häufig für andere Zwecke genutzt, die als vollkommen moralisch angesehen werden, zum Beispiel von unfruchtbaren Paaren. Es ist unmöglich in solch infertilen Sexualakten den reproduktiven Zweck der Sexualorgane zu erfüllen, aber diese Akte haben

---

[42] Für eine Diskussion der Rolle und Funktion der Erfahrung in katholisch-ethischer Argumentation vgl. Todd A. Salzman, The Basic Goods Theory and Revisionism. A Methodological Comparison on the Use of Reason and Experience as Sources of Moral Knowledge, in: Heythrop Journal 42/4 (2001) 423–450; Ders., What Are They Saying about Roman Catholic Ethical Method? Mahwah 2003, Kapitel 2; Michael G. Lawler/Todd A. Salzman, Human Experience and Catholic Moral Theology, in: Irish Theological Quarterly 76 (2011) 35–56.

stets das Potenzial in sich, personale Komplementarität und menschliches Wohlergehen zu bekräftigen und zu verbessern. Das Gleiche gilt bezüglich nichtreproduktiver Akte. Obwohl sie keine reproduktive Komplementarität realisieren können, hindert sie per se nichts daran, personale Komplementarität zu realisieren. Eheliche Erfahrungen zeigen, dass solche Sexualakte menschliches Wohlergehen eher befördern als es zu zerstören. Die Erfahrung verheirateter Paare zeigt zweifelsfrei, dass es nicht um die Alternativen entweder erfolgreiche Fortpflanzung und deshalb menschliches Wohlergehen oder keine Fortpflanzung und deshalb Verminderung des menschlichen Wohlergehens geht. *Das Urteil, ob ein bestimmter sexueller Akt moralisch ist oder nicht, muss, wie alle moralischen Urteile, auf Grundlage seiner Konsequenzen für das menschliche Wohlergehen innerhalb einer bestimmten interpersonalen Beziehung gefällt werden.* Wir haben diese Grundlage als einen wahrhaft menschlichen Sexualakt gekennzeichnet, der holistische Komplementarität erkennen lässt.

Die Grundlage für unsere Definition eines wahrhaft menschlichen Sexualakts und seine moralische Beurteilung basiert dann nicht zuallererst auf heterogenitaler oder reproduktiver Komplementarität, sondern auf einer integrierten Beziehung zwischen sexueller Orientierung und personaler sowie geschlechtlicher Komplementarität. Angesichts dieser komplexen dialogischen Beziehung bleibt zu fragen, ob ein bestimmter sexueller Akt das menschliche Aufblühen des Partners, seinen sowohl in emotionaler als auch in interpersonaler Hinsicht zu vollziehenden Prozess des Mensch- und Christwerdens befördert oder behindert. Dabei stimmen wir Stephen Pope zu, wenn er schreibt: „Interpersonale Liebe gilt hier als der Ort menschlichen Gedeihens."[43] Wir sind nun in der Lage eine De-

---

[43] Stephen J. Pope, Scientific and Natural Law Analyses of Homosexuality. A Methodological Study, in: Journal of Religious Ethics 25 (1997) 111.

finition von Komplementarität zu geben: *Komplementarität ist eine vielschichtige Qualität – sowohl bezüglich der sexuellen Orientierung, als auch in physischer, emotionaler, persönlicher und spiritueller Hinsicht –, die jeder Person zukommt und die ihn oder sie in Beziehung zu einem anderen Menschen bringt – was auch die lebenslange Beziehung der Ehe einschließt –, sodass beide sowohl individuell als auch als Paar menschliches Wohlergehen und Gedeihen erfahren können.*

3. Holistische Komplementarität, wahrhaft menschliche Sexualakte und Sexualnormen

Im Hinblick auf die verschiedenen Typen von Komplementarität, die oben dargelegt wurden, kann ein wahrhaft menschlicher Sexualakt als eine authentische Integration und ein Ausdruck von holistischer Komplementarität angesehen werden, so wie dies durch die folgende Grafik dargestellt wird.

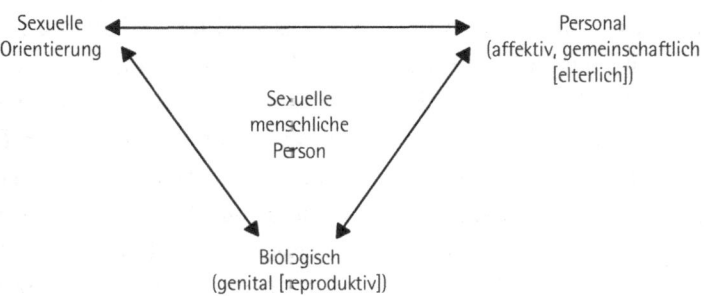

Grafik: Holistische Komplementarität

Holistische Komplementarität beinhaltet die sexuelle Orientierung sowie persönliche und biologische Komplementarität und die Integration und Bekräftigung dieser drei Elemente in gerecht und liebend vollzogenen sexuellen Akten, die es einer Person ermöglichen, Gott, den Nächsten und sich selbst in einer tiefgreifenderen Weise zu lieben.

3.1 Gerecht und liebend vollzogene wahrhaft menschliche Sexualakte

Der aufmerksame Leser wird unsere Präzisierung wahrgenommen haben, dass sexuelle Aktivität, sowohl heterosexueller als auch homosexueller Art, nicht nur mit der holistischen Komplementarität übereinstimmen muss, um als wahrhaft menschlich angesehen werden zu können, sondern auch in gerechter und liebender Weise vollzogen werden sollte. Die Ausdrücke „gerecht" und „liebend" bedürfen dabei einer genaueren Erläuterung. Bei der moralischen Urteilsfindung bezüglich sexualethischer Thematiken wird häufig die recht undifferenzierte These vertreten, dass sexuelle Aktivität dann als moralisch gelten könne, wenn sie in liebender Weise vollzogen werde. Diese These muss als undifferenziert gelten, weil sie üblicherweise inhaltlich nicht präzise bestimmt ist. Wir stimmen Farley darin zu, dass „die Liebe in der Ethik das Problem, nicht die Lösung ist" und das Problem liegt darin, dass dieses Schlagwort inhaltsleer ist.[44] Unsere Aufgabe ist es daher, diesem Begriff Inhalt zu geben. Wir beginnen dabei mit einer Definition aus der Tradition: Lieben heißt, jemandem Gutes tun wollen.[45] Liebe ist eine Aktivität des Willens, eine Entscheidung, das Glück eines anderen Menschen zu wollen und danach zu streben. Wahre Liebe ist, wie jeder Liebende weiß, ekstatisch, das heißt in der Liebe geht eine Person aus sich selbst heraus und gibt sich selbst einer anderen Person hin, die in sich vollkommen und einzigartig ist.

---

[44] Margaret Farley, Ethic for Same-Sex Relations, in: Robert Nugent, A Challenge to Love. Gay and Lesbian Catholics in the Church, New York 1984, 100.
[45] Vgl. Thomas von Aquin, Summa theologiae (STh), II-II, q. 26, art. 6.

Die Tatsache, dass in einer Liebesbeziehung zwei vollkommen einzigartige und zugleich gleichwertige Personen sich einander hingeben, bringt die Kardinaltugend der Gerechtigkeit ins Spiel, also den Habitus, „kraft dessen der Mensch mit stetem und ewigem Willen einem jedem sein Recht zuteilt"[46]. Falls wir gefragt werden sollten, was Gerechtigkeit mit sexuellen Akten zu tun habe, ließe sich antworten, dass aufgrund der Tatsache, dass diese Akte zwischen zwei gleichen Personen stattfinden, Gerechtigkeit von grundlegender Bedeutung für sie ist.[47]

Ein Charakteristikum, vielleicht sogar das bedeutendste, einer Person in der Moderne ist der Status ihrer Gleichheit gegenüber jeder anderen Person. Für Christen hat diese Gleichheit einen tief religiösen Charakter, weil der christliche Glaube davon ausgeht, dass es Gottes Plan war, den Menschen *(adam)* als Mann und Frau zu erschaffen und sie *beide* Mensch *(adam)* zu nennen (Gen 5,2). Ein gerecht und liebend vollzogener sexueller Akt wird den Wert der Gleichheit befördern und wird alle aus diesem Wert resultierenden Rechte beiden Partnern zukommen lassen. Jeder Sexualakt, der Ungerechtigkeiten bezüglich Macht, sozialem oder ökonomischem Status oder Reifegrad enthält, kann faktisch nicht als wahrhaft menschlicher Akt gelten. Aus dem personalen Merkmal der Gleichheit resultiert das eng damit verbundene personale Charakteristikum der Freiheit. Ein sexueller Akt, der gerecht und liebend vollzogen wird, wird die mit der Freiheit des anderen verbundenen Rechte des Partners achten und den Wert der Freiheit für beide Sexualpartner an-

---

[46] STh II-II, q. 58, art. 1.
[47] An dieser Stelle weisen wir darauf hin, dass die ursprüngliche Fassung dieses Textes vor dem Erscheinen des faszinierenden Buches „Just Love" von Margaret Farley fertiggestellt wurde. Wir fühlen uns bestärkt, dass sowohl die Bedeutung, die wir gerechter Liebe zuschreiben, als auch unsere Analyse dieses Phänomens allgemein und unabhängig von uns durch Farley betont werden. Vgl. hierzu Farley, Just Love, besonders 200–206.

streben. Konkret bedeutet dies, dass ein gerecht und liebend vollzogener Geschlechtsakt die freie Zustimmung beider Partner erfordert und dass jegliche sexuelle Handlung, die diese frei gewährte Zustimmung untergräbt, faktisch nicht als wahrhaft menschlich angesehen werden kann. Die Anwendung von Zwang oder Gewalt gegenüber einem nicht gewillten Partner kann deshalb niemals als wahrhaft menschlich angesehen werden. Im Hinblick auf die moderne „Entdeckung", dass Frau und Mann gleich sind, muss die freie Zustimmung beider Partner durch jegliche sexuelle Aktivität, die durch sozial konstruierte männliche Dominanz oder weibliche Unterordnung geprägt ist, bereits als ernsthaft eingeschränkt oder sogar verunmöglicht angesehen werden. Das Gleiche gilt für alle Menschen, deren Urteilsfähigkeit eingeschränkt ist, z. B. die, denen die notwenige Reife fehlt, Drogensüchtige oder Betrunkene. Denn eine eingeschränkte Urteilsfähigkeit bedeutet automatisch eine eingeschränkte Zustimmungsfähigkeit.

Ein durchweg anerkanntes Ziel sexueller Aktivität, heterosexueller wie homosexueller Art, ist sowohl der Ausdruck als auch die Verbesserung der interpersonalen Beziehung, Liebe oder Freundschaft. Sexuelle Aktivität ist eine Möglichkeit, Liebe zu praktizieren. Um eine Beziehung zum Ausdruck zu bringen oder diese zu verbessern, müssen Sexualakte jedoch als ein wechselseitiges Geschehen angesehen werden. Dieses muss von beiden Partnern erwünscht sein und beide Partner müssen freiheitlich an ihm partizipieren dürfen. Wahre Liebe, der ehrliche Wunsch, das Wohl des Anderen zu befördern, ist niemals einseitig; es gibt keine wahre Liebe, solange diese sich nicht gegenseitig vollzieht. Es ist die gegenseitige Liebe zwischen liebenden Menschen, die zwischen ihnen die Gemeinschaft bewirkt, die wahre Liebe ausmacht. Dies führt uns zu einer weiteren Spezifikation des Elements der Gegenseitigkeit zwischen Liebenden, nämlich dem Phänomen einer gegenseitig gewährten langfristigen Bindung.

Die christliche Tradition hat stets eine Form der langfristigen Bindung von den Partnern gefordert, etwa ein feierliches Versprechen oder einen Vertrag, damit der zwischen ihnen vollzogene Geschlechtsverkehr als moralisch angesehen werden konnte. Dass dieser Vertrag immer an die Ehe gebunden und dass die Ehe vor allem mit der Zeugung von Nachkommen verbunden war, ist kein Grund, nicht am Wert der Bindung als einer plausiblen moralischen Norm für heterosexuelle und homosexuelle Sexualbeziehungen festzuhalten. Wir glauben, dass eine langfristige Bindung notwendig ist für eine gerechte und sich durch gegenseitige Liebe auszeichnende Beziehung (was wahrhaft menschliche Sexualakte miteinschließt), damit sie sowohl im Hinblick auf das eheliche als auch auf das allgemeine Wohl zur Erfüllung reifen kann. Diese Erfüllung, zu der auch die Liebe und Gemeinschaft zwischen den Partnern und Kindern gehören mögen sowie das Wohl der Gesellschaft, in der die Partner und Kinder leben, erfordert eine langfristige Bindung, um zur Reife zu gelangen.[48] Damit ein sexueller Akt als gerecht und sich in Liebe vollziehend angesehen werden und somit als wahrhaft menschlich gelten kann, erfordert er Bindung.

3.2 Normative Implikationen für die katholische Sexualmoral

Es ergeben sich drei Implikationen für die katholische Sexualmoral, wenn wir eine holistische Komplementarität, ergänzt durch die Tugenden der Gerechtigkeit und Liebe, als das fundamentale Prinzip wahrhaft menschlicher Sexualakte annehmen.

(1) Die erste ist, dass die durch das Lehramt vertretene Norm, dass sämtliche homosexuelle Handlungen verboten seien, zumindest einer erneuten Begutachtung bedarf. Ohne eine

---

[48] Für eine umfassendere Entwicklung dieses Aspekts vgl. Michael G. Lawler, Family. American and Christian, Chicago 1998, 166–174.

vorhergehende Berücksichtigung der sexuellen Orientierung einer Person kann ein Sexualakt, der die heterogenitale Komplementarität verletzt, nicht länger ausschließlich aufgrund dieser Tatsache als unmoralisch angesehen werden. Geschlechtliche Komplementarität ist wichtig, um die Moralität wahrhaft menschlicher Sexualakte zu bestimmen, aber sie ist nicht der vorrangige Faktor. Ob die Benutzung der Geschlechtsorgane in Sexualakten als moralisch angesehen werden kann, muss in erster Linie im Hinblick auf die sexuelle Orientierung und die personale Komplementarität bewertet werden.

(2) Die zweite Implikation für die katholische Sexualmoral folgt aus der ersten: Das Fundament für moralische Sexualnormen müsste neu definiert werden. Das Lehramt verkündet derzeit sowohl für homo- als auch heterosexuelle Menschen eine intrinsische Beziehung zwischen biologischer und personaler Komplementarität, in der heterogenitale Komplementarität als ursprünglich und fundamental angesehen wird. In Bezug auf dieses Fundament gelten gewisse Sexualakte faktisch als unmoralisch, weil sie die heterogenitale Komplementarität verletzen, unabhängig von der sexuellen Orientierung und der Bedeutung dieses Aktes im Hinblick auf die personale Komplementarität. Bei der holistischen Komplementarität ist es eine integrative Beziehung zwischen sexueller Orientierung sowie personaler und biologischer Komplementarität, die das Fundament sexueller Normen ausmacht. In dieser Beziehung sind sowohl für hetero- als auch für homosexuell empfindende Menschen die sexuelle Orientierung und die personale Komplementarität vorrangig und sie bestimmen, was authentische geschlechtliche Komplementarität in einem sexuellen Akt ausmacht. Wenn die Komplementarität sexueller Orientierung vermuten lässt, dass eine Person eine heterosexuelle Orientierung besitzt, dann würde die personale Komplementarität indizieren, dass die authentische geschlechtliche Komplementarität männlich-weiblich ist.

Wenn die Komplementarität sexueller Orientierung darauf verweist, dass eine Person eine homosexuelle Orientierung hat, würde die personale Komplementarität indizieren, dass die authentische geschlechtliche Komplementarität männlich-männlich oder weiblich-weiblich ist. Laut derzeitiger lehramtlicher Verkündigung ist die geschlechtliche Komplementarität die basale Grunddimension der essentiellen Beziehung zwischen biologischer und personaler Komplementarität. In unserem Modell einer holistischen Komplementarität stellen sexuelle Orientierung und personale Komplementarität die basalen Grunddimensionen für die integrative Beziehung zwischen sexueller Orientierung sowie personaler und biologischer Komplementarität dar.

(3) Die dritte Implikation beinhaltet, dass nichtreproduktive Sexualakte nicht kategorisch moralisch untersagt werden können. Obwohl solche Akte die reproduktive Komplementarität verletzen, verletzen sie nicht die personale Komplementarität und schränken somit menschliches Wohlergehen und Gedeihen nicht ein. Der wahrhaft menschliche sexuelle Akt ist laut unserer Sexual-Anthropologie ein Sexualakt, der holistische Komplementarität ermöglicht, welche reproduktive Komplementarität in Sexualakten enthalten kann, dies aber nicht muss. Man kann begründet dafür argumentieren, dass reproduktive Sexualakte der ideale Ausdruck menschlicher Sexualität seien, aber dies rechtfertigt nicht das Urteil, dass jeder sexuelle Akt, der nicht das Ideal erfüllt, z. B. ein infertiler oder homosexueller Akt, als moralisch falsch zu gelten habe. Andere Formen von sexuellen Akten, die zum Orgasmus führen, aber nicht reproduktiv sind, befördern nachweislich personale Komplementarität und menschliches Wohlergehen und können im Fall von reproduktiven Technologien prinzipiell auch reproduktive Komplementarität realisieren.

Im Lichte dieser drei Implikationen lässt sich Folgendes

über Sexualnormen und wahrhaft menschliche Sexualakte aussagen: Moralische Sexualnormen müssen auf der Grundlage einer revidierten theologischen Anthropologie formuliert werden, die von der holistischen, nicht der heterogenitalen Komplementarität ausgeht. Dies gilt gleichermaßen für die Definition wahrhaft menschlicher Sexualakte. Die sexuelle Orientierung einer Person ist eine fundamentale Dimension, die in normativer und wesentlicher Weise das Menschliche dieser Person bestimmt. Sexualnormen, die bestimmte Sexualakte vorschreiben, müssen unter Berücksichtigung dieser Orientierung formuliert werden und zur Anwendung kommen. Sexualnormen sollten die Integration holistischer Komplementarität – sexuelle Orientierung sowie personale und biologische Komplementarität – ermöglichen. Diese Integration erlaubt keine kategorische Verurteilung bestimmter sexueller Akte ohne eine angemessene Berücksichtigung der sexuellen Orientierung einer Person und der Bedeutung des Sexualaktes für die beteiligten Personen hinsichtlich ihrer Beziehung zueinander (personale Komplementarität), die durch geschlechtliche Komplementarität ausgedrückt wird. Das durch das Lehramt vertretene Modell beinhaltet absolut verbindliche Normen, die homosexuelle Handlungen und alle nichtreproduktiven Sexualakte verbieten. Unser Modell kann solch absolute Normen nicht rechtfertigen, es macht sich jedoch für formal absolute Normen hinsichtlich wahrhaft menschlicher Sexualakte stark.

Formal absolute Normen sind solche, die den Charakter oder die Tugend hinsichtlich bestimmter Akte betonen. Eine formal absolute Norm könnte zum Beispiel Folgendes aussagen: *Ein nicht wahrhaft menschlicher, missbrauchender, unehrlicher, nicht verantwortungsvoller, ungerechter, nicht aus Liebe praktizierter sexueller Akt (heterosexuell oder homosexuell) ist moralisch falsch; ein wahrhaft menschlicher, liebevoller, ehrlicher, verantwortungsvoller, gerechter, aus Liebe praktizierter Sexualakt (hete-*

rosexuell oder homosexuell) ist moralisch richtig.[49] Die Integration holistischer Komplementarität, das heißt die Integration von sexueller Orientierung sowie personaler und biologischer Komplementarität, bestimmt, ob ein sexueller Akt als moralisch oder unmoralisch zu bewerten ist. Im Fall einer Person mit einer homosexuellen Orientierung wird ein wahrhaft menschlicher, liebevoller, ehrlicher, verantwortungsvoller, gerechter und aus Liebe praktizierter Sexualakt personal zum Ausdruck gebracht in männlich-männlicher oder weiblich-weiblicher Geschlechtlichkeit. Im Fall einer Person mit einer heterosexuellen Orientierung wird ein wahrhaft menschlicher, liebevoller, ehrlicher, verantwortungsvoller, gerechter und aus Liebe praktizierter Sexualakt personal zum Ausdruck gebracht in weiblich-männlicher Geschlechtlichkeit. Einige Theoretiker haben diese Verlagerung hin zu formal absoluten Normen durch tugendethische Ansätze in der Sexualethik genauer expliziert, nach denen die Kardinaltugenden der Klugheit, Gerechtigkeit, Tapferkeit und Mäßigung, stets verbunden mit den theologischen Werten des Glaubens, der Hoffnung und der Liebe, als „Richtnormen" für das zu gelten haben, was wahrhaft menschliche Sexualakte ausmacht.[50]

---

[49] Diese formalen Kriterien, die bestimmen, was einen moralisch richtigen oder moralisch falschen wahrhaft menschlichen Geschlechtsakt ausmacht, sind gängig in lehramtlichen Verlautbarungen und moraltheologischen Debatten.
[50] Vgl. Alasdair MacIntyre, After Virtue. A Study in Moral Theory, Notre Dame 1981; Martha Nussbaum, The Fragility of Goodness. Luck and Ethics in Greek Tragedy and Philosophy, New York 1988; Dies., Non-Relative Virtues. An Aristotelian Approach, in: Peter A. French/Theodore E. Uehling Jr./Howard K. Wettstein (Hg.), Ethical Theory. Character and Virtue, Notre Dame 1988, 32–53; James F. Keenan, Proposing Cardinal Virtues, in: TS 56 (1995) 709–729; Ders., Virtues for Ordinary Christians, Kansas City 1996; Ders., Virtue Ethics and Sexual Ehtics, in: Louvian Studies 30 (2005) 180–197.

4. Fazit

Damit eine sexuelle Handlung als wahrhaft menschlich gelten kann, muss sie holistische Komplementarität, Gleichheit zwischen den Partnern, gleiche Freiheit für beide Partner, freie Gegenseitigkeit zwischen den Partnern und die gegenseitige Zustimmung beider Partner aufweisen. Die christliche Tradition wird hinzufügen, dass diese Kriterien alle durch die Liebe Gottes und des Nächsten fundiert werden müssen, wie dies durch Jesus aufgegeben ist. Die Nächstenliebe wird konkretisiert durch den Wunsch, das Wohl des Nächsten zu befördern, durch Mitgefühl, Barmherzigkeit, Vergebungsbereitschaft und Versöhnung und bezieht sich dabei sogar auf solche, die als „Feinde" bezeichnet werden.[51] Überlegungen wie diese führen Farley zu einem Fazit, dem wir zustimmen und mit dem wir diese Ausführungen schließen wollen:

„Geschlechtsverkehr zwischen zwei gleichgeschlechtlichen Personen (genauso wie zwischen zwei Personen unterschiedlichen Geschlechts) sollte nicht in einer Weise praktiziert werden, welche einen Menschen ausnutzt, verobjektiviert oder dominiert; homosexuelle (genauso wie heterosexuelle) Vergewaltigung, Gewalt oder die verletzende Ausübung von Macht gegen Opfer, die dem Geschlechtsverkehr nicht aus Freiheit zugestimmt haben (oder solche, die aufgrund ihrer kognitiven Fähigkeiten oder ihres Alters nicht zustimmungsfähig sind), ist niemals gerechtfertigt; Freiheit, Integrität und Intimsphäre sind Werte, die in jeder homosexuellen (und heterosexuellen) Beziehung affirmiert werden müssen; zusammenfassend kann gesagt werden, dass Individuen nicht verletzt werden dürfen und das Gemeinwohl zu befördern ist."[52]

---

[51] Vgl. Mt 5,43–38.
[52] Farley, Ethic for Same-Sex Relations, 105.

Dies fasst unsere Argumentation treffend zusammen und führt uns zu unserem abschließenden Fazit. Auf der Grundlage unseres revidierten fundamentalen sexualethischen Prinzips gelten *einige* sexuelle Akte, nämlich solche, die die Bedingungen für holistisch komplementäre, gerechte, und sich liebend vollziehende Sexualakte erfüllen, als wahrhaft menschlich; und *einige* homosexuelle und heterosexuelle Handlungen, nämlich solche, die diese Bedingungen nicht erfüllen, gelten nicht als wahrhaft menschlich. Ob ein bestimmter sexueller Akt, ob homosexuell oder heterosexuell, wahrhaft menschlich ist, wird, wie dies für jedes moralische Urteil in der katholischen Tradition der Fall ist, nicht durch die bloße Anwendung abstrakter moralischer Prinzipien bestimmt, sondern durch eine umsichtige hermeneutische Analyse, wie diese Prinzipien sich auf reale und konkrete menschliche Beziehungen anwenden lassen.

Die christliche Artikulation gleichgeschlechtlicher Sexualität
Theologische Diskurse und hegemoniale Konstellationen

Michael Brinkschröder

Die *Stonewall Riots*, der Protest von Schwulen, Lesben, Bisexuellen und Transgender gegen willkürliche Razzien der New Yorker Polizei im Jahr 1969, markieren einen Wendepunkt in der sozialen Geschichte dieser Gruppen. Seither kämpfen sie in vielen Ländern für ihre gesellschaftliche Emanzipation, d. h. für die Anerkennung ihrer Menschenwürde und ihre Gleichberechtigung. Dabei haben sie zum Teil beachtliche Erfolge errungen: von der Aufhebung der Strafgesetze für homosexuelle Handlungen über den Schutz vor Diskriminierung aufgrund der sexuellen Orientierung oder der geschlechtlichen Identität bis hin zur Öffnung der Ehe für gleichgeschlechtliche Paare.

Dieser Kampf stößt jedoch bei einer breiten Phalanx von christlichen Kirchen auf erbitterten Widerstand: Das Lehramt der römisch-katholischen Kirche und der Heilige Stuhl als ihre völkerrechtliche Vertretung haben zur Zeit der Pontifikate von Johannes Paul II. und Benedikt XVI. zahlreiche verbale Attacken und diplomatische Interventionen gegen die Homo-Ehe und Partnerschaftsgesetze unternommen. In den USA führen die protestantischen Neofundamentalisten und die religiöse Rechte sogenannte „*culture wars*", die bei jedem Schritt auf dem Weg der Emanzipation – von der Aufhebung der Sodomie-Gesetze bis zum „*equal marriage law*" – mit großer Heftigkeit aufflammen.[1] In der anglikanischen Kirche hält die Zerreiß-

---

[1] Vgl. Didi Herman, The Antigay Agenda. Orthodox Vision and the Christian

probe an zwischen homophoben, vorwiegend afrikanischen Bischöfen und der US-amerikanischen *Episcopal Church*, die mit Gene Robinson erstmalig einen offen Schwulen zu ihrem Bischof geweiht hat.[2] Die wütenden Beschimpfungen von Schwulen durch Metropoliten der Russischen Orthodoxen Kirche und die neuerliche Propagierung traditioneller Werte signalisieren, dass es auch in den östlich-orthodoxen Kirchen diesen moralpolitischen Antagonismus zwischen christlichen Kirchen und der Schwulen- und Lesbenbewegung gibt.[3] Eine christlich motivierte Nichtakzeptanz von Homosexualität ist in vielen Teilen der Welt für Schwule, Lesben, Bisexuelle und Transgender zu einem politischen Problem geworden.[4]

Right, Chicago 1997; Tina Fetner, How the Religious Right Shaped Lesbian and Gay Activism, Minneapolis 2008; Cynthia Burack, Sin, Sex, and Democracy. Antigay Rhetoric and the Christian Right, Albany 2008.

[2] Vgl. Andrew Linzey/Richard Kirker (Hg.), Gays and the Future of Anglicanism. Responses to the Windsor Report, Winchester/New York 2005; William L. Sachs, Homosexuality and the Crisis of Anglicanism, Cambridge 2009; Frank G. Kirkpatrick, The Episcopal Church in Crisis. How Sex, the Bible and Authority are Dividing the Faithful, Westport 2008.

[3] Vgl. Michael Brinkschröder, Menschenrechte oder traditionelle Werte? Homosexualität und die Russische Orthodoxe Kirche, in: Werkstatt Schwule Theologie 16 (2013), 54–87.

[4] Leicht könnte man diese Reihe noch um fundamentalistische Muslime erweitern, die in einigen Ländern – vor allem im Iran – wegen mann-männlicher Sexualhandlungen die Todesstrafe verhängen. Vgl. Ali Mahdjoubi, Homosexualität in islamischen Ländern am Beispiel Iran, in: Michael Bochow/Rainer Marbach (Hg.), Islam und Homosexualität. Koran – Islamische Länder – Situation in Deutschland, Hamburg 2003, 85–99; Ralph Ghadban, Historie, Gegenwart und Zukunft der Einstellung zur Homosexualität und Pädophilie in islamischen Ländern, in: LSVD Berlin-Brandenburg e.V. (Hg.), Muslime unter dem Regenbogen. Homosexualität, Migration und Islam, Berlin 2004, 39–63; Eva Gundermann/Thomas Kolb, Menschenrechtsverletzungen auf Grund sexueller Identität am Beispiel von Libanon und Ägypten, in: LSVD Berlin-Brandenburg e.V. (Hg.), Muslime unter dem Regenbogen, 81–97. Georg Klauda, Die Vertreibung aus dem Serail. Europa und die Heteronormalisierung der islamischen Welt, Hamburg 2008, unterscheidet zwischen einem traditionalen

Manifest wird dieser Gegensatz auch in den Einstellungen der Gläubigen. So hat eine Bielefelder Studie über gruppenbezogene Menschenfeindlichkeit in acht europäischen Ländern ergeben, dass „das Ausmaß von Religiosität einen negativen Einfluss auf die Toleranz gegenüber der Homosexualität hat."[5] Doch die Ablehnung von Homosexualität ist mehr als die Meinung oder homophobe Einstellung von einzelnen Gläubigen, denn in vielen Kirchen besitzt sie eine *institutionalisierte* Form und gilt als *theologisch legitimiert*. Christliche Antihomosexualität stellt daher nicht nur ein politisches, sondern auch ein strukturelles und ein theologisches Problem dar.[6]

Umgang des Islam mit mann-männlicher Sexualität und seiner fundamentalistischen Verschärfung, deren Entstehung er zweiseitig erklärt: einerseits durch das Wirken christlicher Missionare und die kolonialen Sodomie-Gesetzgebungen im Zeitalter des Kolonialismus, anderseits durch die fundamentalistischen Reaktionen islamischer Länder auf die Globalisierung in der Gegenwart.

[5] Zick, Andreas u. a., Europäische Zustände. Ergebnisse einer Studie über gruppenbezogene Menschenfeindlichkeit in Europa 12, online: http://www.amadeu-antonio-stiftung.de/w/files/pdfs/gfepressrelease.pdf [24.04.2015], 12.

[6] Ein Wort zur Terminologie: Mangels besserer Alternativen verwende ich den Begriff *Antihomosexualität* als metasprachlichen, allgemeinen Überbegriff für zurückweisende Haltungen und Handlungen aller Art gegenüber gleichgeschlechtlicher Sexualität und Personen, die diese praktizieren. Der Begriff *Homophobie* wurde von George Weinberg, Society and the Healthy Homosexual, New York 1972, für die ablehnende Einstellung gegenüber Homosexualität eingeführt. Als psychologischer Begriff bezeichnet er die in der individuellen Psyche wurzelnde negative Einstellung einer Person, ihre Angst oder ihren Abscheu. Ich verwende den Begriff gleichfalls für Diskurse, die solche Angst oder Abscheu hervorbringen oder schüren, während auf der gesellschaftlichen Ebene von *negativen Einstellungen* oder Vorurteilen gegenüber sexuellen Minderheiten gesprochen wird, die zu einer Haltung und Praxis der Nichtakzeptanz oder Diskriminierung führen (vgl. dazu auch die Überlegungen von Melanie Steffens und Claudia Niedlich in diesem Band). – Im Unterschied dazu lenkt der Begriff *Heteronormativität* den Blick nicht auf die Abweichung oder Einstellungen, sondern auf die dazu komplementäre, gesellschaftliche Konstruktion des „Normalen". Heteronormativität bezeichnet nach der Definition von Nina Degele „ein binäres, zweigeschlechtlich und heterosexuell organisiertes und organisie-

Bei der Analyse des Problems der christlichen Antihomosexualität gehe ich von dem theologischen Standpunkt aus, dass man Handlungen und Äußerungen, die die Personenwürde von Schwulen, Lesben, Bisexuellen und Transgender missachten, sie diskriminieren und entrechten, als Sünde begreifen muss, d. h. als Abkehr vom Willen Gottes, selbst wenn diese Sünde von einer Kirche begangen wird. Insofern sie sie als soziale Organisationen reproduziert und legitimiert, ist es unvermeidbar, dieses als *strukturelle* Sünde zu bezeichnen.

Um diese strukturelle Sünde zu überwinden, muss man verstehen, welche Stützpunkte sie in kirchlichen Strukturen besitzt, und vor allem, welche theologischen Denkweisen sie legitimieren.[7] Zu diesem Zweck greife ich die Diskurs- und Hegemonietheorie von Ernesto Laclau und Chantal Mouffe auf, die in Teil 1 anhand der drei Grundbegriffe *Diskurs, Artikulation* und *Hegemonie* erläutert wird.[8] Ihre allgemeine Grundlagentheorie „des Politischen" wende ich dabei auf den Bereich von Theologie und Kirche an. Dies schärft nicht zuletzt den Blick dafür, auch kirchliche Institutionen und Lehren als „kontingen-

---

rendes Wahrnehmungs-, Handlungs- und Denkschema, das als grundlegende gesellschaftliche Institution durch eine Naturalisierung von Heterosexualität und Zweigeschlechtlichkeit zu deren Verselbstverständlichung und zur Reduktion von Komplexität beiträgt – bzw. beitragen soll" (Nina Degele, Gender/Queer Studies. Eine Einführung, Paderborn 2008, 89). Abweichungen vom Schema der Heteronormativität werden negativ bewertet und sanktioniert.

[7] Da es an dieser Stelle speziell um die Relevanz der Theologie für die christliche Homophobie gehen soll, wird auf die „Analytik der Macht" in kirchlichen Strukturen nicht näher eingegangen. Vgl. dazu Michael Brinkschröder, Jenseits von Klerikalismus und Neoliberalismus. Schwule Befreiungstheologie auf dialogisch-materialistischer Grundlage, in: Ders./Wolfgang Schürger/Christian J. Herz (Hg.), Schwule Theologie. Identität – Spiritualität – Kontexte, Stuttgart 2007, 31–68, 43–55.

[8] Das maßgebliche Grundlagenwerk, auf das ich mich im Folgenden beziehe, ist: Chantal Mouffe/Ernesto Laclau, Hegemonie und radikale Demokratie. Zur Dekonstruktion des Marxismus, Wien 1991 ([1]1985).

tes Resultat politischer Kämpfe" zu betrachten und damit als änderbar.

Im Längsschnitt der Theologiegeschichte zeigt sich, dass vor allem vier Diskurse eine zentrale Relevanz für die Legitimierung christlicher Antihomosexualität besessen haben und zum Teil auch heute noch besitzen: 1. der archaische Diskurs der kultischen Reinheit, 2. der apokalyptische Diskurs der Sodom-Eschatologie, 3. der naturrechtliche Diskurs der Moraltheologie und 4. der christlich-platonische Diskurs der Brautmystik. Ihre wichtigsten Merkmale und ihre schwankende historische Relevanz werden in Teil 2 dargestellt.

Die wechselnden Konfigurationen und Verknüpfungen dieser Diskurse erzeugen als Effekt die Legitimierung kirchlicher Antihomosexualität. Teil 3 fragt daher danach, ob und wie diese Diskurse in der Gegenwart zu hegemonialen Formationen zusammengefügt sind. Ein wichtiges Gegengewicht zu den vier genannten Diskursen bilden *liberale theologische Neuansätze*, in deren Rahmen eine positiv wertende Neuartikulation gleichgeschlechtlicher Sexualität erfolgt ist. Dies sorgt dafür, dass die Einstellung zu gleichgeschlechtlicher Sexualität innerhalb des Feldes der Theologie gegenwärtig umkämpft ist und grundsätzlich infrage gestellt werden kann (1). Basierend auf der Unterscheidung dieser – nun fünf – Diskurse und der Analyse ihrer jeweiligen Konfigurationen kann man außerdem die Unterschiede und Gemeinsamkeiten zwischen den konfessionellen und zum Teil auch geographischen Traditionen des Christentums präziser beschreiben (2).

1. Die Diskurs- und Hegemonietheorie von Mouffe und Laclau

Die belgische Politikwissenschaftlerin Chantal Mouffe und der Argentinier Ernesto Laclau knüpfen in der Ausarbeitung ihrer politischen Theorie an die *Diskursanalyse* an, die Michel Foucault in der „Archäologie des Wissens" formuliert hat. Darin hat Foucault den Diskurs (bzw. eine diskursive Formation) als ein *verstreutes Ensemble* von mündlichen und schriftlichen Aussagen definiert, zwischen deren thematischen Gegenständen, Äußerungsmodalitäten, Begriffen und argumentativen Strategien man Regelmäßigkeiten finden kann.[9] Sein Ziel war es, die Ebene der Aussagen zu beschreiben, die zwischen der Sprache als linguistischem System *(langue)* und der Vielfalt der möglichen gesprochenen Sätze *(parole)* liegt. Es geht ihm um das Gesagte und Geschriebene in Relation zu allem anderen Gesagten und Geschriebenen, darum, „die Aussage in der Enge und Besonderheit ihres Ereignisses zu erfassen; die Bedingungen ihrer Existenz zu bestimmen, auf das Genaueste ihre Grenzen zu fixieren, ihre Korrelationen mit den anderen Aussagen aufzustellen, die mit ihm verbunden sein können, zu zeigen, welche anderen Formen der Äußerung sie ausschließt."[10]

Dieser Diskursbegriff lässt für die konkrete Vorgehensweise große Spielräume und Unklarheiten. So könnte man etwa den theologischen Diskurs der Antihomosexualität anhand ausgewählter Textgattungen untersuchen[11] oder indem man den rhetorischen Mustern und Stereotypen folgt, die im Laufe der

---

[9] Vgl. Michel Foucault, Archäologie des Wissens, Frankfurt a. M. 1995, 41.58
[10] Ebd. 43.
[11] Entsprechende Gattungen theologischer Texte sind z. B. Apologien, Häresiographien, Bußbücher, Moralhandbücher, kanonische Sammlungen, biblische Kommentare, Aussagen des Lehramts etc.

Theologiegeschichte mit gleichgeschlechtlicher Sexualität assoziiert worden sind.[12]

Chantal Mouffe und Ernesto Laclau haben nun diesen foucaultschen Diskursbegriff in dreifacher Hinsicht modifiziert:

1. Sie zählen nicht nur rein sprachliche Aussagen zum Diskurs, sondern alle bedeutungstragenden Zeichensysteme, d. h. auch Praktiken, Rituale, Architekturen etc.[13]

2. Ein Diskurs ist für sie eine „strukturierte Totalität", ein „differentielles und strukturelles System von Positionen". Sie gehen also nicht von der Verstreuung aus, wie Foucault, sondern betrachten den Diskurs im Sinne des Strukturalismus als ein Differenzsystem, um das herum Grenzen gezogen werden, die die Differenzen stabilisieren.

3. Diskurse entstehen durch die *Praxis der Artikulation*.[14] Jede Artikulation bringt nicht nur etwas auf eine bestimmte Weise zum Ausdruck, sondern stellt dabei zugleich Verknüpfungen mit einem oder mehreren Diskursen her.

Die Artikulation ist der zweite Leitbegriff ihrer Theorie. Mouffe und Laclau unterscheiden dabei zwischen *Elementen* und *Momenten* des Diskurses. Ein Element ist eine isolierte Differenz, die nicht als Teil eines Diskurses artikuliert ist, während Momente Unterscheidungen innerhalb eines strukturierten Diskurses darstellen. Werden Elemente in Momente eines Diskurses umgewandelt, wird ihre Bedeutung fixiert. Allerdings

---

[12] Häufige Assoziationen sind z. B. der Sodomiter als Anderer/Fremder, die stumme Sünde, die Sünde, die ihren Namen nicht nennt, Sodomie und Homosexualität als Krankheit oder als kriminelle Handlung, Sodomie als Ketzerei und Idolatrie, Sodomie als allerverwerflichste oder als „himmelschreiende Sünde" sowie die Assoziationen der Dekadenz, der Degeneration und der Widernatürlichkeit etc.
[13] Vgl. Mouffe/Laclau, Hegemonie, 157.
[14] Vgl. ebd. 155.

bleibt diese Fixierung kontingent und veränderlich, da „jeder Diskurs von einem ihn überflutenden Feld der Diskursivität untergraben wird. [Deshalb] kann der Übergang von ‚Elementen' zu ‚Momenten' niemals vollständig gelingen."[15] Die Unterscheidung zwischen Elementen und Momenten ermöglicht zunächst eine grundlegende methodische Einsicht für die Analyse der christlichen Antihomosexualität. Das wohl am weitesten verbreitete Argumentationsmuster beginnt mit der Frage: „Was sagt die Bibel zur Homosexualität?" Es folgt eine Diskussion der immer gleichen Bibelstellen (Gen 19; Lev 18,22; 20,13; Röm 1,26f.; 1 Kor 6,9f.; 1 Tim 1,10), die letztlich im Antagonismus „*God vs. Gay*" mündet.[16] Dabei werden diese Verse behandelt wie Elemente, d. h. ohne ihre Artikulation im Kontext eines bestimmten theologischen Bibelverständnisses (etwa *sola scriptura* mit Verbalinspiration)[17] oder einer bestimmten exegetischen Textauslegung zu berücksichtigen. Doch allein das diskursive Element „Sünde von Sodom" konnte im Lauf der Geschichte als Arroganz, Bruch der Gastfreundschaft, als übermäßiger Wohlstand, Ehebruch, kollektive Vergewaltigung, illegitimer Verkehr mit Engeln, Päderastie, Sodomie, Masturbation, heterosexueller Analverkehr, Sex mit Tieren oder aber als Homosexualität interpretiert werden. Dies

---

[15] Ebd. 162.
[16] Vgl. Jay Michaelson, God vs. Gay? The Religious Case for Equality, Boston 2011.
[17] In der katholischen, orthodoxen und anglikanischen Theologie wird das *Schriftprinzip* durch das Prinzip der *Tradition* komplementiert. Allerdings neigt der Traditionsbegriff dazu, die Theologiegeschichte zu harmonisieren, Brüche und Diskontinuitäten zu unterschlagen bzw. die „authentische" Deutung der Tradition einem obersten Lehramt oder Gremium zu unterstellen. Der Rekurs auf „die" Tradition macht es u. U. sogar noch leichter, zu behaupten, dass der christliche Glaube gleichgeschlechtliche Sexualhandlungen „immer schon" verworfen habe.

zeigt, dass der Sinn biblischer Texte allein aus sich heraus nicht endgültig fixiert werden kann.[18]

Noch ein weiterer Gedanke folgt aus der Unterscheidung von Elementen und Momenten bei der Auslegung der Bibel: Es ist anzunehmen, dass es in der Bibel gleichsam unentdeckte Elemente gibt, die bislang nicht als Momente der kirchlichen Diskurse über „gleichgeschlechtliche Sexualität" artikuliert worden sind, aber gleichwohl das Potential dazu hätten.[19]

Die Praxis der Artikulation dient auch dazu, unterschiedliche Diskurse miteinander zu verknüpfen. Dies geschieht vor allem dadurch, dass Diskurse untereinander durch symbolische Äquivalenzketten verbunden werden, die ihre Zugehörigkeit zu einem gemeinsamen (politischen) Projekt herstellen. Eine derartige Äquivalenzkette wäre etwa auf der Seite der Antihomosexualität die mittelalterliche Äquivalenz von Sodomie – Widernatürlichkeit – Gräuel – Häresie und dem Verbrechen der Beleidigung der Majestät (Gottes).[20] Eine Äquivalenz dieser Symbole, die für sich genommen ganz unterschiedliche Diskurse repräsentieren, konnte dadurch erzeugt werden, dass sie

---

[18] Sofern doch eine Bedeutung partiell fixiert wird, behandelt man den biblischen Text schon als Moment eines Diskurses. Man muss also immer auch nach den Diskursen fragen, in denen diese Bibelstellen als Momente fungieren. Dies erfolgt z. B. im *Canonical Approach*, der nach den innerbiblischen Verknüpfungen einer Textstelle fragt, in der religionsgeschichtlich arbeitenden historisch-kritischen Exegese, die nach den Diskursen der zeitgenössischen Umwelt fragt oder in der Rezeptions- und Auslegungsgeschichte der biblischen Texte.

[19] Neuere Ansätze eines *Queer Readings* der Bibel haben derartige, bislang ignorierte Passagen entdeckt und artikulieren sie als Momente der Queer-Theologie. Vgl. Joseph A. Marchal, Queer Approaches: Improper Relations with Pauline Letters, in: Ders. (Hg.), Studying Paul's Letters. Contemporary Perspectives and Methods, Minneapolis 2012, 209–227.

[20] Vgl. Jacques Chiffoleau, „Contra naturam. Une approche casuistique de la nature au XIIè–XIVè siècle", in: Micrologus. Nature, Sciences and Medieval Societies 4 (1996) 265–312.

auf einen gemeinsamen Gegner hingeordnet wurden, nämlich die Feinde der Kirche bzw. Gottes. Dadurch wurden sie untereinander austauschbar, so dass Sodomie als Häresie und als Beleidigung der göttlichen Majestät interpretiert werden konnte. Logische Probleme und sachliche Widersprüche zwischen den einzelnen Diskursen treten bei solchen Gleichsetzungen in den Hintergrund, weil die Ausrichtung auf einen zentralen Antagonismus alles in ihren Bann zieht.

Die kohärent erscheinende Artikulation einer hinreichenden Zahl von Diskursen (und den hinter ihnen stehenden sozialen Trägern) ist die Grundlage für die Erlangung einer hegemonialen Stellung. Unter Hegemonie verstehen Mouffe und Laclau die Position der Gestaltungsmacht, die es erlaubt, unter Bedingungen der Demokratie bindende Entscheidungen für Organisationen zu treffen und durchsetzen zu können.[21]

Hegemoniale Formationen haben das Ziel, sich gegen ihren Zerfall abzusichern. Auch die herrschenden Theologien in den Kirchen haben in der Geschichte oftmals versucht, den christlichen Glauben im Sinne einer Orthodoxie als eine klar definierte, geschlossene Totalität zu institutionalisieren – als einen vollkommen „genähten Raum", wie Mouffe und Laclau im Anschluss an Lacan sagen würden. Dazu haben sie zahlreiche ihrer Institutionen sakralisiert und für unveränderlich erklärt, wie z. B. den biblischen Kanon, die Dogmen oder das Amt – bis hin zur Unfehlbarkeit des Papstes.

Mouffe und Laclau halten diesen Versuchen einer imaginären Schließung jedoch das „Theorem der Unabschließbarkeit

---

[21] Hegemonie basiert auf diskursiv erzeugter Legitimation für bestimmte Entscheidungen, aber auch auf dem flankierenden Einsatz von Zwangsmitteln zu ihrer Durchsetzung, die sich aus der Kontrolle des „Apparates" ergeben. In einer hegemonialen Formation kann man zwischen einer Führung und den mit ihr Verbündeten, ihr Untergeordneten und von ihr Unterdrückten unterscheiden. Darüber hinaus gibt es auch opponierende und alternative Kräfte.

des Sozialen" entgegen.²² Oder anders formuliert: Es gibt keinen vollkommen genähten Raum, weil die Nähte immer wieder aufgetrennt werden können, weil Diskurse von außen eindringen, weil die fixierenden Knotenpunkte kritisiert oder ambivalent werden können oder weil Äquivalenzketten auseinanderbrechen. Um dies zu verdeutlichen, unterscheiden sie in ihrer politischen Philosophie zwischen Totalität und diskursivem Feld. In der modernen Demokratie gibt es für die Religionen effektiv keine Möglichkeit mehr, sich als geschlossene Totalitäten zu definieren, denn sie befinden sich innerhalb eines umfassenden diskursiven Feldes, in dem die fixierten Momente theologischer Orthodoxie jederzeit instabil werden können. Nicht einmal der Papst hat heute die Macht, den katholischen Diskurs über das Priestertum der Frau effektiv zu beenden. Alle Religionen befinden sich im Zeitalter der radikalen Kontingenz.

Doch auch wenn demzufolge der religiöse Anspruch auf absolute und ewige Wahrheiten nach Mouffe und Laclau als Illusion zurückgewiesen werden muss, so gibt es *in* den Kirchen doch hegemoniale Formationen, d. h. soziale Gruppen und Diskurse, die über eine hinreichend kohärente Machtposition verfügen. Neben der weiterhin existierenden Entscheidungsstruktur der *Hierarchie* ist in den Kirchen daher die Machtstruktur der *Hegemonie* zu reflektieren. Diese hegemonialen „historischen Blöcke" (Gramsci) innerhalb der Kirchen versuchen auch weiterhin, die Vorstellungen von ewiger Dauer und Sakralität aufrechtzuerhalten.²³

Das Christentum selbst versteht sich – zumindest in seinen Orthodoxien – als eine strukturierte Totalität, die sich als

---

²² Dirk Jörke, Die Agonalität des Demokratischen: Chantal Mouffe, in: Oliver Flügel/Reinhard Heil/Andreas Hetzel (Hg.), Die Rückkehr des Politischen. Demokratietheorien heute, Darmstadt 2004, 164–180, 164.
²³ Von ihrer institutionellen Machtbasis aus beeinflussen sie ihrerseits die sie umgebenden gesellschaftlichen Diskurse in ihrem Sinne.

ein „kohärentes Symbolsystem" beschreiben lässt.[24] Demgegenüber stellt die Hegemonietheorie die Frage, ob die vorgebliche Einheit sich nicht aus unterschiedlichen und zum Teil widersprüchlichen Diskursen zusammensetzt und der Eindruck der Kohärenz lediglich der Effekt einer aktuellen hegemonialen Formation ist. Wenn außerdem die strukturierte Totalität der christlichen Orthodoxien nicht deckungsgleich ist mit dem diskursiven Feld der Theologie überhaupt, wenn es also ein „konstitutives Außerhalb" des hegemonialen Diskurses gibt, dann eröffnet dies die Möglichkeit für „Dislokationen" durch neue theologische Diskurse, die nicht antihomosexuell sind.

2. Die klassischen theologischen Diskurse der Antihomosexualität

2.1 Der archaische Diskurs der kultischen Reinheit

Der archaische Diskurs der Reinheit stützt sich auf die Verbote in Lev 18,22 und 20,13. Sie gehören zum sogenannten Heiligkeitsgesetz, das durch ein kultisches Denken geprägt ist: Es kreist um die Anforderungen, die der Opferkult an die Priester stellt und überträgt diese Regeln – oft in abgestufter Weise – auf

---

[24] In meiner Dissertation (Michael Brinkschröder, Sodom als Symptom. Gleichgeschlechtliche Sexualität im christlichen Imaginären – eine religionsgeschichtliche Anamnese, Berlin/New York 2006, 118–161) habe ich versucht, die katholische Kirche in diesem Sinne als ein „kohärentes Symbolsystem" zu beschreiben, das dauerhaft und konsistent eine Position der Antihomosexualität hervorgebracht hat. Die Hegemonietheorie von Mouffe und Laclau ermöglicht es, dies als einen Effekt von Hegemonie zu beschreiben, ohne gleichzeitig eine tatsächliche Einheitlichkeit oder gar Kohärenz der christlichen Theologie behaupten zu müssen. Dadurch treten die Widersprüche an den Nahtstellen der unterschiedlichen theologischen Diskurse der Antihomosexualität mit in den Blick.

das Volk in seiner Gesamtheit.²⁵ Der Priester muss heilig und rein von aller möglichen Befleckung sein, wenn er im Kultopfer die Gabe bereitet, die Gott wohlgefällig annehmen soll (z. B. Lev 19,5–8). Zur kultischen Reinheit gehört u. a., dass Substanzen nicht vermischt werden, die getrennt werden müssen. Das Heiligkeitsgesetz zählt dazu nicht nur Stoffe, wie Leinen und Wolle, die nicht miteinander verwoben werden dürfen, sondern auch verschiedene Samen, die nicht zusammen auf einem Acker ausgebracht werden dürfen sowie Körperflüssigkeiten, die nicht vermischt werden oder an die falsche Stelle gelangen dürfen.²⁶

Dieses kultische Denken ist insofern archaisch, als beim Kontakt mit dem Sakralen alles vom äußeren, materiellen Geschehen abhängt, während die Intention der Akteure unbedeutend ist. Die Konsequenzen eines Sakrilegs – so stellte man es sich vor – werden quasi automatisch ausgelöst. Wenn daher nach Lev 20,13 „das Beiliegen eines Beilagers mit einem Mann wie mit einer Frau" den Tod nach sich ziehen soll, ist das in diese kultische Logik einzuordnen: Nicht im Sinne einer von Menschen zu verhängenden Todesstrafe, sondern eher im Sinne eines „Stromschlags", der einen automatisch treffen soll, wenn man das positive Heilige mit dem negativen Heiligen, dem Gräuel, in Kontakt bringt.²⁷

Eine dominante Rolle spielte der Diskurs der kultischen Reinheit im archaisierenden Frühmittelalter. Anhand der Bußbücher des 6.–12. Jahrhunderts, die von Priestern und Ordensleuten häufig konsultiert wurden, um die üblichen Bußtarife zu

---

[25] Vgl. Brinkschröder, Sodom, 258–275. Zum Buch Levitikus vgl. auch den Beitrag von Thomas Hieke in diesem Band.
[26] Lev 18,23b behandelt die sexuelle „Mischung" von Frau und Tier; Lev 19,19 verbietet die Kreuzung von Tieren verschiedener Art, das Ausbringen von zweierlei Saat auf einem Acker und das Tragen eines Kleides, das aus zwei Fäden gewebt ist.
[27] Vgl. 2 Sam 6,1–11.

erfahren, konnte der Essener Kirchenhistoriker Hubertus Lutterbach zeigen, dass gleichgeschlechtliche Sexualität zwischen Männern hier vor allem als Unreinheit und Befleckung verstanden wurde.[28] Jegliche Verunreinigung – auch durch heterosexuellen Geschlechtsverkehr – sorgt dafür, dass ein Priester das Messopfer nicht mehr „mit reinen Händen" vollziehen kann und es nicht mehr „Gott wohlgefällig" ist.[29] Sein Opfer ist für die Gemeinde bestenfalls nutzlos, potentiell aber sogar schädlich.

Obwohl er die Milde und die Widersprüchlichkeit der Bußtarife für mann-männlichen Geschlechtsverkehr in den Bußbüchern kritisiert, argumentiert auch der *Liber Gomorrianus,* den Petrus Damiani im Jahr 1049 an Papst Leo IX. schrieb, in erster Linie mit der kultischen Reinheit.[30] Er wollte erreichen, dass Kleriker ihres Amtes enthoben werden, die sich durch „So-

---

[28] Vgl. Hubertus Lutterbach, Sexualität im Mittelalter. Eine Kulturstudie anhand von Bußbüchern des 6. bis 12. Jahrhunderts, Köln/Weimar/Wien 1999, 147–161. Vgl. zur gleichgeschlechtlichen Sexualität in den frühmittelalterlichen Bußbüchern auch: Hubertus Lutterbach, Gleichgeschlechtliches sexuelles Verhalten. Ein Tabu zwischen Spätantike und Früher Neuzeit?, in: Historische Zeitschrift 267/2 (1998) 281–312; Pierre Payer, Sex and the Penitentials. The Development of a Sexual Code 550–1150, Toronto/Buffalo/London 1983; Allen J. Frantzen, Between the Lines. Queer Theory, the History of Homosexuality, and Anglo-Saxon Penitentials, in: The Journal of Medieval and Early Modern Studies 26 (1996) 255–296; Ders., Before the Closet. Same-sex Love from Beowulf to Angels in America, Chicago 1998.

[29] Vgl. Arnold Angenendt, „Mit reinen Händen". Das Motiv der kultischen Reinheit in der abendländischen Askese, in: Georg Jenal (Hg.), Herrschaft, Kirche, Kultur. Beiträge zur Geschichte des Mittelalters (FS Friedrich Prinz; Monographien zur Geschichte des Mittelalters 37), Stuttgart 1993, 297–316.

[30] Vgl. Petrus Damiani, Liber Gomorrianus, in: Peter Damian, Letters 31–60, übers. v. Owen J. Blum OFM, Washington 1990, 3–53. Vgl. auch Pierre J. Payer, Introduction, in: Peter Damian: Book of Gomorrah. An Eleventh-Century Treatise against Clerical Homosexual Practices. Übersetzung, Einleitung und Anmerkungen von Pierre P. Payer, Waterloo 1982, 1–24. Zur Einordnung in den Diskurs der kultischen Reinheit vgl. Lutterbach, Verhalten, 295–298; 305.

domie" befleckt haben. Petrus Damiani, auf den der abstrakte Begriff der „*Sodomia*" zurückgeht[31], zählt dazu vier Handlungen „wider die Natur": Masturbation, wechselseitige Masturbation sowie Schenkel- und Analverkehr zwischen Männern.[32] Der Diskurs der kultischen Reinheit blieb im gesamten Mittelalter virulent. Insofern es primär darum geht, die Angst vor den schädlichen Auswirkungen der Unreinheit bei Kulthandlungen zu bekämpfen, kann man hier im engeren Sinne von einem *homophoben* Diskurs sprechen. Noch Martin Luther fürchtete sich vor der Wirkung der *pollutio*[33], doch zugleich stellte er die Weichen für ihre Überwindung in den evangelischen Kirchen, indem er das sazerdotale Verständnis des Priesteramtes kritisierte und Pastoren die Heirat erlaubte.[34] Die

---

[31] Vgl. Mark D. Jordan, The Invention of Sodomy in Christian Theology, Chicago/London 1997. Petrus Damiani verlangt für Sodomie nicht die Todesstrafe – wie Jordan (57) meint –, sondern stellt fest, dass die Heilige Schrift dafür zwar die Todesstrafe ansetzt, die kirchliche Tradition aber im Anschluss an das Konzil bzw. die Synode von Ancyra (314 n. Chr.) eine mindestens 15- bzw. 20-jährige Bußzeit festgesetzt hat. Gegenüber den Bußbüchern, die ein Bußfasten von drei bis zehn Jahren vorschrieben, bedeutete dies durchaus eine erhebliche Strafverschärfung. Unter Rückgriff auf Ancyra wurde bereits in den gefälschten Kapitularien des Benedictus Levita, die zu den pseudoisidorischen Fälschungen aus dem 9. Jh. gehören, eine Verschärfung der Strafe gefordert. – Verbot und Buße für mann-männlichen Geschlechtsverkehr gelangten ihrerseits nur aufgrund gravierender und völlig sinnentstellender Fehler in den lateinischen Übersetzungen, die Dionysius Exiguus um 500 n. Chr. in Rom anfertigte, in die Akten der Synode von Ancyra. Das griechische Original spricht demgegenüber von *alogeusamenoi*, d. h. Unvernünftigen.
[32] Neben den kultischen Diskurs tritt im *Liber Gomorrianus* ein dämonologisch-moralischer Diskurs, der Sodomie als Laster behandelt, das in die Fänge des Satans und in die Hölle führt. Eine Zwischenstellung zwischen Reinheits- und Lasterdiskurs nehmen die zahlreichen Metaphern für ansteckende Krankheiten ein, die die Gefährlichkeit der Sodomie dramatisieren.
[33] Vgl. Martin Luther, Römerbrief-Kommentar 1,24, in: Ders., Weimarer Ausgabe, Bd. 56, Weimar 1938. Vgl. Lutterbach, Verhalten, 299f.
[34] Im Hinblick auf die langfristigen Folgen für die Akzeptanz homosexueller Beziehungen wird dies diskutiert in Paul E. Capetz, Binding and Unbinding

katholische Kirche drängte das kultische Verständnis des priesterlichen Opfers erst mit dem Zweiten Vatikanischen Konzil in den Hintergrund, so dass es heute nur noch bei den traditionalistischen Anhängern der tridentinischen Messe zu verzeichnen ist. In der westlichen Christenheit spielt der Diskurs der kultischen Reinheit daher gegenwärtig keine zentrale Rolle mehr für die offizielle Begründung der Ablehnung von Homosexualität. Doch für beide Kirchen gilt, dass der Nährboden für den archaischen Diskurs dann bereitet wird, wenn das Abendmahl als kultisches Opfer statt als Gedächtnismahl verstanden wird.

Überdies darf man die Bedeutung von Reinheitsvorstellungen in nationalistischen und rechtspopulistischen Äußerungen über mann-männlichen Sexualverkehr nicht unterschätzen. Als eine Variante des kultischen Reinheitsdiskurses kann man den *sexualmoralischen* Reinheitsdiskurs auffassen, der sexuelle Verhaltensvorschriften durch das Ideal bzw. die Norm einer „sauberen" und „reinen" Sexualität begründet. In Deutschland stand dieser Diskurs in den 1950er Jahren – vorangetrieben durch die katholische Kirche – besonders hoch im Kurs.[35]

---

the Conscience. Luther's Significance for the Plight of a Gay Protestant, in: Theology and Sexuality 16 (2002) 67–96.

[35] Dagmar Herzog hat dieses Phänomen als „Verschiebung der Moraldebatte weg vom Massenmord hin zu sexuellen Sitten" gedeutet. (vgl. Dagmar Herzog, Die Politisierung der Lust. Sexualität in der deutschen Geschichte des 20. Jahrhunderts, München 2005, 130) Dass der sexualmoralische Reinheitsdiskurs weiterhin präsent ist, zeigen Überlegungen des Passauer Bischofs Stefan Oster, Gottesvergessenheit und Sexualität. Unzeitgemäße Gedanken zu einem biblischen Zusammenhang, 2014, online http://www.bistum-passau.de/sites/default/files/user/8/Gottvergessenheit %20und %20Praxis %20gelebter %20Sexualität_1.pdf [Stand 12.05.2015].

2.2 Der apokalyptische Diskurs der Sodom-Eschatologie

Die Kernidee des apokalyptischen Diskurses liegt darin, dass gleichgeschlechtliche Sexualhandlungen (zwischen Männern) den Zorn Gottes auslösen, der sich in Naturkatastrophen wie Überschwemmungen oder Erdbeben als Strafe an einem Kollektiv entlädt, das dieses Vergehen nicht zu verhindern gewusst hat.

Die Wurzel dieses zweiten Diskurses liegt in der frühjüdischen Apokalyptik und zwar in den apokryphen Henochbüchern und der Testamentenliteratur. Ihren narrativen Rahmen bildet zunächst der sogenannte Wächter-Mythos aus dem Ersten Henochbuch[36], dem zufolge zweihundert Engel gegen Gott rebellieren, den Himmel verlassen und den Menschen die unseligen Zivilisationstechniken der Herstellung von Waffen und des Gebrauchs von Schminke bringen. Die Wächterengel nehmen sich menschliche Frauen und zeugen mit ihnen Riesen, die den Menschen die Lebensgrundlage rauben. Als die Klage darüber zu Gott vordringt, schickt er seine Erzengel in den Kampf gegen die abgefallenen Engel. Die Erzengel stürzen die Wächterengel in den Abyssos und sperren sie in den Tartaros. Die Riesen vernichten sie durch die Sintflut, doch einige von ihnen existieren danach als Dämonen weiter. Der zweite Fall eines urzeitlichen göttlichen Strafgerichts ist die Vernichtung von Sodom und Gomorra durch Feuer und Schwefel (Gen 18–19). Diese beiden urzeitlichen Katastrophen aus der Bibel greift der apokalyptische Diskurs auf, um anhand dieser Modelle das *end*zeitliche Gericht Gottes vor Augen zu führen. Artikuliert wird die Verlagerung vom urzeitlichen Sodom-Mythos zur Sodom-Eschatologie erstmalig im Jubiläenbuch, das

---

[36] Vgl. 1 Hen 6–16 (Siegbert Uhlig, Das äthiopische Henochbuch [JSHRZ V/6], Gütersloh 1984) und Gen 6,1–6.

in der Mitte des 2. Jahrhunderts v. Chr. verfasst wurde.[37] Vor dem Hintergrund der Besatzung Judäas durch die Römer wurde die Sodom-Eschatologie dann im 1. Jahrhundert n. Chr. in einem weiteren Schritt der Diskursentwicklung mit dem Verständnis der Sünde Sodoms als mann-männlicher Sexualität verknüpft.[38] Gleichgeschlechtliche Sexualpraktiken galten vielen Juden dieser Zeit als ein kulturelles Merkmal der römischen Besatzungsmacht, von dem sie sich unterscheiden wollten.

Vor dem Hintergrund der Sintflut- und Sodom-Eschatologie erschließt sich auch, warum Paulus in Röm 1,26f. die gleichgeschlechtliche Sexualität mit dem Zorngericht Gottes verknüpft hat: Die Männer, die in Gier nach anderen Männern entbrennen, stellen in den Augen des Apostels ein Symptom für das bevorstehende Zorngericht Gottes à la Sodom dar. Die Frauen dagegen, die den natürlichen Verkehr mit ihren Männern zugunsten des widernatürlichen Verkehrs verlassen, entsprechen den Frauen, die sexuellen Verkehr mit den Wächterengeln hatten.[39]

---

[37] Vgl. Jubiläenbuch 16,5f.; 22,22; 36,10 (Klaus Berger, Das Buch der Jubiläen [JSHRZ II/3], Gütersloh 1981) und Testament Benjamin 9,1 (Jürgen Becker, Die Testamente der zwölf Patriarchen [JSHRZ III/1], Gütersloh ²1980). Auch im Neuen Testament gelten Sintflut und Sodom als Modelle für das endzeitliche Gericht Gottes. Vgl. Jud 6f.; 2 Petr 2,4–10a; Lk 17,26–29. In einer Logik der Überbietung sagt Jesus in der Logienquelle Q, dass die Orte, in denen seine Gesandten keine Aufnahme finden, im Endgericht schlimmer behandelt werden als Sodom (Lk 10,12 par Mt 10,15).
[38] Vgl. Philo von Alexandrien, De Abrahamo 133–137; Flavius Josephus, Antiquitates Judaicae 1, 200f.; Testament Benjamin 9,1; Slawisches Henochbuch (= 2 Hen) 10,1–6 (Christfried Böttrich, Das slavische Henochbuch [JSHRZ V/7], Gütersloh 1996); Röm 1,26f.
[39] Einschlägig für diese Interpretation von Röm 1,26f. ist der religionsgeschichtliche Vergleich mit Testament Naphtali 3,1–4,1. Vgl. Brinkschröder, Sodom, 505–537. Vgl. zur Stelle auch den Beitrag von Michael Theobald in diesem Band.

Die frühchristlichen Apologeten des 2./3. Jahrhunderts benutzen die Dämonenvorstellung aus dem Wächtermythos, um die griechischen Götter als Dämonen zu depotenzieren. Als notorischer Ehebrecher, der unzählige Affären mit menschlichen Frauen hatte, und zudem als Päderast erscheint ihnen Zeus als Inbegriff unsittlichen Verhaltens, als Gegenentwurf zur christlichen Moral.[40] Motive aus dem Wächtermythos und der Sodom-Erzählung vermischen sich dabei, so dass von nun an auch Überflutungen auf mann-männliche Sexualität als Ursache zurückgeführt werden können. In einer allegorischen Auslegung der Sodom-Erzählung spitzt Justin dies zu einem metaphysischen Antagonismus zu, bei dem der christliche Logos von den Sodomitern bedroht wird und sich deshalb an ihnen rächt.[41]

---

[40] Vgl. Aristides, Apologie 8,4; 9,7-9; 13,8; 17,2 (Die Apologie des Philosophen Aristides von Athen; übers. v. Kaspar Julius; in: Frühchristliche Apologeten und Märtyrerakten, Bd. 1 [BKV 12], Kempten/München 1913, 1–54); Justin, Apologie I 21.25; II 12 (Die beiden Apologien Justins des Märtyrers, übers. v. Gerhard Rauschen, in: Frühchristliche Apologeten und Märtyrerakten, Bd. 1 [BKV 12], Kempten/München 1913, 55–156); Tatian, Rede 8,3; 10,2 (Tatians des Assyrers Rede an die Bekenner des Griechentums, übers. v. Richard C. Kulkula, in: Frühchristliche Apologeten und Märtyrerakten, Bd 1 [BKV 12], Kempten/München 1913, 175–258); Theophilus, An Autolykus I 9 (Drei Bücher des heiligen Theophilus, Bischofs von Antiochien, an Autolykus, übers. v. Andreas Di Pauli, in: Frühchristliche Apologeten und Märtyrerakten, Bd. 2 [BKV 14], Kempten/München 1913, 12–106).

[41] Vgl. Justin, Dialog mit dem Juden Tryphon 56 zusammen mit 57–60; 126–130 (Des Heiligen Philosophen und Martyrers Justinus Dialog mit dem Juden Tryphon übers. v. Philipp Häuser [BKV 33], Kempten/München 1917); sowie Clemens von Alexandrien, Paidagogos III 8,43,5–44,4 (Paidagogos. Des Clemens von Alexandreia ausgewählte Schriften, Bd. 1. übers. v. Otto Stählin [BKV 2. Reihe, Bd. 7], Kempten/München 1934). Diese Auslegungen über den „Logos in Sodom" finden ihre mittelalterliche Fortsetzung in der Legende vom Weihnachtssterben der Sodomiter, das notwendig gewesen sei, damit sich der Logos nach langer Verzögerung endlich inkarnieren und sein Erlösungswerk beginnen konnte, vgl. Bernd-Ulrich Hergemöller, Krötenkuss und Schwarzer Kater. Ketzerei, Götzendienst und Unzucht in der inquisitorischen Phantasie des 13. Jahrhunderts, Warendorf 1996, 255–258.

Eine andere Entwicklungslinie der Sodom-Eschatologie verlegt die Bestrafung derer, die sich gleichgeschlechtlicher Vergehen schuldig gemacht haben, an grauenhafte Höllenorte im Jenseits, wo „das unauslöschliche Feuer, die äußerste Finsternis, der Ort, an dem Heulen und Zähneknirschen sein wird und der Wurm, der niemals schläft", auf sie warten.[42] Die Sodomiter gehören damit zu den Ureinwohnern der Hölle, in der sie für immer auf sadistische Weise gequält werden.

Zwar schwindet die Relevanz der apokalyptischen Sodom-Eschatologie bei den Kirchenvätern des 4./5. Jahrhunderts, doch erfuhr sie eine Neuauflage, als der oströmische Kaiser Justinian die *Novellae* 77 und 141 in das Römische Recht einfügen ließ. Der christliche Kaiser deutete zwei Serien von Katastrophen durch Hunger, Erdbeben und Pest bzw. militärische Bedrohungen, die Konstantinopel um 542 bzw. 559 n. Chr. heimsuchten, als Zeichen für Gottes Zorn. Auf der Suche nach Schuldigen verweist er – trotz der anders gearteten Bestrafung durch Feuer und Schwefel – auf die Vernichtung von Sodom. Von allen des sodomitischen Vergehens (d. h. der mann-männlichen Sexualität) schuldigen Bewohnern der Stadt verlangt er daher, dass sie sich beim Bischof melden und Buße tun müssten. Andernfalls und für Wiederholungstäter verfügt er die Todesstrafe, um durch die Ausrottung der Schuldigen die Stadt in ihrer Gesamtheit vor dem Zorn Gottes zu bewahren. Der

---

[42] Testament Jakobs 8,3–5 (Karl Heinz Kuhn, The Testament of Jacob, in: Hedley F. D. Sparks, The Apocryphal Old Testament, Oxford 1984, 441–452). Vgl. auch 2 Hen 10,1–6; Testament Isaaks 9,4–6 (Karl Heinz Kuhn, The Testament of Isaac, in: Sparks, Apocryphal Old Testament, 423–440); Testament Jakobs 8,3–7; 13,3; Petrus-Apokalypse (griech. Akhmim-Text) 32 (Offenbarung des Petrus, in: Wilhelm Schneemelcher (Hg.), Neutestamentliche Apokryphen, Bd. 2: Apostolisches, Apokalypsen und Verwandtes, Tübingen 1997, 566–578); Apokalypse des Paulus 39 (Apokalypse des Paulus, in: Schneemelcher, Neutestamentliche Apokryphen, 647–675); Johannesakten 36 (Johannesakten, in: Schneemelcher, Neutestamentliche Apokryphen, 138–190).

Die christliche Artikulation gleichgeschlechtlicher Sexualität

Mythos von der Vernichtung Sodoms wird von Justinian also zum einen benutzt, um Katastrophen nachträglich als Strafen Gottes für begangene Sünden zu deuten, und zum anderen, um noch gravierendere Auswirkungen seines Zorns in naher Zukunft zu vermeiden.[43]

Die syrische Apokalypse des Pseudo-Methodius sowie die gefälschten Kapitularien des Benedictus Levita setzen die apokalyptische Dramatisierung gleichgeschlechtlicher Sexualität im 7. bzw. 9. Jahrhundert fort. Eine intensive Rezeption dieser beiden pseudepigraphischen Texte erfolgte jedoch erst im Hochmittelalter und führte dazu, dass der Diskurs der Sodom-Eschatologie seinen bis dahin größten Wirkungsgrad entfaltete.[44] Die bis zur Aufklärung vorherrschende Strafe der Verbrennung, erstmals gefordert von Benedictus Levita, griff das Konzil von Nablus (1120) auf, das seine – wohl eher als bloße Deklarationen zu verstehenden – Beschlüsse mit akuten Heuschrecken- und Mäuseplagen, Hunger und den Angriffen der Sarazenen begründete.[45]

Auf der Linie der apokalyptischen Szenarien, die die Gefährlichkeit der Sodomiter für die soziale Gemeinschaft, nun aber auch speziell für die Kirche, suggerieren, liegt weiterhin die bereits angesprochene Assoziation der Sodomie mit Häresie

---

[43] Vgl. insgesamt Mischa Meier, Das andere Zeitalter Justinians. Kontingenzerfahrung und Kontingenzbewältigung im 6. Jahrhundert n. Chr., Göttingen 2003, 592–599. Natürlich ging es Justinian in erster Linie darum, die von den Katastrophen aufgeworfene Schuldfrage von sich auf geeignete Sündenböcke abzuwälzen.

[44] Vgl. Hergemöller, Krötenkuss, 225f. (zu Pseudo-Methodius) und 83 (zu Benedictus Levita).

[45] Vgl. Klaus van Eickels, Die Konstruktion des Anderen. (Homo)sexuelles Verhalten als Element des Sarazenenbildes zur Zeit der Kreuzzüge und die Beschlüsse des Konzils von Nablus 1120, in: Lev Mordechai Thoma/Sven Limbeck (Hg.), „Die sünde, der sich der tiuvel schamet in der helle". Homosexualität in der Kultur des Mittelalters und der frühen Neuzeit, Ostfildern 2009, 43–68.

und Ketzerei.⁴⁶ Ausführlich hat Bernd-Ulrich Hergemöller diesen diskursiven Zusammenhang anhand der päpstlichen Urkunde *Vox in Rama* von 1233 untersucht. Papst Gregor IX. legt mit ihr eine Phantasiekonstruktion vor, der zufolge es in Deutschland eine ketzerische Sekte gebe, die sich durch sodomitische Rituale und Praktiken auszeichne.⁴⁷ Sein Aufruf zur Verfolgung dieser Sekte steht am Schnittpunkt zwischen den Kreuzzügen gegen die Ketzer und der beginnenden Inquisition. Er wurde ausgiebig von theologischen Diskursen flankiert.⁴⁸

Im Zeitalter der Reformation diente der Sodomie-Vorwurf auch Martin Luther und den Protestanten als verbale Munition, um den Papst, die Kurie und den höheren Klerus zu diffamieren und zu verunglimpfen, wie Helmut Puff gezeigt hat.⁴⁹ Nach dem Augsburger Religionsfrieden ebbt diese Welle des Sodom-Diskurses in Deutschland zunächst ab, taucht im Dreißigjährigen Krieg kurzzeitig noch einmal wieder auf⁵⁰, um mit Beginn der Frühaufklärung (ca. 1680) in Deutschland und Frankreich auszulaufen. Ähnlich verhält es sich in Großbritannien, wo die Puritaner die Vorstellung von Sodomie als Ursache von Naturkatastrophen bis ca. 1660 unterhalten.⁵¹

---

⁴⁶ Damit galten sie außerdem als Verbrechen gegen die Majestät Gottes.
⁴⁷ Vgl. Hergemöller, Krötenkuss, 1–190.
⁴⁸ Vgl. ebd. 191–329.
⁴⁹ Vgl. Helmut Puff, Sodomy in Reformation Germany and Switzerland, Chicago/London 2003, 140–166. Zu Sodom als Zeichen der Apokalypse vgl. ebd. 154f.
⁵⁰ Vgl. z. B. das Mahngedicht von Samuel Baumgarten, Feuriger Schweffel-Regen über Sodom und Gomorra, Wittenberg 1648, das den Erben von Sodom die Schuld am Dreißigjährigen Krieg zuschreibt.
⁵¹ Vgl. Thomas Beard, The Theatre of God's Judgments (1. Aufl. 1597; ab der 4. Aufl. von Thomas Taylor überarbeitet), Kap. 34, zit. nach Thomas Long, Apocalyptus Interruptus. Christian Fundamentalists, Sodomy, and The End, in: Brenda E. Brasher/Lee Quinby (Hg.), Gender and Apocalyptic Desire, London/Oakville 2006, 42–63, 45.

Die christliche Artikulation gleichgeschlechtlicher Sexualität

Die *Dissenters* brachten diesen Diskurs von England in die USA, wo puritanisch-reformierte Traditionen weitaus länger lebendig bleiben.[52] Die dortigen Neofundamentalisten konnten daher den apokalyptischen Diskurs der Sodom-Eschatologie sofort revitalisieren, als sie mit dem *Gay Liberation Movement* konfrontiert waren.[53] Bereits 1971, also nur zwei Jahre nach Stonewall, deuten sie auf einer großen Prophetie-Konferenz in Jerusalem Homosexualität als Auslöser für den nahen Weltuntergang, setzen sie mit Massenmord gleich[54] und sehen in ihr die Ursache von Erdbeben, Überschwemmungen und Epidemien. Seit Anita Bryant 1977 ihre Kampagne „*Save Our Children*" startete, hat der apokalyptische Diskurs zahlreiche homophobe, tatsächlich Angst schürende Kampagnen der *Religious Right* stimuliert: In den 80er Jahren die „*Moral Majority*" von Jerry Falwell und Timothy LaHaye und in den 90er Jahren die „*Christian Coalition of America*", die sich dem Kampf für die *family values* verschrieben hat. Die Sodom-Eschatologie prägt das Denken der Neofundamentalisten so stark, dass ihre Wortführer Jerry Falwell und Pat Robertson sogar den Anschlag vom 11. September 2001 als Folge von Gottes Zorn gegen Amerika interpretierten, weil es den Feminismus und die Homosexualität akzeptiert habe.[55]

---

[52] Vgl. Michael Hochgeschwender, Amerikanische Religion. Evangelikalismus, Pfingstlertum und Fundamentalismus, Frankfurt a. M. 2007, 32–60.

[53] Dabei artikulierten sie ihn im Zusammenhang mit ihrem Literalismus, dem Glauben an die wörtliche Geltung der Bibel. Eine radikale Konsequenz aus dem Literalismus zieht die *Dominion*-Theologie des *Christian Reconstructionism*, die die USA zu einem Gottesstaat machen will, in dem mit Ausnahme der Kultgesetze alle biblischen Gesetze in Kraft gesetzt werden, also auch die Todesstrafe für die Homosexualität nach Lev 20,13. Vgl. Rousas John Rushdoony, The Institution of Biblical Law, 3 Bde., Phillipsburg 1973; Long, Apocalyptus, 46.

[54] Mord wird in der Bibel ebenfalls als „himmelschreiende Sünde" qualifiziert (vgl. Gen 4,10).

[55] Vgl. Long, Apocalyptus, 42.

Ausgehend von den USA wurde dieser Diskurs durch milliardenschwere, globale Missionskampagnen der Evangelikalen und Neofundamentalisten in zahlreiche Länder Afrikas, Osteuropas, Ostasiens und der Karibik exportiert, wo er zu einer Radikalisierung des homophoben Klimas und zur Verschärfung von Strafgesetzen beigetragen hat.

2.3 Der naturrechtliche Diskurs der Moraltheologie

Den dritten Diskurs, der zur negativen Bewertung gleichgeschlechtlicher Sexualität wesentlich beigetragen hat, bildet die naturrechtliche Denkform. Ihre Wirksamkeit verteilt sich auf drei Hauptphasen: die Hochscholastik des 13. Jahrhunderts, die spanische Spätscholastik des 16./17. Jahrhunderts und die Neuscholastik von ca. 1850 bis zum Zweiten Vatikanischen Konzil.

Als biblische Referenzstellen dienen dem naturrechtlichen Denken vor allem Röm 1,18–25 und 2,14–16. Paulus schreibt dort, dass es durch den Gebrauch der Vernunft möglich sei, aus den Gegebenheiten der Schöpfung auf die Existenz eines Schöpfergottes zu schließen. Sodann: Über die biblischen Gebote hinaus gebe es ein natürliches Gesetz, das auch den Heiden moralische Gebote vorschreibe, die in ihre Herzen geschrieben seien. Genau zwischen beiden Briefpassagen hebt der Apostel in Röm 1,26f. die Widernatürlichkeit des gleichgeschlechtlichen Verkehrs hervor – mit der Folge, dass dieser Topos ebenfalls zum Grundbestand des christlichen Naturrechtsdenkens geworden ist.

Die Anfänge naturrechtlicher Ethik liegen bei Platon und Aristoteles, doch vor allem die stoische Philosophie hat das *secundum naturam vivere* zum Leitbild ihrer Ethik erhoben. Es ist daher nicht überraschend, dass sich moralische Argumentationsfiguren, die sich auf das Gesetz der Natur berufen, schon bei Tertullian und Clemens von Alexandrien finden, zwei christlichen Theologen, die um 200 stark vom stoischen Denken beeinflusst sind.[56] In der Spätantike leistete dann Augustinus die „erste entscheidende Systematisierung des christlichen Naturrechts mit Hilfe von Begriffen aus der stoischen und neuplatonischen Philosophie".[57] Kennzeichnend für Augustinus ist ein offenbarungstheologisch geprägter Begriff von Natur als göttlicher Schöpfung, die in Christus unverstellt erkennbar wird.

„Nach Augustin schien der Strom christlichen Naturrechtsdenkens für einige Jahrhunderte wie versickert. Er ist noch deutlich erkennbar bei Isidor von Sevilla, der seine Elemente zugleich mit denjenigen des stoisch-römischen Naturrechtsdenkens als Transformator an die Folgezeit vermittelt, erscheint dann aber eigentlich erst wieder bei Hugo von St. Viktor und bei Gratian, dessen auf Gesetz und Evangelium verweisende berühmte Naturrechtsdefinition für die Dekretistik bestimmend wurde."[58]

Ihre nachhaltig prägende Gestalt erhielt die Naturrechtslehre jedoch erst durch Thomas von Aquin. In der *Summa Theologiae* subsumiert Thomas den gleichgeschlechtlichen Verkehr unter die Sünden wider die Natur, die er wiederum im Rahmen der *luxuria* (Unkeuschheit) erörtert. Wider die Natur sind für ihn alle

---

[56] Vgl. Tertullian, De corona militis 6 (Tertullian, De corona militis, in: Tertullians apologetische, dogmatische und montanistische Schriften übers. v. K. A. Heinrich Kellner [BKV 24], Kempten/München 1915, 230–263); Clemens von Alexandrien, Paidagogos II 10,83–91. Zum Verhältnis zwischen stoischem und christlichem Naturgesetz vgl. Maximilian Forschner, Über das Handeln in Einklang mit der Natur, Darmstadt 1998, 5–30.
[57] Alexander Hollerbach, Christliches Naturrecht und allgemeines Naturrechtsdenken, in: Franz Böckle/Ernst-Wolfgang Böckenförde (Hg.), Naturrecht in der Kritik, Mainz 1973, 9–38, 14.
[58] Ebd. 15. Naturrecht ist, was in Gesetz und Evangelium enthalten ist. Formal steht dabei die Goldene Regel im Zentrum, vgl. Eberhard Schockenhoff, Naturrecht und Menschenwürde. Universale Ethik in einer geschichtlichen Welt, Mainz 1996, 34f.

Formen des Gebrauchs der Geschlechtslust, die nicht zur Zeugung führen können: die Selbstbefriedigung aus bloßer Lust, der geschlechtliche Verkehr mit einer anderen Art (Bestialität), der Verkehr von Männern mit Männern und von Frauen mit Frauen nach Röm 1,26f. (sodomitisches Laster) sowie der Geschlechtsverkehr zwischen Mann und Frau, bei dem die „falschen" Organe verwendet werden oder „verabscheuungswürdige" Stellungen.[59]

Die Sünde wider die Natur wiege deshalb schwerer als andere Formen der Unkeuschheit, weil sie „ein Unrecht gegen Gott, den Ordner der Natur" darstelle.[60] Als Beleg dafür zitiert Thomas die *Confessiones* des Augustinus, der die Ordnung der Natur nicht auf die empirisch beobachtbare Wirklichkeit, sondern auf das göttliche Gesetz zurückführt:

> „Selbst wenn alle Völker sie [die Schandtaten gegen die Natur, M.B.] verübten, so wären alle in der gleichen verbrecherischen Schuld nach dem göttlichen Gesetz, das die Menschen nicht so eingerichtet hat, dass sie auf solche Weise miteinander verkehren dürften. Denn nichts Geringeres als die Gemeinschaft, die uns mit Gott selbst verbinden soll, wird verletzt, wenn eben die Natur, die von ihm geschaffen ist, durch mißordnete Lust geschändet wird."[61]

Die Theologie des Thomas lässt sich insgesamt als Versuch der Synthese zwischen Augustinus und der wiederentdeckten Philosophie des Aristoteles beschreiben. Weil Thomas an dieser Stelle aber den offenbarungstheologischen Naturbegriff von Augustinus übernimmt, bleibt der empirische Naturbegriff des Aristoteles unberücksichtigt.[62]

---

[59] Thomas von Aquin, STh II-II, q. 154, a. 11 (DThA Bd. 22, 105–107).
[60] Thomas von Aquin, STh II-II, q. 154, a. 12 ad 1 (DThA Bd. 22, 111).
[61] Thomas (ebd.) zitiert Augustinus, Confessiones, Drittes Buch 8,15.
[62] Aristoteles hatte gegen Platon das Beispiel der Hyänen ins Feld geführt, die seines Erachtens bewiesen, dass gleichgeschlechtliches Verhalten im Tierreich

An anderer Stelle folgt Thomas allerdings einer Fährte des Aristoteles, indem er neben der Natur der Art zusätzlich die Natur des Individuums in Betracht zieht. Er stößt darauf, als er die Frage diskutiert, ob es eine unnatürliche Lust gebe, da Aristoteles in der Nikomachischen Ethik davon spreche, dass einige Lust „krankhaft und widernatürlich" sei.[63] „Es kommt nämlich vor," so Thomas, „dass in einem Einzelwesen eine von den natürlichen Artgrundlagen zu Schaden kommt und so das, was an sich wider die Artnatur ist, diesem Einzelwesen zufällig natürlich wird, wie es dem erwärmten Wasser natürlich ist, dass es warm macht. So kommt es, dass das, was gegen die Natur des Menschen ist, sei es im Hinblick auf die Vernunft oder im Hinblick auf die Erhaltung des Leibes, für diesen Menschen hier, wegen irgendeiner Naturverdorbenheit in ihm, natürlich wird." Ausdrücklich bezieht er dies auch auf den Koitus zwischen Männern.[64]

---

sehr wohl vorkomme und daher nicht als widernatürlich gelten könne. Vgl. Aristoteles, Generatione animalium 757a2f. (Aristoteles, Generatione animalium: Hermann Aubert/Friedrich Wimmer, Aristoteles' fünf Bücher von der Zeugung und Entwickelung der Thiere, Leipzig 1860).

[63] Vgl. Aristoteles, Nikomachische Ethik 1148b25–1152b22 (Aristoteles, Die Nikomachische Ethik, übers. u. hg. v. Olof Gigon, Zürich/München 1986). Aristoteles schreibt über die *Paiderastia*: „Sie entsteht bei den einen von Natur, bei den anderen aus Gewohnheit, wie bei denen, die schon als Kinder geschändet worden sind. Wo nun die Natur die Ursache ist, wird niemand von Unbeherrschtheit sprechen, wie auch nicht bei den Frauen deswegen, weil sie nicht beschlafen, sondern beschlafen werden. Ebenso wird man es nicht tun, wo durch Gewohnheit ein krankhafter Zustand eingetreten ist" (1148b29–35).

[64] Thomas von Aquin, STh I-II, q. 31, a. 7 (DThA Bd. 10, 158–160) Diese „Verdorbenheit" *(corruptio)* kann nicht nur von Seiten des Körpers durch Krankheit oder Mangelphänomene, sondern „auch von Seiten der Seele" vorhanden sein, „wie einige aus Gewohnheit *(consuetudinem)* Lust haben an Menschenfresserei oder an Tier- oder Männerverkehr" (ebd.). Auffällig ist, dass Thomas nur den Aspekt der *corruptio* der menschlichen Naturanlagen von Aristoteles aufgreift, nicht jedoch die Aussage, dass die *Paiderastia* auf natürlichem Wege entstehen kann. – Die Menschenfresser stammen aus dem Kontext in der Nikomachischen Ethik.

Die weitere Karriere des Denkansatzes bei der Individualnatur wurde allerdings abrupt beendet, als der Pariser Bischof Tempier 1277 eine These verurteilte, in der selbst noch die pathologischen Aspekte der Formulierungen bei Thomas weggefallen waren: „Die Sünde gegen die Natur, also der Missbrauch des Geschlechtsverkehrs, mag gegen die Natur der Art gehen, aber er geht nicht gegen die Natur des Einzelnen."[65] – Erst 1864 hat Karl Heinrich Ulrichs diesen Faden wieder aufgenommen und die Männerliebe der von ihm so bezeichneten Urninge als individuelle, angeborene und damit natürliche Veranlagung gedeutet.[66] Damit wurde er der „erste Schwule der Weltgeschichte", der konsequenterweise schon damals nicht nur Menschenrechte für Urninge forderte, sondern auch die gleichgeschlechtliche Eheschließung vor dem Altar.[67]

Doch zurück zur Geschichte des Naturrechtsdenkens. Francisco de Vitoria gilt als Begründer der Schule von Salamanca und damit der spanischen Spätscholastik. Anfang des 16. Jahrhunderts ersetzte er als Grundlage des theologischen Studiums den Sentenzenkommentar des Petrus Lombardus durch die *Summa Theologiae* des Thomas von Aquin. Die kritische Forschung zur Geschichte der Moraltheologie hat gezeigt, dass die damit einsetzende Spätscholastik nicht bruchlos an Thomas anknüpfte, sondern subtile Verschiebungen vornahm. Während bei Thomas deutlich unterschieden wird zwischen dem ersten Vernunftprinzip des natürlichen Sittengesetzes (das Gute ist zu

---

[65] These Nr. 166, zit. nach Kurt Flasch, Aufklärung im Mittelalter? Die Verurteilung von 1277. Die Dokumente des Bischofs von Paris übersetzt und erklärt von Kurt Flasch, Mainz 1989, 233.
[66] Vgl. Karl Heinrich Ulrichs, Vindex. Social-juristische Studien über mannmännliche Geschlechtsliebe, Leipzig 1864, in: Ders., Forschungen über das Räthsel der mannmännlichen Liebe, hg. v. Hubert Kennedy, Berlin 1994, 1–28.
[67] Vgl. Volkmar Sigusch, Karl Heinrich Ulrichs. Der erste Schwule der Weltgeschichte, Berlin 2000, 6f.

tun, das Böse ist zu meiden) und den daraus folgenden Geboten, ist bei Vitoria die Neigung erkennbar, „das Naturgesetz so weit wie möglich auszudehnen".[68] Während Thomas etwa die Selbsterhaltung, die Selbstentfaltung der Person und die Erhaltung der Art zu den naturrechtlich relevanten „natürlichen Neigungen" zählt, leitet man zur Zeit von de Vitoria aus der Vorstellung des natürlichen Gesetzes konkret ab, dass das Essen von Menschenfleisch, Inzest, Götzendienst, Sodomie und Schamlosigkeit (Nacktheit) zu den Sünden wider die Natur gehören.[69] Die juristisch-theologische Kategorie der Sünden wider die Natur erhielt im 16. Jahrhundert politische Brisanz, weil einige Theologen mit ihrer Hilfe den spanischen Krieg gegen die Indios in Amerika zu legitimieren suchten. Mit dieser Intention stellte Gines de Sepúlveda beim berühmten Disput von Valladolid (1550) die Indios als Sodomiter dar, wohingegen sein Kontrahent Bartolomé de las Casas dies schlichtweg bestritt, um der Gegenposition ihre Berechtigung zu entziehen.[70] Francisco de Vitoria wiederum wies grundsätzlich die Idee zurück, dass Sodomie einen gerechten Krieg rechtfertigen könne – mit dem Ar-

---

[68] Josef Th. C. Arntz, Die Entwicklung des naturrechtlichen Denkens innerhalb des Thomismus, in: Franz Böckle (Hg.), Das Naturrecht im Disput, Düsseldorf 1966, 87–120, 105.
[69] Francisco de Vitoria, De indis prior; De indis posterior seu de iure belli, 1539, in: Ders., Obras de Francisco de Vitoria. Relecciones teológicas. Edicion crítica por el P. Teófilo Urdánoz (Hg.), Edición bilingue, introducción general y comentarios con el estudio de su doctrina, Madrid 1960, 641.1039 (zit. nach Francisco Guerra, The Pre-Columbian Mind. A study into the aberration nature of sexual drives, drugs affecting behaviour, and the attitude towards life and death, with a survey of psychotherapy, in pre-Columbian America, London/New York 1971, 59–63).
[70] Vgl. Lukas K. Sesoe, Wege zur Menschheit. Zur Diskussion von Valladolid zwischen Las Casas und Sepúlveda, in: Matthias Kaufmann/Robert Schnepf (Hg.), Politische Metaphysik. Die Entstehung moderner Rechtskonzeptionen in der Spanischen Scholastik (Treffpunkt Philosophie 8), Frankfurt a. M. u. a. 2007, 385–397, 389–392.

gument, dass dann der König von Frankreich auch die Italiener angreifen dürfe, die er offensichtlich für notorische Sodomiter hielt.[71]

Mit dem Thomas-Kommentar von Thomas Cajetan begann um 1500 zudem ein Weg, der die Moraltheologie von einer Tugendlehre in eine Sündenkasuistik transformierte. Dieses Denken wurde prägend für die neuzeitliche Moraltheologie.[72] Auch die Neuscholastik des 19./20. Jahrhunderts hat diesen Weg nicht verlassen, obwohl sie dezidiert auf Thomas zurückgreifen wollte.

Im Hinblick auf die Sodomie unterscheiden sich die neuscholastischen Handbücher daher meist nur durch ihre Systematik, die entweder dem Schema der Tugenden und Lastern bei Thomas (der Sodomie unter Unkeuschheit, *luxuria*, verhandelt), dem Dekalogschema des Alphons von Liguori (6. bzw. 9. Gebot) oder dem Katechismus des Petrus Canisius folgt, der die Sodomie als himmelschreiende Sünde klassifizierte.[73] Zu einer an Thomas und dessen Rationalität des Sittlichen orientierten kritischen Lektüre des katholischen Naturrechtsdenkens kommt es erst in der zweiten Hälfte des 20. Jahrhunderts.[74]

---

[71] Vgl. Francisco de Vitoria, Fragmento, 6f.
[72] Vgl. Mark D. Jordan, The Silence of Sodom. Homosexuality in Modern Catholicism, Chicago/London 2000, 60–72.
[73] Vgl. Herman van de Spijker, Die gleichgeschlechtliche Zuneigung. Homotropie: Homosexualität, Homoerotik, Homophilie – und die katholische Moraltheologie, Olten 1968, 119–121; 128–143.
[74] Vgl. dazu Schockenhoff, Naturrecht, 11–51 (zu den Aporien naturrechtlicher Begründungen) und 143–233 (zu einer Neuinterpretation des Naturrechts bei Thomas). Übertragen auf das Problem der in sich schlechten Handlungen kommt Schockenhoff zu dem Fazit: „Nicht alle Handlungen, die in der Vergangenheit als in sich schlecht galten, müssen nach dem Kriterium der strikten Unvereinbarkeit mit der Personwürde des Menschen als unter allen Umständen sittlich unerlaubt gelten. […] [E]ine umfassende sittliche Bewertung von Masturbation, Homosexualität, Sterilisation oder eine klare Unterscheidung von ‚natürlichen' und ‚künstlichen' Methoden der Empfängnisregelung

Gleichgeschlechtliche Sexualität widerspricht also, um es zusammenzufassen, der Natur des Menschen, da es nach Gottes Schöpferwillen zu dessen Art gehört, sich fortzupflanzen. Dies gilt für *jeden Einzelnen* und *jede* sexuelle Handlung muss für die Zeugung von Nachkommenschaft offen sein. Ob die Prämisse über die Natur des Menschen stimmt, wird dabei der empirischen Kritik entzogen und stattdessen als zeitlose Norm dargestellt. Daher kann man den naturrechtlichen Diskurs weniger als homophob, sondern besser als *heteronormativ* klassifizieren.

2.4 Der Diskurs der Brautmystik

Der Diskurs der Brautmystik wurzelt in der alttestamentlichen Metapher des ehelichen Bundes zwischen Gott und Israel, wobei Gott als Bräutigam bzw. enttäuschter Ehemann imaginiert wird und Israel als Braut bzw. als Ehebrecherin, die mit anderen Göttern fremdgeht. Im Neuen Testament wurde diese Metapher auf die Beziehung zwischen Christus (als Bräutigam) und der Kirche als Braut übertragen (Eph 5,32) – sozusagen als „*next generation*".

Die theologische Metaphorik der bräutlichen Beziehung zwischen Christus und Kirche hat ihren Ort primär in der allegorischen Bibelauslegung, wie sie von den Vertretern eines christlichen Platonismus entwickelt wurde. Die aus der griechischen Homer-Exegese stammende Technik der allegorischen Textinterpretation war bereits im hellenistischen Judentum – vor allem von Philo von Alexandrien – auf die Tora angewandt worden. Die christliche Schule von Alexandria – mit Origenes als Schlüsselfigur dieses Diskurses – und die großen Kirchenväter des 4. Jahrhunderts (Ambrosius, Hieronymus und Augustinus) machten sie zu einer zentralen Sinnachse ihrer Schriftaus-

---

mit Hilfe eines eng gefassten Kriteriums des in sich Schlechten" erweise sich auf dieser Grundlage „als unmöglich" (ebd. 231).

legung. Vermittelt über Augustinus, Pseudo-Dionysius Areopagita und Boethius dominierte dieser christliche Platonismus auch die Theologie des 12. Jahrhunderts.[75]

Insbesondere die allegorische Auslegung des Hohelieds ermöglichte es, die Wahrnehmung der sinnlichen Lust und Liebe zwischen Mann und Frau, wie sie in den Liedern geschildert wird, auszublenden und durch eine vergeistigte Deutung zu ersetzen. Sexualität findet daher im Diskurs der Brautmystik vorwiegend in der Sphäre des Geistlichen statt. Daher ist es nicht erstaunlich, dass auch die patristischen Traktate über die Jungfräulichkeit an diesem Denkmodell partizipieren.

Die brautmystische Allegorese kennt drei geistliche Vermählungen, die als kongruent und symbolisch äquivalent empfunden wurden: 1. Die Basismetapher der Kirche als Braut Christi (Eph 5,32), 2. die Seele *(psychē)* als Braut des Logos, die als ihre Kinder die Tugenden hervorbringen, und 3. die von Rupert von Deutz hinzugefügte Auslegung auf die Jungfrau Maria als Braut des Vaters bzw. des Heiligen Geistes.[76]

Das Denkmuster der Brautmystik prägt aber auch andere Bereiche des kirchlichen Lebens: Ordensschwestern verstehen sich als Bräute Christi und tragen einen Ring als Zeichen ihrer Vermählung mit ihm; der Bischof wird mit seiner Ortskirche (Diözese) vermählt und trägt daher ebenfalls einen Ring, der das symbolisiert; der Priester, der in der Eucharistiefeier *in persona Christi* handelt, muss ein Mann sein, damit er die Rolle des Bräutigams in der heterosexuell-ehelichen Beziehung mit der Kirchengemeinde verkörpern kann; in der Osternacht wird das

---

[75] Mit der Aristoteles-Rezeption in der Scholastik verlor der Platonismus zwar im Hoch- und Spätmittelalter zunächst an Bedeutung in der Theologie, wurde jedoch im 15. Jh. im Neoplatonismus der Renaissance in Florenz noch einmal aktuell.
[76] Vgl. Josef Schmid, Brautschaft, in: RAC Bd. 2 (1954), 528–564; Friedrich Ohly, Hohelied-Studien. Grundzüge einer Geschichte der Hoheliedauslegung des Abendlandes bis um 1200, Wiesbaden 1958.

Die christliche Artikulation gleichgeschlechtlicher Sexualität

Taufwasser durch die Osterkerze (als Symbol des auferstandenen Christus) „befruchtet", so dass daraus im folgenden Jahr durch die Taufe neue Gläubige „geboren" werden können. Alle diese Symboliken aus der katholischen Liturgie verweisen auf eine asexuell-geistliche Form der heterosexuellen Ehe. Gleichzeitig aber enthalten viele von ihnen latente homosexuelle bzw. homoerotische Bedeutungen. Diese werden erkennbar, wenn man die imaginäre Ebene verlässt und auf die ihnen zugrunde liegenden Körper schaut: „die" Kirche ist eine Gemeinschaft von Frauen und Männern – insofern sind auch die Männer in der Kirche mit Christus verheiratet. „Die" Seele ist ein weiblich imaginierter Aspekt von Frauen und Männern – kann man somit auch sagen, dass der Logos (Christus) sich mit Männern vermählt?

Andere Irritationen kommen hinzu: Wenn Christus mit allen Ordensschwestern gleichzeitig verheiratet ist, wie kann man dabei von Monogamie sprechen? Gleiches gilt für den Bischof, wenn er mit allen Mitgliedern seiner Diözese verheiratet ist.

Um diese möglichen homosexuellen oder polygamen Interpretationen zu kontrollieren und latent zu halten, braucht die Brautmystik einen starken heteronormativen Rahmen, der dafür sorgt, dass die Widersprüche nicht ins Bewusstsein der Gläubigen vordringen. Dazu trägt zum einen die starke lehramtliche Hervorhebung der Schöpfungsgeschichte bei, die als göttlicher Auftrag zur Ehe zwischen Mann und Frau und zur Fortpflanzung gedeutet wird, und zum anderen die Akzentuierung des Ehesakraments als unauflöslichem Bund zwischen Mann und Frau.

Zwei Anliegen sind für diesen christlich-platonischen Diskurs konstitutiv: Das erste besteht darin, eine eindeutige Ordnung der Zweigeschlechtlichkeit zu errichten.[77] Männliches und

---

[77] Platon selbst ist in Bezug auf die mann-männliche Sexualität ein ambivalenter Gewährsmann. Im *Symposion,* seinem ersten Dialog über den Eros, gesteht er der Päderastie – in ihrer klassisch-griechischen Form als pädagogischer Eros

weibliches Geschlechterverhalten werden vereindeutigt, naturalisiert und auf den Willen Gottes, seine Schöpfungsordnung, zurückgeführt. Die Abweichungen eines effeminierten Mannes oder einer männlich wirkenden Frau von diesen *Gender*-Normen verurteilt und pathologisiert der christliche Platonismus aufs schärfste.[78] Auch die Päderastie und gleichgeschlechtliche Sexualbeziehungen werden vor allem deshalb abgelehnt, weil sie der „Natur" der Geschlechter zuwiderlaufen.[79]

---

zwischen einem Erwachsenen und einem Jugendlichen – zu, als körperliche Erfahrung die Basis für die weiteren Schritte auf dem Weg zu einer sublimierten Erkenntnis des Guten und Schönen zu bilden. Im *Phaidros* nennt er die körperlich-sexuelle Päderastie dagegen „widernatürlich" und in seiner Spätschrift „Über die Gesetze" formuliert er eine zielstrebige Strategie zur Manipulation der Öffentlichkeit, um der Päderastie das Image des Widernatürlichen zu verleihen (vgl. Platon, Symposion 209b, 211b, in: Sämtliche Werke, Bd. 2, hg. v. Ursula Wolf, Hamburg 1994, 37–102; Phaidros 251a, in: Sämtliche Werke, Bd. 2, 539–609; Nomoi 836c–842a, in: Sämtliche Werke, Bd. 4, 143–574). Der christliche Platonismus wurde mit dieser Ambivalenz fertig, indem er die Bedeutung der körperlich praktizierten Päderastie bei Platon verdrängte und durch die Figur des platonischen Eros als einer rein psychischen Anziehung überschrieb. Die Wiederentdeckung der zunächst durchaus körperlich verstandenen *Paiderastia* bei Platon im 19. Jh. war dementsprechend ein wichtiger Baustein zur Entstehung des modernen Diskurses der Homosexualität.

[78] Ein einflussreiches und stilistisch herausragendes Beispiel für die Artikulation gleichgeschlechtlicher Sexualität innerhalb dieses Diskurses ist das Gedicht „*De planctu Naturae*" von Alanus von Lille (um 1120–1202). Darin beklagt sich die personifizierte Natur, eingesetzt als Stellvertreterin Gottes auf Erden, über die Menschen, die einer auf die schiefe Bahn geratenen Venus folgen und dabei männliches und weibliches Geschlecht, aktiv und passiv vertauschen sowie „die natürliche Vereinigung des männlichen und weiblichen Geschlechts" zugunsten einer gleichgeschlechtlichen Vereinigung aufgeben. Vgl. Alan of Lille, The Plaint of Nature, übers. u. komm. v. James J. Sheridan, Toronto 1980, vor allem 67–72.133–139.154–166, hier: 157. Vgl. auch Hergemöller, Krötenkuss, 194–207; Jordan, Invention, 67–91. Jordan dechiffriert die kunstvolle Mehrdeutigkeit der „Klage der Natur" als eine subversive Kritik an den Ansprüchen der Natur, da diese durch zahlreiche Anspielungen auf die homoerotische Poetik der Antike konterkariert würden. Freilich wurde es im Mittelalter so nicht gelesen.

[79] Das Element „Natur" bzw. „wider die Natur" wird also im scholastischen

Das zweite Merkmal der Brautmystik ist die Spaltung des Menschen in Körper und Seele (Platon) bzw. Fleisch und Geist (Paulus). Die materielle Seite steht niedriger als die geistige und wird daher als weniger bedeutsam erachtet. Diese Hierarchisierung ermöglicht es, den Eros zu spiritualisieren und die Liebe als einen Aufstieg vom Körperlichen zum Geistigen zu fassen. In der neuplatonisch geprägten Mystik gipfelt dieser Aufstieg in der *unio mystica* mit Gott.[30]

In der katholischen Kirche konnte sich der Diskurs der Brautmystik im 20. Jahrhundert neu formieren. Unmittelbar nach dem Ersten Weltkrieg griff der Benediktiner Odo Casel (1886–1948) im Rahmen der liturgischen Bewegung auf antike Vorstellungen von der Liturgie als Mysterienfeier zurück.[81] Auf ihn dürfte es zurückzuführen sein, dass die geistliche Sexualität der Brautmystik die reformierte katholische Liturgie der Messfeier in Form einer sublimen Symbolik durchzieht.[82]

Naturrechtsdiskurs und im christlichen Platonismus unterschiedlich artikuliert. Im ersten Fall geht es um die Artnatur des Menschen, im zweiten Fall um die Geschlechtsnatur des Mannes bzw. der Frau.

[80] Plotin dreht die Reihenfolge um. Bei ihm wird die körperliche Vereinigung zwischen Liebendem und Geliebtem zur „Imitation" der Vereinigung der Seele mit dem Einen bei der geistigen Schau (Plotin, Enneaden VI 7,34, in: Plotin, Ausgewählte Schriften, hg., übers. u. komm. v. Christian Tornau, Stuttgart 2001). Vgl. auch Otto Langer, Christliche Mystik im Mittelalter, Darmstadt 2003, 86–91.

[81] Vgl. Odo Casel, Das Gedächtnis des Herrn in der altchristlichen Liturgie. Die Grundgedanken des Messkanons, Freiburg i. Br. 1918.

[82] Die fleischliche Ordnung der Zweigeschlechtlichkeit, die die katholische Liturgie voraussetzt, wurde manifest in den Gründen, die der Vatikan gegen das Priestertum von Frauen und Schwulen vorbrachte: Der Priester muss männlich und heterosexuell sein, weil er in der Liturgie den Vorgang der Zeugung symbolisch darstellt. Vgl. Johannes Paul II., *Ordinatio Sacerdotalis* (1994); Paul VI., *Inter Insigniores* (1976); Kongregation für das Katholische Bildungswesen, Instruktion über Kriterien zur Berufsklärung von Personen mit homosexuellen Tendenzen im Hinblick auf ihre Zulassung für das Priesterseminar und zu den Heiligen Weihen (2005), Nr. 1; Dies., Leitlinien für die Anwendung der Psycho-

Innerhalb der *Nouvelle Théologie*, die sich seit Ende der 30er Jahre in Frankreich und Belgien zu Wort meldete, knüpfte vor allem die Jesuiten-Schule aus Lyon-Fourvière (Henri de Lubac, Jean Daniélou; und auch davon beeinflusst Hans Urs von Balthasar) wieder am Diskurs der Brautmystik an.[83] Ihre Bewegung des *Ressourcement* wollte die neuscholastisch dominierte Theologie erneuern, indem sie zu den Quellen zurückging, womit allerdings nicht die Bibel, sondern die Kirchenväter gemeint waren.[84] Beim Zweiten Vatikanischen Konzil kamen diese Entwicklungen zum Durchbruch, nachdem das Konzil die hundertjährige Hegemonie der Neuscholastik in der katholischen Theologie beendet hatte.

Bald nach dem Konzil wurde erkennbar, dass die es prägenden theologischen Aufbrüche, wie die liturgische Bewegung, die *Nouvelle Théologie* und auch die Konzilstheologie selbst, keine kohärenten Diskurse waren, sondern durch ein Bündnis zwischen theologischer Moderne und dem erneuerten christlichen Platonismus möglich geworden waren. Dieses Bündnis zwischen *Aggiornamento*- und *Ressourcement*-Theologen zerfiel jedoch bereits wieder nach 1968, als sich in der Enzyklika *Humanae Vitae* (1968) und im Schreiben *Persona Humana* (1975) der Glaubenskongregation in der Sexualmoral die neuscholastische Tradition wieder durchzusetzen begann und auf diesem Feld ein deutlich antimoderner Kurs eingeschlagen wurde. Durch

---

logie bei Priesteramtskandidaten (2008), Anm. 12: „Christus braucht Priester, die reif und mannhaft sind, fähig, eine wahre geistliche Vaterschaft auszuüben."
[83] Vgl. Fergus Kerr, Twentieth-Century Catholic Theologians. From Neoscholasticism to Nuptial Mysticism, Malden/Oxford/Carlden 2007, 80–85 (de Lubac) und 135–144 (von Balthasar).
[84] Vgl. Roger Aubert, Die Theologie während der ersten Hälfte des 20. Jahrhunderts, in: Herbert Vorgrimler/Robert Vander Gucht (Hg.), Bilanz der Theologie im 20. Jahrhundert. Perspektiven, Strömungen, Motive in der christlichen und nichtchristlichen Welt, Freiburg i. Br./Basel/Wien 1969, 7–69, 49ff.

Karol Wojtyła und Joseph Ratzinger hatte eine der westlich-liberalen Moderne gegenüber skeptische Theologie zwischen 1978 und 2013 Schlüsselpositionen in der Kirche inne, von denen aus es gelang, relevante theologische Entwicklungen der Nachkonzilszeit zu marginalisieren: progressive Ansätze in der Sexualmoral, die lateinamerikanische Befreiungstheologie, die feministische Theologie und die pluralistische Religionstheologie.[85] Ihr theologischer Diskurs lässt sich dabei als Neuartikulation der Brautmystik verstehen, die sich mit den verbleibenden Überresten des neuscholastischen Naturrechtsdenkens verbindet, um ihr den als nötig empfunden heteronormativen Rahmen zu sichern.[86]

Der Diskurs der Brautmystik hat ein Janusgesicht, denn auf der einen Seite kämpft er entschieden für den Erhalt einer heteronormativen Ordnung, auf der anderen Seite dagegen bietet er ein komplexes symbolisches Angebot zum sublimen Genuss homoerotischer Szenarien. Eine aggressive, homophobe Seite wird erst sichtbar, wenn dieses Arrangement gefährdet wird.[87]

---

[85] Vgl. John Allen, Kardinal Ratzinger, Düsseldorf 2002, 115–267; Hansjürgen Verweyen, Joseph Ratzinger – Benedikt XVI. Die Entwicklung seines Denkens, Darmstadt 2007, 114–125. – Freilich sind die Theologien beider Päpste im Einzelnen differenzierter zu beschreiben. So tritt bei Wojtyła eine starke Rezeption des Personalismus hinzu. Sein Denken über Schwule und Lesben bzw. Homosexualität wurden davon jedoch kaum beeinflusst, da er bei dieser Thematik den naturrechtlichen Diskurs der Neuscholastik ungebrochen fortgeführt hat. Diese Widersprüchlichkeit bietet durchaus Potential für eine theologische Neubewertung der Homosexualität aus der Theologie von Johannes Paul II. heraus.
[86] Vgl. Kerr, Theologians, 163–203.
[87] Das Festhalten an der heterosexuellen Definition der Ehe in Kirche und Gesellschaft ist daher das zentrale Ziel dieses Diskurses in der aktuellen Debatte.

3. Hegemoniale Formationen in den christlichen Kirchen

3.1 Ein Alternativmodell: Der liberale Diskurs der Theologie

Das Panorama der christlichen Theologie und ihres Ringens mit der Frage der Homosexualität wäre unvollständig, wenn man allein auf die bisher dargestellten Diskurse blicken würde. Denn neben ihnen steht der, so möchte ich ihn nennen, liberale Diskurs als ein weiteres theologisches Paradigma. Der liberale Diskurs ist vor allem dadurch gekennzeichnet, dass er sich auf die historisch-kritischen Methoden der Exegese und der Kirchengeschichtsforschung stützt, die seit dem 19. Jahrhundert entwickelt worden sind. Die historisch und hermeneutisch geschulte Theologie weist den fundamentalistischen Literalismus und eine ahistorisch-traditionalistische Orientierung an kirchlichen Lehraussagen zurück. Dies geht im liberalen Paradigma einher mit der gleichzeitigen Orientierung an der modernen Wissenschaftskultur und einem Subjektdenken in der Ethik.[88]

Die etablierten Verfahren der historisch-kritischen Differenzierung machten es dem liberalen theologischen Diskurs leicht, die Erkenntnisse des sozialen Konstruktivismus in der Sexualforschung aufzugreifen und die bis dahin dominante Vorstellung einer überzeitlichen Essenz der (Homo-)Sexualität aufzugeben. Man ging auch in der Theologie dazu über, die verschiedenen Formen der Sexualität und sexuellen Rollen zu historisieren und in den jeweiligen soziokulturellen Kontext einzubetten. Die historisch-kritisch argumentierenden Theologen zogen daraus den Schluss, dass die Homosexualität ein „modernes westliches kulturelles Konstrukt" sei und damit etwas ande-

---

[88] Vgl. Friedrich Wilhelm Graf, Protestantische Theologie in der Gesellschaft des Kaiserreichs, in: Ders. (Hg.), Profile des neuzeitlichen Protestantismus, Bd. 2 Kaiserreich, Teil 1, Gütersloh 1992, 12–117, 69–94.

res als die antiken Formen von Gleichgeschlechtlichkeit, die in der Bibel verurteilt werden.[89] Die eingangs genannten Bibelstellen ließen sich somit nicht auf die sozialen und personalen Identitäten von Schwulen und Lesben der Gegenwart anwenden. Stattdessen – so die liberale Argumentation weiter – müsse die Orientierung an der Liebe als biblischer Maßstab angelegt werden, so dass gleichgeschlechtliche Liebe und fürsorgende Partnerschaften ethisch zu begrüßen seien. Zu sexuellen Handlungen außerhalb solcher Liebesbeziehungen schweigt der liberale Diskurs freilich.

Seit Beginn der LGBT-Bewegung ist das Thema der Homosexualität freilich nicht primär von liberalen Theologinnen und Theologen artikuliert worden, sondern in theologischen Ansätzen, die von Lesben und Schwulen selbst entwickelt worden sind: Fleisches- bzw. Body-Theologie, schwule Befreiungstheologie, lesbisch-feministische Theologie oder Queer-Theologie wären hier zu nennen.[90] Auch wenn schwule, lesbische und queere Theologien innerhalb der akademischen katholischen Theologie marginal sind, so hat ihre Existenz doch erheblich dazu beigetragen, den liberalen akademischen Mainstream dazu zu bewegen, das Thema Homosexualität auf seine Tagesordnung zu setzen.

Der liberale Diskurs hat sich in den meisten evangelischen Kirchen Westeuropas und Kanadas sowie in einigen *mainline churches* der USA durchgesetzt: Lesbische Pastorinnen und

---

[89] Vgl. exemplarisch Wolfgang Stegemann, Homosexualität – ein modernes Konzept, in: ZNT 2 (1998) 61–68.
[90] Vgl. die Beiträge in Wolfgang Schürger/Christian J. Herz/Michael Brinkschröder (Hg.), Schwule Theologie. Identität – Spiritualität – Kontexte, Stuttgart 2007; Elizabeth Stuart, Gay and Lesbian Theologies. Repetitions with Critical Difference, Hampshire (GB)/Burlington (USA) 2003 und die Beiträge zur Queer Theologie in: Heike Walz/David Plüss (Hg.), Theologie und Geschlecht. Dialoge querbeet, Wien/Zürich 2008, 103–133.

schwule Pastoren dürfen ihr Amt ausüben, werden von Gemeinden gewählt und dürfen mit ihren gleichgeschlechtlichen Partnerinnen bzw. Partnern im Pfarrhaus leben. Die Lutherische Kirche Schwedens wählte sogar jüngst die erste offen lesbische Bischöfin in ihr Amt. Auch wenn die Konflikte zwischen den liberalen und den konservativen bzw. evangelikalen Protestanten nicht überall definitiv entschieden sind und Schritt für Schritt innerkirchliche Kompromisse gesucht und bei praktischen Fragen vielfach noch Abstriche in Kauf genommen werden müssen, ist der schnelle Wandlungsprozess in diesen Kirchen doch ein erstaunliches Phänomen.

Stellt man sich die Frage, warum die älteren theologischen Diskurse im westlichen Protestantismus überwunden werden konnten, sind in meinen Augen vier Gründe ausschlaggebend gewesen: 1. Die Abschaffung des sazerdotalen Priestertums zugunsten des Pastors, der als Prediger zuerst Diener des Wortes ist, machte den archaischen Diskurs der kultischen Reinheit irrelevant. 2. Das reformatorische Prinzip, also die „*sola scriptura*", die theologische Alleingeltung der Heiligen Schrift im Gegensatz zum katholischen Ansatz bei „Schrift und Tradition", ließ die reformatorische Theologie auf Distanz gehen zu den Traditionen naturrechtlichen Denkens und der allegorischen Schriftauslegung.[91] 3. Die Etablierung der historisch-kritischen und religionsgeschichtlichen Methoden im 19. und 20. Jahrhundert blockierte den unvermittelten Rückgriff auf die biblische (und apokryphe) Tradition der Apokalyptik. 4. Mit der Ordination von Frauen hatten die protestantischen Kirchen im 20. Jahrhundert einen Präzedenzfall, bei dem ähnliche Wandlungsprozesse wie in der Frage von Schwulen und Lesben im

---

[91] Vgl. Jan Rohls, Protestantische Theologie der Neuzeit. Die Voraussetzungen und das 19. Jahrhundert, Tübingen 1997, 37f.

Pfarramt bereits erfolgreich mit Hilfe des liberalen Diskurses angestoßen worden waren.

3.2 Das konfessionelle Panorama der Verteilung der Diskurse

Die protestantischen Veränderungsprozesse machen unübersehbar, dass das Christentum und seine Konfessionen hinsichtlich der Bewertung gleichgeschlechtlicher Sexualität kein monolithischer Block sind. Die analytische Unterscheidung der verschiedenen Diskurse der Theologie kann nun überdies erklären, warum sich die christlichen Kirchen im Inhalt und in der Schärfe ihrer Homophobie voneinander unterscheiden. Dies ergibt sich aus einer Analyse der Verknüpfung und des relativen Gewichts aller fünf Diskurse. Wie setzen sie sich aktuell in den einzelnen Kirchen zusammen?

Die negative Bewertung von Homosexualität in der katholischen Kirche stützt sich seitens der Theologie auf die revitalisierte Brautmystik und die Relikte des neuscholastischen Naturrechtsdenkens. Weder der Reinheitsdiskurs und noch weniger der apokalyptische Sodom-Diskurs spielen hier eine besondere Rolle. Tonangebend sind somit weniger die starken Affekte der Homophobie als die nüchterne, aber bestimmte Verteidigung der heteronormativen Ordnung.

In der katholischen Kirche Westeuropas besitzt allerdings der liberale, moderne Diskurs ebenfalls großen Einfluss. Dies gilt nicht nur auf der Ebene der Gemeinden, sondern auch in der universitären Theologie, z. B. in der historisch-kritischen Exegese, der Dogmengeschichte, der Moral- und Pastoraltheologie. Brautmystik und Naturrechtsdenken haben ihren Ort in den offiziellen Texten des römischen Lehramtes. Liberale theologische Positionen in Fragen der Homosexualität wurden daher bis zum Ende des Pontifikats von Benedikt XVI. mit Vehemenz zurückgewiesen. Die Folge davon ist, dass viele katholische Theologinnen und Theologen ihre Positionen zur Homosexualität nicht artikuliert, sondern geschwiegen haben, auch wenn sie keineswegs mit der lehramtlichen Verurteilung von Homosexualität übereinstimmten.

Dieser Angst hat Papst Franziskus mit seinem inzwischen berühmten Ausspruch: „Wer bin ich, ihn zu verurteilen?" weitgehend den Boden entzogen. Mit einem Satz hat er die katholische Debatte vom Feld der naturrechtlich geprägten Moraltheologie auf das Feld der Pastoral verschoben. Sein Diskurs der Pastoral knüpft an das Zweite Vatikanische Konzil und die Befreiungstheologie an und ist durch den Leitbegriff der Barmherzigkeit gekennzeichnet. Dadurch ist die bisherige hegemoniale Formation in Auflösung begriffen und die neue Verhältnisbestimmung zwischen dem naturrechtlichen und dem neuen pastoralen Diskurs das große Thema der Familiensynoden von 2014 und 2015. Zu erwarten ist in der Phase danach eine neue Konstellation, in der es zu theologischen Auseinandersetzungen zwischen dem neuen pastoralen, dem liberalen und dem traditionellen christlich-platonischen Diskurs kommen wird, aus denen eine neue hegemoniale Formation hervorgehen wird.

Ganz anders sieht es im evangelikalen und neofundamentalistischen Protestantismus aus. Hier dominiert der apokalyptische Diskurs, der staatliche Rechte für Schwule und Lesben für den Untergang der Welt verantwortlich macht. Die Neofundamentalisten reagieren auf die Emanzipation sexueller Minderheiten mit einem für moderne Zivilisationen manchmal fast unglaublichen Ausmaß an Zorn und Unerbittlichkeit. Sie sind keineswegs nur in den USA anzutreffen, denn der christliche Fundamentalismus ist von dort aus mittlerweile in viele Regionen der Welt exportiert worden. Vor allem in afrikanischen Kirchen sorgt er für eine Dramatisierung des kirchlichen und davon ausgehend auch des gesellschaftspolitischen Umgangs mit sexuellen Minderheiten. Aufgrund der durch andere theologische Diskurse nahezu ungebremsten Vorherrschaft des Schriftprinzips haben mäßigende Theologien in diesem Umfeld nur dann eine Chance Gehör zu finden, wenn sie ihrerseits biblisch begründet sind.

In der Russischen Orthodoxen Kirche, die sich traditionell auf den theologischen Platonismus der spätantiken griechischen Kirchenväter stützt[92], lassen sich die scharfen Töne der letzten Jahre durch das aktuelle Aufblühen des apokalyptischen Diskurses erklären. Daher zeichnet sich hier eine neuartige Artikulation zwischen diesen beiden Diskursen ab, die dieser verschobenen Konstellation Rechnung trägt. Sie zeigt sich darin, dass die kurzzeitige Annäherung an die Menschenrechte mittlerweile durch einen Diskurs über „traditionelle christliche Werte" ersetzt wurde, der überdies ein konfessionsübergreifendes Bündnis mit den traditionalistischen Kräften innerhalb der katholischen Kirche sucht. Liberale Theologen wie Gleb Jakunin wurden von der Russischen Orthodoxen Kirche gezielt ausgegrenzt, damit ein neuer Diskurs über Homosexualität in Russland nicht Fuß fassen kann.[93]

In der Anglikanischen Kirche verteilen sich die antagonistischen Diskurse regional. Die überwiegend evangelikal geprägten afrikanischen Bischöfe führen den Konflikt um die Homosexualität vorrangig als einen Streit um die unbedingte Geltung der Heiligen Schrift, freilich geht es dabei auch um ihre postkoloniale Selbstbehauptung als afrikanische Kirche gegenüber „dem Westen".[94] Der liberale Diskurs ist dagegen in England,

---

[92] Der starke Einfluss des Platonismus manifestiert sich in der Theologie der Orthodoxen Kirche weniger in der Brautmystik als in der Vorherrschaft der platonischen Ideenlehre in der Trinitätstheologie.
[93] Vgl. Brinkschröder, Menschenrechte.
[94] Eher nachrangig gehört dazu, dass Homosexualität als unrein erachtet wird und den Zorn Gottes hervorruft.

den USA und Südafrika vorherrschend. Gerade weil die beiden Positionen stark in ihren jeweiligen Regionen verankert sind, gibt es auf der Ebene der *Anglican Communion* keinen Konsens.

Tab. 1: Theologische Diskurse der Antihomosexualität in den Konfessionen

	Kultische Reinheit	Sodom-Apokalyptik	Naturrecht	Brautmystik und christlicher Platonismus	Liberale Theologie
Röm.-kath. Kirche	m		h	H	(a)
Russisch-Orthodoxe Kirche		a		H	
Evangelikale		H			
Westeuropäischer Protestantismus					H
Anglikanische Gemeinschaft	h[1]	H[1]			H[2]

H = hegemonialer Diskurs; h = Teil der hegemonialen Formation; m = marginaler Diskurs;
a / (a) = aufsteigend; [1] in Afrika; [2] in Großbritannien und den USA

Die bisherigen Darlegungen haben gezeigt, dass gleichgeschlechtliche Sexualität im Rahmen von unterschiedlichen Diskursen theologisch artikuliert worden ist und noch wird. Diese Diskurse prägen die einzelnen Konfessionen auf ganz unterschiedliche Weise. Hieraus ergeben sich praktische Konsequenzen: Wenn man die institutionalisierte Antihomosexualität im Christentum auf der Ebene der Theologie und der kirchlichen Lehre überwinden will, muss man diese Unterschiede berücksichtigen.

IV.
Sozialethische Herausforderungen

Sexualität und Gewissensfreiheit
Gleichgeschlechtliche Liebe, Lebenspartnerschaft und Humanökologie

Josef Römelt

Es gibt wenige Bereiche, die so tief mit den Bedürfnissen des eigenen Lebens verbunden sind, wie die vitalen Sehnsüchte der Sexualität. Die Gefühle und körperlichen Erfahrungen, die Konsequenzen für persönliches Glück und Biografie, ja auch existentielle und rechtliche Verbindlichkeiten, die damit verbunden sind, reichen unmittelbar in das Zentrum eigener Identität und Lebensführung. Vielleicht ist dies nur auch im Blick auf Gesundheit und Krankheit, ja auf das Sterben so gegeben.

Das ist möglicherweise auch der Grund, warum in diesem Lebensbereich die Suche nach Zufriedenheit und Erfolg in der gegenwärtigen Gesellschaft so vielfältige Wege geht. Die Lebensstile und Haltungen fallen weit auseinander. Ja die Vorstellungen von Moral und hilfreichen Orientierungen können für diese Seite des Lebens oft nur schwer in Worte gefasst werden.

In der Vorbereitung der Bischofssynode zu Fragen von Familie und Ehe, die mit der ersten Sitzungsperiode im Oktober 2014 begonnen hat und mit einer zweiten Zusammenkunft im Herbst 2015 abgeschlossen wird, wurde auch die Frage nach dem Verständnis für die Naturrechtslehre in der heutigen Gesellschaft gestellt. Ob diese Lehre, die im Hintergrund vieler moralischer Wertungen der Kirche gerade im Bereich der Sexualethik steht, die Anliegen der Menschen überhaupt noch erreicht. Und es ist deutlich geworden, wie abstrakt dieses Gerüst ethischer Beurteilung gegenüber den wirklich drängenden Suchbewegungen der Menschen bleibt. Was sich von sich selbst her aufgrund der sensiblen Intimität nur schwer ordnen lässt, die sexuelle Bedürfnis- und Erfahrungswelt, das wird durch eine solche häufig allzu einfache Einteilung in gut und böse nicht hilfreich geklärt, sondern zusätzlich belastet.

Demgegenüber scheint es vielmehr wichtig, das Gewissen als den entscheidenden Ort verantworteter Suche im Umgang mit der tiefen Kraft der Sexualität auch im Raum der katholischen Kirche zu würdigen. Katholische Sexualethik muss den Respekt vor der persönlichen Gewissensentscheidung bei der Gestaltung von Sexualität und Liebe aufnehmen. Das ist wohl die große Herausforderung, die nach der Offenlegung der Missbrauchsskandale und der danach einsetzenden innerkirchlichen Selbstbesinnung, nach den Dialog- und Reformbemühungen sowie mit dem Aufruf von Papst Franziskus zur Erneuerung der Moraltheologie sowie der Theologie der Ehe und Familie angesprochen ist.

Sicherlich kann es dabei aber nicht einfach um eine Übernahme rein liberaler Ideen gehen. Es ist auch nicht notwendig, in einer schlichten Weise etwa das „protestantische Prinzip" subjektiver Gewissenserfahrung in unbesehener ökumenischer Eile aufnehmen zu wollen. Die Tradition katholischer Kirche kennt ein besonderes Gespür für die theologischen, sozialen und natürlichen *Voraussetzungen* wirklich gelingender Freiheit und in diesem Sinne für ihre ganzheitliche *Bindung*. Und doch ist nun ganz offenbar der Mut gefordert, Freiheit, Achtung persönlicher Lebensentscheidung und ureigenste individuelle Lebensführung vor Gott im Kontext des katholischen Bemühens um Objektivität, Verpflichtung auf Wahrheit und auf den Willen Gottes zur Geltung zu bringen. Und das nicht erst dort, wo es um die barmherzige Begleitung von Scheitern und Brüchen des Lebens geht. Sondern schon da, wo unvertretbare Gestaltung des Lebens ansteht und moralisch verantwortet werden muss.

Im Folgenden soll diese Herausforderung am Beispiel gleichgeschlechtlicher Liebe und Partnerschaft bedacht werden. Dabei muss in einem ersten Schritt die Bedeutung der *Gewissensfreiheit* für die ethische Orientierung innerhalb der Kirche heute reflektiert werden. In einem zweiten wird diese Offenheit moralischer Suche (auch im Kontext des Glaubens) auf die Erfahrung gleichgeschlechtlicher Liebe bezogen. Und in einem dritten Abschnitt soll deutlich werden, dass die Objektivität und nicht als subjektivistische Beliebigkeit missverstandene moralische Würde gleichgeschlechtlicher Liebe durch die von sich selbst her mitgetragenen umfassenden Sinnziele ihre eigene Charakteristik im Raum der katholischen Kirche (auch in Unterscheidung zur liberalen Freiheitskultur) gewinnt.

1. Gewissensfreiheit in ihrer ethischen Bedeutung[1]

Aus dem Vollzug der ethischen und rechtlichen Freiheiten des demokratischen Rechtsstaats ergibt sich der Katalog der Grundrechte, die den einzelnen Menschen in seiner freiheitlichen Lebensform überhaupt absichern. Die freie Gewissensbildung ist dabei als Ausdruck der tiefsten Freiheit von Zwang neben der religiösen Freiheit die Keimzelle dieses freiheitlichen Selbstvollzugs[2].

Die *Theologie* hat bisher diese Gewissensfreiheit immer im Blick auf die Religionsfreiheit bedacht, dort vor allem als Ausdruck der Freiheit der Kirche und Theologie gegenüber staatli-

---

[1] Zum Folgenden vgl. Josef Römelt, Das Grundrecht auf Gewissensfreiheit in seiner ethischen Bedeutung, in: ThG 50 (2007) 31–41.
[2] Historisch gesehen haben sich die Grundrechte aus der Überzeugungsfreiheit im Sinne der (noch als Einheit auftretenden) Religions- und Gewissensfreiheit entwickelt. Vgl. Georg Jellinek, Die Erklärung der Menschen- und Bürgerrechte. Ein Beitrag zur modernen Verfassungsgeschichte, München ³1919.

chen Eingriffen. Damit war sicherlich auch das Bewusstsein gegeben, dass der Einzelne den Glauben frei übernehmen muss. Seit der Erklärung des II. Vatikanischen Konzils zur Religionsfreiheit ist es in der katholischen Theologie Konsens, dass „ein Glaube, der aus seinem universalen Anspruch heraus die universale Freiheit für sein Wort in allen Völkern und inmitten ihrer angestammten Religionen fordert, [...] die Freiheit des religiösen Bekenntnisses als Grundform religiöser Verwirklichung wollen [muss], wenn er sich nicht selbst widersprechen soll."³

Die Entwicklung des Grundrechts der Glaubens- und Gewissensfreiheit hat aber zu einer immer stärkeren Differenzierung dieser beiden Dimensionen der Überzeugungsfreiheit geführt. In der Bundesrepublik „lösten die Länderverfassungen" nach 1945 „das Grundrecht der Gewissensfreiheit aus dem Zusammenhang mit den staatskirchenrechtlichen Normen heraus und stellten sie unter die Normen, die das Individuum als Menschenrechte gegenüber dem Staat behaupten kann"⁴. Mit diesem Grundrecht wird die Freiheit des Bürgers geschützt, ein Gewissen selbstständig zu bilden und zu haben und nach diesem Gewissen auch privat und öffentlich zu handeln. Auch wenn dieses Recht natürlich an der Freiheit des Mitbürgers seine Grenzen findet, wird es im Sinne der moralischen Freiheit des Menschen gerade als Ausdruck dafür verstanden, dass der säkularisierte Staat die ethische Integrität seiner Bürger achtet, ja für die Entfaltung einer menschlichen Kultur und seiner eigenen ethischen Gestaltung braucht.

---

[3] Joseph Ratzinger, Die letzte Sitzungsperiode des Konzils, Köln 1966, 21. „Um so beschämender wird man es freilich empfinden, daß es vieler Anstöße aus einer entchristlichten Welt heraus bedurfte, um die Kirche zu solcher Besinnung auf das ihr Gemäße zu führen." (Ebd.)
[4] Roger Beck, Gewissenskonflikt und Arbeitsverhältnis, Darmstadt 1995, 21.

„Mit der theologischen Rezeption des Prinzips der Gewissensfreiheit vollzog die Kirche zugleich den entscheidenden Schritt zur Anerkennung der modernen Welt und ihrer freiheitlichen Lebenskultur. Nicht die Wahrheit als solche, sondern die menschliche Person in ihrer Suche nach Wahrheit gilt [...] als Trägerin moralischer Rechte; dementsprechend schützt das Grundrecht der Gewissensfreiheit [...] den menschlichen Weg der Wahrheitserkenntnis, der eine Pluralität von Anschauungen und eine schrittweise Annäherung an die Wahrheit voraussetzt."[5]

Das aber bedeutet: Angesichts der Komplexität gegenwärtiger Wirklichkeitserfahrung erschließt sich die letzte Einfachheit und Eindeutigkeit von Sinn, moralischem Gut und sozialer Gerechtigkeit auch für den glaubenden Menschen nur in den langwierigen Wegen wissenschaftlicher Forschung, gesellschaftlicher Kommunikation und unsicherer Selbstdeutung. Es ist wichtig, dass die Kirche als Gemeinschaft der Glaubenden im Gespräch mit der modernen Gesellschaft diese Offenheit der Suche auch im Bereich des Ringens um ethische Wahrheit ehrlich zugibt. Und die personale Wahrheit, der das Gewissen dient, ist deshalb ein Weg. Sicherlich hat im Licht des Glaubens dieser Weg nicht nur in den Vollzügen der auf sich selbst gestellten Freiheit einen Halt, sondern auch – und hier unterscheidet sich das theologische Verständnis der Gewissensfreiheit von seiner säkularisierten Deutung – in der begleitenden Treue Gottes. Aber auch die Theologie, die Kirche und die gläubigen Menschen in ihr müssen im Blick auf die moralischen Überzeugungen die ethische Suche in ihrer ganzen Offenheit und Mühseligkeit in sich aufnehmen – gerade in der gegenwärtigen, sehr differenzierten

---

[5] Eberhard Schockenhoff, Gewissensfreiheit, in: LThK³ Bd. 4 (1995) 628–631, 629.

Josef Römelt

Wirklichkeitserfahrung. Sie verfügen in weiten Teilen ihrer Suche nach moralischer Gestaltung des Lebens über keine anderen Quellen der Orientierung als die der freiheitlichen Kommunikation und ihrer Erkenntnis- und Konsensbildungsprozesse – auch wenn die ethischen Prinzipien, wie sie aus Schrift und Tradition greifbar sind, und ihre authentische Auslegung durch das Lehramt eine große Hilfe bei der Findung der Wahrheit sind.

2. Verschiedengeschlechtliche und gleichgeschlechtliche Liebe – die Suche nach sexueller Identität als (auch moralischer) Weg

Die moderne Kultur zeigt in diesem Sinne gerade auch im Bereich des verantworteten Umgangs mit Sexualität und Liebe das offene Gesicht solcher vielfältigen Suche und Entfaltung. Die vieldimensionale Bedeutung der Liebe wird heute dabei nicht nur in der Öffnung heterosexueller Bindungen und in der Pluralisierung des Familienlebens erlebt, sie wird nicht nur in den Kompromissen, welche das moderne Leben diktiert (Scheidungsschicksale, Patchworkfamilien), immer neu zu entdecken und auszugestalten versucht, sondern sie oszilliert zunehmend auch zwischen verschiedengeschlechtlichen und gleichgeschlechtlichen (heterotropen und homotropen[6]) Beziehungen. Diese moderne Differenzierung des sexuellen Erlebens ermöglicht Menschen mit einer homosexuellen Neigung, ihre Anlage in der gegenwärtigen Liberalisierung der Tabus auch offen zu leben. Die Bindungsenergie und die Tiefe der gleichgeschlechtlichen Liebe werden heute respektiert.

---

[6] Zur Einführung des Begriffs der „Homotropie" vgl. Herman van de Spijker, Gleichgeschlechtliche Zuneigung. Homotropie: Homosexualität, Homoerotik, Homophilie – und die katholische Moraltheologie, Freiburg i. Br. 1968; ders., Homotropie. Menschlichkeit als Rechtfertigung. Überlegungen zur gleichgeschlechtlichen Zuneigung, München 1972.

Gerade in dieser Neuorientierung kommt aber die Offenheit des modernen Lebens für die ganz persönliche moralische Entscheidung des Einzelnen sehr deutlich zum Ausdruck. Persönlich verantwortliche Lebenswahl in Bezug auf Liebe und Sexualität erscheint nicht nur als vielleicht außergewöhnliche Ausnahme. Sondern sie berührt offensichtlich zentrale Punkte der Lebensführung und Persönlichkeitsentfaltung.

Die Einsicht fasst sich in einer neuen Verständnisweise von Geschlecht *(doing gender[7])* überhaupt zusammen: Keine Form menschlicher Sexualität ist nach diesem Verständnis ohne Entwicklung möglich. Und deshalb ist schon die Frage danach, ob Homosexualität angeboren oder erworben ist, falsch gestellt. Vielmehr ist die Geschlechtsidentität jedes Menschen aus unterschiedlichen Elementen gebildet: Die Kerngeschlechtsidentität entwickelt sich als eine unbewusste feste Gewissheit am Ende des zweiten Lebensjahres auf dem Hintergrund der körperlichen und seelischen Merkmale. Es ist die Gewissheit, männlichen oder weiblichen Geschlechts zu sein. Aber diese Gewissheit muss sich noch einmal in der Auseinandersetzung mit den von der Gesellschaft geprägten Geschlechterrollen entfalten, ja in der Geschlechtspartnerorientierung den bevorzugten Geschlechts- oder Liebespartner finden. Diese Dimensionen durchlaufen die komplizierten lebensbiografischen Entwicklungen und münden schließlich in die heterosexuelle oder homosexuelle Lebensgestalt mit je eigenen Ausformungen der ero-

---

[7] „Doing gender" betont, dass „Geschlecht" das Ergebnis „performativer" Tätigkeiten ist und nicht einfach als eine starre Eigenschaft des Individuums verstanden werden kann. Kulturvergleichende Studien lassen erkennen, dass die sozialen Rollen „Mann" und „Frau" sehr unterschiedlich bestimmt werden und dass es nur sehr wenige Eigenschaften gibt, die zwischen den Kulturen übereinstimmen. Deswegen lässt sich „gender" nicht mehr als eine interne (biologische) Eigenschaft der Person verstehen. Sie ist vielmehr nur im Blick auf die Interaktionen zu erfassen, in denen der Einzelne steht.

tischen und sexuellen Fantasien, der sozialen Präferenzen, der Selbstidentifikationen und des Lebensstils[8].

Nimmt man diese Einblicke ernst, dann wird deutlich, wie weit naturrechtliche Ideen zur moralischen Orientierung sexuellen Verhaltens zurückgelassen werden müssen. Offensichtlich ist es so, dass die rein biologischen (und in diesem Sinne natürlichen) Voraussetzungen der eigenen Geschlechtlichkeit offen bleiben für die vieldimensionale biografische Gestaltung mit all ihren persönlichen Suchbewegungen und Entscheidungen darin. Pointiert gesagt: (Auch) die Übernahme und Gestaltung einer gleichgeschlechtlichen Lebensform ist nach diesem Verständnis in nicht geringen Anteilen der freien Bestimmung des Menschen anvertraut. Sie hängt von den erlittenen und gestalteten, durch Prägungen übernommenen und durch eigene Optionen gewählten, durch die Zwänge des Lebens zugemuteten, aber auch durch die Kraft der eigenen Entscheidung geformten Umständen und Konturen ab, in welche das persönliche Leben gerät und die es zugleich gewinnt. Noch deutlicher gesagt: homosexuell zu sein, dazu muss ich mich auch bekennen und entscheiden. Es ist zu einem nicht geringen Anteil die Wahl eines Lebensstils. Ja, es ist nicht einfach Schicksal.

3. Gleichgeschlechtliche Liebe und katholische Kirche

Es ist für die katholische Theologie im Sinne dieser Überlegungen wichtig: Wie bei den vielen anderen Seiten der eigenen Biografie – Berufswahl, Wahl des Wohnortes oder Ähnliches – umfasst der Respekt vor dem Gewissen des Einzelnen auch diese seine ureigenste Würde, sein Leben entsprechend der in-

---

[8] Vgl. Paul M. Hahlbohm (Hg.), Querschnitt – gender studies. Ein interdisziplinärer Blick nicht nur auf Homosexualität, Kiel 2001.

dividuellen Identität im Bereich der Geschlechtlichkeit entfalten und leben zu dürfen. Die Kirche hat im Sinne dieser Zusammenhänge kein Recht, in diese Tiefe des Gewissens durch moralischen Druck oder kirchenrechtliche Einschränkung einzugreifen, es sei denn es geht um den Schutz vor schlimmen Verletzungen menschlicher Würde und des christlichen Verständnisses Gottes und seiner Weisung! Wie die Freiheit religiöser Überzeugung betrifft auch die Freiheit des Lebens nach dem mir selbst zugehörigen Gewissen in moralischen Fragen das *Forum internum*, das Stehen des Einzelnen vor Gott, dort wo die Lebensgestaltung so tief mit der unmittelbaren Lebenswahrheit verbunden ist – in der Zahl der Kinder, in der Berufung zu Ehe und Familie oder etwa zum Ordensleben, ja eben auch in der Aufnahme einer gleichgeschlechtlichen Lebenspartnerschaft.

Für die Gestaltung gleichgeschlechtlicher Liebe bedeutet das nach dem Verständnis katholischer Theologie aber auch: Ist sie der unverfügbaren Verantwortung anvertraut, dann ist die Rücksicht auf natürliche Zusammenhänge, in denen menschliche Sexualität, verschiedengeschlechtliche und gleichgeschlechtliche Intimität und Familiengründung stehen, für diese Entscheidung nicht einfach irrelevant. Sie erscheint viel mehr eingelassen in eben diese ganz eigenste moralische Wegsuche. Die Achtung *humanökologischer* Bezüge zeigt sich – ähnlich wie in anderen ökologischen Zusammenhängen – als durch die Freiheit des Menschen selbst zu verantwortende Aufgabe im Respekt vor ihren eigenen Voraussetzungen gelingender Entfaltung. Und das schon dort, wo sich die eigene sexuelle Identität formt – gerade in dem Ineinander von körperlichen und seelischen Bedingungen, von lebensbiografischen Entwicklungsschritten sowie Entscheidungen und sozialen Rollenaufgaben.

In Bezug auf die harten Konflikte ökologisch-ethischer Entscheidungen und der Achtung der Bindung des Menschen mit all seiner Freiheit an die natürlichen Grundlagen seines Lebens bedarf es zum Beispiel nach dem jüdischen Philosophen Hans Jonas gerade der Selbstbindung menschlicher Freiheit aus der ureigenen Verantwortungsautonomie heraus. Seine Ethik der Verantwortung ist ein groß angelegter Entwurf dieser Selbstbeschränkung und ganz aktiv übernommenen objektiven Bindung – hier der freiheitlichen Kultur und Gesellschaft insgesamt – im Blick auf die ökologischen Spannungen. Das Angstmotiv, das er dabei in den Mittelpunkt der ethischen Hermeneutik gestellt hat, mag dabei problematisch sein. Für die Gestaltung des Umgangs mit dem ganz persönlichen Bereich von Sexualität, Liebe und Beziehung ist es ganz sicher nicht geeignet. Das haben die modernen Entwicklungen der Sexualpädagogik und Ehe-, Familien- und Lebensberatung mit Nachdruck deutlich gemacht[9]. Darin liegt der große Segen der Liberalisierung von Sexualethik und Familienethik, den auch die Kirche endlich dankbar anerkennt. Aber die Herausforderung lässt sich in einer ganz entsprechenden Weise beschreiben: Aus Freiheit übernommene Verpflichtung auf den Schutz und die Rechte anderer, Sorgfalt im Ausgleich der Bindungen und tiefen Verwobenheit des eigenen Lebens mit dem Leben anderer, Übernahme von natürlichen Einschränkungen und Grenzen, ja bewussten Verzichten aus freiem Antrieb (!) – das ist das Thema sowohl etwa ökologischer Fragestellungen im großen Rahmen der umweltethischen Konflikte, der Berücksichtigung der Bedürfnisse und Rechte zum Beispiel von Mensch und Tier, Mensch und Umwelt. Das ist Gegenstand aber ebenso und in gleicher Dringlichkeit der Verantwortung auf der Mikroebene ehrlicher Bewältigung von Beziehungskonflikten bis in die Tiefe des Respektes der Interessen und (auch natürlichen) Anliegen von Partnern und Kindern hinein – in der sexuellen Intimität, familiären Gemeinschaft und liebenden Beziehungskultur.

An dieser Überlegung wird deutlich, dass die Objektivität, die Ganzheitlichkeit, um die sich die katholische Sexualethik immer bemüht hat, heute ein *Aspekt der unmittelbaren Ausformung und Bestimmung des Menschen selbst* geworden ist. Nicht mehr das Paradigma der Einfügung in die Vorgaben der Natur, sondern die Herausforderung persönlicher Entschiedenheit und

---

[9] Vgl. Stephan E. Müller, Krisen-Ethik der Ehe. Versöhnung in der Lebensmitte (Studien zur Theologie und Praxis der Caritas und sozialen Pastoral 7), Würzburg 1997; vgl. Martin Fischer, Dienst an der Liebe. Die katholische Ehe-, Familien- und Lebensberatung in der DDR (Erfurter theologische Studien 107), Würzburg 2014.

objektiver Angemessenheit sind hier gefragt. Im Sinne auch der natürlichen Rückbindung des eigenen Lebensentwurfes.

3.1 Würdigung des Rechtsinstituts der gleichgeschlechtlichen Lebenspartnerschaft

Und so entstehen neue Offenheiten: An die Kirche stellt sich die Frage, ob die gesetzlichen Versuche im zivilen Bereich, gleichgeschlechtliche Lebenspartnerschaften in ihren Rechten zu stärken, aufgrund einer ethischen Bewertung im Sinne naturrechtlicher Positionen einfachhin als insgesamt ungerechte Legislation abqualifiziert werden dürfen[10]. Das Bemühen, menschliche Beziehungen wegen der durch die gelebte Nähe entstehenden Pflichten füreinander zu stabilisieren, erscheint ethisch gesehen nicht einfach als unmoralisch. Es ist ein Problem, Menschen, die solche rechtlichen Regelungen für sich nutzen, durch sakramentenrechtliche und arbeitsrechtliche Konsequenzen generell aus dem Leben der Kirche zu drängen.

Demgegenüber ist es als ein tiefer Ausdruck der Entwicklung der Gesellschaft zu mehr Menschlichkeit und Achtung der Menschenwürde hin zu verstehen, dass die juristische Bewertung differenziert worden ist. Menschen mit homosexueller Veranlagung können aus ihrer gesellschaftlichen Verdrängung heraustreten und ihre Lebensform entfalten. Die heutige soziale Integration der homosexuell liebenden Menschen zeigt, dass es auch in dieser Form der Liebe tiefe und treue Partnerschaft gibt, in der Verantwortung füreinander und reife Beziehung gelebt werden[11], wenn

---

[10] Vgl. Päpstlicher Rat für die Familie, Ehe, Familie und „faktische Lebensgemeinschaften" (2000), bes. Nr. 16.
[11] Vgl. van de Spijker, Die gleichgeschlechtliche Zuneigung, 37f: „Die ganzheitliche, personalistische Betrachtungsweise der gleichgeschlechtlichen Zuneigung".

auch die unterschiedlichen Bedürfnisse dieser Bindungsform nüchtern gesehen werden müssen[12].

Während in benachbarten Staaten den gleichgeschlechtlichen Partnern mehr oder weniger der Zugang zum Institut der Ehe geöffnet wurde, bemüht sich das deutsche, am 1. August 2001 in Kraft getretene „Gesetz zur Beendigung der Diskriminierung gleichgeschlechtlicher Gemeinschaften: Lebenspartnerschaften" (LPartDisBG) um eine Unterscheidung zwischen Ehe und Lebenspartnerschaft. Zentrum dieser Verschiedenheit ist dabei der Hinweis auf die Offenheit der heterosexuellen Ehe auf das gemeinsame Kind, also auf „die zwingende Notwendigkeit, die unter Einbeziehung der Sexualität auf Dauer angelegte Lebensgemeinschaft zwischen einem Mann und einer Frau, auch zum Zwecke gemeinsame Kinder zu haben und zu erziehen"[13] angemessen zu bewerten.

Sicherlich gibt es auch in der deutschen Gesetzgebung eine gewisse Ambivalenz. Steht auf der einen Seite das Anliegen, die Diskriminierung gleichgeschlechtlicher Lebenspartnerschaften zu überwinden, werden deshalb die Parallelen zur verschiedengeschlechtlichen Ehe sehr stark betont, so bleibt doch offen, ob gerade in Bezug auf die Familie diese Parallelität durchzuhalten, ja realistisch ist.

Der Kern des Gesetzes „zur Beendigung der Diskriminierung gleichgeschlechtlicher Gemeinschaften" ist dabei das „Lebenspartnerschaftsgesetz" (LPartG). In ihm wird gesagt, dass

---

[12] Vgl. Rosemarie Nave-Herz, Partnerschaft – Ehe – Familie. Eine sozialhistorische und soziologische Analyse des Wandels von Formen des Zusammenlebens in Deutschland, in: Hartmut A. G. Bosinski u. a., Eingetragene Lebenspartnerschaften. Rechtssicherheit für homosexuelle Paare – Angriff auf Ehe und Familie?, Regensburg 2001, 16–29.
[13] Bundesministerium der Justiz, Informationen zum Lebenspartnerschaftsgesetz und Ergänzungsgesetz zur Lebenspartnerschaft, Lebenspartnerschaftsgesetz Bundesgesetzblatt 2001, 2–4.

die eingetragenen Lebenspartner zur gegenseitigen Fürsorge und Unterstützung sowie gemeinsamen Lebensgestaltung verpflichtet sind. Auch die in der Ehe genannte Verantwortung füreinander wird aufgeführt. Damit wird das Grundanliegen einer solchen Gesetzgebung zum Ausdruck gebracht. Die Stabilisierung der faktischen menschlichen Verantwortung, die durch eine gelebte Partnerschaft aufgrund der sensiblen, vom Leben selbst gewobenen Bindungen entsteht, erscheint als so wesentlich, dass die für die eheliche Biografie vom Gesetz aufgenommene Dauer für das ganze Leben auch hier festgelegt ist. Diese Forderung nach lebensbiographischer „Treue" wird dabei – versteht man den Sinn der Lebenspartnerschaft eben natürlicherweise unabhängig von der Offenheit auf das gemeinsame Kind – von der menschlichen Qualität der Beziehung zwischen den beiden Partnern selbst her begründet. Und das Rechtsinstitut der Lebenspartnerschaft ist – liest man es nicht nur von seiner gesellschaftlich-emanzipatorischen Funktion als Instrument der Aufhebung von Diskriminierung, sondern von seiner Beanspruchung der Partner für ihre gemeinsamen Lebensgestaltung her – eine Einladung, die eigene Ausformung von Sexualität und Liebe in eine solche reife Bindung hinein zu führen, wie sie eine lebenslange Entscheidung bedeutet. Das Haus der Liebe möchte auch für gleichgeschlechtliche Partner eine Heimat sein, in der sie mit ihrer ganzen Lebensplanung einen Ort der Geborgenheit und Verlässlichkeit finden können.

Nur so kann man verstehen, dass die Parallele zur Ehe im Hintergrund dieser Gesetzgebung steht. Die sozialwissenschaftlich zunächst beschriebene stärkere Unverbindlichkeit gleichgeschlechtlicher Beziehungswelten birgt das Risiko in sich, schwächere Partner einer Willkür der Beziehungsgestaltung auszuliefern. Empfindet die freiheitliche Gesellschaft dieses Risiko nicht im Sinne des Gesetzes als problematisch oder geht es ihr nur formal darum, die Wahlmöglichkeit einer institutionalisierten Lebensbindung mit ihren gesellschaftlichen Privilegien auch für gleichgeschlechtlich Liebende offenzuhalten?

Es ist eine Frage, ob die Lebensform der gleichgeschlechtlichen Liebe sich rein sozialwissenschaftlich gesehen besser in einer *relativen* Stabilität beschreiben lässt als im Paradigma ehelicher Monogamie auf Lebenszeit. Homosexuelle Partnerschaft und nichteheliche Lebensgemeinschaften zwischen heterosexuellen Partnern stimmen nach einer solchen Auffassung in dem Merkmal miteinander überein, dass die „Sinnzuschreibung […] ausschließlich auf die affektivemotionale Partnerbeziehung" eine gegenüber der kulturellen Institution der Ehe eigene Lebensform anspricht. Dazu käme eine erhöhte Störanfälligkeit dieser Partnerschaften. Interessant ist danach auch, dass das Zusammenwohnen bei gleichgeschlechtlichen Partnern „nicht notwendigerweise eine gemeinsame Haushaltsführung bedeutet". Ähnlich wie in nichtehelichen Lebensgemeinschaften würden kaum „Vereinbarungen" getroffen, wie das gemeinsame Leben gestaltet werden soll. Eine solche soziologische Beschreibung gibt an, dass in der homosexuellen Lebensgemeinschaft sogar das Prinzip der sexuellen Exklusivität weniger restriktiv beachtet ist als in den nichtehelichen Lebensgemeinschaften.[14]

Diese sozialwissenschaftliche Beschreibung, die aus dem Jahr 2001 – also aus der Zeit *vor* der Einführung des Gesetzes in Deutschland – stammt, stellt sich heute, über zehn Jahre *nach* der Veränderung der rechtlichen Rahmenbedingungen und ihrer Auswirkung auf das konkrete Verhalten der Menschen, schon wieder anders dar.[15] Das Rechtsinstitut der Le-

---

[14] Vgl. Nave-Herz, Partnerschaft – Ehe – Familie, 25–27.
[15] Das Statistische Bundesamt weist aus, dass in den Jahren von 2007 bis 2012 der Anteil der eingetragenen Lebenspartnerschaften bei den bestehenden ca. 70.000 gleichgeschlechtlichen Partnerschaften von 22 % auf 44 % kontinuierlich gestiegen ist, vgl. Statistisches Bundesamt, Statistisches Jahrbuch. Deutsch-

benspartnerschaft bietet ganz deutlich gegen instabile Beziehungswirklichkeiten einen Raum der Sicherheit der Partner, die sie nicht nur gegenüber der Gesellschaft brauchen, sondern auch in der Suche nach Vertiefung und Radikalität der eigenen menschlichen Zugewandtheit. Das betrifft schon die ganz konkreten materiellen Ressourcen. Vermögensrechtlich zentral ist in diesem Sinne zum Beispiel die Verpflichtung zum Lebenspartnerschaftsunterhalt (§ 5 LPartG). Und es führt sich fort in der Kreativität der gemeinsamen Lebensbewältigung.

Ist es richtig, aus dem Lebenspartnerschaftsgesetz Unterschiede zwischen den Anliegen ehelicher Lebensführung und lebenspartnerschaftlicher Gestaltung herauszulesen? Auch in Bezug auf die verschiedengeschlechtliche Ehe, ja noch einmal dann, wenn sie in eine Familiengründung mündet, suchen viele Zeitgenossen heute eine Art Freiraum, welcher die mögliche Enge von Bindung und Verpflichtung in den Dynamiken der auf Dauer angelegten ehelichen und familiären Lebensgemeinschaft überwinden soll. Im Blick auf die gleichgeschlechtliche Beziehung wird in der Interpretation des Gesetzes in Deutschland gelegentlich diese Freiheit als eigene Charakteristik betont. Die Lebenspartner sind danach nicht unbedingt auf das gemeinsame Entfalten von Aktivitäten im Beruf und Haushalt festgelegt. Ja, die sexuelle Intimität wird offenbar nicht zu den Grundelementen der Lebenspartnerschaft gezählt, eine Dimension, welche im Allgemeinen mit dem Begriff der „ehelichen Lebensgemeinschaft" aus der Gesetzgebung des Bürgerlichen Gesetzbuches zur Ehe verbunden wird. Dies drückt sich eben auch in dem Begriff „Lebenspartner" aus, der sich vom Verständnis der Eheleute als Ehegatten differenziert. Die eingetragenen Lebenspartner gelten einander als Familienangehörige, aber nicht

---

land und Internationales 2013. Wiesbaden 2013, 56, d. h. das jetzt fast die Hälfte das Rechtsinstitut der Lebenspartnerschaft in Anspruch nimmt.

als Ehegatten (§ 11 Abs. 1 LPartG). Es ist ganz offensichtlich die biologische, natürliche Grundlage, welche zu dieser Unterscheidung zwingt und noch einmal den Blick auf die ganz eigene Intimität, Verbindlichkeit und Dichte verschiedengeschlechtlicher Liebe mit ihrer Offenheit auf das Kind im Auge hat.

Die Absicherung gleichgeschlechtlicher Liebe in ihrer Stellung innerhalb der Gesellschaft und gegenüber Dritten ist dabei aber wohl die zentrale Intention der Gesetzgebung im Sinne der Überwindung ihrer Diskriminierung – auch innerhalb liberaler Lebenswirklichkeit. Diese Achtung und dieser gesellschaftliche Respekt stellen danach den Rahmen für die Ermöglichung auch der persönlichen Entfaltung von Bindung und Liebe dar, wie sie im vorausgehenden Abschnitt als implizierte Intention und Wirkung der deutschen Gesetzgebung angesprochen worden ist. Die sehr weit gehende Parallelisierung zwischen der gesellschaftlichen Position der Ehe zielt auf diesen ethischen Kern. Das drückt sich in den symbolischen und realen, familienrechtlichen und materiell-finanziellen Regelungen aus. Die Verwandten der beiden Partner werden in diesem Sinne entsprechend zur Ehe als verschwägert verstanden (LPartG § 11 Abs. 2).

Freilich kann man gerade in diesem Zusammenhang noch einmal die Frage stellen: Ist es ethisch gesehen tatsächlich vorrangig die Sorge um den Schutz der Beziehung, welche hinter solchen juristischen Strukturen steht, oder steht der emanzipatorische Aspekt gleicher Würde gleichsam als Selbstzweck im Vordergrund?

Ganz besonders relevant wird die Sorge um die Beziehungsentfaltung sicherlich in besonderen Krisensituationen, in welche Lebenspartner geraten können. So sind andere wichtige personenrechtliche Wirkungen ebenfalls dem Eherecht nachgebildet: das Zeugnisverweigerungsrecht, das Besuchsrecht für den Fall einer Verhaftung und Verurteilung, das Recht auf Information und Kontakt gegenüber Ärzten und Krankenhäusern, dass Nachzugsrecht für einen ausländischen Lebenspartner. Solche Rechte sind für die ganz konkrete Lebensführung unverzichtbar wichtig – in ganz unmittelbaren Belastungen durch das gesellschaftliche Leben und die gesundheitliche Situation der Partner.

Andere Regelungen haben gewiss mehr die expressive Dimension der Gleichberechtigung im Blick: Eine Lebenspartnerschaft muss – wie die Ehe – vor dem Standesamt gegenseitig erklärt werden. Und blieb der zuständige Beamte bei der Einführung des Gesetzes, anders als bei der Eheschließung, zunächst passiv, so wird seit der Novellierung des Gesetzes im Jahre 2005 auch die Lebenspartnerschaft ausdrücklich in ihrem Bestehen feierlich erklärt (§ 1 Abs. 1 LPartG). In diesem Sinne geht die Gleichstellung bis in symbolische Ausdrucksweisen hinein. So gleicht auch das Namensrecht weitgehend dem Eherecht. Ein gemeinsamer Lebenspartnerschaftsname kann gewählt werden (§ 3 LPartG).

Vermögensrechtliche Bestimmungen und Regelungen, welche die rein äußerliche Absicherung betreffen, sind Mietrecht, Sozialversicherungsrecht und anderes. Im Mietrecht werden die Lebenspartner den Eheleuten gleichgestellt: Bei Tod eines der Partner wird dem anderen das Recht eingeräumt, in den Wohnungsmietvertrag einzutreten. Ähnlich ist das Sozialversicherungsrecht gestaltet, nach dem Lebenspartner und deren Kinder beitragsfrei in die Familienversicherung der Kranken- und Pflegeversicherung einbezogen sind. Es besteht ein gesetzliches Erbrecht (§ 10). Ist es richtig zu sagen: Was für die eheliche Beziehung selbstverständlich ist, wird hier auch für das einzigartige Naheverhältnis zwischen gleichgeschlechtlichen Liebenden in Rechtsform gegossen?

Josef Römelt

3.2 Humanökologie

Wenn man das Rechtsinstitut der Lebenspartnerschaft in diesem Sinne deutet, dann erahnt man den hohen ethischen Anspruch, der hinter den gesetzlichen Vorgaben verborgen ist. Und damit erschließt sich als Herausforderung für das persönliche Gewissen das Anliegen, die Sicherung gelingender und verbindlicher Liebe hinter den moralischen und rechtlichen Suchbewegungen, mit denen eine freiheitliche Gesellschaft die gleichgeschlechtliche Liebe zu ordnen versucht, zu bejahen und ihrer Einladung zu folgen. So muss es in diesen Überlegungen hier, die sich um die Bedeutung des Respektes der Gewissensentscheidung im Blick auf Sexualität und Liebe bemühen, festgehalten werden.

Aber es stimmt nachdenklich, dass diese Einladung zu Konsequenz und zum unbedingten Engagement im Blick auf das mögliche Zerbrechen einer Lebenspartnerschaft nicht durchgehalten wird. Wenn dasselbe Gesetz die Aufhebung einer Lebenspartnerschaft als bloßes gerichtliches Urteil bezeichnet, das sich nicht mehr – wie bei der Ehe – auf ein Scheitern des gemeinsamen Lebensprojektes bezieht, dann kommt im Blick auf die Stabilität gleichgeschlechtlicher Liebe noch einmal ein Unterschied zur heterosexuellen Beziehung in den Blick. Die Lebenspartnerschaft wird nach § 15 LPartG auf Antrag nur eines oder beider Lebenspartner durch gerichtliches Urteil aufgehoben. Ein Scheitern wie bei der Ehe (§ 1065 BGB) wird nicht vorausgesetzt[16]. Bedeutet diese Formulierung, dass der Gesetzgeber die eigene Würde der Ehe rein formal bewusst hal-

---

[16] Vgl. Karlheinz Muscheler, Das Recht der Eingetragenen Lebenspartnerschaft: Handbuch für die gerichtliche, anwaltliche und notarielle Praxis, Berlin ²2004; vgl. Manfred Bruns (Hg.), Lebenspartnerschaftsrecht. Handkommentar, bearb. v. Maria Sabine Augstein, Baden-Baden ²2006. Diese Beobachtung ist festzuhalten, auch wenn die formalen Schritte zur Auflösung einer Lebenspart-

ten wollte, so dass er auch hier sprachlich eine Differenzierung gesucht hat? Oder ist es der Realismus im Blick auf die der heterosexuellen Liebe mit ihrer Offenheit auf das Kind von sich selbst her stärker innewohnende Intention zur Dauerhaftigkeit, die eine solche Unterscheidung motiviert? Ist damit zum Ausdruck gebracht, dass die Institution der Lebenspartnerschaft als rein persönliche Entscheidung der Partner verstanden wird, über deren Bestehen oder Nichtbestehen auch nur sie konsequenterweise bestimmen können und die das gerichtliche Urteil bestätigt? Während sich hier eine letzte Spur eines Bewusstseins um die eigene Bedeutung der Ehe zeigt, die von sich selbst her aufgrund ihrer Offenheit für das gemeinsame Kind der natürliche Raum der Familie ist und für die das Zerbrechen eine weitreichendere Bedeutung hat als das Ende einer Lebenspartnerschaft? Weil in diesem Raum Kinder leben, in dem sie Vater und Mutter als ihren Eltern am unmittelbarsten begegnen und verbunden bleiben? Erscheint in diesem Sinne die Ehe als eine Realität und Institution, an welcher noch ein anderes Interesse der Gesellschaft und des Staates besteht als nur die Stabilität so sensibler Intimität, wie es menschliche Beziehung darstellt?

Die rechtlichen Gestaltungen der modernen Gesellschaften müssen theologisch-ethisch und rechtsethisch gesehen im Sinne der oben angesprochenen human-ökologischen Verantwortung auch daraufhin befragt werden, ob sie die besondere Stellung der Ehe als verschiedengeschlechtliche Lebensgemeinschaft mit ihrer Offenheit auf Familie hin tatsächlich aufzunehmen vermögen oder nicht!

Das Bundesverfassungsgericht hat in seinem Urteil vom 17. Juli 2002 das Lebenspartnerschaftsgesetz in Deutschland als verfassungskonform anerkannt. Das heißt: Es sieht den durch die

---

nerschaft die gleichen Voraussetzungen in Bezug auf Fristen und Entfremdungsprozesse der Partner kennen wie die Gesetzgebung zur Ehe.

Verfassung garantierten Schutz der Ehe durch das Institut der Lebenspartnerschaft nicht gefährdet[17]. Die Novellierungen des Gesetzes, die es in den darauf folgenden Jahren wiederholt gegeben hat, haben die Rechte der Lebenspartner daraufhin noch einmal gestärkt. Gab es in der ersten Fassung des Gesetzes keine Hinterbliebenenrente, keinen Versorgungsausgleich, der in der Zeit der Partnerschaft erworbene Anwartschaften oder Aussichten auf eine Versorgung im Alter oder bei verminderter Erwerbsfähigkeit teilen ließe (dagegen für die Ehe § 1587 BGB), so erstreckt die Neuregelung die Hinterbliebenenversorgung in der gesetzlichen Rentenversicherung auch auf Lebenspartner. Lebenspartner leben – wie Ehegatten – ohne gesonderte Vereinbarung im Güterstand der Zugewinngemeinschaft. Im Unterhaltsrecht besteht nach der Trennung weitgehende Gleichbehandlung mit dem Eherecht. Zudem wird das Verlöbnis auch für homosexuelle Partner eingeführt.

Und doch ist der Bereich, der aufgrund der natürlichen Gegebenheiten von sich selbst her eine Eigenheit der Ehe als *verschieden*geschlechtliche Beziehungsform darstellt, eben die im Blick auf *das gemeinsame* Kind geschenkte Offenheit für die Familiengründung. Und in dieser Offenheit kommen Verbindlichkeiten ins Spiel, welche die Partner noch einmal in einer anderen Qualität aneinander binden. Ja, diese Bindung betrifft die Beanspruchung durch die lebensbiographische (Dauer) und das existenzielle Engagement. Elternschaft kann – ist ein Kind gezeugt – nicht zurückgenommen werden. Sie ist ein lebensgeschichtliches Faktum, das eine Grenze der Selbstbestimmung (auch innerhalb einer liberalen rechtlichen Regelung etwa von Scheidung, Schwangerschaftsabbruch, Adoption usw.) bedeu-

---

[17] Vgl. Marc Schüffner, Eheschutz und Lebenspartnerschaft. Eine verfassungsrechtliche Untersuchung des Lebenspartnerschaftsrechts im Lichte des Art. 6 GG (Schriften zum öffentlichen Recht 1077), Berlin 2007.

tet, weil mit der Existenz der Kinder natürliche Pflichten einhergehen, denen sich die Eltern nicht mehr entziehen können:

„[Die Eltern] können ihr Kind nicht gleichsam als ihr Gemächsel (denn ein solches kann kein mit Freiheit begabtes Wesen sein) und als ihr Eigentum zerstören oder es auch nur dem Zufall überlassen, weil sie an ihm nicht bloß ein Weltwesen, sondern auch einen Weltbürger in einen Zustand herübergezogen, der ihnen nun auch nach Rechtsbegriffen nicht gleichgültig sein kann."[18]

Wird diese Dimension angesprochen, geht es nicht um hausbackene Vereinfachung, unverbesserliche Spießbürgerlichkeit, um traditionell, ewig gestrige Werteromantik. Sondern es geht um das nicht zu vertagende Geschäft eben einer Humanökologie und Integrität menschlicher Beziehungsgestaltung – einer Anwendung ökologischer Grenzerfahrungen und sozialer Bindung auf das sensible Feld menschlicher Sexualität, Liebe und Familie. Dass es hier Grenzerfahrungen gibt, wer wollte das bestreiten: Die Hilflosigkeit der Politik spricht ihre eigene Sprache, die mit immer neuen Maßnahmen finanzieller und struktureller Art Familien zu fördern versucht und es doch nicht schafft, eine Veränderung in dem Anliegen herbeizuführen, dass Paare die Kraft und Zeit finden, in den Zwängen des modernen Lebens für Kinder da zu sein und ihnen das Leben zu schenken. Und hier stellt sich die Frage, ob die Nivellierung zwischen verschiedengeschlechtlicher Ehe und gleichgeschlechtlicher Lebenspartnerschaft das Ja zu Familie und zu Kindern (mit ihrem eigenständigen [Kindes-]Wohl und ihren eigenen natürlichen Rechten) in den heutigen freiheitlichen Gesellschaften stärkt oder einer neuen Belastung aussetzt.

---

[18] Immanuel Kant, Die Metaphysik der Sitten. Werkausgabe Bd. 8, hg. v. Wilhelm Weischedel, Frankfurt a. M. [10]1993, 394 (§ 28).

Spontan ließe sich einwenden, dass auch die Öffnung der Lebenspartnerschaft für die Adoption von Kindern einen weiteren Lebensraum für Familie erschließen könnte. Dass das Verbot bzw. die abgestufte Gestaltung des Adoptionsrechtes für die Lebenspartnerschaft[19] einen Teil der Bevölkerung gerade vom Bemühen um konkret gelebte Familie ausschließt. Partner, die in einer gleichgeschlechtlichen Lebenspartnerschaft leben, können mit ihrer Lebensform nicht daran denken, Kinder durch gemeinsame Adoption in ihre Familie bewusst aufzunehmen.

Es ist keine Frage, dass auch andere familiale Lebensformen – Alleinerziehende, Patchwork-Familien, Adoptivfamilien – ihren ganz eigenen Sinn und ihre Würde als Ort miteinander geteilter Liebe und liebender Heimat (besonders für Kinder) haben. Selbst wenn sie aufgrund von Krisensituationen entstehen, ist ihre Kennzeichnung als bloße Ersatzgemeinschaft unzureichend und unzutreffend. Sie bieten von sich selbst her einen Raum der Geborgenheit und Fürsorge, den Erwachsene und Alte, besonders aber Kinder für ihr Leben brauchen.

Aber mit der Suche nach der Natürlichkeit der Liebe und einer rechten Humanökologie ist ganz offenbar gemeint: Es ist eine Illusion, Strukturen personaler Lebenskultur auf die bloße Funktion alternativer Wahlmöglichkeiten aufbauen zu wollen. Die grundlegende (durch rechtliche und soziale Privilegien ausgedrückte) Option der Gesellschaft für das heterosexuelle Ehepaar, die die Lebensform familiärer Gemeinschaft in sich einschließt, ist keine Diskriminierung anderer Formen persönlicher Beziehung. Sie ist einfach begründet auf der umfassende-

---

[19] Im Blick auf mögliche Kinder, die ein Partner in die Partnerschaft mitbringt, war im Gesetz von 2001 zunächst lediglich das „kleine Sorgerecht" eingeräumt. Nun ist durch die Gesetzesnovellen die Adoption eines Kindes, das einer der Partner in die Lebenspartnerschaft mitbringt, durch den anderen Partner (Stiefkindadoption), also die sukzessive Zweitadoption des Adoptivkindes eines der Partner, ermöglicht.

ren Semantik, die die verschiedengeschlechtliche Partnerschaft für das Leben (und besonders für seine natürliche Weitergabe) hat. Diese Semantik betrifft eben die sensible Polarität der heterosexuellen Geschlechtlichkeit und vor allem ihre durch nichts zu ersetzende Fruchtbarkeit, die so wichtig für den bleibenden Kontakt des menschlichen Lebens zu den grundlegenden Ressourcen der Erfahrung von das Leben erfüllendem Sinn, tragfähigem Glück, ja menschlicher Lebensfülle sind. Die Ehe zwischen Frau und Mann und die Familie mit ihren *gemeinsamen* Kindern wird auch in Zukunft der Kern familialer Lebensformen bleiben. Man muss kein Prophet sein, um das zu sagen, weil es einfach ganz ursprünglichen menschlichen Bedürfnissen entspricht. Und weil sie die natürlichen Rechte vor allem der Kinder wahrt, ihre leiblichen Eltern zu kennen, mit ihnen das Leben teilen zu können und von ihnen versorgt zu werden[20].

In diesem Sinne lässt sich die Einsicht der Gender-Forschung heute in Bezug auf die lebensbiografische und soziale Offenheit der Entwicklung geschlechtlicher Identität über die bloß biologische Anlage von Frau und Mann hinaus auch im Sinne einer ethischen Herausforderung auslegen: Wer sich zu einer gleichgeschlechtlichen Lebensgestaltung entschließt, drückt darin zugleich auch den Verzicht darauf aus, Kinder

---

[20] Auch hier sei noch einmal Immanuel Kant – gerade der prononcierteste deutsche Philosoph der Aufklärung und selbstbestimmten Autonomie – als unverdächtiger Zeuge für eine solche Sicht zitiert, wenn er über das Geheimnis der Zeugung nachdenkt: „Denn da das Erzeugte eine Person ist, und es unmöglich ist, sich von der Erzeugung eines mit Freiheit begabten Wesens durch eine physische Operation einen Begriff zu machen: so ist es eine in praktischer Hinsicht ganz richtige und auch notwendige Idee, den Akt der Zeugung als einen solchen anzusehen, wodurch wir eine Person ohne ihre Einwilligung auf die Welt gesetzt und eigenmächtig in sie herübergebracht haben; für welche Tat auf den Eltern nun auch eine Verbindlichkeit haftet, sie, soviel in ihren Kräften ist, mit diesem ihrem Zustande zufrieden zu machen." Kant, Die Metaphysik der Sitten, 394 (§ 28).

mit einem Partner (auf natürliche Weise) zu zeugen und ins Leben zu begleiten. Gleichgeschlechtliche Liebe trägt die Distanz zu natürlicher Entfaltung von Weitergabe des Lebens an Kinder und zur Vitalität familiären Lebens in sich. Dieses Faktum lässt sich nicht verdrängen und mit noch so großer Rhetorik von Emanzipation und (technisch-gestützter [künstliche Befruchtungshilfen]) Optionsvielfalt innerhalb moderner Gesellschaft verdecken. Fordert es nicht auch die Entschiedenheit heraus, sich für die verschiedengeschlechtliche Beziehung und ihre Offenheit für Familie zu engagieren? Im Einsatz für sie die eigene sexuelle Vitalität und Partnersuche zu entfalten?

Freilich ist vielleicht gerade, wenn man die anthropologischen und biblischen Begründungen[21] ernst nimmt, die Sorge unberechtigt, dass durch eine Offenheit für andere Lebensformen als die Ehe das letzte Ideal der Liebe und ihre natürliche Fruchtbarkeit unwiederbringlich verdeckt würden. Die Bedürfnisse des Menschen weisen hier eben in einer gewissen Eigendynamik den Weg in das Ziel der Liebe als umfassenden Lebensentwurf. Wenn die familiären Bedürfnisse tatsächlich auf natürlichen, also humanökologischen Zusammenhängen beruhen, werden sie ein eigenes Schwergewicht auch innerhalb der postmodernen Vielfalt entfalten.

Und so ist die Diskriminierung gleichgeschlechtlicher Lebensweisen einfach unnötig. Die katholische Theologie lernt in diesem Punkt ganz offen, wie die Haltung des jetzigen Papstes

---

[21] Zur Verschiedengeschlechtlichkeit als wesentlicher Signatur menschlicher Geschlechtlichkeit vgl. Gen 1,27: „Gott schuf also den Menschen als sein Abbild; als Abbild Gottes schuf er ihn. Als Mann und Frau schuf er sie." Vgl. Norbert Baumert, Der Mensch, Gottes Ebenbild. „Als Mann und Frau schuf er sie" (Arbeitshilfen / Sekretariat der Deutschen Bischofskonferenz 60), Bonn 1988; Klaus Kienzler/Stefanie Spendel, Als Mann und Frau schuf er sie. Theologische Grundlagen und Konsequenzen (Theologie interdisziplinär 9), Donauwörth 1995.

Franziskus gegenüber Homosexuellen zeigt. Und doch bedarf es der Ehrlichkeit, welche die humanökologische Sensibilität bewahrt und die familiäre Bindung in ihrer Vitalität erschließt, die deshalb Verschiedenheiten gelten lässt ohne alles gleichmachen zu müssen, sondern sie in kluger und sachgerechter Abwägung der (auch) natürlichen Rechte von Kindern, Frauen und Männern achtet. Gelingende Kultur heißt, auf der Basis natürlicher Wirklichkeit aufbauen zu können und Leben zu fördern. Und so bleibt das berechtigte Anliegen, dass diejenige ethische Reflexion und rechtliche Gestaltung, die nach einer Integration zwischen natürlicher Gebundenheit und menschlicher Freiheit und Kreativität in Ehe und Familie Ausschau hält, hier der Sensibilität des Humanum entspricht.

Vielleicht lässt sich auf diesem Hintergrund die moralische Haltung im Sinne des Respektes des ganz persönlichen Gewissens und der Achtung vor den weiteren Horizonten der Freiheit in ihrer religiösen, sozialen und natürlichen Ganzheitlichkeit so beschreiben: Es wäre eine Haltung, die zum Beispiel davon spricht, dass Menschen ihre gleichgeschlechtliche Partnerschaft offen gestalten können, ohne jedoch Angst zu haben, dadurch diskriminiert zu werden, dass die Ehe zwischen verschiedengeschlechtlichen Partnern einen eigenen Sinn hat. Dass die verschiedengeschlechtliche Ehe eine bleibend eigene Institution darstellt, neben der die Lebensform der gleichgeschlechtlichen Lebenspartnerschaft mit einem eigenen Sinn besteht. Dass personenstandsrechtliche und steuerrechtliche Bestimmungen die Ehe in den Punkten privilegieren, wo sie durch die natürliche Offenheit auf das Kind einen besonderen Schutz einfach braucht. Dass Menschen ihre gleichgeschlechtliche Liebe zu leben vermögen, ohne dass sie aber auch das tiefe Geheimnis des gemeinsamen Kindes verschiedengeschlechtlicher Eltern in Atemlosigkeit bringt. Ja, dass das Engagement für die eheliche Liebe und für eigene Kinder in der Gemeinsamkeit von Frau und Mann seine eigene Faszination und Herausforderung hat und haben muss. Die unterschwellige Verachtung der gleichgeschlechtlichen Liebe ist sicherlich auch in unserer offenen Gesellschaft nicht einfach als eine Versuchung verschwunden. Irgendwie gibt es offensichtlich ganz tiefe emotionale Spannungen, welche die Akzeptanz dieser Lebensform in der Öffentlichkeit immer wieder gefährden. Papst Franziskus hat gegen solche oft unbewussten und aus einer ungeklärten instinktiven Schicht stammenden Vorurteile die Achtung der gleichgeschlechtlichen Liebe angemahnt. Er hat auf eine ganz unkomplizierte Weise darauf hingewiesen, dass eine Verurteilung gefährlich und ohne Wenn und Aber ungerecht ist[22]. Aber es stellt sich auch die Frage: Ist es ebenso möglich, dass umgekehrt die moderne Gesellschaft die Verschiedenartigkeit der Beziehungsformen respektiert, indem sie die besondere Stellung der verschiedengeschlechtlichen Ehe und Familie und ihre spezifische Bedeutung für die Gesellschaft bewusst hält? Dass sie die – für die gleichgeschlechtliche Liebe in der Vergangenheit oft schweren (!) – Kämpfe um die Emanzipation nicht weiterführen muss in ein Maß, das ganz sicher – um es noch einmal mit diesem Ausdruck zu sagen – „unökologisch" ist? Damit tatsächlich ein integrierter Lebenssinn für alle Beziehungsformen erfahrbar wird!

---

[22] „Einmal hat mich jemand provozierend gefragt, ob ich Homosexualität billige. Ich habe ihm mit einer anderen Frage geantwortet: ‚Sag mir: Wenn Gott eine homosexuelle Person sieht, schaut er diese Existenz mit Liebe an oder verurteilt er sie und weist sie zurück?' Man muss immer die Person anschauen." Antonio Spadaro, Das Interview mit Papst Franziskus, hg. von Andreas R. Batlogg, Freiburg i. Br. 2013, 50.

Zu den rechtlichen Regulierungen gleichgeschlechtlicher Partnerschaften in Europa
Einige Überlegungen aus ethischer und theologischer Sicht

Alberto Bondolfi

Geht ein Gespenst durch Europa auch beim Problem der Anerkennung von Grundrechten gleichgeschlechtlicher Partnerschaften? Oder gleicht die Diskussion um diese Problematik nicht eher einem Irrgarten, in dem es nicht leicht ist, sich zu orientieren und sich dann wieder zu finden? Ziel dieses Textes ist nicht so sehr, eine systematische Einordnung der verschiedenen Versuche der Legalisierung homosexueller Paare zu unternehmen, sondern eher eine Beschreibung der ethischen Hintergründe verschiedener Modelle gleichgeschlechtlicher Partnerschaften zu skizzieren, welche uns wiederum erlauben sollte, die anthropologischen und gesellschaftstheoretischen Annahmen derselben zu problematisieren und zumindest partiell, in ethischer Hinsicht, einzuschätzen.

Die Darstellung einiger rechtlicher Regulierungen in Europa wird also nicht in rechtsvergleichender Absicht unternommen (mir würden so oder so die Kompetenzen fehlen), sondern in ethisch-theologischer Perspektive, um somit einerseits besser wahrzunehmen, was in verschiedenen gesellschaftlichen Kontexten geschieht, und um die entsprechenden ethischen Herausforderungen anzunehmen.

Den biographischen Hintergrund dieser knappen Überlegungen bildet die schweizerische Diskussion um die Homosexualität im Allgemeinen, mitverursacht durch die Verbreitung der AIDS-Infektion[1], und die anschließende politische Diskus-

---

[1] Vgl. die umfassende Information des Bundesamts für Gesundheit, Aids, online:

sion um die rechtliche Anerkennung homosexueller Paare[2]. Der helvetische Weg zur Anerkennung homosexueller Partnerschaften ist einzigartig und soll hier nicht explizit dargestellt und bewertet werden. Er hat mich trotzdem biographisch geprägt, indem ich an der öffentlichen Diskussion über verschiedene Modelle und an der Auseinandersetzung vor der Volksabstimmung aktiv teilgenommen habe.

Ich möchte meine Ausführungen in verschiedenen Schritten zu strukturieren versuchen. (1) In einem ersten Schritt werde ich die lange Vorgeschichte der heutigen Auseinandersetzung kurz skizzieren, (2) in einem zweiten Abschnitt einige Definitionsprobleme um die Ehe erwähnen, (3) in einem dritten Abschnitt einige Modelle in der europäischen Landschaft zu typisieren versuchen und (4) schließlich abschließend den möglichen Übergang von der Anerkennung zur *Ehe für alle* problematisieren und ethisch-theologisch bewerten.

Das Ganze beansprucht weder eine Vollständigkeit in der Information noch eine abschließende Beurteilung der Materie. Es soll fragmentarisch bleiben und zu weiteren Reflexionen führen, sowohl in unseren Gesellschaften als auch in der innerkirchlichen Auseinandersetzung, welche sicherlich auch nach der Bischofssynode (2014–2015) weitergehen wird.

---

http://www.bag.admin.ch/themen/medizin/00682/00684/01032/index.html?lang =de [Stand 03.06.2015].
[2] Vgl. zur Genese der Gesetzgebung in diesem Bereich: Bundesamt für Justiz, Eingetragene Partnerschaft gleichgeschlechtlicher Paare, online: https://www.bj. admin.ch/bj/de/home/gesellschaft/gesetzgebung/archiv/partnerschaft.html [Stand 03.06.2015].

Zu den rechtlichen Regulierungen gleichgeschlechtlicher Partnerschaften in Europa

1. Eine lange Vorgeschichte

Lange bevor die europäischen Gesellschaften neue Formen des familiären Zusammenlebens erfahren und reflektiert haben, sind sowohl praktische Prozesse als auch theoretische Überlegungen in Gang gesetzt worden, welche langlebige Auswirkungen bis zum heutigen Tag bewirkt haben. Es ist an dieser Stelle kaum möglich, die verschiedenen Etappen der Geschichte der Ehe, so wie sie sich in den europäischen Gesellschaften manifestiert haben, zu skizzieren.[3] Ich werde mich darauf beschränken, zwei Phänomene zu schildern, die meiner Meinung nach für die ethische Einschätzung der heutigen Lage und der dazu gehörenden Argumente besonders exemplarisch sind. Es handelt sich um die *Enttheologisierung der Ehe* einerseits und um die *Entstehung der Zivilehe* in Westeuropa andererseits. Beide Phänomene sind komplex und haben sich in zeitlich sich überlappenden Epochen ausgebildet. Sie werden hier nur in einer beschränkten Perspektive erwähnt, nämlich nur um zeigen zu können, dass beide Phänomene die notwendige, wenn nicht auch die ausreichende Voraussetzung darstellen, welche die heutige Situation erklärbar machen.

Der Beitrag der Reformation zur Wahrnehmung der Institution der Ehe darf nicht unterschätzt werden. Mit Luthers Behauptung, die Ehe sei ein *weltlich Ding*[4], ist ein Prozess in Gang gesetzt worden, der bis heute nachwirkt.[5] Die Positionierung

---

[3] Für eine erste Einführung vgl. Jean Gaudemet, Le mariage en Occident. Les moeurs et le droit, Paris 1987.
[4] Ich verweise für eine Rekonstruktion der Ehelehre Martin Luthers auf eine Publikation eines katholischen Theologen, der exemplarisch zeigt, worin das Anliegen Luthers besteht: Urs Baumann, Die Ehe – ein Sakrament?, Zürich 1988.
[5] Für eine erste Annäherung an diese Thematik vgl. Georg Raatz, Luthers Ehekonzept. Eine geschichtshermeneutische Rekonstruktion im Kontext der Debatte um die Orientierungshilfe des Rates der EKD zur Familie (2013), in:

des deutschen Reformators beabsichtigte nicht, der Ehe jegliche theologische Bedeutung und Relevanz abzusprechen, sondern der verfassten Kirche die Monopolherrschaft über die Institution der Ehe zu entziehen. Die neuere Forschung zeigt ebenso das ökumenische Potential der Ehelehre Luthers, denn durch ein angemesseneres Sakramentenverständnis in der neueren katholischen Theologie ist es möglich geworden, beide Ansätze im Verständnis der Ehe als kompatibel zu betrachten.[6] Die Praxis der konfessionell gemischten Ehen erwies diese Konvergenz in der Praxis, die die theologische Annäherung wenn nicht antizipiert, so doch zumindest erleichtert hat. Das Gleiche lässt sich ebenso für die reformierte Tradition behaupten.[7] Die theologische Behauptung der Weltlichkeit der ehelichen Institution wird benutzt, um ihren Wert und ihre Bedeutsamkeit hervorzuheben und um die Trennung zwischen Laien und Klerikern ekklesiologisch aufzuheben.

Das zweite epochale Phänomen, das für das Verständnis der heutigen Situation als unerlässlich erscheint, ist die Entstehung der Zivilehe.[8] Dieser geschichtliche Prozess ist höchst

---

ZThK 112 (2015) 100–140. Neuerdings vgl. auch Volker Leppin, Ehe bei Martin Luther. Stiftung Gottes und „weltlich Ding", in: EvTh 75 (2015) 22–33; sowie Stefan Heuser, Literaturbericht zum Thema Ehe, in: EvTh 75 (2015) 70–79. Für eine Kenntnis der geschichtlichen Hintergründe, in denen die Ehetheologie Luthers eingebettet ist, vgl. Manuel Braun, Disziplinierung durch disziplinlose Texte? Der moraltheologische Ehediskurs und ein Leitparadigma der Frühneuzeitforschung, in: Daphnis 31 (2002) 413–467.

[6] Vgl. Birgit Jeggle-Merz, Ehe als Sakrament? Impulse aus der katholischen Liturgie, in: EvTh 75 (2015) 59–69.

[7] Vgl. Die geschichtliche Rekonstruktion der Auffassung Calvins in: John Witte, Zwischen Sakrament und Vertrag: Ehe als Bund im Genf Johannes Calvins, in: Zeitschrift der Savigny-Stiftung für Rechtsgeschichte 84 (1998) 386–469.

[8] Vgl. Sabrina Baumann, Entstehung und Entwicklung der Zivilehe bis zu ihrer Einführung in der Schweiz (1874) und in Deutschland (1875), St. Gallen 2000 (Diplomarbeit der Universität). Außerdem: Inken Fuhrmann, Die Diskussion über die Einführung der fakultativen Zivilehe in Deutschland und Öster-

komplex und vielschichtig und kann hier kaum eingehend dargestellt werden. Ich erwähne ihn nur in der Absicht, um die qualitative Novität der heutigen Auseinandersetzung um neue Lebens- und Partnerschaftsformen gegenüber den bisherigen Diskussionen um die Ehe deutlich sichtbar werden zu lassen. Die Institution der Zivilehe wurde in der Tat eingeführt, um zwei schwierige „Knoten" in der Beziehung zwischen dem modernen Staat und den christlichen Konfessionen lösen zu können. Dort, wo die katholische Kirche noch eine Art Monopol über die rechtliche Gestaltung der Ehe besaß, löste die Zivilehe dieses Monopol zumindest partiell auf. So erlaubte der napoleonische *mariage civil* auch Protestanten den vollen Zugang zu einer öffentlich anerkannten Ehe. Paare, welche den Bedingungen des kanonischen Rechtes nicht genügen konnten, durften mit der Möglichkeit der Zivilehe ebenso „gültig" heiraten. Mit anderen Worten gesagt, und in einer bewusst aktualisierenden Perspektive, kann die Entstehung der Zivilehe als eine Art *mariage pour tous* (Ehe für alle) ante litteram betrachtet werden. Waren früher die Konfessionszugehörigkeit oder die fehlende Eigentums- und Zahlungsfähigkeit ein Hindernis zur Ehe, so wird heute die sexuelle Orientierung auch als ein ungerechtfertigtes Ehehindernis betrachtet. Davon wird später noch die Rede sein.

Zusammenfassend kann auf alle Fälle behauptet werden, dass die Entkirchlichung bzw. die Entkonfessionalisierung der Ehe einerseits und die Entstehung der Zivilehe andererseits die zwei vielschichtigen Prozesse sind, welche als Voraussetzung der heutigen Debatten um die Anerkennung gleichgeschlechtlicher Lebensformen gelten können.

---

reich seit Mitte des 19. Jahrhunderts (Rechtshistorische Reihe 177), Frankfurt a. M. u. a. 1998.

2. Von der Kriminalisierung zur Anerkennung der Homosexualität

Die Geschichte der faktischen und ideellen Einstellungen homosexuellen Verhaltens gegenüber ist erst während der letzten Jahrzehnte mit einem Minimum an Unparteilichkeit untersucht worden.[9] Eine besondere Aufmerksamkeit galt dabei dem biblischen Befund[10] und einigen Stationen aus der Theologiegeschichte. Die neuere exegetische Forschung betont vor allem die gesellschaftliche Einbettung der negativen Bewertung gleichgeschlechtlicher Sexualität, welche sowohl in den alttestamentlichen Schriften als auch, wenn auch eher fragmentarisch, in einigen neutestamentlichen Schriften vorkommt. Von der Präsenz einer eigentlichen „Lehre" zur Homophilie in der Bibel kann kaum die Rede sein. Es handelt sich eher um Passagen, welche jedes Mal kontextbezogen ausgelegt werden müssen und die ihren fragmentarischen Charakter behalten.

Wenn die biblischen Aussagen eher sparsam sind, sind hingegen die rechtlichen Regulierungen homosexuellen Verhaltens in der Geschichte, sowohl in kirchlichen als auch in weltlichen Kodifizierungen, präziser und konkreter.[11] Die Missbilligung homosexuellen Verhaltens ist so intensiv und mit so schwerwie-

---

[9] Vgl. John Boswell, Christianity, Social Tolerance and Homosexuality. Gay people in Western Europe from the beginning of the Christian era to the fourteenth century, Chicago u. a. [13]1999; Udo Rauchfleisch, Schwule – Lesben – Bisexuelle. Lebensweise, Vorurteile, Einsichten, Göttingen [4]2011.
[10] Vgl. vor allem Michael Brinkschröder, Sodom als Symptom. Gleichgeschlechtliche Sexualität im christlichen Imaginären – eine religionsgeschichtliche Anamnese (Religionsgeschichtliche Versuche und Vorarbeiten 55), Berlin 2006; Thomas Römer/Loyse Bonjour, L'homosexualité dans le Proche-Orient ancien et la Bible, Genf 2005; Jean-Baptiste Edart/Innocent Himbaza/Adrian Schenker, Clarifications sur l'homosexualité dans la bible, Paris 2007; Karin Hügel, Homoerotik und Hebräische Bibel, Bremen 2009; Jens Herzer, Der Buchstabe tötet (2Kor 3,6). Exegetische und hermeneutische Überlegungen zur aktuellen Debatte um die Homosexualität, in: EvTh 75 (2015) 6–21.
[11] Vgl. als Einführung Flora Leroy-Forgeot, Histoire juridique de l'homo-

genden Sanktionen belegt, dass man nur mit der Analyse kleiner Veränderungen im Laufe der Jahrhunderte den geschichtlichen Prozess einer zunehmenden Akzeptanz beobachten und kritisch analysieren kann.

Eine systematische Repression jeglicher homosexuellen Praktik entsteht, zumindest im römischen Imperium, erst nach der sogenannten konstantinischen Wende. Bis dato galt die Missbilligung eher derjenigen Person, welche eine passive Rolle in der sexuellen Begegnung ausübte. Man fand diese Rolle eher für Sklaven und junge Lehrlinge und nicht für freie Menschen geeignet, während der aktive freie Mensch dafür gelobt wurde. Die christlichen Kaiser übernehmen, zumindest indirekt, diese römische Mentalität und führen die Todesstrafe für männliche Homosexuelle in zwei Etappen ein: zuerst für die „passiven" im vierten Jahrhundert und erst dann für die „aktiven" im fünften Jahrhundert.[12] Dabei kann man beobachten, dass die patristische Literatur, welche unser Thema in den ersten drei Jahrhunderten relativ spärlich behandelt hatte, nun die strafrechtlichen Bestimmungen der neuen Kaiser intensiv begleitet. Somit entsteht eine gemeinsame repressive Linie, in der nicht immer leicht auszumachen ist, welche Instanz als Ursache und welche als Echo zu betrachten ist.

Diese repressive Linie zieht sich dann weiter durch das Mittelalter und die frühe Neuzeit. Falls man meinen würde, dass dies vor allem auf den Einfluss kirchlichen Gedankengutes beruht, muss an dieser Stelle präzisiert werden, dass die meisten Entscheidungen, welche für homosexuelle Praktiken drastische

---

sexualité en Europe, Paris 1997; Flora Leroy-Forgeot/Caroline Mécary, Le couple homosexuel et le droit, Paris 2001.

[12] Einen Einstieg bietet Jean-Jacques Aubert, Christianisme antique, droit romain et homosexualité, in: Michael Groneberg (Hg.), Der Mann als sexuelles Wesen. Zur Normierung männlicher Erotik (Ethik und politische Philosophie 13), Freiburg i. Ue. 2006, 103–125.

Strafen vorsahen, auf die Initiative der politischen Autoritäten zurückzuführen sind.[13] Kirchenrechtliche Dokumente und Bußbücher missbilligen sowohl homosexuelle als auch heterosexuelle Praktiken, welche der christlichen Moral widersprechen, sehen aber kaum blutige Sanktionen vor, wie etwa die Kastration homophiler Männer, eine Sanktion, welche bereits einige Kaiser der Spätantike eingeführt hatten.

Die Illegalisierung der Homosexualität geht trotzdem weiter und erst während der Aufklärung sind erste Zeichen einer Liberalisierung dokumentierbar. Solche Zeichen sind nicht als Ausdruck eines spezifischen Willens zu verstehen, sondern als eine Konkretisierung unter vielen im Bereich der Sexualität im Allgemeinen. Schaut man sich die verschiedenen Texte einer neuen Regulierung dieser Materie näher an, wird man feststellen können, dass Veränderungen durch kleine terminologische Neudefinitionen und durch präzise Nennungen von Umständen geschehen.

So wird in verschiedenen europäischen Strafgesetzbüchern klarer zwischen Geschlechtsverkehr mit Minderjährigen, nun als Pädophilie definiert, und einvernehmlichem Geschlechtsverkehr unter Erwachsenen unterschieden. Auf diese Weise wird letzterer entkriminalisiert. In den meisten Gesetzen bleibt aber die Strafandrohung für die Nichtrespektierung des Schutzalters in hetero- und in homosexuellen Kontexten noch immer unterschiedlich. Dies ist ein Zeichen dafür, dass die verschiedenen Gesetzgeber die zwei Praktiken in ihrer jeweiligen Verwerflichkeit je anders beurteilen und entsprechend auch ahnden. Erst in der zweiten Hälfte des 20. Jahrhunderts wurde es möglich, sexuelle Praktiken zumindest in ihrer strafrechtlichen Einschätzung bzw. Ahndung gleich zu beurteilen, unabhängig davon,

---

[13] Vgl. für die mittelalterlichen Entwicklungen Irene Zavattero, Il liber gomorrhianus di Pier Damiani. Omosessualità e Chiesa nel Medioevo, Siena 1996 (Diss.)

ob sie nun in einem hetero- oder homosexuellen Kontext geschehen.[14] Der Prozess der Entkriminalisierung ist aber nicht als monolinear zu verstehen. Einerseits werden in letzter Zeit sexuelle Verhaltensweise nicht mehr strafrechtlich verfolgt, wenn die verschiedenen Gesetzgeber zur Überzeugung gelangt sind, dass diese Praktiken das gesellschaftliche Zusammenleben nicht (mehr) gefährden, während andere Verhaltensweisen, welche früher im Namen einer ideologischen Auffassung der Ehe als „inexistent" oder als nicht strafbar betrachtet worden sind, nun verfolgt werden. Dies ist der Fall der *Vergewaltigung in der Ehe*. Verschiedene Gesetzgebungen haben die Scheinlegitimation eines *ius in corpus* verlassen und betrachten Akten der sexuellen Gewalt auch innerhalb einer ehelichen oder eheähnlichen Beziehung als strafwürdig.[15] Diese Kriminalisierungsprozesse sind Ausdruck einer neuen Sensibilität für die klare und konsequente Berücksichtigung der sexuellen Selbstbestimmung einer jeden Person, in welcher Lebensform auch immer sie sich befinden möge.

Wenn einerseits die Werte und die damit verknüpften Grundrechte der Autonomie immer klarer in den neuen Verrechtlichungsprozessen der Sexualsphäre sichtbar werden, muss man andererseits doch beobachten, dass beim Versuch der Anerkennung homophiler Lebensformen die Definitionen von Grundkategorien wie eben „Ehe" oder „Familie" dazu neigen, eher schwammig zu werden.

---

[14] Vgl. dazu anlässlich der Revision des schweizerischen Strafgesetzbuchs Alberto Bondolfi, La réforme du droit pénal en matière sexuelle, in: Studia Philosophica 44 (1985) 182–189.
[15] Vgl. hierzu Roberto Colombi, Gewalt in der Ehe und in der Partnerschaft – zur Auslegung der neuen Art. 123, 126 und 180 StGB, in: Zeitschrift für Strafrecht (2005) 1–15.

Alberto Bondolfi

3. Wege zur Anerkennung

Die definitorische Unsicherheit ist Ausdruck einer tieferen Krise der Ehe als Institution, verstanden als der eigentliche Ort, wo die menschliche Sexualität ihren vollkommenen Ausdruck finden sollte. Eine umfangreiche Literatur, sowohl innerhalb der Rechtswissenschaft[16] als auch in der philosophischen und theologischen Ethik[17], bestätigt dies mit einer Fülle von empirischen Belegen und prinzipiellen Argumenten. Auch einige Gerichtsurteile dokumentieren die definitorischen Unsicherheiten. Paradebeispiel ist hier die Auseinandersetzung *Karner gegen Österreich*[18], in der der Menschenrechtsgerichtshof in Straßburg das Zusammenleben eines homosexuellen Paares als „familiäre Form" bezeichnet hat. Die Mühe mit den Definitionen zeigt sich auch dort, wo, um präzise Definitionen zu vermeiden, der Gesetzgeber im Bereich der Ehegesetzgebung den Text des Zivilgesetzbuches rein grammatikalisch einfach an gleichgeschlechtliche Situationen anpasst. Dies ist z. B. der Fall in der neueren Gesetzgebung in Frankreich.[19]

---

[16] Vgl. u. a. mit besonderer Aufmerksamkeit für die deutschsprachige Literatur: Hans-Martin Pawlowski, Abschied von der „bürgerlichen Ehe"? Ist der Schutz der Ehe durch den Staat noch zeitgemäss?, in: Deutsches und Europäisches Familienrecht (2000) 19–28; Heinz Holzhauer, Krise und Zukunft der Ehe, in: Juristenzeitung (2009) 492–496; Jörg Benedict, Die Ehe unter dem besonderen Schutz der Verfassung. Ein vorläufiges Fazit, in: Juristenzeitung (2013) 477–487;
[17] Vgl. vor allem die Beiträge im Themenheft „Ehe" der Zeitschrift Evangelische Theologie 75 (2015) Heft 1.
[18] Vgl. Europäischer Gerichtshof für Menschenrechte, Kammer I, Beschwerdesache Karner gegen Österreich, Urteil vom 24.7.2003 (Bsw. 40016/98), online: https://www.ris.bka.gv.at/Dokumente/Justiz/JJT_20030724_AUSL000_000BSW40016_9800000_000/JJT_20030724_AUSL000_000BSW40016_9800000_000.pdf [Stand 03.06.2015].
[19] Vgl. Loi ouvrant le mariage aux couples de personnes de même sexe vom

Über die Definitionsprobleme hinaus zeigt schon ein oberflächlicher Blick auf verschiedene Regulierungen in Europa, dass die verschiedenen Gesetzgeber vor allem vor substantiellen Bewertungsproblemen standen und zum großen Teil immer noch stehen.[20] Ist es nun angesichts dieser substantiellen Schwierigkeiten möglich, eine Typologie der verschiedenen gesetzgeberischen Lösungen vorzuschlagen? Die Zeiten dafür sind vielleicht noch nicht reif genug, aber zumindest eine grobe Einteilung zwischen drei Regulierungsgrundmodellen scheint mir, zumindest aus didaktischen Gründen, doch möglich zu sein.

- Die meisten westeuropäischen Länder „atlantischer Prägung" haben die Ehe umdefiniert und somit diese Institution den homosexuellen Paaren geöffnet.
- Die meisten mitteleuropäischen Länder haben für homosexuelle Paare einen eheähnlichen Status vorgesehen und geregelt. Diese Institutionalisierung kennt Ausnahmen oder Einschränkungen bei der Verwirklichung einiger „Rechte" bzw. Ansprüche: etwa bei der Adoption und beim Zugang zu bestimmten Fortpflanzungstechnologien.
- Einige Länder haben vorgängig die Ehe als eine Gemeinschaft von Mann und Frau definiert und somit den Zugang zu dieser Institution für homosexuelle Paare vorgängig gesperrt.
- Italien und Griechenland kennen in ihren rechtlichen Regulierungen die Problematik kaum.

17.05.2013, online: http://legifrance.gouv.fr/affichTexte.do?cidTexte=JORF TEXT000027414540&dateTexte=&categorieLien=id [Stand 03.06.2015].

[20] Zur ersten Information vgl. Werner T. Bauer/Andreas Berger/Caroline Hutter, Die Rechte Homosexueller im europäischen Vergleich, Wien 2009, online: http://www.boell-brandenburg.de/sites/default/files/uploads/2012/01/rechte-homosexueller.pdf [Stand 03.06.2015].

Diese grobe Einteilung erlaubt uns nun einige Spezifitäten der jeweiligen Regulierungen hervorzuheben, so dass daraus einige ethisch relevante Gesichtspunkte lokalisiert werden können. Diese Lokalisierung wiederum wird kaum erlauben, eine ausgearbeitete inhaltliche Positionierung in der Sache vorzulegen, sondern höchstens einige provisorische Vorzugsurteile zur Diskussion zu stellen.

Diejenigen Länder, welche eine Sonderregelung für homosexuelle Paare eingesetzt haben, geben unumwunden zu, dass diese Regelung *eheähnliche Züge* aufweist. Um diese Nähe auch ethisch zu begründen, verweisen sie auf verschiedene Sachverhalte, welche hier kurz zu erwähnen sind. Ich zitiere aus einer Botschaft der Regierung der Schweiz, mit der die Regierung versuchte, die Parlamentarier(innen) von der Notwendigkeit eines neuen Status für homosexuelle Paare zu überzeugen:

„Von der Schaffung einer rechtlichen Regelung wird ein wesentlicher Beitrag zur Beendigung von Diskriminierungen sowie zum Abbau von Animositäten und Vorurteilen gegenüber der Gleichgeschlechtlichkeit in der Bevölkerung erwartet. Homosexuell zu sein und Homosexualität eines Familienmitglieds zu akzeptieren, kann leichter werden, wenn der Staat diesen Personen ein Rechtsinstitut zur Verfügung stellt. Zu bedenken sind deshalb nicht nur die realen, sondern insbesondere auch die symbolischen Wirkungen eines Gesetzes.

Gefordert wird ferner der Abbau von Unterschieden in den letztlich auf Recht beruhenden Ungleichheiten, namentlich hinsichtlich der erbrechtlichen, ausländerrechtlichen und sozialversicherungsrechtlichen Konsequenzen und der Ansprüche.

Schließlich geht es um die Anerkennung von Leistungen gegenseitiger Fürsorge und Vorsorge, die in gleichgeschlechtlichen Partnerschaften erbracht werden. Für das Zusammenleben in der Gesellschaft und die gesellschaftliche sowie persönliche Entwicklung ist es grundsätzlich erwünscht, dass Menschen verlässliche Beziehungen eingehen. Dementsprechend ist es an gemessen, dass der Staat derartige Beziehungen als sog. Verantwortungsgemeinschaften rechtlich anerkennt."[21]

---

[21] Botschaft zum Bundesgesetz über die eingetragene Partnerschaft gleich-

Wie man aus dieser Botschaft entnehmen kann, besteht die Grundabsicht des helvetischen Gesetzgebers (dies gilt aber auch für andere Länder, welche einen Sonderstatus für homosexuelle Paare institutionalisiert haben) darin, im gleichen Atemzug sowohl bestehende und ungerechtfertigte Ungleichbehandlungen aufzuheben als auch einen Beitrag zur Stärkung der Anerkennung homosexueller Paare zu leisten. Dabei wird vor allem die symbolische Bedeutung rechtlicher Regulierungen betont. Diese Hervorhebung scheint mir auch und vor allem in ethischer Perspektive bedeutsam. Zugleich muss aber ebenso erwähnt werden, dass durch die Hervorhebung der symbolischen Bedeutung neuer Gesetze die Gegner(innen) solcher Liberalisierungsbemühungen stets betonen, dass dadurch das sittliche Primat der ehelichen Institution noch mehr gefährdet wird.

Interessant ist ferner die Tatsache, dass hier eine Regierung ein Thema in Erinnerung ruft, welches bis heute für die Ehe ins Feld geführt wird. Es handelt sich um die Funktion des *remedium concupiscentiae*. Stabile und institutionalisierte Beziehungen sind für den Staat und somit für das gesellschaftliche Zusammenleben der Spontaneität von zufälligen Begegnungen vorzuziehen.

Die Gesetzgebungen, welche ausdrücklich die *eingetragenen Partnerschaften* von der Institution der Ehe klar unterscheiden wollen, sehen fast immer vor, dass homosexuelle Paare keinen Zugang zu Fortpflanzungstechniken und zur Adoption haben. An dieser Stelle werden die Argumentationsbemühungen schwach und es treten unweigerlich einige Widersprüche zu Tage. Es ist kein Zufall, dass gerade an diesen Knotenpunkten einige Gerichte angeknüpft haben, um solche Normen und Verbote als diskriminierend zu taxieren und somit zu hinterfragen.

---

geschlechtlicher Paare vom 29.11.2002, online: https://www.admin.ch/opc/de/federal-gazette/2003/1288.pdf [Stand 07.05.2015].

Neben Parallelen und Ähnlichkeiten weisen die Gesetze der Länder, welche einen Sonderstatus für homosexuelle Paare institutionalisiert haben, jedoch auch Unterschiede auf. Ich erwähne sie nicht aus einem Wille zur Akribie, sondern weil diese Unterschiede uns zeigen, dass die ganze Problematik noch eine weitere „Reflexionsrunde" verlangt. Am Beispiel des Vergleichs zwischen dem Partnerschaftsgesetz der Schweiz[22] und dem *Pacte de solidarité (PACS)*[23] Frankreichs lassen sich diese Unterschiede exemplarisch beleuchten.

Um Zugang zum Institut des PACS zu haben, muss man in Frankreich nicht unbedingt ein Liebespaar sein. Da der Gesetzgeber diese Institution als Ausdruck eines Unterstützungswillens und eines Unterstützungsversprechens versteht, ist der Zugang zum PACS auch für Geschwister oder für befreundete Alleinstehender möglich. Der PACS hat überhaupt keine sexuelle Konnotation.

In der Schweiz hingegen ist die eingetragene Partnerschaft nur für Menschen möglich, welche miteinander eine Beziehung haben und unterhalten. Man kann sich fragen, was für ein eigenes Interesse der Staat in der Gestaltung der Liebesbeziehungen und des sexuellen Verhaltens homosexueller Paare haben soll. Die Frage ist nicht leicht zu beantworten. Eine partielle Antwort wurde bereits erwähnt und sie betont das Interesse der Gesellschaft und somit auch des Staates, homosexuelle Beziehungen zu stabilisieren, nicht zuletzt aus gesundheitspolitischen Gründen. Es ist kein Zufall, dass die helvetische Partnerschaftsregulierung nach den Erfahrungen mit der Aidsepidemie entstanden ist.

---

[22] Vgl. Bundesgesetz über die eingetragene Partnerschaft gleichgeschlechtlicher Paare.
[23] Vgl. Decret du pacte civil de solidarité vom 23.08.2012, online: http://www.legifrance.gouv.fr/affichTexte.do?cidTexte=LEGITEXT000006055164 [Stand 03.06.2015].

Die französische Regulierung des PACS fußt auf dem klassischen Gedanken, dass ein Leben zu zweit notwendigerweise auf einer Verpflichtung zum *mutuum adiutorium* (gegenseitige Unterstützung) basiert. Der französische Gesetzgeber meinte, dass durch eine solche Institution das Bedürfnis der homosexuellen Paare nach öffentlicher Anerkennung hätte gestillt werden können. Die Erfahrungen der ersten Jahre unseres Jahrhunderts haben gezeigt, dass dies kaum den Erwartungen der Gay-Gemeinschaft genügen konnte. Der Text des PACS betrachtete das Sexualleben solcher Paare als reine *Privatsache*. Diese klassisch liberale Annahme erwies sich als ungenügend. Somit ist die französische Regierung zum Vorschlag *mariage pour tous,* also zur grammatikalischen Anpassung der Ehegesetzgebung, übergegangen. Homosexuelle Paare sind, rechtlich gesehen, wirklich verheiratet, haben aber zugleich keinen Zugang zur Fortpflanzungsmedizin. Die gesetzgeberische Operation ist in rechtstechnischer Hinsicht relativ leicht gewesen, die Gewinnung einer politischen Mehrheit in diesem Bereich recht schwierig, so dass die diesbezügliche gesellschaftliche Auseinandersetzung nicht als abgeschlossen betrachtet werden kann.

In der Schweiz wiederum ist man mit der bestehenden Regulierung nicht unbedingt zufrieden und die helvetische Regierung hat vor kurzem einen Bericht zur umfassenden Revision des Familienrechts veröffentlicht.[24] Es sieht so aus, als dass nun in der Schweiz eine umfassende Auseinandersetzung zur ganzen Materie des Familienrechts in Gang kommt. Die Aufmerksamkeit sowohl des Parlaments als auch der öffentlichen Meinung konzentriert sich nicht mehr so sehr auf den Status der verschiedenen Formen von Partnerschaft, sondern auf die ver-

---

[24] Vgl. Bundesamt für Justiz, Zukunft des Familienrechts, online: https://www.bj.admin.ch/bj/de/home/aktuell/veranstaltungen/familienrecht.html [Stand 03.06.2015].

schiedenen Modalitäten der Elternschaft. Das *Kriterium des Kindeswohls* steht nun im Mittelpunkt der Diskussionen, und dies sowohl mit der Heranziehung empirischer Daten, als auch grundsätzlicher Erwägungen.

4. Einige Paradoxien und verbleibende Aufgaben für die theologisch-ethische Reflexion

Alle bisher dargestellten Entwicklungen der rechtlichen Gestaltung neuer Formen des menschlichen Zusammenlebens stellen die ethische Reflexion vor sehr komplexe Herausforderungen. Die Komplexität scheint durch verschiedene Faktoren gekennzeichnet zu sein.

Als Erstes kann man beobachten, dass die Metamorphosen im Eheverständnis in der westeuropäischen Geschichte der Neuzeit sich nicht sofort und nicht immer eindeutig in rechtlichen Regulierungen widerspiegeln konnten. Eine strukturelle Verspätung zwischen den subjektiven Einstellungen einer Bevölkerung und den dazugehörenden Werteinschätzungen und ethischen Reflexionen und der juristischen Gestaltung derselben, besteht immer. Die Demokratisierung der europäischen Gesellschaften und die Wandlung der gesetzgeberischen Prozesse, welche nun demokratischen Mechanismen gehorchen müssen, haben diese strukturelle „Verspätung" nochmals sichtbarer gemacht.

Aufgrund dieser Prämissen scheint es uns nicht überraschend zu sein, dass die neuesten Versuche, Familienmodellen, welche gesellschaftlich bereits eine relativ große Akzeptanz aufweisen, eine rechtliche Form zu geben, mit einer gewissen Mühe verbunden sind. Darüber hinaus können die Bemühungen der Verrechtlichung dieser neuen Lebensformen die epochale Krise der Ehe als Institution weder verhindern noch umkehren. Wir sind aufgerufen, beide Phänomene, die Krise der klassischen Institution der Ehe und ihr öffentliches Primat im Rechtsstaat einerseits, sowie die Entstehung neuer Modelle des familiären Zusammenlebens andererseits, in einem gemeinsamen Horizont zu betrachten und zu bewerten.

Diese Aufgabe ist sicherlich nicht leicht. Wir sollten uns aber nicht von der Angst oder von einem schroffen Ablehnungswillen beeinflussen lassen. Das Eintreten einiger homosexuell orientierter Männer und Frauen (die *Gays* sind in dieser Sache nicht einig) für eine *Ehe für alle* soll uns bewusst schrecken. Dieses Eintreten sollte als Ausdruck eines legitimen, wenn auch nicht immer angemessenen Bedürfnisses nach gesellschaftlicher Anerkennung interpretiert werden. Unsere Aufmerksamkeit sollte sich darauf konzentrieren, dieses Anerkennungsbedürfnis weiter zu interpretieren und dann auch ethisch einzuschätzen.

Anerkennung kann in der Tat entweder als Anerkennung des eigenen *Andersseins* oder als Anerkennung der radikalen *Gleichheit und Gleichwertigkeit* der verschiedenen Lebensformen ausgelegt werden. Falls man die erste Variante vorziehen würde, versteht man dann nicht, warum im Namen der Anerkennung dieses Andersseins die gleiche Institution, nämlich die Ehe, für sich beansprucht wird? Diejenigen hingegen, welche die Anerkennung der Gleichwertigkeit der verschiedenen familiären Formen verlangen, werden sich auf die Frage nach der *Reproduktionsfreiheit*[25] und der sogenannten *Homoparentalität* kon-

---

[25] Die Literatur zu dieser Problematik ist immens und kann hier kaum umfassend wiedergegeben werden. Ich verweise nur auf: Anja Karnein, Zukünftige Personen. Eine Theorie des ungeborenen Lebens von der künstlichen Befruchtung bis zur genetischen Manipulation, Frankfurt a. M. 2013; Nationale Ethikkommission im Bereich Humanmedizin (Hg.), Die medizinisch unterstützte Fortpflanzung. Ethische Überlegungen und Vorschläge für die Zukunft, Bern 2013 (mit Lit.), online: http://www.regenbogenfamilien.ch/files/NEK+Fortpflanzungsmedizin+De.pdf [Stand 03.06.2015].

zentrieren, um zur Verwirklichung ihrer Interessen, welche manchmal vorschnell als „Anspruchsrechte" verstanden werden, zu gelangen.

In diesem Irrgarten verschiedener Probleme wird sich die theologische Ethik zuerst für mehr Klarheit bei der Analyse der Teilprobleme und der jeweiligen Argumente bemühen müssen. Dann wäre es empfehlenswert, auch eine gewisse emotionale Distanz den einzelnen normativen Konflikten gegenüber einzunehmen.

Sicherlich sind die Veränderungen, welche heute Gegenstand der öffentlichen Diskussion geworden sind, besonders radikal. Und ebenso radikal sind die Argumente, welche im Feld der normativen Diskussion vorgebracht werden. Letztere sollten *sine ira et studio* analysiert und eingeschätzt werden, um zu konsensfähigen Urteilen kommen zu können. Dabei ist die paulinische Behauptung, nachdem „hier ist kein Jude noch Grieche, hier ist kein Knecht noch Freier, hier ist kein Mann noch Weib; denn ihr seid allzumal einer in Christo Jesu" (Gal 3,28), kein Lösungsrezept und auch keine normative Aussage im eigentlichen Sinne des Wortes, wohl aber eine tiefe religiöse Überzeugung, welche uns auch heute noch zum Weiterdenken und -handeln ermuntern sollte.

Gleichgeschlechtliche Elternschaft
Theologisch-ethische Anmerkungen zu einer kontrovers geführten Debatte

Gerhard Marschütz

1. Ausgangslagen

1.1 Pluralisierung von Lebensformen

Die im letzten Drittel des 20. Jahrhunderts einsetzende Pluralisierung von Lebensformen hat zunehmend auch die Aufmerksamkeit für homosexuelle Lebensformen bewirkt. Zunächst stand die Ausdifferenzierung der bis dahin dominant in Ehe und Familie gebündelten Lebens- und Sinnzusammenhänge in eine Vielfalt heterosexueller Formen des familialen und nichtfamilialen Zusammenlebens im Blickfeld öffentlicher Wahrnehmung und sozialwissenschaftlicher Forschung. Bis in die 1960er Jahre ging die biographisch hochgradig verinnerlichte institutionelle Normalität von Ehe und Familie noch mit einer ausgeprägten Intoleranz für alternative Lebensformen einher. Seither erlangte jedoch die Diversifizierung heterosexueller Lebensformen vermehrt Toleranz und auch Akzeptanz. Bereits im Jahr 1988 konstatierte der Soziologe Hartmann Tyrell: „Was vor zwanzig Jahren der Anstoßnahme sicher war, regt heute niemand mehr auf. [...] Sexualität vor oder außerhalb der Ehe ist aus der moralischen Diskriminierung weitgehend entlassen."[1]

---

[1] Hartmann Tyrell, Ehe und Familie – Institutionalisierung und Deinstitutionalisierung, in: Kurt Lüscher u. a. (Hg.), Die „postmoderne" Familie. Familiale

Dieser Befund erstreckt sich zeitverzögert ebenso auf homosexuelle Lebensweisen, wiewohl nach wie vor in schwächerer Form, da insbesondere lesbische und schwule Elternschaft weiterhin von vielen strikt abgelehnt wird – vor allem mit dem Argument, dass diese Form von Familie dem Wohl des Kindes entgegenstehe. Dennoch ist unübersehbar, dass sich in Westeuropa spätestens seit den 1990er Jahren – wie teilweise zuvor schon auch in vielen anderen Staaten weltweit – bezüglich des Themas Homosexualität ein nachhaltiger Bewusstseinswandel ereignet hat, der sich sukzessiv auch in gesetzlichen Änderungen niederschlug. So sind in einem ersten Schritt auf der Basis wissenschaftlicher Erkenntnisfortschritte zahlreiche Gesetze zuungunsten von homosexuellen Personen aufgehoben worden. Damit konnten sich in einem zweiten Schritt nach und nach gesetzlich verankerte Rechte für Lesben und Schwule etablieren – hinsichtlich partnerschaftlicher Lebensformen wurden diese entweder durch eine Öffnung der Ehe oder durch ein eigenständiges, eheähnliches Rechtsinstitut der Eingetragenen Lebenspartnerschaft anerkannt. Bis heute ist aber die rechtliche Anerkennung von gleichgeschlechtlichen Familien strittig.

1.2 Rechtliche Entwicklung[2]

Ein bewusst im Abstand zur Ehe stehendes eheähnliches Rechtsinstitut ist in der Bundesrepublik Deutschland seit dem 1. August 2001 (Gesetz über die Eingetragene Lebenspartnerschaft, kurz Lebenspartnerschaftsgesetz – LPartG)[3] und in Österreich seit dem 1. Januar 2010 (Eingetragene Partnerschaft-Gesetz –

Strategien und Familienpolitik in einer Übergangszeit, Konstanz 1988, 145–156, 154.
[2] Im Folgenden wird nur die rechtliche Entwicklung in der Bundesrepublik Deutschland und in Österreich berücksichtigt.
[3] Lebenspartnerschaftsgesetz vom 16.02.20001 (Deutsches Bundesgesetzblatt

EPG)⁴ in Kraft. Dieser Abstand resultiert vor allem in Bezug auf Kinder, denn weder das LPartG noch das EPG sieht die Möglichkeit einer Adoption vor. Als Begründung hierfür wurde insbesondere auf den Schutz der Institution Ehe verwiesen. Die in Bezug auf Kinder benachteiligte Situation von gleichgeschlechtlichen Partnern gegenüber Ehegatten erfuhr aber sehr rasch nach Inkrafttreten dieser beiden Gesetze eine Veränderung, vor allem im Gefolge verfassungsgerichtlicher Urteile. So ermöglicht eine Überarbeitung des deutschen LPartG seit dem 15. Dezember 2004 die Stiefkindadoption, d. h. die Annahme des leiblichen Kindes der Partnerin oder des Partners. Einem Urteil des deutschen Bundesverfassungsgerichts vom 19. Februar 2013 folgend[5], ist seit dem 20. Juni 2014 auch die Sukzessivadoption gesetzlich erlaubt, d. h. Homosexuelle, die in einer Eingetragenen Lebenspartnerschaft leben, können ein von ihrem Partner zuvor adoptiertes Kind (Einzeladoption) ebenfalls adoptieren. Damit ist aber eine gemeinsame Fremdkindadoption (noch) nicht zugelassen.

In Österreich ist gleichgeschlechtlichen Paaren, jeweils einem Urteil des Europäischen Gerichtshofs für Menschenrechte (EGMR) folgend, seit dem 1. August 2013 die Stiefkindadoption[6] und alsbald – bis zur Umsetzung des Gesetzes spätestens

---

I, 266); online: http://www.gesetze-im-internet.de/lpartg/index.html [Stand März 2015].
[4] Eingetragene Partnerschafts-Gesetz vom 30.12.2009 (Österreichisches Bundesgesetzblatt I Nr. 135/2009); online: https://www.ris.bka.gv.at/Dokument.wxe?Abfrage=BgblAuth&Dokumentnummer=BGBLA_2009_I_135 [Stand März 2015].
[5] Bundesverfassungsgericht, Urteil vom 19. Februar 2013, 1 BvL 1/11, 1 BvR 3247/09; online: http://www.bundesverfassungsgericht.de/SharedDocs/Entscheidungen/DE/2013/02/ls20130219_1bvl000111.html [Stand März 2015].
[6] Vgl. Parlamentskorrespondenz Nr 568 vom 19.06.2013, Stiefkindadoption wird für gleichgeschlechtliche Paare geöffnet; online http://www.parlament.gv.at/PAKT/PR/JAHR_2013/PK0568/ [Stand März 2015].

Ende 2015 – auch die gemeinsame Fremdkindadoption[7] erlaubt. Damit ergibt sich die Situation, dass es in Österreich für gleichgeschlechtliche Paare das volle Adoptionsrecht gibt, aber keine Erlaubnis zur Eheschließung. Zudem eröffnet die am 21. Januar 2015 vom österreichischen Nationalrat beschlossene Neuregelung des Fortpflanzungsmedizingesetzes auch lesbischen Paaren den Zugang zur Samenspende.[8] Diese Regelung bezieht sich insofern auf einen neuen Sachverhalt, als durch den Zugang zur Reproduktionsmedizin erst eine Familie entsteht. Zwar ist das auch im Fall einer Fremdkindadoption der Fall, wobei aber der Adoptionszweck, einem Kind bestmöglich geeignete Wahleltern zu verschaffen, im Sinne des Kindeswohls gegeben ist. Dagegen ist umstritten, ob das Argument des Kindeswohls auf noch nicht gezeugte Kinder überhaupt anwendbar ist.

Zentrale Grundlage für die in den letzten zwei Jahrzehnten beständige Ausweitung der rechtlichen Anerkennung von gleichgeschlechtlichen Partnerschaften, auch im Blick auf Kinder, bildet Artikel 14 (Diskriminierungsverbot) in Verbindung mit Artikel 8 (Recht auf Achtung des Privat- und Familienlebens) der Europäischen Menschenrechtskonvention (EMRK).[9] Nichtdis-

---

[7] Österreichischer Verfassungsgerichtshof, Entscheidung vom 11. Dezember 2014, G119–120/2014–12; online: https://www.vfgh.gv.at/cms/vfgh-site/attachments/4/7/7/CH0006/CMS1421221451546/adoptionen_ep_entscheidung.pdf [Stand März 2015].
[8] Die Neuregelung basiert auf einer Entscheidung des österreichischen Verfassungsgerichtshofs vom 10. Dezember 2013, G 16/2013-16, G 44/2013-14; online: https://www.vfgh.gv.at/cms/vfgh-site/attachments/0/8/2/CH0006/CMS13962670 35063/fortpflanzungsmedizing_g16–2013ua.pdf [Stand März 2015]; vgl. Parlamentskorrespondenz Nr. 32 vom 21.01.2015, Fortpflanzungsmedizin: Breite Mehrheit für neue Gesetzesbestimmungen; online: http://www.parlament.gv.at/PAKT/PR/JAHR_2015/PK0032/index.shtml [Stand März 2015].
[9] Artikel 14 EMRK lautet: „Der Genuss der in dieser Konvention anerkannten Rechte und Freiheiten ist ohne Diskriminierung insbesondere wegen des Geschlechts, der Rasse, der Hautfarbe, der Sprache, der Religion, der politischen oder sonstigen Anschauung, der nationalen oder sozialen Herkunft, der Zuge-

Gleichgeschlechtliche Elternschaft

kriminierung als Konsequenz der Achtung der Menschenwürde, welche nunmehr speziell auch die sexuelle Ausrichtung umfasst, stellt ebenso einen zentralen Aspekt in dem am 1. Dezember 2009 in Kraft getretenen EU-Vertrag von Lissabon sowie dem ihm beigefügten Vertrag über die Arbeitsweise der Europäischen Union dar.[10] Ebenso verweist die Charta der Grundrechte der Europäischen Union in Artikel 21 zur Nichtdiskriminierung explizit auf die sexuelle Ausrichtung.[11]

Gestützt auf diese Artikel, insbesondere auf Artikel 14 in Verbindung mit Artikel 8 der EMRK, existiert eine zurzeit beständige Rechtsprechung des EGMR, welche Unterscheidungen, die nur auf der sexuellen Ausrichtung beruhen, als verbotene

---

hörigkeit zu einer nationalen Minderheit, des Vermögens, der Geburt oder eines sonstigen Status zu gewährleisten."

Bezüglich Artikel 8 EMRK hat der Europäische Gerichtshof für Menschenrechte (EGMR) mehrfach entschieden (etwa in Bezug auf Österreich im Urteil vom 24. Juni 2010 – 30141/04), dass auch gleichgeschlechtliche Paare ein Recht auf Achtung des Familienlebens und somit ein Recht auf Familiengründung haben.

[10] Artikel 2 des Vertrags über die Europäische Union lautet: „Die Werte, auf die sich die Union gründet, sind die Achtung der Menschenwürde, Freiheit, Demokratie, Gleichheit, Rechtsstaatlichkeit und die Wahrung der Menschenrechte einschließlich der Rechte der Personen, die Minderheiten angehören. Diese Werte sind allen Mitgliedstaaten in einer Gesellschaft gemeinsam, die sich durch Pluralismus, Nichtdiskriminierung, Toleranz, Gerechtigkeit, Solidarität und die Gleichheit von Frauen und Männern auszeichnet." Artikel 10 des Vertrags über die Arbeitsweise der Europäischen Union lautet: „Bei der Festlegung und Durchführung ihrer Politik und ihrer Maßnahmen zielt die Union darauf ab, Diskriminierungen aus Gründen des Geschlechts, der Rasse, der ethnischen Herkunft, der Religion oder der Weltanschauung, einer Behinderung, des Alters oder der sexuellen Ausrichtung zu bekämpfen."

[11] Artikel 21 (1) der EU-Charta der Grundrechte lautet: „Diskriminierungen, insbesondere wegen des Geschlechts, der Rasse, der Hautfarbe, der ethnischen oder sozialen Herkunft, der genetischen Merkmale, der Sprache, der Religion oder der Weltanschauung, der politischen oder sonstigen Anschauung, der Zugehörigkeit zu einer nationalen Minderheit, des Vermögens, der Geburt, einer Behinderung, des Alters oder der sexuellen Ausrichtung, sind verboten."

Diskriminierung ausweist. In Verbindung mit dem Gleichheitsgrundsatz sind daher in rechtlicher Perspektive zwischen einer Ehe und einer eingetragenen Partnerschaft keine wesentlichen Unterschiede mehr erkennbar. Das bezieht auch die Kinderfrage ein. So hält der österreichische Verfassungsgerichtshof in seinem Urteil zum Adoptionsrecht für gleichgeschlechtliche Paare fest, dass „keine sachliche Rechtfertigung dafür ersichtlich [ist], eingetragenen Partnern die gemeinsame Adoptivelternschaft für ein Wahlkind schlechthin gesetzlich zu verwehren" (Rz 50). Die bislang „nach dem Merkmal der sexuellen Orientierung" (Rz 43) differenzierte Auffassung des Gesetzgebers könne daher nicht weiter aufrechterhalten werden. Denn es „müssen sowohl im Hinblick auf den Gleichheitsgrundsatz wie auf Art. 14 EMRK besondere Gründe vorliegen, wenn eine gesetzliche Ungleichbehandlung gerechtfertigt werden soll, die an diskriminierungsverdächtigen Merkmalen anknüpft" (Rz 38)[12].

Die gleiche Argumentationslogik legt der österreichische Verfassungsgerichtshof seinem Urteil zur Inanspruchnahme der Fortpflanzungsmedizin durch lesbische Paare zugrunde. Auch hier verweist er darauf, dass nach der Rechtsprechung des EGMR „besonders überzeugende und schwerwiegende Gründe *(particularly convincing and weighty reasons)* vorliegen müssen, um eine am Geschlecht oder an der sexuellen Orientierung anknüpfende Differenzierung nicht als Diskriminierung und damit Verletzung des Art. 14 EMRK [...] zu erweisen" (Rz 38). Die bislang gegebene Beschränkung der artifiziellen Insemination auf verschiedengeschlechtliche Ehen und Lebens-

---

[12] Ähnlich hält das deutsche Bundesverfassungsgericht im Urteil zur Sukzessivadoption (Anm. 5) fest: „Die eingetragene Lebenspartnerschaft unterscheidet sich von der Ehe jedoch nicht in einer Weise, die eine Ungleichbehandlung hinsichtlich [...] des generellen Ausschlusses der Sukzessivadoption rechtfertigen könnte" (Rz 75). Zudem: Ein Ausschluss dieser Möglichkeit „verletzt die betroffenen Kinder in ihrem Recht auf Gleichbehandlung" (Rz 71).

gemeinschaften sei jedoch ein „Eingriff in den Schutzbereich des Art. 14 i. V. m. Art. 8 EMRK hinsichtlich des Kinderwunsches von Frauen, die in einer gleichgeschlechtlichen Lebensgemeinschaft leben", der „nicht durch Gründe ausreichenden Gewichts gerechtfertigt und daher unverhältnismäßig [ist], weil er im Ergebnis diese Personengruppe generell von der artifiziellen intrauterinen heterologen Insemination ausschließt" (Rz 54).

Die vom EGMR beständig eingeforderte Verpflichtung zur Achtung der Menschenrechte, die nach heutiger Rechtsauffassung auch die sexuelle Selbstbestimmung als zentrales Schutzgut impliziert[13] und somit Diskriminierung auf Grund sexueller Orientierung als inakzeptabel begreift, führt – in Verbindung mit dem Gleichheitsgrundsatz – konsequenterweise zur fortschreitenden Gleichstellung homosexueller mit heterosexuellen Lebensweisen, auch in familialer Hinsicht.

1.3 Widerstand

Diese bemerkenswerte, in vielen Ländern der Welt sich ereignende rechtliche Entwicklung stößt freilich auch auf zum Teil vehement vorgetragenen Widerspruch. Abgesehen davon, dass es nach wie vor zahlreiche Länder gibt, in denen die Menschenrechte von Lesben und Schwulen (ebenso von Bisexuellen und Transgender) eingeschränkt oder gar missachtet werden, existiert auch in jenen Ländern, wo homosexuelle Personen und Lebensformen mittlerweile (eine je unterschiedliche) rechtliche Anerkennung vorfinden, weiterhin ein soziokulturelles Klima von Vorbehalten bis hin zur Ablehnung gegenüber Homosexualität und insbesondere ihrer rechtlich gleichen Anerkennung als Lebens- oder Ehepartner oder als Familie. Zentral erweisen sich

---

[13] Vgl. Claudia Lohrenscheit (Hg.), Sexuelle Selbstbestimmung als Menschenrecht (Deutsches Institut für Menschenrechte), Baden-Baden 2009.

hierbei die Auffassungen, dass Homosexualität und damit in Verbindung stehende Lebensweisen unnatürlich und unmoralisch seien, und in Bezug auf Kinder, dass diesen die natürlichen Voraussetzungen für ihre gesunde Entwicklung fehlen würden, da hierfür jedes Kind eine Elternbeziehung zu Mutter und Vater benötige.

Vor allem die römisch-katholische Kirche bezeugt in ihren Lehrdokumenten einen ebenso beharrlichen wie nachdrücklichen Widerstand gegen die rechtliche Anerkennung von homosexuellen Lebensgemeinschaften. Da für sie aus naturrechtlicher und biblischer Sicht bereits die homosexuelle Neigung „objektiv ungeordnet" ist, kann auch die „Aktuierung einer solchen Neigung in homosexuellen Beziehungen" keine „moralisch annehmbare Entscheidung"[14] sein. Zwar dürfe man homosexuelle *Personen* nicht diskriminieren, weder „in Wort und Tat und Gesetzgebung"[15], zugleich sei aber zu beachten, dass homosexuellen *Lebensgemeinschaften* „ganz und gar die biologischen und anthropologischen Faktoren der Ehe und der Familie [fehlen], die vernünftigerweise eine rechtliche Anerkennung solcher Lebensgemeinschaften begründen könnten"[16]. Diese fehlenden Faktoren beziehen sich konkret auf die natürliche Möglichkeit der Fortpflanzung und auf die nur in der Ehe gegebene natürliche Komplementarität der Geschlechter, deren Fehlen zugleich „Hindernisse für die normale Entwicklung der Kinder"[17] impliziert.

---

[14] Kongregation für die Glaubenslehre, Schreiben an die Bischöfe der katholischen Kirche über die Seelsorge an homosexuellen Personen, Rom 1986, Nr. 3.
[15] Ebd. Nr. 10.
[16] Kongregation für die Glaubenslehre, Erwägungen zu den Entwürfen einer rechtlichen Anerkennung der Lebensgemeinschaften zwischen homosexuellen Personen, Rom 2003, Nr. 7.
[17] Ebd.

Auf Grund des – letztlich im Schöpfungsplan Gottes[18] wurzelnden – fundamentalen Unterschiedes zu homosexuellen Lebensgemeinschaften kann man sich zugunsten dieser auch nicht auf „das Prinzip der Achtung und der Nicht-Diskriminierung jeder Person berufen"[19]. In einem von der Kongregation für die Glaubenslehre an die US-amerikanischen Bischöfe gerichteten Schreiben wird zwar festgehalten, dass „homosexuelle Personen als menschliche Personen dieselben Rechte wie alle anderen Menschen" haben. Sofern diese Rechte aber „keine absoluten Rechte" sind, können sie wegen „eines Verhaltens, das objektiv als ungeordnet zu bezeichnen ist, zu Recht eingeschränkt werden"[20]. Denn, so heißt es weiter, es wird „ja auch akzeptiert, dass der Staat z. B. im Falle von Menschen, die ansteckende Krankheiten haben oder geistig krank sind, die Ausübung von Rechten einschränken kann, um das Allgemeinwohl zu schützen"[21]. Darüber hinaus stelle „die ‚sexuelle Orientierung' keine Eigenschaft dar, die in Bezug auf die Nichtdiskriminierung mit Merkmalen wie Rasse, ethnischer Herkunft, usw. vergleichbar wäre"[22], weshalb sie auch keine Grundlage für rechtliche Forderungen einer sozialen Anerkennung von homosexuellen Lebensgemeinschaften sein könne. Auf Grund der vorhin genannten fehlenden Faktoren erfüllen diese zudem hinsichtlich des Allgemeinwohls „auch nicht in einem weiteren

---

[18] Vgl. ebd. Nr. 3: „Die Ehe ist nicht eine beliebige Gemeinschaft von menschlichen Personen. Sie wurde vom Schöpfer mit einer eigenen Natur sowie eigenen Wesenseigenschaften und Zielen begründet." Darum ist, wie in der folgenden Nr. 4 betont wird, gemäß dem Plan Gottes die „Ehe heilig, während die homosexuellen Beziehungen gegen das natürliche Sittengesetz verstoßen".
[19] Ebd. Nr. 8.
[20] Kongregation für die Glaubenslehre, Einige Anmerkungen bezüglich der Gesetzesvorschläge zur Nicht-Diskriminierung homosexueller Personen, Rom 1992, Nr. 12.
[21] Ebd.
[22] Ebd. Nr. 10.

analogen Sinn die Aufgaben, deretwegen Ehe und Familie eine eigene qualifizierte Anerkennung verdienen"[23].

Aus katholischer Sicht wird also basierend auf schöpfungstheologischen Grundlagen und daraus in naturrechtlicher Argumentation entfalteter biologischer und anthropologischer Faktoren eine wesentliche Ungleichheit von Ehe und Familie gegenüber homosexuellen Lebensgemeinschaften ohne und mit Kindern betont. Das widerspricht insofern nicht dem Gleichheitsgrundsatz, da dieser nicht nur besagt, dass wesentlich Gleiches gleich, sondern ebenfalls, dass wesentlich Ungleiches ungleich zu behandeln ist. Strittig ist jedoch, inwieweit die Verschiedengeschlechtlichkeit der Ehe in ihrer natürlichen Offenheit auf Familie zu Recht jene substantielle Ungleichheit anzeigt, die einer Gleichstellung gleichgeschlechtlicher Lebensgemeinschaften entgegensteht.

Die (nicht nur) katholische Position hierzu lautet jedenfalls, dass gleichgeschlechtliche Paare und Familien eine fundamentale Differenz zur Ehe in ihrer familialen Potentialität aufweisen. Dies rechtfertige auch eine ungleiche Behandlung im Adoptionsrecht oder im Zugang zur Reproduktionsmedizin, insbesondere im Blick auf das Kindeswohl. Handelt es sich hierbei aber – wie seitens der oben zitierten Gerichtsurteile eingefordert – um „besonders überzeugende und schwerwiegende Gründe", die eine am Merkmal der sexuellen Ausrichtung orientierte Differenzierung legitimieren können?

Bevor die in dieser Debatte zentralen Pro- und Contra-Argumente einer kritischen Reflexion unterzogen werden, ist ein kurzer Blick auf die meist wenig bekannte Realität gleichgeschlechtlicher Familien angezeigt, für die sich die Verwendung des Begriffs *Regenbogenfamilien* etabliert hat – im anglo-

---

[23] Kongregation für die Glaubenslehre, Erwägungen zu den Entwürfen einer rechtlichen Anerkennung, Nr. 8.

amerikanischen Sprachraum werden sie „LGBT Families" (Lesbian-Gay-Bisexual-Transgender) genannt.

1.4 Regenbogenfamilien

Hinsichtlich ihrer Genese können in der Regel zwei Gruppen von Regenbogenfamilien unterschieden werden. In der ersten, bislang im deutschsprachigen Raum noch die Mehrheit bildenden Gruppe stammen die Kinder aus einer vorherigen heterosexuellen Beziehung. Zumeist entsteht also eine solche Regenbogenfamilie dadurch, dass wegen der (zuvor etwa nicht geklärten oder bewusst geheim gehaltenen) homosexuellen Orientierung eines Partners die heterosexuelle Beziehung aufgelöst wird und danach die lesbische Mutter oder (auf Grund der sorgerechtlichen Spruchpraxis eher selten) der schwule Vater ein oder mehrere leibliche Kinder in eine neu gegründete gleichgeschlechtliche Partnerschaft mitbringt.

Die zweite Gruppe von Regenbogenfamilien beginnt zunächst als lesbische oder schwule Lebensgemeinschaft, die zur Familie werden möchte und sich den gemeinsamen Kinderwunsch entweder durch Pflegschaft, Fremdkindadoption oder (in Österreich nur Lesben erlaubte) medizinisch assistierte Reproduktion erfüllt. Sofern diese Wege der Kinderwunscherfüllung auch rechtlich möglich sind, werden künftig wohl „immer weniger gleichgeschlechtlich orientierte Personen den (Um-)Weg über eine heterosexuelle Partnerschaft wählen"[24]. Demnach werden schwule Partner, sofern eine Leihmutterschaft nicht zulässig ist, primär durch Pflegschaft und Fremdkind-

---

[24] Andrea Buschner, Die Umsetzung des Kinderwunsches bei gleichgeschlechtlichen Paaren und deren anschließende Übernahme von elterlichen Rollen, in: Giovanni Maio/Tobias Eichinger/Claudia Bozzaro (Hg.), Kinderwunsch und Reproduktionsmedizin. Ethische Herausforderungen der technisierten Fortpflanzung, Freiburg i. Br./München 2013, 426–447, 426.

adoption zur Regenbogenfamilie, lesbische Partnerinnen dagegen durch leibliche Elternschaft über die Mittel der Reproduktionsmedizin. Für lesbische Paare stellt sich damit nicht nur die Frage, welche Partnerin schwanger werden soll, sondern vor allem auch die Frage einer anonymen oder bekannten Samenspende, je nachdem, ob mit dem biologischen Vater die Existenz eines neben der lesbischen Familienkonstellation rechtlich gesehen vollwertigen dritten Elternteils gewollt wird oder nicht. Im Falle einer anonymen Samenspende wäre dem Kind allerdings die Möglichkeit der Kenntnis seiner biologischen Abstammung genommen.[25] Einer deutschen Studie zufolge sind lesbische Familien zu 81,6 % durch eine Insemination entstanden, wobei „mehr als die Hälfte der Inseminationen (52,9 %) mit einem bekannten Spender durchgeführt"[26] wurden.

Statistisch betrachtet gibt es im Jahr 2007 in der Bundesrepublik Deutschland laut Hochrechnungen auf Basis des Mikrozensus knapp 70.000 gleichgeschlechtliche Paare in einem gemeinsamen Haushalt (das sind etwa 0,2 % aller Paargemeinschaften), von denen ein knappes Viertel eine Eingetragene Le-

---

[25] Vgl. hierzu Petra Thorn, Lesbische Mütter als Pioniere. Ein Beitrag zur psychosozialen Beratung im Vorfeld ihrer Familienbildung mit Samenspende, in: Dorett Funke/Petra Thorn (Hg.), Die gleichgeschlechtliche Familie mit Kindern. Interdisziplinäre Beiträge zu einer neuen Lebensform, Bielefeld 2010, 369–398.
Gemäß einem Urteil vom 28. Januar 2015 des deutschen Bundesgerichtshofs hat ein Kind das Recht „auf Anerkenntnis der eigenen Abstammung"; online: http://juris.bundesgerichtshof.de/cgi-bin/rechtsprechung/document.py?Gericht=bgh&Art=en&nr=70419&pos=0&anz=1 [Stand März 2015]. Auch in Österreich inkludiert die neue Fassung des Fortpflanzungsmedizingesetzes im Falle einer Eizellen- oder Samenspende in § 20 Abs. 2 das Recht des Kindes, nach Vollendung des 14. Lebensjahres Auskunft über die leibliche Mutter beziehungsweise den leiblichen Vater zu erhalten; online: https://www.ris.bka.gv.at/GeltendeFassung.wxe?Abfrage=Bundesnormen&Gesetzesnummer=10003046 [Stand April 2015].
[26] Buschner, Die Umsetzung des Kinderwunsches, 435.

benspartnerschaft begründet hat.[27] Nur bei rund 7 % der gleichgeschlechtlichen Paare leben Kinder, wobei der Anteil bei Eingetragenen Lebenspartnerschaften mit 11 % etwas höher ist. Insgesamt sind das mindestens 7.300 Kinder in etwa 5.000 gleichgeschlechtlichen Familien[28], wobei die Kinder vorwiegend (92 % der Kinder) in lesbischen Familien leben, da für schwule Männer die Realisierung des Kinderwunsches durch die Vermittlung von Pflegschaft und Adoption hohe Hürden aufweist, insofern hierbei heterosexuelle Paare und Personen bevorzugt werden. Damit ist der „Anteil von Regenbogenfamilien an allen Familienhaushalten mit Kindern verschwindend gering und liegt im Bereich von einem Promille. Gleiches gilt für den Anteil an Kindern, die in diesen Familien aufwachsen."[29] Gemäß der von Marina Rupp in Deutschland durchgeführten Studie, die im nächsten Kapitel genauer vorgestellt wird, stammen etwa 50 % der Kinder in Regenbogenfamilien aus einer früheren heterosexuellen Partnerschaft. Weitere 42 % der Kinder stammen aus der aktuellen, zumeist lesbischen, Paarbeziehung. Eine relativ kleine Gruppe bilden Pflegefamilien (6 %) und Familien durch Fremdkindadoption (2 %).

Insgesamt stellen also Regenbogenfamilien die Minderheit innerhalb einer Minderheit dar. Nur sehr wenige Kinder wachsen in Familien mit zwei Müttern und nochmals deutlich weniger Kinder mit zwei Vätern auf.

---

[27] Vgl. zum Folgenden Marina Rupp, Regenbogenfamilien, in: Aus Politik und Zeitgeschichte 41 (2009) 25–30; Bernd Eggen, Gleichgeschlechtliche Lebensgemeinschaften ohne und mit Kindern. Soziale Strukturen und künftige Entwicklungen, in: Funke/Thorn (Hg.), Die gleichgeschlechtliche Familie, 37–60.
[28] Hierbei handelt es sich um unterste Zahlenwerte, da in der Statistik beispielsweise Kinder alleinerziehender homosexueller Mütter und Väter ebenso wenig erfasst sind wie Kinder, deren Eltern ihre gleichgeschlechtliche Orientierung im Rahmen einer Befragung nicht angeben.
[29] Rupp, Regenbogenfamilien, 26.

Gerhard Marschütz

2. Argumente im Widerstreit

Nicht allein die Realität von Regenbogenfamilien, sondern mehr noch deren rechtliche Anerkennung verunsichert tief sitzende kulturelle Überzeugungen bezüglich Geschlechterbeziehungen, Sexualität, Fortpflanzung und Kindererziehung. Darum verwundert es nicht, dass sich hieraus auch ein Protest formiert gegen eine gesetzliche Entwicklung, welche die natürlichen Grundlagen von Elternschaft immer mehr zu relativieren scheint. Denn unbestreitbar weist nur das bislang exklusiv anerkannte, auf einer Mann-Frau-Beziehung basierende Rechtsinstitut Ehe eine aktive Potentialität zur Zeugung von Nachkommenschaft auf, die zugleich einen überindividuellen Zweck, das Fortbestehen der Gesellschaft, gewährleistet. Das gilt freilich nicht nur in quantitativer, sondern ebenso in qualitativer Hinsicht, da in der Regel die natürlich-biologischen Eltern auch die bestmögliche Entwicklung ihrer Kinder gewährleisten wollen und im Rahmen dieser zugleich sozialen Elternschaft einen unersetzbaren Beitrag zur Humanvermögensbildung leisten.

Andererseits verdeckt die spätmodern gängige Rede von der Pluralisierung familialer Lebensformen, dass es sich hierbei im längerfristigen historischen Vergleich um eine „Wiederkehr der Vielfalt"[30] handelt. Deshalb kann eine solche Rede auch nur in Bezug auf das statistisch gesehen „Goldene Zeitalter der Familie" von Mitte der 1950er bis Mitte der 1960er Jahre sinnvoll eingebracht und gegebenenfalls alarmierend als Verfallsszenario interpretiert werden. Bereits in vorindustrieller Zeit gab es „nebeneinander eine bunte Vielfalt von sehr unterschiedlichen Familientypen, in ihrer Verschiedenheit wohl viel differenzierter

---

[30] Trutz von Trotha, Zum Wandel der Familie, in: Kölner Zeitschrift für Soziologie und Sozialpsychologie 42 (1990) 452–473, 453f.

als in der Gegenwart"[31]. Damit existierte immer auch eine in biologischer und sozialer Hinsicht gespaltene Elternschaft, die zwar von der vorgegebenen Norm abwich, dennoch aber geduldet war oder zumindest werden musste, wiewohl nur im heterosexuellen Kontext. Erst die jüngeren Modernisierungsprozesse ermöglichten eine öffentliche Bewusstwerdung der Realität homosexueller Elternschaft. Im Kern des Streits um deren Anerkennung geht es daher weniger um das Thema der gespaltenen Elternschaft, sondern primär um jene Bruchkante, die durch die Sprengung des heterosexuellen Denkformats entsteht.

Die zentralen Argumente gegen gleichgeschlechtliche Elternschaft kulminieren daher darin, dass (1) einer solchen Elternschaft die notwendigen natürlichen Erziehungsvoraussetzungen fehlen würden, was (2) unumgänglich eine Gefährdung der Kinder hinsichtlich ihrer emotionalen, sozialen und sexuellen Entwicklung impliziere. Zahlreiche Vergleichsstudien, vor allem im angloamerikanischen Raum, widmen sich daher der Frage, inwieweit diese Gegenargumente empirisch verifizierbar sind.

2.1 Vergleichsstudien

Zwei amerikanische Metaanalysen, in denen mehr als 100 wissenschaftliche Publikationen über einen Zeitraum von mehr als 30 Jahren ausgewertet wurden[32], aber auch die von Marina

---

[31] Michael Mitterauer, Entwicklungstrend der Familie in der europäischen Neuzeit, in: Handbuch der Familien- und Jugendforschung, Bd.1, hg. v. Rosemarie Nave-Herz/Manfred Marefka, Neuwied/Frankfurt a. M. 1989, 179–194, 179.

[32] Hierbei handelt es sich um die von der American Psychological Association (APA) gemeinsam mit drei weiteren Vereinigungen im Jahr 2005 herausgegebene Publikation Lesbian & Gay Parenting, online: http://www.apa.org/pi/lgbt/resources/parenting-full.pdf [Stand März 2015], sowie um einen im von der AAP (American Academy of Pediatrics) herausgegebenen Report von Ellen C. Perrin u. a., Promoting the Well-Being of Children Whose Parents Are Gay or Lesbian, in: Pediatrics 131 (2013) e1374–e1383.

Rupp im Auftrag des deutschen Bundesministeriums für Justiz herausgegebene Studie (im Folgenden Rupp-Studie genannt)[33], belegen in weitgehender Übereinstimmung, dass homosexuelle Eltern im Vergleich zu heterosexuellen Familien keineswegs weniger geeignet sind, Kinder zu erziehen und ihnen eine gesunde Entwicklung zu ermöglichen. Die diesbezügliche Forschung „has found no reasons to believe lesbian mothers or gay fathers to be unfit parents. On the contrary, results of research suggest that lesbian and gay parents are as likely as heterosexual parents to provide supportive home environments for children."[34]

Entgegen oft geäußerter Befürchtungen enthalten diese Studien keine relevanten Hinweise darauf, dass homosexuelle Lebensgemeinschaften vergleichbar häufiger Verhaltensstörungen aufweisen würden, dass sie prinzipiell von kürzerer Dauer seien oder Kinder schwuler Eltern einem höheren Risiko sexuellen Missbrauchs ausgeliefert wären. Auch die Kernsorge, dass die fehlende Verschiedengeschlechtlichkeit sich negativ auf die Entwicklung der Kinder auswirken würde, ist empirisch nicht belegbar. Vielmehr wird wiederholt darauf verwiesen, dass das Kindeswohl weitaus mehr in den Faktoren einer verlässlichen, liebevollen Elternbeziehung sowie in sozialen und ökonomischen Ressourcen einer Familie gründet als in der sexuellen Orientierung der Eltern.

> „Many studies have assessed the developmental and psychosocial outcomes of children whose parents are gay or lesbian and note that a family's social and economic resources and the strength of the relationships among members of the family are far more important variables

---
[33] Marina Rupp (Hg.), Die Lebenssituation von Kindern in gleichgeschlechtlichen Lebenspartnerschaften, Köln 2009.
[34] APA (Hg.), Lesbian & Gay Parenting, 8.

than parental gender or sexual orientation in affecting children's development and well-being."[35]

Gleichermaßen hält die Rupp-Studie als Fazit fest,

„dass sich Kinder und Jugendliche aus Lebenspartnerschaften in Bezug auf die Beziehungsqualität zu beiden Elternteilen und in ihrer psychischen Anpassung von Kindern und Jugendlichen, die in anderen Familienformen aufwachsen, nur wenig unterscheiden. [...] Entscheidend für die Entwicklung der Kinder ist nicht die Struktur der Familie, sondern die Qualität der innerfamilialen Beziehungen. Für die betrachteten Entwicklungsdimensionen von Kindern und Jugendlichen erwies es sich somit als nicht bedeutsam, ob sie bei einem allein erziehenden Elternteil, zwei Müttern oder Vätern oder bei Vater und Mutter aufwachsen, sondern wie die Beziehungsqualität in diesen Familien ist."[36]

Speziell auch die Geschlechtsentwicklung von Kindern und Jugendlichen in Regenbogenfamilien lässt keine negativen Effekte hinsichtlich der Geschlechtsidentität und des geschlechtstypischen Rollenverhaltens erkennen, ebenso keine signifikanten Unterschiede bezüglich der sexuellen Orientierung.[37] So entwickeln Kinder in Regenbogenfamilien eine ihrem biologischen Geschlecht entsprechende Geschlechtsidentität, verstehen sich also eindeutig als Frau oder Mann, und weisen ein vergleichbares Maß an weiblichem oder männlichem Rollenverhalten auf. Diese Ergebnisse stellen zumindest das Deutungsmonopol traditioneller psychoanalytischer Entwicklungsmodelle in Fra-

---

[35] Perrin u. a., Promoting the Well-Being of Children, e1377.
[36] Rupp (Hg.), Die Lebenssituation von Kindern, 308.
[37] Vgl. APA (Hg.), Lesbian & Gay Parenting, 8–10.

ge, denn für die darin betonte „Bedeutung von Vertreter(inne)n beiderlei Geschlechts als primäre (elterliche) Bezugspersonen für eine gesunde psychosexuelle Entwicklung findet sich [...] keinerlei Bestätigung"[38]. Ebenso besteht bezüglich der sexuellen Orientierung kein statistisch relevanter Unterschied. Junge Erwachsene aus lesbischen Regenbogenfamilien bezeichnen sich im Vergleich zu Gleichaltrigen aus heterosexuellen Familien genauso selten als homosexuell orientiert.[39]

Trotz der primär herausgestellten „Unterschiedslosigkeit" belegen diese Studien durchaus auch Unterschiede. So sind Kinder und Jugendliche aus Regenbogenfamilien auf Grund ihrer familialen Konstellation deutlich öfter Stigmatisierungen und Diskriminierungen (vor allem Hänseleien und Ausgrenzungen, sehr selten jedoch massiver Gewalt) durch ihre soziale Umwelt ausgesetzt, insbesondere seitens Gleichaltriger. Dass hieraus nur negative Auswirkungen für die kindliche Entwicklung entstehen würden (z. B. soziale Isolation, Ängstlichkeit oder Depression) trifft generell keineswegs zu. Denn in dem Maß wie homosexuelle Eltern mit ihren Kindern über deren diskriminierende Erfahrungen sprechen, wird diesen auch ein adäquater Umgang damit ermöglicht. Das bewirkt bei der Mehrheit der Kinder aus Regenbogenfamilien sogar, dass sie im Vergleich zu Gleichaltrigen aus anderen Familien eine differenziertere Reflexions- und Konfliktfähigkeit erlangen und Toleranz mit hohem Selbstwertgefühl ver-

---

[38] Elke Jansen/Melanie C. Steffens, Lesbische Mütter, schwule Väter und ihre Kinder im Spiegel psychosozialer Forschung, in: Verhaltenstherapie & psychosoziale Praxis 38 (2006) 643–656, 648.

[39] Vgl. Nanette K. Gartrell/Henny M. W. Bos/Naomi G. Goldberg, Adolescents of the U.S. National Longitudinal Lesbian Family Study: Sexual Orientation, Sexual Behavior, and Sexual Risk Exposure, in: Archives of Sexual Behavior 40/6 (2011) 1199–1209; Susan Golombok/Fiona Tasker, Do parents influence the sexual orientation of their children? Findings from a longitudinal study of lesbian families, in: Developmental Psychology 32 (1996) 3–11.

knüpfen können.[40] Festgehalten wird aber, dass der Grund solcher Erniedrigungen in den intoleranten Reaktionen des sozialen Umfelds liegt, wie das auch bei Migrantenfamilien oder ökonomisch schwachen Familien belegbar ist. Daher sei hieraus auch kein relevantes Argument gegen Regenbogenfamilien ableitbar. Auf weitere Unterschiede, etwa dass homosexuelle Eltern gegenüber heterosexuellen eher eine egalitäre Aufgabenteilung praktizieren, sowohl beruflich als auch im gemeinsamen Engagement für die Kinder, oder dass heterosexuell sich verstehende Jugendliche aus Regenbogenfamilien eher offen sind für eigene gleichgeschlechtliche Erfahrungen als andere Jugendliche, sei hier nur noch hingewiesen.

In Summe belegen diese Studien, dass Regenbogenfamilien mehr Ähnlichkeiten als Unterschiede zur verschiedengeschlechtlichen Familie aufweisen. Dennoch darf auf Grund der historisch erst relativ jungen wissenschaftlichen Wahrnehmung von Regenbogenfamilien nicht übersehen werden, dass die Datenlage hierzu „insgesamt noch dürftig"[41] ist, zudem „fehlt es an umfangreicheren Längsschnittstudien zur Entwicklung von Kindern in gleichgeschlechtlichen Partnerschaften"[42]. Hinzu kommt, dass solche Studien meist vergleichsorientiert angelegt sind und Unterschiede primär auf vorhandene oder nicht vorhandene Defizite hin interpretieren. Wiederholt zu lesende Aussagen, worin Regenbogenfamilien der herkömmlichen Familie sogar überlegen sind, tragen in der Regel aber wenig zu einem differenzierten Verständnis jeweiliger Familienformen bei.

---

[40] Vgl. Rupp (Hg.), Die Lebenssituation von Kindern, 296–298; Judith Stacey/Timothy T. Biblarz, (How) Does the sexual orientation of parents matter?, in: American Sociological Review 66 (2001) 159–183.
[41] Eggen, Gleichgeschlechtliche Lebensgemeinschaften ohne und mit Kindern, 54.
[42] Marina Rupp/Andrea Dürnberger, Wie kommt der Regenbogen in die Familie?, in: Funke/Thorn (Hg.), Die gleichgeschlechtliche Familie, 61–98, 63.

2.2 Abwehrstrategien

Auch wenn wissenschaftliche Studien zeigen, dass Lesben und Schwule genauso wie heterosexuelle Personen befähigt sind als Eltern ihre Kinder zu erziehen und diesen hieraus auch kein nachweislicher Schaden erwächst, so ist zugleich unübersehbar, dass viele, keineswegs nur religionsgebundene Menschen dennoch nicht ihre Auffassung verändern, wonach homosexuelle Elternschaft abzulehnen sei, weil jedes Kind für eine gesunde psychosexuelle Entwicklung eine Mutter und einen Vater brauche, weshalb eben Lesben und Schwule, mögen sie noch so kompetent und liebevoll sein, als Eltern ungeeignet wären. Doch durch welche besonders überzeugenden und schwerwiegenden Argumente kann diese Ablehnung begründet werden – insbesondere auch im Blick auf die vorliegenden Vergleichsstudien?

Zunächst kann grundsätzlich eingebracht werden, dass aus empirischen Befunden nicht unmittelbar ethisch-normative Urteile ableitbar sind. Das wäre ein naturalistischer Fehlschluss, der auch die Eigenständigkeit der praktischen Vernunft, die den moralischen Sollensanspruch zu ergründen sucht, verkennen würde. Eine Mehrung empirischen Wissens bringt nicht schon automatisch mehr Ethik hervor. In ihrer eigenständigen Aufgabe operiert aber die praktische Vernunft nicht im luftleeren Raum, d. h. niemals jenseits, sondern immer inmitten empirischer Wissensbestände und somit in Bezug auf diese. Jedes material-ethische Urteil stellt darum eine Vermittlung von Wert- und Sacheinsichten dar, eine konkrete Kombination von normativen und deskriptiven Elementen. Somit ist stets auch nach der Relevanz empirischer Sacheinsichten für ein ethisches Urteil zu fragen.

Eine erste Abwehrstrategie wäre daher, die Relevanz empirischer Studien so weit wie möglich zu minimieren, indem etwa deren methodischen und theoretischen Schwächen kritisiert und damit deren Qualität und Aussagekraft für ethische Überlegungen und rechtliche Schlussfolgerungen in Frage gestellt werden. Dass eine solche Relevanzminimierung strengen wissenschaftlichen Kriterien unterliegt, sei hier nur festgehalten. Denn jede seriöse Studie, die ihr Forschungsdesign klar formuliert und wissenschaftlichen Standards entsprechend durchgeführt ist, enthält auch Aussagen zur externen Validität, d. h. zur Gültigkeit von generalisierbaren Schlussfolgerungen aus der Studie. So ist etwa die Rupp-Studie „durch eine gute Repräsentation der Zielgruppe abgesichert" und kann deshalb „als repräsentativ angesehen werden"[43]. Dennoch: Die hier (wie auch in vielen anderen diesbezüglichen Studien) primär angewandte Methode der telefonischen Befragung lässt zu Recht die Frage vieler Kritiker, insbesondere auch aus dem katholisch-konservativem Spektrum, zu – stellvertretend sei hier die Leiterin des Deutschen Instituts für Jugend und Gesellschaft (DIJG), Christl Ruth Vonholdt, zitiert –, „wie zuverlässig und objektiv die Selbstaussagen von Befragten sind"[44].

Eine differenzierte Klärung dieser Frage kann letztlich nur seitens der empirischen Sozialforschung im interdisziplinären Dialog erfolgen. Klar ist jedoch: Wird diese methodische Kritik eingebracht, dann trifft sie auf alle methodisch gleich durchgeführten Studien zu. Was darum die Kritik Vonholdts unglaubwürdig werden lässt, ist, dass auf derselben Homepage des DIJG eine vom abwehrstrategischen Segment ebenso gerne wie häufig zitierte Studie des amerikanischen Psychiaters Ro-

---

[43] Rupp (Hg.), Die Lebenssituation von Kindern, 282; 309. Diese Studie basiert auf einer Eltern- und Expertenbefragung sowie einer Kinderstudie. Letztere ist zwar nicht repräsentativ, verfügt aber „über eine im Vergleich zu anderen derartigen Untersuchungen große Stichprobe von 97 Kindern und ist somit ausgesprochen belastbar".
[44] Christl Ruth Vonholdt, Das Kindeswohl nicht im Blick, in: Bulletin DIJG, Sonderdruck Herbst 2009, 2–4, 3.

bert L. Spitzer „zur Frage von Veränderungsmöglichkeiten einer homosexuellen Orientierung" veröffentlicht ist, die, obwohl sie ebenfalls auf telefonischen Interviews basiert und sich somit methodisch nicht von der Rupp-Studie unterscheidet, keinerlei Kritik erfährt.[45] Damit wird deutlich, dass die sich auf Studien beziehende Verwissenschaftlichung eines Arguments nicht selten wissenschaftliche Standards verletzt, wenn Studien, welche die eigene Position bestärken, zwar prominent zitiert, andere dagegen, die diese kritisch in Frage stellen würden, entweder ignoriert oder nur einseitig in oft verkürzter und sinnentstellter Form dargestellt und zurückgewiesen werden. Aber eben diese „Inkonsistenz und Selektivität in der Suche nach Ausschlussfaktoren sind Hinweise für Vorurteile und Befangenheit"[46].

Solche Vorurteile und Befangenheit zeigen sich zweitens auch in der argumentativen Abwehr und Infragestellung gleichgeschlechtlicher Partner- und Elternfähigkeit. So verweist etwa Vonholdt in ihrer Kritik an der Rupp-Studie auf eine amerikanische Studie aus dem Jahr 2009[47], wonach „bei homosexu-

---

[45] Vgl. Robert L. Spitzer, Studie zur Frage der Veränderungsmöglichkeiten einer homosexuellen Orientierung vom 9.5.2001; online: http://www.dijg.de/homosexualitaet/wissenschaftliche-studien/spitzer-moegliche-veraenderung-homosexueller-orientierung/ [Stand März 2015].

[46] Guido Pennings, Gleichgeschlechtliche Elternschaft und das moralische Recht auf Familiengründung, in: Funke/Thorn (Hg.), Die gleichgeschlechtliche Familie, 225–249, 232. Hierzu passt, dass auf der Homepage des DIJG unerwähnt bleibt, dass Spitzer seine im Jahr 2001 präsentierte Studie im Mai 2012 offiziell zurückzog, da sie wiederholt – auch vom DIJG – missbräuchlich interpretiert wurde. Er entschuldigte sich dabei „bei allen schwulen Menschen, die ihre Zeit und Energie für irgendeine Form der reparativen Therapie verschwendet haben, weil sie glaubten, ich habe bewiesen, dass [diese] bei einigen ‚hochmotivierten Personen' wirksam sei". Vgl. Amber Moore, Psychiatrist Sorry for Gay Reparative Therapy Study, in: Medical daily 19.5.2012; online: http://www.medicaldaily.com/psychiatrist-sorry-gay-reparative-therapy-study-240498 [Stand März 2015].

[47] Vgl. Christine E. Grella/Lisa Greenwell/Vickie M. Mays/Susan D. Cochran,

ell lebenden Männern und Frauen die Häufigkeit psychischer Erkrankungen deutlich höher ist als unter heterosexuell Lebenden"[48]. Unerwähnt lässt sie aber, dass diese höhere Prävalenz im Zusammenhang von Alkohol- und Drogenkonsum erforscht wurde und somit nicht unvermittelt auf die anders gelagerte Zielgruppe der Studien zur Regenbogenfamilie übertragbar ist. Einem solchen Übertragungsfehler unterliegen oft auch Hinweise auf Studien, die bei schwulen Männern eine höhere Promiskuität belegen, woraus dann deren prinzipielle Unfähigkeit, dauerhafte Beziehungen eingehen und führen zu können, gefolgert und mitunter psychoanalytisch untermauert wird.[49] Es gibt freilich mehrere Studien, die bei gleichgeschlechtlich orientierten Personen ein vergleichsweise höheres Ausmaß an Promiskuität, psychischen Störungen, Depressionen oder Suizidgefährdung belegen, das primär aber nicht in der sexuellen Ausrichtung als solcher, sondern in weiterhin bestehenden sozialen Diskriminierungserfahrungen begründet sein dürfte.[50]

Influence of gender, sexual orientation, and need on treatment utilization for substance use and mental disorders. Findings from the California Quality of Life Survey, in: BMC Psychiatry 9:52 (2009); online: http://www.biomedcentral.com/1471-244X/9/52 [Stand März 2015].

[48] Vonholdt, Das Kindeswohl nicht im Blick, 4.

[49] Aus psychoanalytischer Perspektive sucht etwa Gerhard Amendt die Partner- und Elternfähigkeit gleichgeschlechtlicher Personen „auf der Basis eines pathologischen Narzissmus, der nur sich selbst und niemanden sonst kennt", in Frage zu stellen. Die dadurch „eingeschränkte Empathiefähigkeit" besagt beispielsweise: Da die lesbische Frau prinzipiell „Probleme mit ihren Söhnen und deren Männlichkeit" hat, müssen Söhne mit einer Frau aufwachsen, „deren Weiblichkeit von unbewusster Angst und von der Abwendung vom Männlichen – also dem Körper, dem Penis und seinen Symbolisierungen – beherrscht wird". Gerhard Amendt, Kultur, Kindeswohl und homosexuelle Fortpflanzung, in: Leviathan 30 (2002) 161–174, 165; 169.

[50] Vgl. Michael King u. a., A systematic review of mental disorder, suicide, and deliberate self harm in lesbian, gay and bisexual people, in: BMC Psychiatry 8:70 (2008); online: http://www.biomedcentral.com/1471-244X/8/70 [Stand März 2015]; Theo G. M. Sandfort u. a., Sam-sex behavior and psychiatric dis-

Dennoch werden diese (und andere) Charakteristika aber als Ausschlussfaktoren für die homosexuelle Möglichkeit einer „kultivierenden Beziehungsfähigkeit"[51] markiert, die zugleich eine Gefährdung des Kindeswohls impliziere. Letztlich wird diese Form der Argumentationslogik aber nur durch eine vorweg intendierte, wissenschaftlich aber unhaltbare, Relevanzminimierung von Studien zur Regenbogenfamilie möglich und erweist sich meist als inkonsistent und selektiv. Denn wenn

> „diese Charakteristika in der Tat so häufig bei Homosexuellen aufträten, würden sie die Befunde zu deren Kindern beeinflussen. Die Beweislage besagt jedoch, dass sich die psychosoziale Entwicklung der Kinder und die Qualität der Elternschaft in homosexuellen Familien nicht von der heterosexueller Familien unterscheidet."[52]

Die dritte und zugleich zentrale Abwehrstrategie erfolgt über das Argument des Kindeswohls. Das verwundert nicht angesichts der tief verwurzelten Überzeugung, dass Kinder bei ihren natürlichen Eltern aufwachsen sollen – und das in aller Regel auch dem Wohl des Kindes entspricht. Obzwar zugestanden wird, dass auch in solchen Familien eine Gefährdung des Kindeswohls vorliegen kann und darum gegebenenfalls das sogenannte „staatliche Wächteramt" eingreifen muss (insbesondere in Fällen von Vernachlässigung, Misshandlung und sexuellem Missbrauch von Kindern), wird dennoch argumentiert, dass das mit der Situation von Regenbogenfamilien nicht vergleichbar sei, da hier dem Kind „vorsätzlich eine Vater- oder Mutterentbehrung"[53] zugemutet werde. Gründet hierin eine prinzipielle Gefährdung des Kindeswohls?

---

orders. Findings from the Netherlands Mental Health Survey and Incidence Study (NEMESIS), in: Archives of General Psychiatry 58 (2001) 85–91.
[51] Amendt, Kultur, Kindeswohl und homosexuelle Fortpflanzung, 168.
[52] Pennings, Gleichgeschlechtliche Elternschaft, 232.
[53] Vonholdt, Das Kindeswohl nicht im Blick, 3.

Wissenschaftlich betrachtet ist vorweg zu betonen, dass der Begriff Kindeswohl eine „definitorische Katastrophe" (Harry Dettenborn) darstellt. Vorwiegend ist er im juristischen Kontext als „unbestimmter Rechtsbegriff" in Gebrauch, der einer Interpretation im Einzelfall bedarf. Zugleich überschreitet er eine bloß rechtliche Perspektive, weshalb nach Dettenborn jeder Jurist, „der den Begriff Kindeswohl verwendet, seine Kompetenzen überschreitet", da er „genötigt ist, über rechtliche und dadurch implizierte Wertaspekte hinaus auch psychologische Aspekte einzubeziehen"[54]. Somit bedürfte das Kindeswohl einer interdisziplinären Begriffsklärung, in der vor allem auch psychologische, pädagogische, medizinische und soziologische, aber ebenso ethische Aspekte zu berücksichtigen wären. Damit würde freilich ein Komplexitätsgrad erreicht, der den Begriff Kindeswohl wohl niemals in eine exakte wissenschaftliche Definition einfließen lässt. Formal erweist sich das Kindeswohl jedenfalls als eine Konstruktion, die aus empirischen Erkenntnissen und normativen Werteinsichten gespeist und gebildet wird. Diese unterliegt notwendig historisch bedingten soziokulturellen Verständnisweisen, weshalb zum Beispiel im Vergleich zu früher heute niemand mehr die körperliche Züchtigung als eine Tat im Sinne des Kindeswohls begreifen wird.

In abstrakter Umschreibung besteht jedoch Einigkeit darin, dass das Kindeswohl die leibliche, geistige und seelische Dimen-

---

[54] Harry Dettenborn, Kindeswohl und Kindeswille. Psychologische und rechtliche Aspekte, München ²2007, 47. Ähnlich hält Friederike Walper fest, dass es in der Rechtspraxis unvermeidbar ist, dass „das Kindeswohl als unbestimmter Rechtsbegriff mit ganz unterschiedlichen Inhalten gefüllt werden kann und dass seine Auslegung nicht nur vom gesellschaftlichen Wandel, sondern häufig auch von den Vorverständnissen der entscheidungsbefugten Personen beeinflusst wird". Friederike Walper, Gleichgeschlechtliche Lebensgemeinschaften mit Kindern. Verfassungsrechtliche Rahmenbedingungen, in: Funke/Thorn (Hg.), Die gleichgeschlechtliche Familie, 115–159, 130.

sion des Kindes umfasst.[55] Was das konkret besagt, wird aber in Abhängigkeit unterschiedlicher normativer Vorverständnisse nicht einheitlich zu beantworten sein. Darum ist die familienrechtliche Unterscheidung zwischen einem optimalen und einem minimalen Standard des Kindeswohls hilfreich und notwendig. Während der optimale Standard in Relation zu kulturellen und religiösen Anschauungen unterschiedlich ausformulierbar ist und somit nicht mit ungeteilter Zustimmung rechnen kann, fokussiert der minimale Standard auf jene Bedingungen, die für das Wohl des Kindes unabdingbar sind, weshalb dessen Unterschreitung zugleich eine Gefährdung des Kindeswohls darstellt.

„Eine Kindeswohlgefährdung im rechtlichen Sinne kann darum nicht schon dann angenommen werden, wenn die Erziehung des Kindes nicht optimal verläuft, wenn also die Lebensumstände des Kindes aus sozialen oder ökonomischen Gründen belastend sind oder wenn das Kind nach pädagogischen Maßstäben nicht bestmöglich gefördert wird."[56]

Andernfalls müsste das staatliche Wächteramt permanent eingreifen.

Bezüglich der vorhin genannten Studienbefunde besteht daher aus rechtlicher Perspektive kein schwerwiegender Grund anzunehmen, dass dieser minimale Standard bei lesbischen oder schwulen Familien nicht gegeben wäre. Dennoch sollten diese Befunde „nicht so interpretiert werden, als sei es für das Aufwachsen von Kindern *gleichgültig*, ob sie in einer gegengeschlechtlichen oder in einer gleichgeschlechtlichen Familie le-

---

[55] Vgl. hierzu die gesetzlichen Hinweise in Deutschland (§ 1666 Abs. 1 BGB) und Österreich (§ 178a ABGB).
[56] Walper, Gleichgeschlechtliche Lebensgemeinschaften mit Kindern, 128.

ben"[57]. Abgesehen davon, dass de facto weiterhin fast alle Kinder sich der klassischen Vater-Mutter-Kind-Konstellation verdanken werden, wiewohl in dieser immer öfter nicht dauerhaft aufwachsend, gibt es bis dato hinreichend Belege dafür, dass die Differenzerfahrung von Mutter und Vater für die psychosexuelle Entwicklung des Kindes bedeutsam ist.[58] Allerdings werden solche Belege seit einigen Jahrzehnten durch Ergebnisse der Bindungstheorie insofern relativiert, als die hier betonte Bedeutung primärer Bezugspersonen für das Kind, damit dieses in den ersten Lebensjahren eine sichere Bindung aufbauen kann, nicht notwendig impliziert, dass diese Personen die leibliche Mutter (Mutter-Kind-Beziehung) oder die leiblichen Eltern (Mutter-Vater-Kind-Beziehung) sein müssen. In der gegenwärtigen entwicklungspsychologischen Literatur wird daher mit den Begriffen Mutter und Vater zurückhaltend umgegangen, stattdessen ist vorwiegend von einer oder mehreren primären oder auch sekundären Bezugspersonen die Rede.[59] Somit lässt auch diese fließender gewordene Befundlage keinen generellen Ausschluss gleichgeschlechtlicher Elternschaft auf Grund des Kindeswohls ableiten.

Es ist zudem zu beachten, dass es solche Elternschaft faktisch gibt und somit eine rechtliche Anerkennung keine neue Familie begründet, sondern – durchaus im Sinne des Kindeswohls – die Rechtsstellung des Kindes verbessert, etwa im Blick auf das Sorgerecht oder im Fall der Auflösung der Lebenspartnerschaft durch Trennung oder Tod hinsichtlich Unter-

---

[57] Ebd. 132.
[58] Vgl. Karin Grossmann/Klaus E. Grossmann, Bindungen – Das Gefüge psychischer Sicherheit, Stuttgart ^{6}2014; Lothar Schon, Sehnsucht nach dem Vater. Die Dynamik der Vater-Sohn-Beziehung, Stuttgart 2000; Kornelia Steinhardt/ Wilfried Datler/Johannes Gstach (Hg.), Die Bedeutung des Vaters in der frühen Kindheit, Gießen 2002.
[59] Vgl. etwa Laura E. Berk, Entwicklungspsychologie, München ^{5}2011.

haltsansprüche oder erbrechtlicher Ansprüche. Auch die gemeinsame Fremdkindadoption verbessert aus der Sicht des Kindes dessen Situation, indem sein körperliches, geistiges und seelisches Wohl gefördert wird. Dagegen impliziert die Gründung einer Regenbogenfamilie durch Mittel der assistierten Reproduktion durchaus andere – primär aber im Kontext des reproduktionsmedizinischen Diskurses liegende – ethische Probleme, wobei hier prinzipiell fraglich ist, inwieweit das Kindeswohl als Argument für ein noch nicht gezeugtes Kind sinnvoll heranzuziehen ist.[60] Davon unabhängig ist weiterhin zu beachten, dass rechtlich auch die Einzeladoption zulässig ist, ohne hierin eine Gefährdung des Kindeswohls anzunehmen. Schließlich wäre über den gleichgeschlechtlichen Kontext hinaus noch die Frage einzubeziehen, inwieweit etwa die Abwesenheit eines Vaters in Alleinerzieherinnenfamilien nachweislich einen gravierenden Schaden für das Kind zur Folge hat. All das gilt es argumentativ zu berücksichtigen, selbst wenn mit guten Gründen die Position vertreten wird und werden kann, dass die elterliche Konstellation von Mutter *und* Vater die Möglichkeiten des Kindeswohls erhöhen. Mit gutem Grund kann deshalb aber nicht argumentiert werden, dass das Kindeswohl im Blick auf gleichgeschlechtliche Paare nur am optimalen Standard Maß zu nehmen hätte.

---

[60] Es ist hier nicht der Ort, auf die im Rahmen der Reproduktionstechniken bestehenden ethischen Probleme einzugehen. Stattdessen sei nur darauf hingewiesen, dass in juristischer Perspektive die Kriterien der Zulassung zur Fortpflanzungsmedizin nicht auf Grund des Merkmals der sexuellen Orientierung unterschiedlich sein können. So enthält die Entscheidung des österreichischen Verfassungsgerichtshofs zum Fortpflanzungsmedizingesetz (Anm. 8) den Hinweis, dass es sachlich nicht gerechtfertigt ist, „die Mittel der Fortpflanzungsmedizin in der rechtlich weniger abgesicherten Beziehungsform der (heterosexuellen) Lebensgemeinschaft zuzulassen, in der rechtlich abgesicherten, vom Gesetzgeber weitgehend der Ehe gleichgestellten Lebensform der eingetragenen Partnerschaft aber nicht" (Rz 9).

Eindrücklich betont daher Pennings, dass das Argument des Kindeswohls nur dann redlich in den Diskurs eingebracht ist, wenn über den Fokus auf die sexuelle Orientierung hinaus auch andere Eigenschaften berücksichtigt werden, die positiv oder negativ „einen nachweislichen Effekt auf das Wohlergehen des Kindes"[61] haben. Empirisch nachgewiesene negative Effekte sind etwa geringe Familieneinkommen, die „während der Kindheit langfristige Auswirkungen auf die physische und psychische Gesundheit haben können, die bis ins Erwachsenenalter nachwirken", aber ebenso, Opfer von Kindesmissbrauch zu sein, denn „Menschen, die als Kind missbraucht wurden, zeigen ein sehr viel höheres Risiko, ihre eigenen Kinder zu missbrauchen. Bis zu 50 Prozent der Eltern, die als Kind misshandelt wurden, missbrauchen ihre Kinder."[62] Sollten also im Sinne des Kindeswohls alle potentiellen Eltern kriteriologisch nach ihren wirtschaftlichen Ressourcen oder ihrer Missbrauchsbiographie geprüft werden und ihnen gegebenenfalls die Realisierung des Kinderwunsches untersagt werden? Warum aber soll das bezüglich der Bruchkante der sexuellen Orientierung der Fall sein, zumal diese in Studien bislang keine nachweislich negativen Effekte für das Kindeswohl zeigen?

2.3 Kollidierende Denkformate

Aus dem bisher Gesagten wird deutlich, dass – wie seitens der oben zitierten Urteile des Verfassungsgerichtshofs verlangt – „besonders überzeugende und schwerwiegende Gründe" für eine generelle Zurückweisung der Anerkennung von Regenbogenfamilien nicht vorliegen, sofern jedenfalls eine inkonsistente und selektive Argumentationslogik ebenso vermieden wird wie

---

[61] Pennings, Gleichgeschlechtliche Elternschaft, 242.
[62] Ebd. 242; 243.

eine nur am Merkmal der sexuellen Ausrichtung orientierte Begründung. Eine solche Begründung wird freilich im Denkformat einer liberalen Demokratie, welche die aus der Achtung der Menschenwürde hervorgehenden Grund- und Freiheitsrechte des Einzelnen (wie auch von Minderheiten) vor möglichen Ansprüchen der Mehrheit schützen möchte, als diskriminierend und somit unzulässig zurückgewiesen. Dem steht weiterhin ein bestimmtes naturrechtliches Denkformat entgegen, das bis in das zweite Drittel des letzten Jahrhunderts noch wirkungsvoll soziale Ordnungsmuster legitimieren konnte. Demnach war Heterosexualität dem Natürlichen zugeordnet und Familie in keineswegs nur katholischer Diktion als natürliche Keimzelle der menschlichen Gesellschaft anerkannt. Sozial war das Natürliche als das Normale etabliert, weshalb mit Homosexualität primär das Unnatürliche und Anormale assoziiert wurde.

Die sozialen Modernisierungsprozesse der letzten Jahrzehnte etablierten jedoch einen „flexiblen Normalismus"[63], d. h. das ehemals enge Normalspektrum mit breiten Bereichen der Anormalität und massiver Exklusionslogik ist einem breiten Normalspektrum gewichen, das deutlich weniger Bereiche der Anormalität infolge einer maximal intendierten Inklusionslogik aufweist. Am Beispiel Sexualität sind daher viele Anormalitäten von einst, wie etwa Homosexualität, nunmehr in ein breites Spektrum von Normalität integriert, wobei innerhalb dieses Spektrums durchaus Differenzierungen existieren, da nicht alles gleichermaßen im Zentrum der Normalität stehend begriffen werden muss, ohne deshalb schon dem Bereich der Anormalität zuzugehören. Die Vervielfältigung von Normalität ist demnach nicht nur ein empirisches Faktum. Ihr liegt auch eine Veränderung moralischer Überzeugungen zugrunde.

---

[63] Vgl. Jürgen Link, Versuch über den Normalismus. Wie Normalität produziert wird, Göttingen ⁵2013.

Nicht wenige beurteilen diese Verbreiterung des Spektrums als Verlust einstiger Normalität. Dabei wird aber oft übersehen, dass das dem engen Normalspektrum traditionell zugrunde liegende naturrechtliche Denkformat keineswegs jenes objektive, von Natur aus eindeutig vorgegebene Fundament für normative Aussagen darstellt, wie das allgemein oft angenommen wird. Was der Begriff Natur besagt, ist von Natur aus nicht eindeutig. Seine ethische Relevanz lässt sich darum nicht einfach von der Natur her, sondern nur vom Menschen her durch die Vernunft bestimmen. Als menschlich interpretierte Natur bleibt sie damit stets an jeweilige Weisen des Selbst- und Weltverständnisses des Menschen, aber auch an gegebene Machtverhältnisse rückgebunden. Folglich bewirken Veränderungen von Verständnisweisen und Machtstrukturen auch einen Wandel naturrechtlicher Auffassungen.

Auf diese Weise hat sich – in verkürzter Zuspitzung formuliert – das neuzeitlich-kritische Naturrecht im Gefolge von Aufklärung und damit einhergehender sozialpolitischer Umbrüche dahingehend entwickelt, die von Natur aus gleiche Freiheit und Autonomie aller Menschen zu betonen. Das führte in weiterer Folge zur Entfaltung der auf der Menschenwürde basierenden Grund- und Menschenrechte, welche nunmehr als zentraler Maßstab ethischen Urteilens gelten. Naturrecht wird demnach im Kern als Menschenrecht begriffen, wozu in dessen dynamischer Auslegung mittlerweile explizit auch die sexuelle Selbstbestimmung gehört. In Distanz zu dieser Entwicklung hat die katholische Kirche ihr bis dahin dominant die Gesellschaft bestimmendes naturrechtliches Denkformat weitgehend unverändert belassen – und damit eine essentialistische Konzeption von Natur, die hinsichtlich der Ehe-, Familien- und Sexualnormen aber immer mehr an orientierender Relevanz einbüßt, da diese Auffassung des Naturrechts mit jener, die von der Personwürde ausgeht, Unvereinbarkeiten aufweist, die vor allem in der Bestimmung des Verhältnisses von Person und Natur bzw. Vernunft und Natur gründen. Wer daher „in der Gegenwart auf ein Naturrecht jenseits des Autonomieanspruchs Bezug nimmt, verliert den Anschluss an die politische und rechtliche Dynamik der modernen Moral. Ein solches Naturrecht wird als ungeschichtlich wahrgenommen, als Denkform einer vergangenen Epoche."[64]

Verständlich wird damit, warum der ethische Diskurs zur gleichgeschlechtlichen Elternschaft, trotz enormen Argumentationsaufwandes seitens der Gegner und Befürworter, so unversöhnlich bleibt. Denn jedem Argument liegen – oft unausgesprochen – kollidierende Denkformate zugrunde. Die ethische Debatte gerät daher oft zu einer Art „Schattenboxen" (Guido Pennings): So wird beispielsweise das Argument des Kindeswohls öffentlichkeitswirksam in Stellung gebracht, doch trifft man hiermit nur den Schatten des jeweils anderen, während der jeweilige Körper, d. h. das dem Argument zugrunde liegende Denkformat, davon unberührt bleibt. Pennings bemerkt hierzu: „Wir sollten nicht überrascht sein, dass der Andere nicht zu Boden geht."[65] Aus ethischer Sicht wäre freilich weniger das Bild des Boxkampfes heranzuziehen, sondern das eines offenen Dialogs über die den Argumenten zugrunde liegenden Denkformate, der – im Sinne von Jürgen Habermas – nicht der strategischen, sondern der auf wechselseitiges Verstehen ausgreifenden kommunikativen Vernunft verpflichtet sein müsste.

---

[64] Stephan Goertz, Naturrecht und Menschenrecht. Viele Aspekte der kirchlichen Sexualmoral werden nicht mehr verstanden, in: HerKorr 68 (2014) 509–514, 513.
[65] Pennings, Gleichgeschlechtliche Elternschaft, 229.

3. Theologisch-ethische Anmerkungen

Konfessionell betrachtet ist es im deutschsprachigen Raum „am ehesten der Protestantismus, der den modernen human- und sexualwissenschaftlichen Erkenntnisstand zu gleichgeschlechtlichen Lebensformen und die rechtspolitischen Öffnungen rezipiert hat"[66]. Gleichgeschlechtliche Partnerschaften ohne oder mit Kindern werden hier seit der Jahrtausendwende kaum mehr als „Kernfrage des christlichen Bekenntnisses"[67] begriffen. Deshalb können in zunehmend mehr Landeskirchen gleichgeschlechtliche Partnerschaften auch eine Segnung erhalten und unter bestimmten Bedingungen sogar für Pfarrerinnen und Pfarrer zugelassen sein. In der römisch-katholischen Kirche werden dagegen – so Kreß – „tradierte Vorbehalte gegen Homosexualität", welche diese „als in sich schlecht, verwerflich und sündig" bewerten, weiterhin aufrecht erhalten, und somit eine Position vertreten, welche „heutzutage die normative Logik der Grundrechte und den Nichtdiskriminierungsgedanken unterläuft"[68].

Letztlich gründet das darin, dass die katholische Kirche das Thema Homosexualität weiterhin als eine moralische Schlüsselfrage des christlichen Glaubens ansieht. Angesichts der einschlägigen Lehrdokumente hierzu ist auch nicht zu erwarten, dass sich das in absehbarer Zeit ändern könnte. Denn gestützt

---

[66] Hartmut Kreß, Gleichgeschlechtliche Partnerschaften und gleichgeschlechtliche Familien mit Kindern. Rechtsethische Grundlagen – aktuelle Diskussionspunkte – Fortentwicklung von Rechtsnormen, in: Zeitschrift für Evangelische Ethik 56 (2012) 279–291, 284. Vgl. Ders., Gleichgeschlechtliche Partnerschaften ohne und mit Kindern. Persönlichkeits- und Kinderrechte als Maßstab der Ethik – Probleme der Kirchen, in: Evangelische Theologie 73 (2013) 364–376; Siegfried Keil/Michael Haspel (Hg.), Gleichgeschlechtliche Lebensgemeinschaften in sozialethischer Perspektive, Neukirchen-Vluyn 2000.
[67] Hartmut Kreß, Gleichgeschlechtliche Partnerschaften und gleichgeschlechtliche Familien mit Kindern, 284.
[68] Ebd. 285.

auf biblische Befunde und eine durchgängige Tradition wird in der konsequenten Ablehnung homosexueller Praxis ein zentraler Aspekt des entscheidend Christlichen innerhalb der Morallehre verteidigt, der nicht preisgegeben werden dürfe.

Worin aber besteht das entscheidend Christliche? In seiner Fundamentaltheologie unterscheidet Hans-Joachim Höhn hierfür zwei Denkformate. Dem einen zufolge besteht die Auffassung, dass das entscheidend Christliche sich unterscheidend geltend macht. Es ist somit „an Alleinstellungsmerkmalen festzumachen", die durch „Unterschiede und Unterscheidungen zu ermitteln"[69] sind. Dagegen sieht das zweite Denkformat das entscheidend Christliche in dem, „was alle Menschen eint und sie einander gleich macht: ihre Mitgeschöpflichkeit, ihre Gottebenbildlichkeit, ihre Stellung als Adressaten des universalen Heilswillens Gottes"[70]. Beide Denkformate gehören seit je her zur katholischen Tradition. In der jüngeren Kirchengeschichte konnte aber erst das Zweite Vatikanische Konzil die zuvor in der Neuscholastik gegebene Dominanz des ersten Denkformats überwinden, wiewohl bis heute ein oft unvermitteltes Nebeneinander beider Formate vorliegt, was sich insbesondere in Moralfragen auswirkt.

Dem ersten Denkformat liegt in der Regel ein instruktionstheoretisches Offenbarungsverständnis zugrunde, demzufolge Gott den Menschen primär eine Lehre mitteilt, also Wahrheiten über sich selbst, die ein genaues Wissen darüber ermöglichen, „was Gott um des Heils des Menschen willen angeordnet hat und – letztlich durch das kirchliche Lehramt – als absolut verbindliches ‚Glaubensgesetz' in Kraft gesetzt hat"[71]. Hinsichtlich des Moralgesetzes wurde zwar vornehmlich naturrechtlich ar-

---

[69] Hans-Joachim Höhn, Gott – Offenbarung – Heilswege. Fundamentaltheologie, Würzburg 2011, 26.
[70] Ebd. 25.
[71] Jürgen Werbick, Den Glauben verantworten. Eine Fundamentaltheologie, Freiburg i. Br. 2000, 299.

gumentiert, sofern das natürliche Gesetz des Handelns aber in der Schöpfungsordnung Gottes ihren objektiven Ausdruck findet, galt auch dieses als absolut verbindlicher Wille Gottes. Im Blick auf das vorliegende Thema kann daher Homosexualität nur im Widerspruch zur in der Natur sich widerspiegelnden schöpfungstheologischen Ordnung von Ehe und Sexualität stehen. Folglich kann „einzig und allein in der Ehe der Gebrauch der Geschlechtskraft *moralisch gut* sein. Deshalb handelt eine Person, die sich homosexuell verhält, *unmoralisch.*"[72]

Es ist hier nicht der Ort, auf die erkenntnistheoretischen Probleme dieses Denkformats einzugehen, vor allem auch hinsichtlich der naturrechtlichen Prämissen, die oben zumindest angedeutet wurden. Anzusprechen ist aber dessen immanente Exklusionslogik, sofern jede von der Wahrheit des göttlichen Gesetzes abweichende Praxis als unmoralisch, sündhaft oder unnatürlich bestimmt und somit als unannehmbarer Irrtum ausgeschlossen werden muss. Im Namen dieser Wahrheit existiert deshalb eine weitgehende Abgrenzung gegenüber anderslautenden wissenschaftlichen Einsichten. So wird etwa jüngeren exegetischen Befunden zum Thema Homosexualität, die eine Modifizierung des traditionellen ethischen Urteils ermöglichen würden, mit dem undifferenzierten Verweis auf das „solide Fundament eines beständigen biblischen Zeugnisses"[73] begegnet. Ferner werden humanwissenschaftliche Befunde zur Homosexualität, die diese fast einheitlich – wie zuletzt im Oktober 2013 der Weltärztebund – als „a natural variation of human sexuality"[74] jenseits von Krankheit und Therapiebedarf begreifen,

---

[72] Kongregation für die Glaubenslehre, Schreiben an die Bischöfe der katholischen Kirche über die Seelsorge an homosexuellen Personen, Nr. 7.
[73] Ebd. Nr. 5. Vgl. auch Kongregation für die Glaubenslehre, Erwägungen zu den Entwürfen, Nr. 4.
[74] In diesem Sinne hat sich der Weltärztebund in einer Stellungnahme vom Oktober 2013 geäußert; online: http://www.wma.net/en/30publications/10po-

allenfalls bedingt rezipiert. Stattdessen wird auf der Grundlage von in der scientific community nur marginal rezipierten Autoren tendenziell die pathologische Dimension von Homosexualität hervorgehoben.[75] Schließlich wird entgegen (empirisch belegbaren) Erfahrungen des Glückens von gleichgeschlechtlicher Partnerschaft auf das affektive Defizit der fehlenden Geschlechterkomplementarität verwiesen[76] und vertiefend erläutert, dass eine „ungeordnete sexuelle Neigung [...] von *Selbstgefälligkeit* geprägt ist", weshalb „homosexuelles Tun die eigene Erfüllung und das eigene Glück verhindert"[77].

Im Extremfall mündet diese Exklusionslogik in fundamentalistische Verschwörungstheorien, wonach es „einer kleinen Minderheit der Bevölkerung, deren sexuelle Neigungen von denen der großen Mehrheit abweichen, gelungen [ist], ihre Interessen zum beherrschenden Thema eines globalen Kulturkampfes zu machen", der mittlerweile „als Top-Down-Revolution" seitens der UNO und der Europäischen Union geführt wird und ein „gewaltiges gesellschaftliches Umerziehungsprogramm"[78] verfolgt.

---

licies/s13/index.html [Stand März 2015]. Die Entpathologisierung von Homosexualität reicht länger zurück: Bereits im Jahr 1973 war sie von der American Psychiatric Association aus dem offiziellen Diagnosekatalog gestrichen worden, danach auch im Jahr 1990 von der WHO aus der ICD-Klassifikation.

[75] Zur Klarstellung: Selbstverständlich *kann* eine homosexuelle (wie auch heterosexuelle) Orientierung mit krankheitsrelevanten Merkmalen verbunden sein. Dies festzuhalten ist aber etwas anderes als zu sagen, Homosexualität sei prinzipiell oder überwiegend eine Krankheit.

[76] Vgl. Kongregation für die Glaubenslehre, Erwägungen zu den Entwürfen, Nr. 4: Homosexuelle Handlungen „entspringen nicht einer wahren affektiven und geschlechtlichen Ergänzungsbedürftigkeit. Sie sind in keinem Fall zu billigen."

[77] Kongregation für die Glaubenslehre, Schreiben an die Bischöfe der katholischen Kirche über die Seelsorge an homosexuellen Personen, Nr. 7.

[78] Gabriele Kuby, Die globale sexuelle Revolution. Zerstörung der Freiheit im Namen der Freiheit, Kißlegg 2012, 216; 87. Das letztgenannte Zitat ist dem Klappentext entnommen. Vgl. hierzu meine kritische Auseinandersetzung, die

Da solchen Theorien primär ein pathologisches Verständnis von Homosexualität zugrunde liegt, bleibt aber schwer nachvollziehbar, wie es denn einer

„sehr geringen Anzahl von Menschen, die allesamt an einem psychischen Defekt leiden (?!), gelingen sollte, in Wissenschaft, Rechtsprechung und Politik so viele einflussreiche, renommierte Leute hervorzubringen, dass sie weltweit eine absolute Mehrheit Heterosexueller offenbar unter Ausschaltung von deren selbständiger, vernünftiger Urteilskraft von Dingen überzeugen könnten, die angeblich nicht haltbar sind. Ein solches Szenario mag man mit Fug und Recht für das Reich des Antichristen erwarten, dies seinen homosexuellen Mitmenschen anzuhängen, sollte man zumindest aber nicht als wissenschaftlich bezeichnen."[79]

Das zweite Denkformat gründet in einem kommunikationstheoretischen Offenbarungsverständnis, das davon ausgeht, dass Gott nicht einzelne Wahrheiten über sich selbst mitteilt, sondern sich selbst als Liebe, d. h. als „Realität unbedingter Zuwendung", wie sie Jesus, „der gänzlich Gott entsprechende Mensch"[80], bezeugt.

---

unter dem Titel „Wachstumspotenzial für die eigene Lehre" erschienen ist in: HerKorr 68 (2014) 457–462; zu Kubys Stellungnahme („Eine Top-down Revolution", ebd. 590–593) vgl. meine Klarstellung, online: https://www.herder-korrespondenz.de/theologie/theologie-aktuell/gendertheorie-zur-debatte-um-die-vermeintliche-gender-ideologie [Stand März 2015].

[79] Valeria Hink, Wie allwissend ist Wissenschaft im Namen des Allmächtigen. Kritische Anfragen an die Advokaten der Heilungspsychologie; online: http://www.zwischenraum.net/single-news/news/wie-allwissend-ist-wissenschaft-im-namen-des-allmaechtigen-kritische-fragen-an-die-advokaten-de.html [Stand März 2015].

[80] Höhn, Gott – Offenbarung – Heilswege, 177; 242. In der Offenbarungskonstitution des Zweiten Vatikanums, Dei Verbum, heißt es in lehramtlicher Korrektur eines instruktionstheoretischen Offenbarungsverständnisses: „In dieser Offenbarung redet der unsichtbare Gott aus überströmender Liebe die Men-

Gott als Realität unbedingter Zuwendung zur Sprache zu bringen, besagt jedoch, dass

„das ‚entscheidend' Christliche nicht ohne weiteres identisch [ist] mit Unterschieden, die gegenüber Anders- und Nichtgläubigen herausgestellt werden. Das entscheidend Christliche besteht in der Botschaft, dass alle Menschen unterschiedslos Adressaten einer unbedingten Zuwendung Gottes sind. In diesem Universalismus etwas alle Menschen Verbindendes zur Geltung zu bringen, darin liegt seine Identität."[81]

Diese Identität des entscheidend Christlichen kann sich somit nicht über die abgrenzende Feststellung von Unterschieden profilieren, sondern in der Herausstellung des diese Unterschiede übergreifenden Gemeinsamen. In Abgrenzung vollzogene Unterscheidungen bewirken Ungleichheiten und diese etablieren sich rasch zu Diskriminierungen. Wer daher

„materialiter mit Unterschieden operiert, wird auch formal mit Exklusionen arbeiten und sie letztlich gesellschaftlich umsetzen wollen. Es mag sich ‚nach innen' identitätsstärkend auswirken, wenn man diese Differenz zu Außenstehenden betont – und dennoch steckt man mit einem Fuß bereits in der Ideologiefalle. Ideologien bestehen primär aus der Absicht, ihre Anhänger durch die Bestimmung von Unterschieden zu anderen besser dastehen zu lassen. Wer derart mit Unterschieden hantiert, arbeitet jenen zu, die daraus Diskriminierungen machen."[82]

---

schen an wie Freunde und verkehrt mit ihnen, um sie in seine Gemeinschaft einzuladen und aufzunehmen" (Nr. 2).
[81] Ebd. 315.
[82] Ebd. 319.

Ein derartiges Hantieren mit Unterschieden bringt zwar jenen Personen, Gruppen oder Institutionen einen Vorteil, die Definitionsmacht über Unterschiede haben. Doch Höhn bemerkt zu Recht: „Prekär wird es für jene, die sich von anderen sagen lassen müssen, worin sie ihnen nicht gleich sind und warum sie mit ihnen nicht gleichauf sein können."[83] Sofern die Normalität von Heterosexualität mit der differentiellen Dynamik des Ausschlusses von Homosexualität korrespondiert, bewirkt das prekäre Lagen für die derart Ausgeschlossenen. In katholischer Diktion besagt dies, dass homosexuelle Personen hinsichtlich der Schöpfungsordnung dem Bereich des objektiv Ungeordneten angehören und ihnen auch keine Möglichkeit gegeben ist, in die von Gott her vorgesehene Ordnung eintreten zu können, da ja nicht erst die homosexuelle Praxis, sondern bereits die homosexuelle „Neigung selbst als objektiv ungeordnet angesehen werden"[84] muss.

Wie ist das mit dem zweiten Denkformat vereinbar, wonach das entscheidend Christliche darin besteht, dass alle Menschen unterschiedslos Adressaten der unbedingten Zuwendung Gottes sind? Wie kann konkret einem homosexuellen Menschen vermittelt werden, dass Gott das Heil aller Menschen will? Ein solches Denkformat lässt jedenfalls keine prekäre Theologie zu, d. h. sie darf gleichgeschlechtlich orientierte Personen nicht in eine prekäre Situation vor Gott bringen. Jenseits einer Exklusionslogik, aber auch jenseits einer undifferenzierten Inklusionslogik, kann das entscheidend Christliche nur derart eingelöst werden, dass die Kirche als Volk Gottes, also alle „Glaubenden auch ihre Sache sein lassen, was Gott zu seiner ureigenen Sache gemacht hat: die Würdigung des Menschen"[85].

---

[83] Ebd. 312.
[84] Kongregation für die Glaubenslehre, Schreiben an die Bischöfe der katholischen Kirche über die Seelsorge an homosexuellen Personen, Nr. 3.
[85] Werbick, Den Glauben verantworten, 396.

Eine solche Wertschätzung bedarf des beständigen Dialogs, einer verständnisorientierten kommunikativen Haltung, die wiederum die Bereitschaft des Zuhörens einschließt. Nur auf diese Weise gelangt das alle Menschen Verbindende zur Geltung, zugleich gerät das Unterscheidende in den Hintergrund, ohne deshalb getilgt zu werden. Allein auf der Basis solcher Wertschätzung können Befangenheit und Vorurteile gegenüber gleichgeschlechtlich orientieren Menschen abgebaut und derart ein Verständnis dafür aufgebaut werden, dass der Wunsch nach Partnerschaft und Familie keine Bruchkante der sexuellen Orientierung aufweist. Dann wird es auch kaum möglich, pauschal zu behaupten, dass gleichgeschlechtliche Paare über keine geeignete Erziehungsfähigkeit verfügen würden oder das Kindeswohl allein durch das Fehlen der elterlichen Verschiedengeschlechtlichkeit gefährdet wäre.

Dennoch bestehen Unterschiede, die aber erst im Horizont dieser gemeinsamen Basis des alle Menschen Verbindenden angemessen benannt sind. Diese gründen vor allem darin, dass das, was als Natur oder natürlich begriffen wird, trotz aller interpretatorischen Schwierigkeiten ein bleibendes regulatives Prinzip menschlichen Selbstverständnisses bildet. Gleichgeschlechtliche Partnerschaften und Familien sind daher – trotz aller betonten Unterschiedslosigkeit – auch anders und werden anders erfahren, ohne hierin eine hierarchische Wertung vorzunehmen. Im Sinne dieses Andersseins sprechen darum gute Gründe dafür, das traditionelle Verständnis der Ehe, welches in der Verschiedengeschlechtlichkeit von Mann und Frau auch die natürliche Potentialität von Elternschaft impliziert, nicht für gleichgeschlechtliche Paare zu öffnen. Ihre rechtliche Anerkennung als andere Form einer Lebensgemeinschaft tangiert jedoch nicht – jedenfalls im Sinne der gegenwärtigen Interpretation von Artikel 8 EMRK (Recht auf Achtung des Privat- und Familienlebens) – das als Abwehrrecht zu begreifende Recht auf Familiengründung. Inwieweit aber gleichgeschlechtliche Familienbildung über Pflegschaft und Adoption hinaus auch durch Mittel der Reproduktionsmedizin zulässig sein soll, da Analogien zur natürlichen Potentialität von Elternschaft fehlen, stellt bleibend eine zentrale ethische Frage im Blick auf multiple Elternschaft und Kindeswohl dar. Sie kann freilich in rechtlicher Perspektive, da das Merkmal der sexuellen Orientierung kein legitimes Kriterium ist, nicht anders geklärt werden als für heterosexuelle Paare.

Wie auch immer entlang des regulativen Prinzips der Natur Unterschiede näher benannt und diskutiert werden: Sie stellen zum einen das traditionelle Leitbild von Familie nicht in Frage, da gleichgeschlechtliche Familien hierzu keine Konkurrenz bilden. Zum anderen rechtfertigen sie keine Exklusionslogik, die das alle Menschen Verbindende oft nur abstrakt zu betonen vermag. Herausgefordert ist eine konkrete Anerkennung von Differenz, in der gleichgeschlechtliche Familien als eigenständige Form von Familie gewürdigt werden. Wie jede Ethik ist auch die theologische Ethik dem Nachdenken über das Glücken eines guten Lebens verpflichtet. Nur ein gewürdigtes Leben kann als gutes Leben entdeckt und geführt werden.

V.
Ausblick: Homosexualität und die Familiensynode 2014/2015

Neue Offenheit oder alte Ängste?
Homosexualität und gleichgeschlechtliche Partnerschaften als Thema der Familiensynode[*]

Michael Brinkschröder

Im Oktober 2014 hat sich eine außerordentliche weltweite Bischofssynode in Rom versammelt, um sich mit den „pastoralen Herausforderungen im Hinblick auf die Familie im Kontext der Evangelisierung" auseinanderzusetzen. Kaum ein Ereignis in der katholischen Kirche hat in den letzten Jahren so viele Hoffnungen geweckt und so große Aufmerksamkeit erhalten wie die Familiensynode. Sollte dies die Gelegenheit sein, um endlich die „heißen Eisen" wie Verhütung oder wiederverheiratete Geschiedene anzupacken, die das Zweite Vatikanische Konzil nicht behandelt hatte und die seither in der Kirche ein großes Konflikt- und Entfremdungspotential darstellen?[1]

---

[*] Unter dem Titel „Gleichtgeschlechtliche Partnerschaften. Ein Thema auf den Familiensynoden" in gekürzter Form erschienen in: StZ 140 (2015) 363–374. (Der Abdruck erfolgt mit freundlicher Genehmigung der Redaktion.)

[1] Im Vorfeld der Synode sorgte vor allem das Thema des kirchlichen Umgangs mit wiederverheirateten Geschiedenen für eine Kontroverse, während das Thema der Empfängnisverhütung vor und während der Synode erstaunlich – um nicht zu sagen erschreckend – wenig debattiert wurde. Nachdem sich Kardinal Walter Kasper auf Einladung des Papstes in einem Vortrag beim Konsistorium der Kardinäle für eine Öffnung ausgesprochen hatte, veröffentlichte eine Gruppe von konservativen Kardinälen (Gerhard Ludwig Müller, Walter Brandmüller, Raymond Burke, Carlo Caffafra und Velasio De Paolis) kurz vor der Synode ein Buch, das das Festhalten an der bisherigen Linie verlangte. Vgl. Walter Kardinal Kasper, Das Evangelium von der Familie. Die Rede vor dem Konsistorium, Freiburg i. Br. 2014 sowie Robert Dodaro (Hg.), Remaining in the Truth of Christ: Marriage and Communion in the Catholic Church, San Francisco 2014.

Bei der Vorbereitung hatte Papst Franziskus neue Wege eingeschlagen, indem er im November 2013 einen Fragebogen an alle Bischofskonferenzen verschickte und dabei zur Beteiligung *aller* Gläubigen aufrief. Obwohl die Fragen vielfach als unverständlich kritisiert wurden und keineswegs alle Bischofskonferenzen die Befragung ihrer Gläubigen aktiv und auf transparente Weise unterstützten, erwies sich dieser Schritt als äußerst wirksam. Überall, wo die Bischöfe den Laien die Beteiligung ermöglichten, wurde unübersehbar, dass die offizielle Lehre mit dem Leben der meisten Gläubigen nicht mehr viel zu tun hat.

Der Fragenkatalog enthielt auch Fragen über gleichgeschlechtliche Partnerschaften und die Behandlung von Kindern mit gleichgeschlechtlichen Elternpaaren. Er gab damit das Signal, dass auch gleichgeschlechtliche Beziehungen Gegenstand der synodalen Beratung sein würden. Wie nicht anders zu erwarten, erwies es sich als eines der umstrittensten Themengebiete der Synode. Daher lohnt es sich, sich näher mit diesem Ausschnitt aus der Synode zu befassen: Wie ist die Auseinandersetzung verlaufen? Welche Akteure sind in Erscheinung getreten? Welche theologischen Argumentationsfiguren wurden verwendet? Teil 1 rekonstruiert den Verlauf der Debatte über gleichgeschlechtliche Partnerschaften und kommentiert die verwendeten Argumente.

Da der synodale Prozess von vornherein auf zwei Jahre angelegt war und erst auf der ordentlichen Bischofssynode im Oktober 2015 zum Abschluss kommen wird, ist die Synode 2014 lediglich ein Meilenstein auf dem Weg dahin. In der Zwischenzeit sind die Gläubigen der katholischen Weltkirche wiederum aufgefordert, sich an der Meinungsbildung über die Zukunft der Familienpastoral zu beteiligen. Hier gilt es große regionale Unterschiede zu überwinden, die die Frage der gleichgeschlechtlichen Partnerschaft in besonders großem Ausmaß prägen. Wie kann die katholische Kirche neue und produktive Antworten finden, die auch unter weltkirchlichen Perspektiven zustimmungsfähig sind? Dazu diskutiere ich verschiedene Szenarien und Strategien (Teil 2).

1. Gleichgeschlechtliche Partnerschaften als Thema der Synode 2014

1.1 Das *Instrumentum Laboris:* Eine aufschlussreiche Darstellung

Das *Instrumentum Laboris* (IL)[2] fasst die Ergebnisse der Befragung zusammen, die Papst Franziskus im November 2013 an alle Bischofskonferenzen verschickt hat. Es war die Grundlage für die Aussprache während der ersten Woche der Synode. In Bezug auf gleichgeschlechtliche Partnerschaften enthält es mehrere einschlägige Resultate.

Besonders aufschlussreich ist die Beschreibung von drei regionalen Kontexten, in denen das Thema Homosexualität sehr verschieden diskutiert wird:

„Die Bischofskonferenzen beschreiben drei Kontexte: der erste ist derjenige, in dem eine unterdrückende und bestrafende Haltung vorherrscht. Dies gilt vor allen Dingen dort, wo der öffentliche Ausdruck der Homosexualität durch das Gesetz verboten ist. Einige Antworten weisen darauf hin, dass auch in diesem Umfeld Formen der geistlichen Begleitung einzelner homosexueller Personen, welche die Hilfe der Kirche suchen, stattfinden." (IL 110)

Ein gesetzliches Verbot von gleichgeschlechtlichen Handlungen gibt es zur Zeit in ca. 80 Ländern. Es handelt sich vor allem um

---

[2] Die im Text zitierte deutsche Übersetzung: Die pastoralen Herausforderungen im Hinblick auf die Familie im Kontext der Evangelisierung, *Instrumentum Laboris*, Vatikanstadt 2014, findet sich online unter: http://www.vatican.va/roman_curia/synod/documents/rc_synod_doc_20140626_instrumentum-laboris-familia_ge.html [Stand 01.04.2015].

Länder in Afrika, der Karibik und Asien, die ehemals zum britischen Kolonialreich gehörten, sowie Länder oder Regionen mit einer Scharia-Gesetzgebung. Bemerkenswert ist der Hinweis, dass auch dort, wo gleichgeschlechtliche Handlungen kriminalisiert werden, eine Seelsorge stattfindet.

„Ein zweiter Kontext ist derjenige, in dem das Phänomen der Homosexualität ambivalent wahrgenommen wird. Das homosexuelle Verhalten wird nicht bestraft, sondern toleriert, so lange es nicht sichtbar oder öffentlich wird. In diesen Fällen gibt es in der Regel keine staatliche Gesetzgebung über die gleichgeschlechtlichen Lebensgemeinschaften. Im politischen Bereich aber gibt es, besonders im Westen, eine wachsende Tendenz zur Anerkennung von Gesetzen, welche die Eintragung der Partnerschaften oder die so genannte Ehe zwischen Personen des gleichen Geschlechts vorsehen. Zur Unterstützung dieser Vorgehensweise werden Gründe der Nichtdiskriminierung genannt. Diese Haltung wird von den Gläubigen und einem Großteil der öffentlichen Meinung in Mittel-Ost-Europa als eine Auferlegung von Seiten einer politischen oder fremden Kultur betrachtet." (IL 111)

Viele Länder des ehemaligen Ostblocks nahmen nach 1989 eine rasante Entwicklung in der Antidiskriminierungsgesetzgebung. Das lag nicht etwa an einer veränderten moralischen Einstellung der Bevölkerung zur Homosexualität, sondern daran, dass die Europäische Union die Gleichstellung von Schwulen und Lesben zu einer *conditio sine qua non* in den Beitrittsverhandlungen machte. Dadurch wurde es in den Beitrittsländern zu einem gesellschaftspolitischen Thema mit hohem Erregungspotential. Viele Vertreter der katholischen und der orthodoxen Kirche fühlten sich von der Moralpolitik der EU überfahren. Als Reaktion hat die katholische Kirche in Kroatien und der Slowakei Volksbegehren unterstützt, die die Ehe in der Verfassung als Bund zwischen Mann und Frau festschreiben sollen.[3]

„Ein dritter Kontext ist derjenige, in dem die Staaten eine Gesetzgebung eingeführt haben, welche gleichgeschlechtliche Lebensgemeinschaften oder Ehen zwischen Homosexuellen staatlich anerkennt. Es gibt Staaten, in denen man von einer echten Re-Definition der Ehe sprechen muss, welche den Blick auf das Paar auf einige juristische Aspekte wie die Gleichheit der Rechte und die ‚Nichtdiskriminierung' reduziert, ohne dass ein konstruktiver Dialog über die einschlägigen anthropologischen Fragen stattfände. Auch das umfassende Wohl der Person, besonders das umfassende Wohl der Kinder, die in einer solchen Gemeinschaft leben, steht nicht im Zentrum des Interesses. Wo es eine rechtliche Gleichstellung zwischen der homosexuellen und der heterosexuellen Ehe gibt, erlaubt der Staat häufig die Adoption von Kindern (Kinder eines der beiden Partner, oder Kinder, die nach künstlicher Befruchtung geboren werden). Dieser Kontext besteht vor allem in der englischsprachigen Welt und in Zentraleuropa." (IL 112)

Insgesamt scheint mir die Unterscheidung dieser drei Kontexte ein sehr realistisches Bild zu zeichnen. Manche Regionen, vor allem Lateinamerika, werden jedoch nicht explizit eingeordnet, obwohl sich dort in vielen Ländern die gesellschaftliche Situation in wenigen Jahren revolutioniert hat und z. B. Argentinien als das Land mit der weltweit fortschrittlichsten LGBT-Gesetzgebung gilt.

Freilich ergeben sich zugleich kritische Anfragen über die Wahrnehmung und Einordnung gesellschaftlicher Verände-

---

[3] Während das Referendum in Kroatien angenommen wurde, wurde in der Slowakei das nötige Quorum dafür verfehlt, gleichgeschlechtliche Partnerschaften per Verfassung zu verbieten.

rungsprozesse. So ist es eher eine Unterstellung als eine Tatsachenbeschreibung, dass das Wohl der Kinder nicht im Blick stünde, wenn es um die Adoption durch gleichgeschlechtliche Paare geht. Den Intentionen der Akteure zumindest wird das IL damit nicht gerecht.

Schon im *Instrumentum Laboris* findet sich die Gegenüberstellung von Treue zur Lehre und Barmherzigkeit, die für die spätere synodale Diskussion prägend wurde.[4] Dieser Gegensatz soll zugunsten einer „wirksamen Pastoral" überbrückt werden. Bisher – so stellt das *Instrumentum Laboris* fest – gebe es keine nennenswerte Pastoral im Bereich der gleichgeschlechtlichen Lebensformen, da dies als Phänomen neu sei und es keine Klarheit gebe, wie man den Widerspruch zwischen Lehramt und barmherziger Annahme bewältigen soll. Die Ursache wird in den extremen Positionen gesehen, die sich gegenseitig blockieren. Es gehört zur Strategie von Papst Franziskus, auf der Familiensynode nur über pastorale Ansätze zu beraten und Fragen der Lehre auszuklammern. Hier ist jedoch zu bedenken, ob ohne die Überwindung der bisherigen lehramtlichen Positionen zu gleichgeschlechtlichen sexuellen Handlungen (d. h. ihrer Beurteilung als Sünde und der Aufforderung zu lebenslänglicher sexueller Enthaltsamkeit) eine „wirksame Pastoral" nicht von vornherein ausgeschlossen oder doch zumindest stark einge-

---

[4] „Von Seiten der Bischofskonferenzen gibt es ein breites Zeugnis bezüglich der Suche nach einem Gleichgewicht zwischen der Lehre der Kirche über die Familie und einer respektvollen, nicht verurteilenden Haltung gegenüber den Menschen, die in solchen [gleichgeschlechtlichen Lebens-, M. B.] Gemeinschaften leben. Insgesamt gewinnt man den Eindruck, dass die extremen Reaktionen im Hinblick auf diese Gemeinschaften, sei es Zustimmung, sei es Unnachgiebigkeit, die Entwicklung einer wirksamen Pastoral, die zugleich treu zum Lehramt und barmherzig gegenüber den betroffenen Menschen ist, nicht erleichtert haben" (IL 113).

schränkt ist, da ihr die nötige Ehrlichkeit fehlt. Nur eine verschwindend kleine Minderheit von Schwulen und Lesben lässt sich auf diese moralischen Prämissen der Kirche ein. Für alle anderen wären sie (weiterhin) inakzeptabel.

Alle Bischofskonferenzen haben sich gegen eine Neudefinition der Ehe zwischen Mann und Frau ausgesprochen. Da auch Papst Franziskus in dieser Frage keine Signale für ein Umdenken gegeben hat, war für die Synode zu erwarten, dass die bisherige kirchliche Lehre in dieser Frage unverändert bestätigt würde.[5]

Ebenso lehnen die Bischofskonferenzen die Adoption von Kindern in gleichgeschlechtliche Lebensgemeinschaften ab. Sie befürworten aber die Taufe eines Kindes in einer „Regenbogenfamilie", falls die Eltern darum bitten.

Mehrfach verwendet das *Instrumentum Laboris* den Begriff der „Gender-Ideologie", um hier eine Ursache der veränderten gesellschaftlichen Haltung zur sexuellen Identität dingfest zu machen:

> „Ein Faktum, das die pastorale Tätigkeit der Kirche herausfordert und die Suche nach einer ausgewogenen Haltung gegenüber diesen Realitäten komplex werden lässt, ist die Propagierung der Genderideologie, welche in einigen Regionen auch die Erziehung vom Kindergarten an zu beeinflussen sucht, indem sie eine Mentalität verbreitet, die mittels der Idee der Beseitigung der Homophobie in Wirklichkeit eine Umstürzung der sexuellen Identität beabsichtigt." (IL 114)

---

[5] Auf dieses Thema gehe ich daher an dieser Stelle nicht weiter ein, auch wenn ich dazu theologisch eine andere Auffassung vertrete.

In IL 23 wird als Gender-Ideologie die Vorstellung bezeichnet, „entsprechend der das *gender* jedes Individuums nur das Ergebnis von Bedingungen und sozialen Bedürfnissen ist. Auf diese Weise hört es auf, eine Entsprechung in der biologisch bedingten Sexualität zu haben." Mehrere Bischofskonferenzen (Polen, Slowakei, Portugal, Regionen in Italien) und Einzelbischöfe (z. B. Vitus Huonder aus Chur) haben in den letzten Jahren Hirtenbriefe verfasst, in denen sie vor der Ausbreitung einer „Gender-Ideologie" warnen. Was damit gemeint ist, bleibt in der Regel unscharf und zumeist widersprüchlich. So werden *Gender-Mainstreaming* und die Queer-Theorie in einen Topf geworfen, obwohl beide auf geradezu gegensätzlichen Gender-Theorien basieren. Denn während *Gender-Mainstreaming* eine natürliche Zweigeschlechtlichkeit voraussetzt, stellt die Queer-Theorie diese mit zahlreichen Argumenten infrage. Nicht nachvollziehbar bleibt auch die Behauptung, dass durch die Beseitigung der Homophobie die sexuelle Identität bzw. Orientierung (d. h. ob sich jemand als heterosexuell, homosexuell oder bisexuell versteht) umgestürzt werden soll. Es ist offensichtlich, dass das Geschlecht einer Person nicht automatisch Auskunft über das Geschlecht ihres Sexualpartners gibt – wie es das heteronormative Denken unterstellt. Gar nicht gewürdigt wird dabei der Erkenntnis- und Gerechtigkeitsgewinn, der durch die Einsicht entsteht, dass das Geschlechterverhalten historisch, sozial und kulturell wandel- und formbar ist. Schließlich verstellt die Rhetorik der „Gender-Ideologie" auch jeden Zugang zu den existentiellen Bedürfnissen und Erfahrungen von Transgender und Transsexuellen, die der Festschreibung auf die „biologisch bedingte Sexualität" wohl am deutlichsten widerstreiten.

Die Zurückweisung der Gender-Theorie steht im *Instrumentum Laboris* weitgehend unversöhnt neben den Resultaten, die die Fragen zum Naturrecht ergeben haben. Die traditionelle katholische Naturrechtslehre ist heute für viele nicht mehr nachvollziehbar. Ihr abstraktes Ordnungsdenken widerspricht der Idee der Selbstbestimmung des Menschen und dem Bewusstsein von den vielfältigen, kulturell bedingten Auffassungen von Natur. Die traditionelle Funktion des Naturrechts, universale Normen zu begründen, wird heute eher den Menschenrechten zugeschrieben (IL 21–25). Da das Naturrecht eine der wichtigsten Säulen für die Ablehnung der Homosexualität in der katholischen Lehre darstellt, müsste seine Zurückweisung durch die Gläubigen eigentlich zu einer grundlegenden Neubewertung gleichgeschlechtlicher Sexualität führen. Das *Instrumentum Laboris* zieht jedoch diesen Schluss nicht, sondern schlägt stattdessen vor, die „biblisch inspirierte Vorstellung von der Schöpfungsordnung zu thematisieren und zu vertiefen" (IL 30). Dies dürfte freilich nicht weiterführend sein, wenn damit lediglich eine statische Ordnung fest- und vorgeschrieben werden soll, die die anthropologische und soziologische Dynamik ausblendet.

1.2 Die erste Woche der Synode: Eine neue Offenheit

In der ersten Woche der Synode hatten die Teilnehmenden (191 Bischöfe und 62 Experten, Expertinnen und Gäste, darunter 13 Ehepaare und 30 Frauen) die Gelegenheit, ein kurzes Statement zum *Instrumentum Laboris* abzugeben.[6] Einige Ehepaare waren eingeladen, ein persönliches Lebenszeugnis zu geben. Dabei er-

---

[6] Diese Statements wurden nicht publiziert, damit sich niemand durch die öffentliche Meinung unter Druck gesetzt fühlen sollte. Um dennoch die Öffentlichkeit an den Geschehnissen teilhaben zu lassen, gab es jeden Abend Pressekonferenzen, bei denen drei Teilnehmende aus ihrer Sicht die wichtigsten Ereignisse darstellten und kommentierten. Manche Bischöfe haben ihre Statements publiziert.

zählte u. a. ein australisches Ehepaar, dass es den Freund ihres schwulen Sohnes zu Weihnachten eingeladen hatte, weil es ihrem Verständnis von Kirche entspreche.

Eine Reihe von Kardinälen und Bischöfen sprachen sich dafür aus, Homosexuelle in der Kirche willkommen zu heißen und auch die positiven Werte, die in einer gleichgeschlechtlichen Partnerschaft gelebt werden, anzuerkennen. So z. B. Kardinal Reinhard Marx (München-Freising), Kardinal Christoph Schönborn (Wien), Kardinal Vincent Nichols (London-Westminster) und der Erzbischof Mario Grech (Gozo, Malta).

Ein weiteres, positives Signal kam von Erzbischof Ignatius Kaigama von Jos (Vorsitzender der Bischofskonferenz von Nigeria), der erklärte, dass die katholische Kirche in Nigeria gegen die Kriminalisierung von Homosexuellen sei. Sie habe lediglich ein Gesetz gewollt, das die Homo-Ehe verbiete. Die Regierung unter Präsident Goodluck Jonathan habe daraus jedoch etwas ganz anderes gemacht. Dieses Statement war besonders wichtig, weil die nigerianische Bischofskonferenz das Gesetz bislang massiv unterstützt hat und Erzbischof Kaigama eine derartig kritische Äußerung innerhalb von Nigeria zuvor noch nie gemacht hatte.[7]

Insgesamt war in dieser Woche eine bislang nie dagewesene Vielfalt von bischöflichen Stimmen zu hören, die eine größere Anerkennung von gleichgeschlechtlichen Partnerschaften verlangten.

---

[7] Davis Mac-Iyalla, ein christlicher schwuler Aktivist aus Nigeria, der jetzt in London lebt, hat ihm daraufhin einen offenen Brief geschrieben, der in den Medien Nigerias große Beachtung gefunden hat. Vgl. Colin Stewart, „Nigerian activist to archbishop: Nice words, now help us" [13.10.2014], online: http://76crimes.com/2014/10/13/nigerian-activist-to-archbishop-nice-words-now-help-us/ [Stand 23.12.2014].

1.3 Die Zwischenrelatio: Eine neue Sprache der Wertschätzung

Entsprechend der Vielfalt dieser neuen Stimmen enthielt die *Relatio post disceptationem* (Zwischenrelatio, Z), erstellt vom ungarischen Kardinal Péter Erdö (zusammen mit Erzbischof Bruno Forte), unter der Teilüberschrift „Homosexuelle Menschen aufnehmen" eine Reihe von neuen Akzenten:

„50. Homosexuelle Menschen besitzen Gaben und Qualitäten, die sie der Christengemeinschaft schenken können: Können wir diese Menschen aufnehmen, indem wir ihnen einen Raum der Brüderlichkeit in unseren Gemeinschaften zusichern? Oft möchten sie einer Kirche begegnen, die sie bei sich aufnimmt. Sind unsere Gemeinschaften in der Lage, dies zu tun und ihre sexuelle Ausrichtung zu akzeptieren und zu bewerten, ohne die katholische Familien- und Ehelehre zu gefährden?

51. Die Homosexuellenproblematik ruft uns dazu auf, ernsthaft über realistische Wege der emotionalen Entfaltung und der menschlichen und evangelischen Reife unter Einbeziehung der sexuellen Dimension nachzudenken. Die Kirche bekräftigt übrigens, dass gleichgeschlechtliche Verbindungen nicht mit der Ehe zwischen Mann und Frau gleichgestellt werden dürfen. Auch ist es nicht hinnehmbar, dass Druck auf die Haltung der Hirten ausgeübt wird oder internationale Gremien Finanzhilfen von der Einführung von Gesetzen abhängig machen, die von der Gender-Ideologie beeinflusst sind.

52. Ohne die moralischen Probleme im Zusammenhang mit homosexuellen Verbindungen zu leugnen, nehmen wir zur Kenntnis, dass es Fälle gibt, in denen die gegenseitige Unterstützung bis hin zur Aufopferung eine wertvolle Stütze im Leben der Partner ist. Außerdem schaut die Kir-

che besonders aufmerksam auf die mit gleichgeschlechtlichen Paaren zusammenlebenden Kinder und betont, dass die Forderungen und Rechte der Kleinen immer an oberster Stelle stehen müssen."[8]

Die Zwischenrelatio spricht eine Sprache der Wertschätzung, die in dieser Form bis dato in kirchlichen Texten nicht üblich war: Homosexuelle haben Gaben und Qualitäten; Gemeinden sollen sie willkommen heißen, ihnen einen Raum der Brüderlichkeit garantieren; von Akzeptanz und Wertschätzung der sexuellen Orientierung ist die Rede. Dabei dominiert ein pastoraler Ansatz: Die Gemeinden werden durch rhetorische Fragen dazu aufgefordert, sich zu prüfen, ob sie bereit sind, homosexuelle Menschen willkommen zu heißen und bei sich aufzunehmen.

Vergleicht man die Sprache mit der Mehrzahl älterer kirchlicher Dokumente, so ist zunächst bemerkenswert, dass in der Zwischenrelatio (Z 50) unbefangen von „sexueller Orientierung"[9] gesprochen wird statt wie bisher von „(tiefgreifenden) homosexuellen Tendenzen oder Neigungen". Implizit wird mit dieser Begriffswahl die anthropologische Tatsache anerkannt, dass es Menschen gibt, die eine willentlich oder therapeutisch nicht veränderliche Ausrichtung ihrer sexuellen Wünsche auf Menschen des gleichen Geschlechts besitzen.[10] Dass diese (ho-

---

[8] Sekretariat der Deutschen Bischofskonferenz (Hg.), „Relatio post disceptationem" (Zwischenrelatio) von Kardinal Peter Erdö zur Dritten Außerordentlichen Vollversammlung der Bischofssynode (13. Oktober 2014), in: dies. (Hg.), Die pastoralen Herausforderungen der Familie im Kontext der Evangelisierung. Texte zur Bischofssynode 2014 und Dokumente der Deutschen Bischofskonferenz (Arbeitshilfen 273), Bonn 2014, 117–140, online: http://www.dbk-shop.de/media/files_public/tmuvyvqj/DBK_5273.pdf [Stand 28.04.2015].
[9] Der italienische Text spricht von *orientamento sessuale,* also sexueller Orientierung.
[10] Dass es einen „anthropologischen und kulturellen Wandel" gibt, der alle Aspekte des Lebens beeinflusst, bejaht der Zwischenbericht ausdrücklich (Z 5).

mo-) sexuelle Orientierung akzeptiert werden soll, ist eine Neubewertung, die das ältere Verständnis revidiert, demzufolge „die Neigung selbst als objektiv ungeordnet angesehen" wurde.[11] Die Integration der sexuellen Dimension wird als eine Reifungsaufgabe und als erzieherische Herausforderung beschrieben. Auch wenn bei der Rede von einer „Integration der Sexualität" in der katholischen Kirche oft der Subtext mitschwingt, dass auf eine sexuelle Praxis (d. h. auf jegliche Ausübung der Homosexualität) letztlich verzichtet werden soll, steht einer solchen Auslegung entgegen, dass hier gefordert wird, über „realistische Wege" der Persönlichkeitsentwicklung neu nachzudenken.

Eine positive Wertschätzung von Liebe und Fürsorge in gleichgeschlechtlichen Beziehungen (Z 52) hatten vor der Synode bereits mehrere Kardinäle und Bischöfe zum Ausdruck gebracht. Als Schlüssel, um die Tür zu dieser ethisch-theologischen Bewertung zu eröffnen, fungiert das Prinzip der Gradualität. Es wurde vom Zweiten Vatikanischen Konzil auf das Verhältnis zwischen der katholischen Kirche und den anderen Kirchen bezogen.[12] Kardinal Schönborn hat vorgeschlagen, die-

---

[11] Glaubenskongregation, Schreiben der Kongregation für die Glaubenslehre an die Bischöfe der katholischen Kirche über die Seelsorge für homosexuelle Personen (Verlautbarungen des Apostolischen Stuhls 72), Bonn 1986, 3. Während die französische Originalfassung des Katechismus der Katholischen Kirche (1992, dt. 1993) von „Veranlagung" spricht, wurden in der maßgeblichen lateinischen Fassung daraus „Tendenzen" und „Neigungen" (1997, dt. 2003). In der zweiten Woche der Synode hat die spanisch-sprachige Arbeitsgruppe, *Circulus Hibericus A*, kritisiert, dass hier von Homosexualität gesprochen werde, als ob es sich um das quasi ontologische Sein homosexueller Personen handele, und die Rückkehr zur Redeweise „Personen mit homosexuellen Tendenzen" gefordert.

[12] Auch außerhalb der katholischen Kirche gibt es nach Lumen Gentium 8 „vielfältige Elemente der Heiligung und der Wahrheit". Theologiegeschichtlich geht dieser Ansatz auf das 2. Jh. n. Chr. zurück, wo Justin der Märtyrer auch in der griechischen Philosophie *logoi spermatikoi* (Vernunftkeime) anerkannt hat. Nach dem Konzil wurde diese theologische Denkfigur, die ihrerseits auf einer keineswegs unproblematischen sexuellen Metaphorik basiert, auch in der ka-

ses Prinzip auf das Verhältnis zwischen sakramentaler Ehe und anderen Formen von Ehe und Partnerschaft zu übertragen. So werde es möglich, über die Norm der heterosexuellen Ehe hinauszublicken und auch das Gute an gleichgeschlechtlichen Partnerschaften anzuerkennen.

Im Umgang mit Regenbogenfamilien wird als Prinzip formuliert, bei auftretenden Konflikten mit der kirchlichen Ordnung immer von den Bedürfnissen und Rechten der Kinder aus zu denken. Somit sollte ausgeschlossen sein, dass ihnen die Taufe oder die Aufnahme in eine katholische Schule verweigert wird – wie es in den letzten Jahren v. a. in den USA mehrfach passiert ist.[13]

Positiv ist auch hervorzuheben, was in der Zwischenrelatio *nicht* wiederholt wird: Von Sünde (gar Todsünde) oder intrinsischer Ungeordnetheit ist keine Rede mehr. Zwar wird mehrfach pauschal darauf hingewiesen, dass die neue Pastoral mit der überlieferten kirchlichen Moral- und Ehelehre in Ausgleich zu bringen ist, aber diese wird eben nicht noch einmal explizit bekräftigt. Das könnte der erste Schritt dazu sein, sie letztlich dem Vergessen anheim zu geben.

Den positiven Aspekten und pastoraltheologischen Fortschritten stehen jedoch auch fragwürdige Aussagen gegenüber: Auf welche konkreten Erfahrungen sich der Satz in der Zwischenrelatio (Z 51) über den auf die Hirten ausgeübten Druck bezieht, ist nicht leicht ersichtlich. Auf den ersten Blick scheint damit gemeint zu sein, dass von der Schwulen- und Lesbenbewegung durch öffentliche Kritik an diskriminierenden Prakti-

---

tholischen Moraltheologie rezipiert. Vgl. Michael Brinkschröder, Sodom als Symptom. Gleichgeschlechtliche Sexualität im christlichen Imaginären – eine religionsgeschichtliche Anamnese, Berlin/New York 2006, 557–571.
[13] Jenseits davon kann das Prinzip des Kindeswohls aber keineswegs alle Auseinandersetzungen darüber, *was* dem Kindeswohl nützt oder schadet, hinreichend klären, weil dabei zu viele Wertprämissen im Spiel sind.

ken Druck auf Priester und Bischöfe ausgeübt wird.[14] Dies wäre dann der Widerhall einer international konzertierten, politischen Kampagne der Religiösen Rechten, die aktuell versucht, im Bereich der Menschenrechtspolitik die Religionsfreiheit einseitig gegen alle anderen Menschenrechte auszuspielen und als Recht zur Diskriminierung zu etablieren. Der Passus könnte sich aber theoretisch auch darauf beziehen, dass die jüngeren Antihomosexuellengesetze in Ländern wie Nigeria oder Uganda Priester unter Druck setzen, das Beichtgeheimnis zu verletzen, wenn sich ihnen jemand als homosexuell zu erkennen gibt.[15]

Der zweite Teil des Satzes ist noch rätselhafter, weil weder Ross noch Reiter genannt werden: Welche Regulierungen, die von der „Gender-Ideologie" „inspiriert" sein sollen – zwei äußerst vage Formulierungen –, sind hier gemeint? Welche internationalen Körperschaften haben finanzielle Hilfe von ihrer Einführung abhängig gemacht? Soll dies auf die EU-Erweiterung in Mittel- und Osteuropa anspielen? In Wahrheit ist das Problem doch umgekehrt und kann den Eindruck einer tiefgreifenden *Gender-Phobie* in der Kirche kaum vermeiden: Warum weigert sich der Heilige Stuhl bei allen UN-Konferenzen und -Kommissionen, die Begriffe „sexual orientation and gender identity" zu akzeptieren? Warum ist die diplomatische Vertretung der katholischen Kirche nicht bereit, die Menschenrechte von Schwulen und Lesben, von Transgender und Transsexuellen anzuerkennen und sie vor Diskriminierungen zu schützen? Dazu, dass Homosexualität und Trans-Existenz in ca. 80 Ländern der Erde als krimineller Straftatbestand behan-

---

[14] Nach dieser Lesart stünde der Satz in Kontinuität zur Verlautbarung der Glaubenskongregation von 1986, 9, wo vor innerkirchlichen „Pressionsgruppen" gewarnt wird.
[15] In Uganda hat das Verfassungsgericht dieses Gesetz mittlerweile für ungültig erklärt, da sein Zustandekommen nicht verfassungsgemäß war. Starke Kräfte im Parlament arbeiten jedoch daran es erneut in Kraft zu setzen.

delt werden, schweigt die Zwischenrelatio bedauerlicherweise, obwohl es nicht nur ein sozialethisches, sondern in vielen Ländern zugleich ein pastorales Problem darstellt (vgl. IL 110).[16]

1.4 Die zweite Woche der Synode: Die konservative Reaktion

Nach der Veröffentlichung des Zwischenberichts haben sich die konservativen Synodalen mit großer Empörung zu Wort gemeldet, vor allem die Kardinäle Wilfrid Fox Napier (Südafrika), Raymund Burke (USA/Kurie), Stanislaw Gadecki (Polen) und Robert Sarah (Guinea/Kurie). Ihre erste erfolgreiche Aktion bestand darin, dass sie die englische Übersetzung des italienischen Wortes ‚accogliere' (willkommen heißen) von ‚welcoming' in das weniger treffende ‚providing for' (sorgen für) ändern ließen.[17]

In dieser zweiten Woche der Synode entwickelten zehn nach Sprachen sortierte Gruppen Änderungsvorschläge für das Abschlussdokument, die im Detail nicht veröffentlicht wur-

---

[16] An der deutschen Reaktion auf die Zwischenrelatio hat mich sehr irritiert, dass die großen Fortschritte von vielen nicht zur Kenntnis genommen und von einer tiefsitzenden Verbitterung über die katholische Kirche, die sich ja doch nie ändern werde, zur Seite geschoben wurden. Das Statement von David Berger wäre hier exemplarisch zu nennen: http://www.huffingtonpost.de/david-berger/vatikan-scheinheiliger-schlag-ins-gesicht-von-schwulen-und-lesben_b_5981984.html [Stand 02.01.2015]. Leider hat die weitere Entwicklung der Synode den Defätisten bis auf weiteres Recht gegeben. Die enttäuschten Reaktionen zeigen jedoch auch, dass hierzulande der Maßstab, mit dem die Veränderungen der katholischen Haltung bewertet werden, letztlich die vollständige Gleichstellung ist. Alles, was dieses Niveau unterschreitet, wird nicht mit großer Begeisterung bei Schwulen und Lesben rechnen können.
[17] Vgl. Joshua J. McElwee, Vatican retranslates synod document, muddles openness to gays, online: http://ncronline.org/news/vatican/vatican-retranslates-synod-document-muddles-openness-gays [Stand 19.12.2014]. Die Formulierung ‚providing for' taucht ebenfalls in dem Bericht des von Kardinal Napier geleiteten *Circulus Anglicus B* auf.

den.¹⁸ Als Moderatoren dieser *Circoli minori* besaßen mehrere Wortführer der Konservativen in dieser Phase eine starke Stellung, die sie dazu nutzten, die kritischen Erkenntnisse aus dem *Instrumentum Laboris* und die Fortschritte der Zwischenrelatio wieder rückgängig zu machen.

Eine Redaktionsgruppe erstellte aus diesen Änderungsanträgen – unter großem Zeitdruck und ohne die Möglichkeit, widersprüchliche Eingaben erneut im Plenum diskutieren und klären zu können – den Entwurf für die Schlussrelatio, über den am letzten Tag der Synode absatzweise abgestimmt wurde. Nach den Statuten der Synode gelten nur solche Passagen als angenommen, die mindestens zwei Drittel der Stimmen erhalten haben. Allerdings hat Papst Franziskus auch die drei Absätze veröffentlichen lassen, die dieses Quorum knapp verfehlt haben.¹⁹

1.5 Die Relatio Synodi: Ein Trümmerhaufen

Der zur Abstimmung vorgelegte Entwurf für die Schlussrelatio enthielt nur zwei Abschnitte zum Thema der gleichgeschlechtlichen Partnerschaften, von denen der erste nicht die erforderlichen Stimmen erhielt.

„Einige Familien machen die Erfahrung, dass in ihrer Mitte Personen mit homosexueller Orientierung leben. Diesbezüglich hat man sich gefragt, welche pastorale Aufmerksamkeit in diesen Fällen angemessen ist, indem man sich

---

[18] Berichte über die Arbeitsergebnisse dieser *Circoli Minori* sind online zugänglich: http://press.vatican.va/content/salastampa/it/bollettino/pubblico/2014/10/16 /0763/03042.html#Relatio%20-%20Circulus%20Gallicus%20"A" [Stand 19.12.2014].
[19] Darüber hinaus wurde am letzten Tag auch eine kurze „Botschaft der Synode" veröffentlicht.

auf das bezog, was die Kirche lehrt: ‚Es gibt keinerlei Fundament dafür, zwischen den homosexuellen Lebensgemeinschaften und dem Plan Gottes über Ehe und Familie Analogien herzustellen, auch nicht in einem weiteren Sinn.' Dennoch müssen Männer und Frauen mit homosexuellen Tendenzen mit Achtung und Feingefühl aufgenommen werden. ‚Man hüte sich, sie in irgendeiner Weise ungerecht zurückzusetzen.'[20]" (RS 55, ja 118 / nein 62).

Interessant ist zunächst, dass dieser Passus Homosexuelle aus der Perspektive ihrer Familien betrachtet. Es ist daher offen, ob die „pastorale Aufmerksamkeit" den homosexuellen Personen, ihren Eltern oder ihren Herkunftsfamilien insgesamt gelten soll. Zwar wird die Existenz dieser Erfahrung konzediert, doch eine pastorale Antwort darauf gibt die Schlussrelatio nicht. Stattdessen definiert sie das Spannungsfeld, in dem eine Antwort zu suchen ist, indem sie zwei Grundsätze der katholischen Morallehre wiederholt, die sich ähnlich auch im Katechismus und anderen Dokumenten finden[21]: Einerseits haben gleichgeschlechtliche Partnerschaften in der kirchlichen Vorstellung vom „Plan Gottes" keinen Platz und andererseits gilt es, homosexuelle Personen zu achten und nicht zu diskriminieren.

---

[20] Die RS wird zitiert nach: Relatio Synodi. Dritte Außerordentliche Generalversammlung der Bischofssynode „Die pastoralen Herausforderungen der Familie im Kontext der Evangelisierung", Offizielle Übersetzung, online: http://www.dbk.de/fileadmin/redaktion/diverse_downloads/dossiers_2014/ 2014-10-18_Relatio-Synodi-deutsch.pdf [Stand 28.04.2015].

[21] Die Zitate in diesem Abschnitt wurden bereits in IL 110 verwendet und greifen zurück auf: Kongregation für die Glaubenslehre, Erwägungen zu den Entwürfen einer rechtlichen Anerkennung der Lebensgemeinschaften zwischen homosexuellen Personen, hg. v. Sekretariat der Deutschen Bischofskonferenz (Verlautbarungen des Apostolischen Stuhls 162), Bonn 2003, Nr. 4, online: http://www.dbk.de/fileadmin/redaktion/veroeffentlichungen/verlautbarungen/ VE_162.pdf [Stand 28.04.2015].

Neue Offenheit oder alte Ängste?

Dass der Abschnitt keine Zwei-Drittel-Mehrheit erhalten hat, kann dabei durchaus unterschiedlich interpretiert werden: Entweder als Absage an jegliche Pastoral mit homosexuellen Personen bzw. sogar gegenüber der Achtung ihrer Menschenwürde und Rechte oder als Enttäuschung über den Rückschritt in der Schlussrelatio, da sie wieder hinter den Stand der Zwischenrelatio zurückfällt und pastoral nicht weit genug geht. Im letzteren Sinn hat zumindest der englische Kardinal Nichols sein ablehnendes Votum erläutert.

Die Anwendung des Prinzips der Gradualität, das den Zwischenbericht geprägt hatte, wird durch die Referenz auf die bisherige Lehre im Hinblick auf gleichgeschlechtliche Partnerschaften implizit als inakzeptabel zurückgewiesen. Für eine Analogie zwischen den homosexuellen Lebensgemeinschaften und dem Plan Gottes über Ehe und Familie gebe es keinerlei Fundament. Diese Behauptung ist jedoch fragwürdig: Die Ehe zwischen Mann und Frau gilt in der katholischen Theologie insofern als Sakrament, als sie die Beziehung zwischen Christus (als Bräutigam) und der Kirche (als seiner Braut) symbolisiert. Die Kirche ist dabei ihrerseits kein Realsymbol wie eine menschliche Braut, sondern lediglich eine Allegorie – die weibliche Figuration eines aus Männern, Frauen (und anderen Geschlechtern) bestehenden Kollektivs. Die Metapher von der Kirche als Braut Christi beinhaltet daher logischerweise die gleichgeschlechtliche Ehe als eines ihrer Momente. Andernfalls wären die Männer entweder aus der Kirche ausgeschlossen oder müssten im Gegensatz zu ihrem biologischen Geschlecht ein weibliches Gender – gewissermaßen als ihr Kirchengeschlecht – annehmen. Wenn die Synodalen schon die „Gender-Ideologie" aufs Korn nehmen wollen, dann sollten sie das gleiche Geschütz auch auf die katholische Gender-Theologie richten.[22]

---

[22] An diesem Punkt grassiert in lehramtlichen Texten der Fehler des Meta-

Deutlich mehr als zwei Drittel der Stimmen erhielt dagegen der zweite Absatz zum Thema „Gleichgeschlechtliche Partnerschaften":

„Es ist vollkommen unannehmbar, dass auf Hirten der Kirche in dieser Frage Druck ausgeübt wird und dass die internationalen Organisationen Finanzhilfen gegenüber ärmeren Ländern davon abhängig machen, dass sie in ihrer Gesetzgebung eine ‚Ehe' unter Personen desselben Geschlechts einführen." (RS 56, ja 159 / nein 21)

Im Unterschied zum Zwischenbericht ist jetzt nicht mehr von „Gender-Ideologie" die Rede, sondern von der gleichgeschlechtlichen Ehe. Allerdings werden Ross und Reiter wieder nicht erkennbar. Was könnte gemeint sein? Ich deute dies so, dass sich hier die afrikanischen stärker als die zentraleuropäischen Stimmen artikuliert haben.[23] In verschiedenen afrikanischen Län-

---

phernrealismus, der das Bild der bräutlichen Beziehung zwischen Christus und der Kirche nicht als Metapher, sondern als ontologische Realität auffasst. In der üblichen Kombination mit einer heteronormativen Theologie der Schöpfungsordnung (und der alttestamentlichen Bundestheologie) handelt es sich um ein sehr mächtiges theologisches Konstrukt. Es kann jedoch nur auf der Basis der Verdrängung der gleichgeschlechtlichen Momente funktionieren, da andernfalls die logischen Widersprüche offen zutage treten würden. Nicht nur das Naturrecht, sondern auch die Brautmystik produziert Hindernisse für einen angemessenen theologischen Umgang der Kirche mit gleichgeschlechtlicher Partnerschaft. – Die Widersprüche der Brautmystik wurden im Rahmen der radikal-orthodoxen Richtung innerhalb der Queer Theologie analysiert und affirmativ gedeutet als Bestätigung dafür, dass die Kirche in ihrer Tradition immer schon *queer* gewesen sei. Vgl. Elizabeth Stuart, Sacramental Flesh, in: Gerard Loughlin (Hg.), Queer Theology. Rethinking the Western Body, Malden/Oxford 2007, 65–75 und Michael Brinkschröder, Die christliche Artikulation gleichgeschlechtlicher Sexualität. Theologische Diskurse und hegmoniale Konstellationen (in diesem Band).

[23] Der Vorschlag für die veränderte Fassung stammt aus dem französisch-sprachigen *Circulus Gallicus B*, an dem Bischöfe aus Europa, Asien und dem Mittleren Orient, Afrika und Nordamerika teilgenommen haben.

dern gibt es aktuell eine geradezu hysterische Furcht vor der Einführung der Homo-Ehe. Sie entbehrt jeder Grundlage in der Realität, denn keine afrikanische LGBT-Organisation (außer in Südafrika) hat jemals die Homo-Ehe gefordert. Die Gruppen haben ganz andere Ziele: die Aufhebung der Strafgesetze, Schutz vor Erpressern, die Versöhnung mit ihren Familien, die Überwindung der Stigmatisierung und nachbarschaftlichen Gewalt, bessere Gesundheitsversorgung für Menschen mit HIV/Aids und eine bessere Prävention, die sich auch an MSM (Männer, die Sex mit Männern haben) richtet, eine ökonomische Unabhängigkeit, so dass sie keinen willkürlichen Kündigungen mehr ausgesetzt sind, psychologische Betreuung etc.

Gleichwohl wird in den Medien dieser Länder immer wieder das Gerücht verbreitet, dass LGBT-Gruppen die Homo-Ehe gefordert hätten. In Nigeria z. B. soll dies 2005 bei der ICASA-Konferenz geschehen sein.[24] Ein damals beteiligter Aktivist sagte mir, man habe nur gegen die Kriminalisierung der Homosexualität (durch die kolonialen Sodomie-Gesetze) demonstriert. Aber die Regierung habe dies zum Vorwand genommen, um Gesetzesvorhaben auf den Weg zu bringen, die die damalige Kriminalisierung letztlich noch verschärft haben.

In Malawi wurden zwei Männer gefangen festgenommen, die sich wohl in einer privaten Zeremonie die Treue versprechen wollten. Sie wurden zu 14 Jahren Gefängnis verurteilt. In der Tat gab es daraufhin erheblichen internationalen Druck, der letztlich zur Aufhebung dieses Urteils geführt hat. Aber er hat sich gegen die Kriminalisierung gerichtet und nicht die Einführung der gleichgeschlechtlichen Ehe gefordert.

Am Ende muss man sich verwundert die Augen reiben: Ist dieser Absatz wirklich *das* Ergebnis der katholischen Familien-

---

[24] ICASA steht für International Conference on AIDS and Sexually Transmitted Infections in Africa.

Michael Brinkschröder

synode, der Beratung von knapp 200 Bischöfen und Kardinälen, zum Thema „Gleichgeschlechtliche Partnerschaften"? Während alle konstruktiven Gedanken wieder einkassiert wurden, konnten sie sich lediglich darauf verständigen, ein Phantasma zu bekämpfen, für dessen Existenz es keinerlei Evidenz gibt. Zu Beginn des 21. Jahrhunderts verweigern sich die katholischen Bischöfe noch immer der Anerkennung sexueller Minderheiten.

2. Perspektiven für die Synode 2015

2.1 Gegensätzliche anthropologische Dynamiken

Das *Instrumentum Laboris* hat aufgezeigt, dass die Frage der Homosexualität in drei unterschiedlichen gesellschaftspolitischen Kontexten diskutiert wird: in liberalen westlichen Ländern, die sich in Richtung der Anerkennung gleichgeschlechtlicher Partnerschaften bewegen; in den Ländern Mittel- und Osteuropas, in denen sich die Kirche aufgrund der EU-induzierten Antidiskriminierungsgesetzgebung und der kalten Modernisierung nach 1989 von ihrer Tradition entfremdet fühlt; und in den Ländern Afrikas, Asiens und der Karibik, die Homosexualität unter – teils drakonische – Strafen stellen und gesellschaftlich stigmatisieren. Die Formulierung für den pastoralen Umgang der Kirche mit Schwulen und Lesben auf der Synode 2015 muss daher in allen drei Kontexten akzeptabel sein. Andernfalls steht zu befürchten, dass sich die bisherigen Fraktionen gegenseitig lähmen, wie es in gewisser Weise ja bei der 2014er Synode geschehen ist.

Wo könnte eine solche weltkirchlich akzeptable Lösungsstrategie liegen? Über diese Frage ist bislang noch kaum nachgedacht worden. Blicken wir zunächst auf die Strategien, die 2014 gescheitert sind:

1. Die Autoren der Schlussrelatio haben versucht, den *Status quo* zu zementieren. Sie haben zu den Texten der Glaubenskongregation Zuflucht genommen, ohne die bestehenden Widersprüche zwischen der Verurteilung der homosexuellen Handlung und der Achtung der homosexuellen Person zu überwinden und ohne eine wegweisende Perspektive für die Pastoral zu entwickeln. Doch die alte Linie hat die nötige Zwei-Drittel-Mehrheit nicht mehr erreicht. Eine kritische Zahl an Bischöfen hat erklärt, dass sie mit dem alten Weg nicht mehr einverstanden ist. Ein einfaches „Weiter so" ist daher nicht mehr möglich.

2. Die Zwischenrelatio hatte versucht, einen gesamtkirchlichen *Prozess der Umkehr* anzustoßen, adressiert an die Gemeinden, in denen Schwule und Lesben willkommen geheißen und geschwisterlich aufgenommen werden sollen. Ausgangspunkt dafür war die Akzeptanz der homosexuellen Orientierung und die Wertschätzung gelebter Liebe in gleichgeschlechtlichen Partnerschaften. Zu dem avisierten Prozess gehört auch, dass Schwule und Lesben ihre Sexualität realistisch in die Ausbildung einer christlichen Persönlichkeit integrieren. Da dieser Vorstoß den Konservativen offensichtlich zu weit ging, hat er die zweite Woche der Beratung nicht überstanden.

Die Schwäche dieses Ansatzes liegt darin, dass es unter den Bischöfen zwei entgegengesetzte Anthropologien gibt, die nicht offen ausdiskutiert werden konnten. Aus westlicher Sicht erscheint eine Korrektur der katholischen Morallehre in diesem Punkt unvermeidlich, um endlich die Konsequenzen aus der moraltheologischen Lehre des Zweiten Vatikanischen Konzils über die Würde der menschlichen Person zu ziehen. Das bedeutet, dass sie homosexuelle Handlungen nicht länger isoliert von der Person des Akteurs (und seiner sexuellen Orientierung) beurteilen will. Aus dieser Sicht muss die Kirche die Subjektivität und die Konstitution des personalen Selbst von

Menschen mit homosexueller Orientierung ernst nehmen statt sie weiterhin im Rahmen des Naturrechts oder einer heteronormativ verstandenen „Schöpfungsordnung" zu deuten und damit zu verfehlen.[25]

Allerdings fehlen in manchen Regionen die sozialanthropologischen Voraussetzungen für diese Sichtweise. Um dies nachzuvollziehen, könnte eine These des Philosophen und Historikers Michel Foucault hilfreich sein. Der hatte die Entstehung des modernen Verständnisses „des Homosexuellen" soziologisch auf die Überlagerung des „Dispositivs der Allianz" durch ein „Dispositiv der Sexualität" zurückgeführt.[26] Das Sexuelle wird demnach nicht länger als heikler Kitt verstanden, der die Allianzen zwischen zwei Familien erzeugt und zusammenhalten soll und daher streng kontrolliert werden muss, sondern als „Sexualität", d. h. als elementarer Bestandteil und Ausdruck der Persönlichkeit. Dieser Übergang kann aber nur dort erfolgen, wo die Familie und die Verwandtschaftsverhältnisse ihren gesellschaftlichen Primat als Ort der Produktion und der sozialen Absicherung zugunsten von Industrieproduktion und sozialstaatlichen Sicherungssystemen eingebüßt haben. In vielen Ländern Afrikas und Asiens dagegen bleibt die Familie – deren Umfang den sozialen Bedürfnissen entsprechend flexibel

---

[25] Bislang ist ebenfalls nicht mit der nötigen Klarheit benannt worden, dass eine glaubwürdige Umkehr nach katholischer Lehre aus dem Dreischritt Reue, Bekenntnis und Sühne/Wiedergutmachung besteht. Die kirchengeschichtliche Aufarbeitung der Sodomiterverfolgung und ein klares Schuldbekenntnis des Papstes im Namen der ganzen Kirche wären zwei wichtige Schritte, um auf dem Weg der Umkehr ernsthaft voran zu kommen. Ein solches Vorgehen würde zwar der katholischen Tradition in Fragen der Moral und der Buße am besten entsprechen, es setzt jedoch ein Maß an Auseinandersetzung voraus, das bislang nicht erreicht worden ist, so dass dieser Ansatz auch bei der Synode 2015 kaum bessere Aussichten auf Erfolg hat.
[26] Vgl. Michael Foucault, Der Wille zum Wissen. Sexualität und Wahrheit Bd. 1, Frankfurt a. M. 1983, 95–158.

ausgedehnt werden kann – für das Überleben in Krisen nach wie vor unentbehrlich. Gleichwohl gibt es Anzeichen dafür, dass sich ein „Dispositiv der Sexualität" auch in afrikanischen Ländern zu entwickeln beginnt, vor allem im Kontext der Großstädte. Erst dieser strukturelle Konflikt heizt den moralpolitischen Kampf an und sorgt dafür, dass Menschen mit schwuler oder lesbischer Identität als Bedrohung des familiären Sicherheitsnetzes wahrgenommen und mit staatlichen, gesellschaftlichen und religiösen Maßnahmen bekämpft werden.[27]

2.2 Szenarien für Kompromisse

Welche Alternativen gibt es, die besser auf die gespaltene Sozialanthropologie reagieren?
 1. Eine naheliegende Möglichkeit wäre die *Regionalisierung der Pastoral*. Unter einem Dach aus mehrdeutigen Formeln könnte man den konkreten Umgang mit Lesben und Schwulen den nationalen oder regionalen Bischofskonferenzen oder dem

---

[27] Die Bischofskonferenz von Ghana diskutiert diesen Konflikt unter dem Stichwort „Philosophie des Relativismus" auf der Ebene der Ideologie statt auf der Ebene der Sozialanthropologie und bewertet ihn als einen Angriff auf die traditionelle Vorstellung von Familie. „We are witnessing today the emergence of a new reality that defines man as a free individual with the license to do whatever she/he pleases. Unfortunately, this reality has crept into the traditional Christian concept of the family, redefining marriage to be a free union between any two people who are attracted to each other whether they are of the same sex or not. The new reality exhorts humans to give free expression to their sexual feelings in all manner of ways. Some people suppress the words, ‚husband' and ‚wife,' ‚father' and ‚mother' in favour of words such as ‚partner', ‚companion', etc. The attempted redefinition of these words distorts and clouds the true meaning of marriage." Communique of the Ghana Catholic Bishop's Conference Meeting in Accra, from 4th to 15th November, 2014 on the theme: „The Pastoral Challenges of the Family in the Context of Evangelisation", online: http://cbcgha.org/cbc/index.php?option=com_content&view=article&id=508:catholic-bishops-issue-2014-communique-in-accra [Stand 31.03.2015].

einzelnen Bischof übertragen. Die beiden Lager mit ihren unterschiedlichen Anthropologien würden sich auf der Ebene der Weltkirche nicht mehr gegenseitig blockieren, sondern sich je nach regionalen Konstellationen unterschiedlich verhalten. Bis zu einem gewissen Ausmaß gibt es eine solche Regionalisierung, die den kulturellen Unterschieden der Regionen Rechnung trägt, ohnehin schon längst. Es fragt sich zwar, ob die Weltkirche diese Diversifizierung im Sinne einer versöhnten Verschiedenheit aushalten könnte, ohne an ihrer Einheit Schaden zu nehmen. Doch besser als ein langwieriger Kampf zwischen einzelnen Regionen oder Lagern wäre die Suche nach dem Konsens über den Dissens allemal.

2. Beide Seiten könnten auch versuchen, sich auf ein *ethisches Minimum* zu verständigen. Anknüpfungspunkte dafür gibt es in der bisherigen Lehre dort, wo die Würde der homosexuellen Person und ihr Schutz vor ungerechter Diskriminierung gefordert werden. Erforderlich wäre lediglich eine Akzentverschiebung in der offiziellen Lehre, die diese Aspekte stärker betont und weniger ambivalent formuliert. Im Anschluss an die Synode käme dann alles auf die praktische Umsetzung an. Dies ließe sich dahingehend konkretisieren, dass sich die katholische Kirche – sowohl in ihrer kirchlichen als auch in ihrer staatlichen Dimension (Heiliger Stuhl) – weltweit öffentlich dafür einsetzt, dass homosexuelle Handlungen nicht mehr strafbar sein sollen. Als zivilgesellschaftlicher *global player* könnte die katholische Kirche dadurch zum gesellschaftspolitischen Schrittmacher für eine universale Entkriminalisierung der Homosexualität (und evtl. der Transsexualität) werden. Konsequenterweise müsste auch der Heilige Stuhl seine Blockadehaltung in multilateralen Organisationen wie der UN oder der OSZE gegenüber dem Schutz vor Diskriminierung aufgrund der sexuellen Orientierung oder der Geschlechtsidentität aufgeben und sich für einen wirksamen Schutz der Menschenrechte auch dieser Personen einsetzen.

3. Blickt man auf die Fragen, die die *Lineamenta* (das vorbereitende Dokument) für die Synode 2015 unter der Überschrift „Die pastorale Aufmerksamkeit gegenüber Personen mit homosexueller Orientierung" enthalten, dann zeichnet sich die Fokussierung auf eine *Pastoral für Familien mit homosexuellen Angehörigen* ab:

> „Wie richtet die christliche Gemeinschaft ihre pastorale Aufmerksamkeit auf Familien, in denen Menschen mit homosexuellen Tendenzen leben? Wie kann man sich im Licht des Evangeliums um Menschen in diesen Situationen kümmern und dabei jede ungerechte Diskriminierung verhindern? Wie kann man ihnen die Erfordernisse des Willens Gottes in ihrer Situation deutlich machen? (40)"[28]

Angesichts der verfehlten Zwei-Drittel-Mehrheit für den Abschnitt RS 55 mag diese Ausrichtung überraschen. Die Linie wird jedoch maßgeblich von Papst Franziskus unterstützt, der Anfang Dezember in einem Interview erklärte, dass er als Beichtvater während seiner Zeit in Buenos Aires mehrfach mit den seelischen Nöten von Eltern homosexueller Kinder konfrontiert war.[29]

Der Ansatz bei den Familien bietet verschiedene Vorteile: Er passt optimal in den thematischen Rahmen der Synode zur Familienpastoral. Der theologische Leitbegriff der Schlussrelatio ist das „Evangelium der Familie".[30] Wenn es gelingt, diesen – im

---

[28] XIV. Ordentliche Generalversammlung der Bischofssynode, Die Berufung und Sendung der Familie in Kirche und Welt von heute. *Lineamenta* (2014), online: http://www.dbk.de/fileadmin/redaktion/diverse_downloads/dossiers_2015/2015-Bischofssynode-Lineamenta.pdf [Stand 28.04.2015].

[29] Vgl. El sínodo sobre la familia, „Los divorciados vueltos a casar parecen excomulgados", Interview von Elisabetta Piqué mit Papst Franziskus, in: La Nación, 7.12.2014, online: http://www.lanacion.com.ar/1750245-el-sinodo-sobre-la-familia-los-divorciados-vueltos-a-casar-parecen-excomulgados [Stand 03.01.2015].

Lichte der familienkritischen Botschaft Jesu in den Evangelien durchaus fragwürdigen – Begriff im Lichte der christlichen Reich-Gottes-Botschaft im Sinne eines inklusiven Verständnisses von Familie zu entfalten, demzufolge auch Schwule und Lesben nicht aus der Familie ausgeschlossen sind, könnte er eine gute Grundlage für diese Pastoral liefern.

Indem die *Pastoral für Familien mit homosexuellen Angehörigen* die Familien in den Mittelpunkt stellt, antwortet sie auf die Bedürfnisse der Eltern nach seelsorgerlicher Begleitung, die mit dem Coming-out ihres Kindes mit vielen Fragen und Selbstzweifeln konfrontiert sind und ihrerseits ein Coming-out benötigen.[31] Sie ermöglicht vor allem, die Frage der Homosexualität innerhalb des sozialen Rahmens der Familienstrukturen zu beantworten statt beide gegeneinander auszuspielen, indem man z. B. die Homosexuellen für die Zerstörung der Familien oder die Untergrabung der *family values* verantwortlich macht.

Verschiedene Erfahrungen haben außerdem gezeigt, dass es kirchlichen Amtsträgern leichter fällt, mit den Eltern von Homosexuellen in Kontakt zu treten, da diese in ihren Augen „normal" sind und sie in ihnen keine Sünder erblicken müssen. Eine Pastoral für Familien mit homosexuellen Angehörigen schließt nicht aus, dass sich die kirchliche Pastoral auch den Schwulen

---

[30] Vgl. RS 2, 16, 31, 33, 37, 45 sowie als Überschrift des II. Teils. Während das *Instrumentum Laboris* den Ausdruck „Evangelium der Familie" sehr sparsam verwendet (nur in IL 20), ihn aber als Leitbegriff für die zukünftige Debatte vorschlägt (IL 158), gebraucht ihn die Zwischenrelatio bereits weitaus häufiger und prominenter (ZS 2, 21, 25, 29, 40 sowie als Überschrift von Teil II und als erste Zwischenüberschrift in Teil III).

[31] Vgl. dazu Joseanne Peregin, „Fears and hopes as a Catholic mother of a gay son – a parent's perspective" Presentation for „The Ways of Love. International Conference towards pastoral care with homosexual and trans people" (Rome, Italy, October 3, 2014), online: http://waysoflove.wordpress.com/2014/10/03/joseanne-peregin-fears-and-hopes-as-a-catholic-mother-of-a-gay-son-a-parents-perspective/ [Stand 03.01.2015].

Neue Offenheit oder alte Ängste?

und Lesben selbst zuwendet. Letztlich wird eben dies das Anliegen der meisten ihrer Eltern sein. Allerdings wäre unbedingt darauf zu achten, dass nicht der bittere Geschmack entsteht, dass die Kirche sich nur um die Eltern sorgt, während sie Lesben und Schwule in ihren spezifischen Bedürfnissen wie auch als Subjekte und kritische Dialogpartner nicht ernst nimmt.

4. Es lohnt sich daher, noch über ein weiteres Szenario nachzudenken. Papst Franziskus hat die Synode damit eröffnet, dass er alle zur *Parrhesia*, zum Freimut, aufgefordert hat, zur offenen Rede, zum furchtlosen Aussprechen der eigenen Erkenntnisse. Dass der Papst zur ehrlichen Aussprache animiert hat, ohne wie zuvor üblich das erwartete Ergebnis vorzugeben, hat bei vielen Bischöfen offenbar Angst und Orientierungslosigkeit ausgelöst. Die Sprecher der Konservativen haben dies dem Papst auch vorgeworfen. Es ist erschreckend, wie weit dieser autoritäre Charakter, dieser Wille zur Unterwerfung unter den von den Päpsten Johannes Paul II. und Benedikt XVI. berufenen Bischöfen verbreitet zu sein scheint. Auf der anderen Seite hat das Motto der *Parrhesia* eine große Zahl von bislang unterdrückten Stimmen und Statements zutage treten lassen, hinter die die katholische Diskussion über Homosexualität und gleichgeschlechtliche Partnerschaften nicht einfach zurückgehen kann. Nunmehr liegt offen zutage, dass es unter den Bischöfen und Kardinälen in der Frage der Homosexualität kontroverse Positionen gibt. Für die Lebendigkeit der Kirche ist es in jedem Fall wichtig, dass die Kultur der *Parrhesia* fortgesetzt wird, selbst wenn dies auch unliebsame Stimmen ermuntert.

Trotz der anfänglichen Dynamik, die die *Parrhesia* in der ersten Woche ausgelöst hat, hat am Ende der Synode 2014 die Angst gesiegt. Gerade RS 56 belegt, dass es weniger um die Furcht vor konkreten und realistischen Ereignissen geht, als um eine unbestimmte und starke Angst, die die Vernunft und den jesuanischen Kern der Pastoral vom Platz gefegt hat. Dabei scheint austauschbar zu sein, ob die Angst durch die Chiffren „Gender-Ideologie" oder „gleichgeschlechtliche Ehe" beschrieben wird. Es ist daher unverzichtbar, sich mit solchen irrationalen Ängsten auseinanderzusetzen. Was steckt noch alles hinter ihnen, was nicht benannt werden kann oder dem sich Bischöfe ohnmächtig ausgeliefert fühlen?

Solange die Angst von Bischöfen Vermeidungsstrategien und Abwehrmechanismen hervorbringt, die stark genug sind, um rationale und umsichtige Problemlösungsstrategien zu blockieren, ist es für substantielle Fortschritte auf gesamtkirchlicher Ebene noch zu früh. Es wäre daher schon viel erreicht, wenn die bevorstehende Synode diese Abwehrmechanismen benennen, im Lichte des Evangeliums deuten und überwinden würde. Dazu gehört z. B. die Vermeidung unklarer Begrifflichkeiten wie z. B. „Gender-Ideologie" oder „natürliche Ehe", die eine sachliche Auseinandersetzung erschweren und von der Gender-Theologie ablenken, die dem katholischen Kernkomplex der Brautmystik innewohnt. Dazu gehören unwahre Unterstellungen – wie die Behauptung, dass internationale Organisationen arme Länder finanziell unter Druck gesetzt hätten, die Homo-Ehe einzuführen. Zu diesen Abwehrmechanismen gehört außerdem die Behauptung, dass Homosexualität unafrikanisch sei, lediglich aus westlichen Ländern importiert. Derartiges „Othering" gehört zur Geschichte der gleichgeschlechtlichen Sexualität spätestens seit ihrer „Taufe" als Tat der „Sodomiter". Schon immer sind es die anderen Völker und Religionen gewesen (z. B. die Welschen, die Mohammedaner, die Indios, die Bulgaren etc. und jetzt „der" Norden bzw. „der" Westen), die sie praktizieren. Zur Wahrheit gehört ebenso, dass speziell die homophoben Sodomie-Gesetze in afrikanischen, karibischen und asiatischen Ländern das Resultat fremden, in der Regel britischen Einflusses sind.

Wie können diese Ängste und Abwehrmechanismen überwunden werden? Es ist auffällig, dass sich vor allem solche Bischöfe und Kardinäle positiv zu Wort gemeldet haben, die sich vor der Synode persönlich mit Lesben und Schwulen getroffen und mit ihnen einen Dialog geführt haben. Das spricht dafür, den Weg der persönlichen Begegnung fortzuführen, bei der Schwule und Lesben ihre Geschichten erzählen und dem angstauslösenden Problem der Homosexualität ein menschliches Gesicht geben können. Auf jeden Fall ist die Kirche jetzt in eine Phase eingetreten, in der Bischöfe keine Repressionen vom Vatikan oder von ihren Kollegen befürchten müssen, wenn sie solche Gespräche führen.

Wo es Gespräche zwischen diesen Gruppen in der Vergangenheit gegeben hat, waren sie vom persönlichen Wohlwollen und Mut des Ortsbischofs abhängig und blieben daher in der Regel isoliert und ohne Folgen. Selbst in den meisten Ländern der anglophonen Welt und Zentraleuropas – als den Ländern mit einer liberalen Gesetzgebung – finden solche Gespräche erst seit wenigen Jahren statt, während sie in den anderen „Kontexten" bisher weitgehend Fehlanzeige sind.

Die Synode 2015 sollte daher eine *Dekade des Dialogs* zwischen der Kirche und Schwulen und Lesben ausrufen, in der beide Seiten zur persönlichen Begegnung eingeladen und die *Parrhesia* institutionalisiert und kultiviert wird. Dieser Dialog sollte nicht nur zwischen den Bischöfen und Lesben und Schwulen stattfinden, sondern auf der einen Seite auch die Priester, Gemeinden und Verbände umfassen und auf der anderen Seite die Eltern und Familien von Schwulen und Lesben einbeziehen. So könnte die innerkirchliche Debatte, die bislang oftmals ohne die „Betroffenen" stattgefunden hat, auf eine langfristig tragfähige Grundlage gestellt werden und schon erste Schritte auf dem Weg zur Versöhnung einleiten.

Ein spirituelles Modell für diesen Dialog bietet das Gespräch am Jakobsbrunnen (Joh 4). Jesus lässt sich darin auf die Begegnung mit einer Samaritanerin ein und überwindet die

Reinheitstabus und Stigmatisierungen seiner Umwelt. Ausgehend von seiner Bitte um Wasser und Nahrung entfaltet sich zwischen beiden ein exemplarischer Dialog. Darin suchen und verständigen sie sich über ihre gemeinsam geteilten Werte („lebendiges Wasser", Beten „im Geist und in der Wahrheit"), ohne die existentiellen Probleme auszublenden (die ersten fünf Ehemänner der Frau sind gestorben, jetzt lebt sie unverheiratet mit einem Mann zusammen), aber auch ohne den Zwang, dies ausdrücklich moralisch verurteilen zu müssen.

Eine bewusste Entscheidung für einen langfristig angelegten Dialog hat den Vorteil, dass er flexibel an die regionalen und nationalen Unterschiede innerhalb der katholischen Kirche angepasst werden kann. Jede Region könnte dabei die Aspekte in den Vordergrund stellen, die in ihrem Kontext besonders wichtig sind. Freilich bleibt auch hier die Aufgabe, dass die Dekade des Dialogs am Ende wieder auf weltkirchlicher Ebene zusammengeführt und zu einem Ergebnis gebracht werden müsste. Ohne einen Fahrplan für den Dialogprozess wäre die Gefahr zu groß, dass allzu viele den Aufruf zum Dialog überhören würden.

Da es für viele Homosexuelle negative Konsequenzen haben kann, wenn sie sich gegenüber Vorgesetzten oder der Öffentlichkeit outen, müssen auch die Voraussetzungen dafür geschaffen werden, dass diese Gespräche in einem geschützten Raum („Safe Space") stattfinden können. Auch in diesem Sinne wäre es als vertrauensbildende Maßnahme zu begrüßen, wenn sich die Synode explizit gegen die Kriminalisierung von Homosexualität und Transgender aussprechen würde.

Verzeichnis der Autorinnen und Autoren

Alberto Bondolfi, geb. 1946, Dr. theol., Emeritierter Professor für Ethik der Universitäten Lausanne und Genf; Direktor des „Centro per le Scienze Religiose" in Trient (Italien).

Hartmut A. G. Bosinski, geb. 1956, Dr. med. habil., apl. Professor für Sexualmedizin, Sexualmediziner und Psychotherapeut, Praxis für Sexualmedizin, Kiel.

Michael Brinkschröder, geb. 1967, Dr. phil., katholischer Theologe und Soziologe und Co-Präsident des „European Forum of Lesbian, Gay, Bisexual and Transgender Christian Groups".

Stephan Goertz, geb. 1964, Dr. theol., Professor für Moraltheologie an der Katholisch-Theologischen Fakultät der Johannes Gutenberg-Universität Mainz.

Thomas Hieke, geb. 1968, Dr. theol., Professor für Altes Testament an der Katholisch-Theologischen Fakultät der Johannes Gutenberg-Universität Mainz.

Michael G. Lawler, geb. 1933, Ph.D., Emeritierter Professor für Systematische Theologie am Department of Catholic Theology, Creighton University Omaha (USA).

Gerhard Marschütz, geb. 1956, Dr. theol., Ao. Professor für Theologische Ethik am Institut für Systematische Theologie der Katholisch-Theologischen Fakultät der Universität Wien.

Verzeichnis der Autorinnen und Autoren

Claudia Niedlich, geb. 1988, M.A., wissenschaftliche Mitarbeiterin in der Arbeitseinheit Sozial- und Wirtschaftspsychologie an der Universität Koblenz-Landau, Campus Landau.

Josef Römelt, geb. 1957, CSsR, Dr. theol., Professor für Moraltheologie und Ethik an der Katholisch-Theologischen Fakultät der Universität Erfurt.

Todd A. Salzman, geb. 1964, Ph.D., Professor für Ethik am Department of Catholic Theology, Creighton University Omaha (USA).

Melanie Caroline Steffens, geb. 1969, Dr. rer. nat., Professorin für Sozialpsychologie an der Universität Koblenz-Landau, Campus Landau.

Magnus Striet, geb. 1964, Dr. theol., Professor für Fundamentaltheologie an der Katholisch-Theologischen Fakultät der Albert-Ludwigs-Universität Freiburg i. Br.

Michael Theobald, geb. 1948, Dr. theol., Professor für Exegese des Neuen Testaments an der Katholisch-Theologischen Fakultät der Eberhard-Karls-Universität Tübingen.